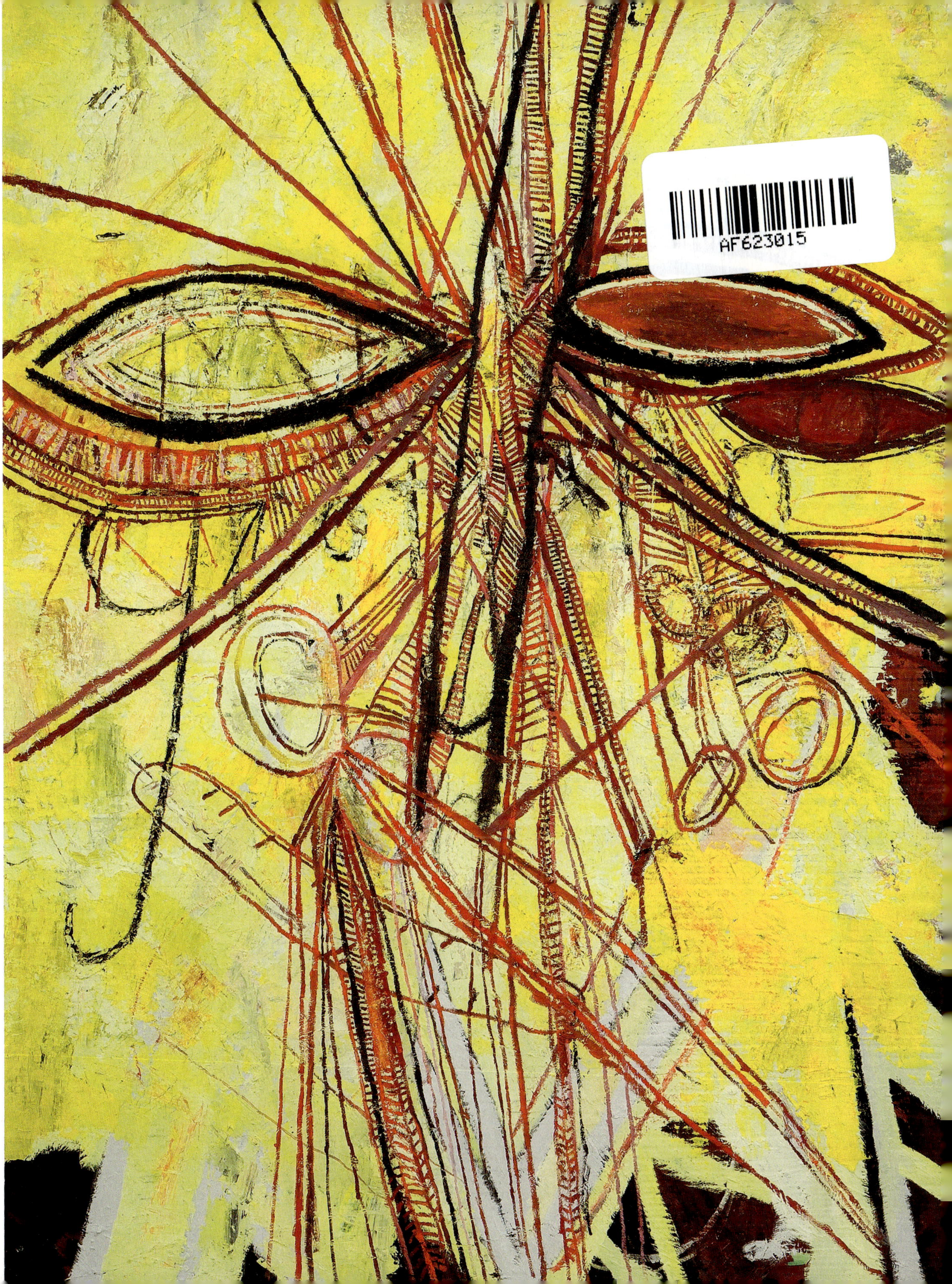

DIE PARKETT-REIHE MIT GEGENWARTSKÜNSTLERN / THE PARKETT SERIES WITH CONTEMPORARY ARTISTS

Book Series with contemporary artists in English and German, published three times a year. Each volume is created in collaboration with artists, who contribute an original work specially made for the readers of Parkett. The works are reproduced in the regular edition and available in a limited and signed Special Edition.

Buchreihe mit Gegenwartskünstlern in deutscher und englischer Sprache, erscheint dreimal im Jahr. Jeder Band entsteht mit Künstlern oder Künstlerinnen, die eigens für die Leser von Parkett einen Originalbeitrag gestalten. Diese Werke sind in der gesamten Auflage abgebildet und zusätzlich in einer limitierten und signierten Vorzugsausgabe erhältlich.

PARKETT NR. 81 ENTSTEHT IN COLLABORATION MIT • **AI WEIWEI, COSIMA VON BONIN, CHRISTIAN JANKOWSKI** • WILL BE COLLABORATING ON PARKETT NO. 81.

JAHRESABONNEMENT (DREI NUMMERN) / ANNUAL SUBSCRIPTION (THREE ISSUES) SFR. 120.– (SCHWEIZ), € 85 (EUROPA), US$ 88 (USA AND CANADA ONLY)

ZWEI- UND DREIJAHRESABONNEMENTPREISE SIEHE GELBE BESTELLKARTE IM HEFT / FOR TWO & THREE YEAR RATES, PLEASE CONSULT YELLOW ORDER FORM.

Zürichsee Druckereien AG (Stäfa) Satz, Litho, Druck / Copy, Printing, Color Separations

PARKETT-VERLAG AG ZÜRICH SEPTEMBER 2007 PRINTED IN SWITZERLAND ISBN 978-3-907582-40-4 ISSN 0256-0917

Cover / Umschlag: MARK GROTJAHN, UNTITLED (FULL COLOR BUTTERFLY 638), 2006, color pencil on paper, 53 x 47 1/2" / OHNE TITEL (FARBIGER SCHMETTERLING 638), Farbstift auf Papier, 134,6 x 120,6 cm.
Cover flap / Umschlagklappe: ALLORA & CALZADILLA, GROWTH (SURVIVAL), 2006, grafted tropical plants and Jenny Holzer's BLUE WALL TILT, 2004 / WACHSTUM (ÜBERLEBEN), gepfropfte Pflanzen und Jenny Holzers BEDECKTE BLAUE WAND.
Inner cover flap: ALLORA & CALZADILLA, AMPHIBIOUS (LOGIN-LOGOUT), 2005, video / AMBHIBISCH (LOGIN-LOGOUT).
Page / Seite 1: MARK GROTJAHN, UNTITLED (FACE), 2007 / OHNE TITEL (GESICHT).
Back cover / Rückseite: DOMINIQUE GONZALEZ-FOERSTER, DOUBLE TERRAIN DE JEU (Double Playground / Doppelter Spielplatz), 2006, installation view / Installationsansicht, Biennale de São Paulo.
(All images slightly cropped / Alle Bilder leicht beschnitten.)

PARKETT Zürich New York

Bice Curiger Chefredaktorin / Editor-in-Chief; **Jacqueline Burckhardt** Redaktorin / Senior Editor; **Cay Sophie Rabinowitz** Redaktorin USA / Senior Editor US; **Mark Welzel** Textredaktion und Produktion / Editing and Production; **Hanna Williamson-Koller** · **Simone Eggstein** Graphik / Design, **Trix Wetter** Graphisches Konzept / Founding Designer (–2001); **Catherine Schelbert** Englisches Lektorat / Editorial Assistant for English; **Claudia Meneghini Nevzadi** Korrektorat / Proof Reading

Beatrice Fässler Vorzugsausgaben, Inserate / Special Editions, Advertising; **Nicole Stotzer** Buchvertrieb, Administration / Distribution, Administration; **Mathias Arnold** Abonnemente / Subscriptions; **Jeremy Sigler** Redaktionsassistenz USA / Associate Editor US; **Monika Condrea** Vorzugsausgaben, Inserate und Abonnemente USA / Special Editions, Advertising, and Subscriptions US; **Alex Gartenfeld**, Praktikantin USA / Intern US

Jacqueline Burckhardt – Bice Curiger – Dieter von Graffenried Herausgeber / Parkett Board;
Jacqueline Burckhardt – Bice Curiger – Dieter von Graffenried – Walter Keller – Peter Blum Gründer / Founders

Dieter von Graffenried Verleger / Publisher

www.parkettart.com

PARKETT-VERLAG AG, QUELLENSTRASSE 27, CH-8031 ZÜRICH, TEL. 41-44-271 81 40, FAX 41-44-272 43 01
PARKETT, NEW YORK, 145 AV. OF THE AMERICAS, N.Y. 10013, PHONE (212) 673-2660, FAX (212) 271-0704

EDITORIAL 80

LUST AM PARADOX

Die in dieser Ausgabe vorgestellten Collaboration-Künstlerinnen und Künstler, Jennifer Allora & Guillermo Calzadilla, Dominique Gonzalez-Foerster und Mark Grotjahn, sind von der gleichen paradoxen Energie getrieben. Es ist der Wunsch, zugleich aus der Kunst und ihren Genres in andere Realitäten – mentale, soziale, politische – ein für alle Mal auszubrechen und zugleich den Glauben an die Kunst hochzuhalten.

Die Konfrontation mit ihren Werken zeigt, wie sehr diese auf eine entsprechende Empfangsbereitschaft beim Publikum ausgerichtet sind, auf ein nicht-spezifisches, aber auf Offenheit ausgerichtetes Raffinement, das zugleich seine Verankerung in der Erfahrung dieser Welt hat.

Die Editionen, die für diese Ausgabe von Parkett geschaffen wurden, zeigen diese Haltung aufs Schönste. Allora & Calzadillas Film mit dem Titel DEADLINE konzentriert sich auf einen kleinen Ausschnitt von Wirklichkeit. Der Blick ist zwischen zwei Palmen auf einen an einer Schnur baumelnden Palmwedel gerichtet. Die reduzierte Form setzt auf Suggestionskraft – nichts geschieht, was auffällig wäre und die Spannung in neue Bahnen lenken würde – nur die sich stets wandelnde Form des Palmblattes lässt Assoziationen zu, die von Leichtigkeit und Fernweh bis zu Tod und Ausgeliefertsein reichen. Damit ist auch jenes emotionale Universum westlicher postkolonialer Befindlichkeit abgedeckt, das «archetypisch» ein schlechtes Gewissen und die Ahnung von Unheil umfasst.

Die sich ausbreitende Ruhe und Affirmation ist schwer auszuhalten. Denn diese Palmen stehen nicht im Museum wie jene von Marcel Broodthaers (Wilfried Dickhoff schreibt über dessen *Magie. Art et Politique*, S. 15) und ziehen gerade aus dieser Tatsache ihre Aussagekraft.

Niemand versteht es wie Dominique Gonzalez-Foerster mit ihrer Arbeit jenen befreienden Schwung in die Zukunft wirksam zu machen. Für Parkett hat sie einen Kalender geschaffen, dessen Bilder und Daten – in feinstem Siebdruck – einen fliegenden Teppich weben, auf welchem wir von Traumenergie getrieben, in jene «Leere, die nicht Nichts ist», katapultiert werden, wie sie etwa von unseren Autoren, Pamela Echeverría (S. 100) und Daniel Birnbaum (S. 80), beschworen wird.

In Mark Grotjahns «abstrakter» Malerei ist zugleich ein Ausscheren enthalten. Sie ist Ruhe und Abheben, Strudel und Bannkraft, Extase und Stille in einem. Die Oberfläche birgt untrügliche Signale eines vielfachen «Doppellebens». Dazu passt der in der Edition enthaltene Verweis auf die Pokerspieler-Vergangenheit des Künstlers. Sie symbolisiert die Nachtseite der Kultur. Mit seinen «Card Covers» bringt er Männerphantasien, aber auch jene Poker-Varianten ins Spiel, welche den Fetisch betonen, die archaische Geste des Bezeichnens und Besetzens der Karten im Akt des Objekt-Auflegens.

Auch das Insert gestaltet sich in diesem Licht. Ryan Gander fügt durch physische Zerstörung – es wurden in jedem Parkett-Band ein Bündel Seiten von Hand einzeln herausgerissen – der Publikation einen geistigen Mehrwert zu: Nun ist jedes Exemplar der Auflage (von 12 000) ein Original. Die Farbpalette der Seiten bezieht sich auf Le Corbusier, dies ist weniger als versteckter Hinweis auf Kennerschaft zu werten, denn als ein Zeichen dafür, dass sich auch Ganders Geist stets in allen möglichen konzeptuellen und kulturellen Gefilden aufhält, um sich an deren Reichtum zu erfreuen.

EDITORIAL 80

THE PROLIFIC PLEASURES OF PARADOX

Our collaboration artists in this volume, Jennifer Allora & Guillermo Calzadilla, Dominique Gonzalez-Foerster and Mark Grotjahn, all share the same unbridled desire to break out of art and its genres and into other mental, social and political realities, while paradoxically reinforcing and, indeed, fueling our faith in art. Confrontation with their works makes manifest the extent to which they call for a special response, a nonspecific but profoundly receptive, open-ended subtlety that is, nonetheless, solidly anchored in the experience of this world.

The editions they have created for Parkett could not be more redolent of this attitude. Allora & Calzadilla's film, DEADLINE, zeroes in on a very small slice of reality. We see a palm frond dangling between two palm trees, a formal reduction that banks on the power of suggestion. Nothing eye-catching happens that might lend a different trajectory to the tension. Only the constantly changing shape of the frond spurs associations ranging from buoyancy and wanderlust to death and helplessness. We find ourselves engulfed in the entire emotional universe of the postcolonial mindset of the West that involves an "archetypal" guilty conscience and feelings of impending catastrophe. The sense of peace and affirmation that fills the frame is hard to take, the intensity of the message being heightened by the very fact that the palms do not stand in a museum like those of Marcel Broodthaers (Wilfried Dickhoff writes about his *Magie. Art et Politique*, p. 21).

No one can effect the leap into the future with such verve as Dominique Gonzalez-Foerster. She has created an exquisitely silkscreened calendar for Parkett, with images and dates that weave a flying carpet of such oneiric energy that we are catapulted into spaces of enchanting emptiness that are "not nothing," but actually filled with "tempting forms of nothingness," as conjured by our writers Pamela Echeverría (p. 93) and Daniel Birnbaum (p. 74).

Mark Grotjahn's "abstract" painting also breaks loose: it is tranquility and takeoff, maelstrom and spell, ecstasy and composure. His surfaces contain unmistakable signs of several "double lives." Take, for instance, the allusion to the artist's poker-playing past in his edition for this issue. It symbolizes the dark side of culture. His card guards bring male fantasies into play but also those variations on poker that emphasize the fetish, the archaic gesture of singling out and taking possession of the cards by placing an object on them.

The insert has been designed in the same spirit. Through a physical act of destruction—several pages have been torn out of each copy by hand, one by one—Ryan Gander has invested the publication with metaphysical added value: the entire run of Parkett 80 consists of 12,000 originals. The choice of color in these pages refers to Le Corbusier, not as veiled indication of connoisseurship but as a sign of Gander's ceaseless exploration of innumerable conceptual and cultural territories to satisfy his delight in their riches.

BICE CURIGER

JOANNE GREENBAUM:

LYLE REXER

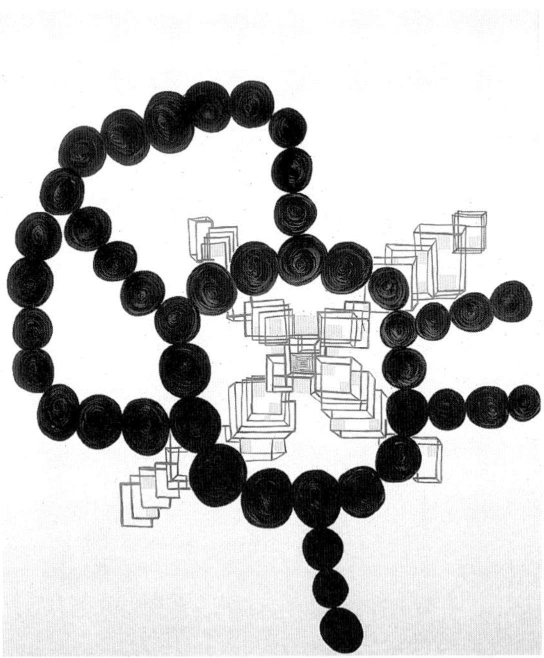

JOANNE GREENBAUM, UNTITLED, 1999, oil on canvas, 96 x 82" / OHNE TITEL, Öl auf Leinwand, 243,8 x 208,3 cm. (ALL PHOTOS: D'AMELIO TERRAS GALLERY, NEW YORK)

The connections are the masterpieces. The artist is just an occasion, a colloquy of previous forms, a combinatory black box. Shake it up.

That's what bothers me so much about the paintings, and it has gotten more intense as Joanne Greenbaum has gone along—all the gestures, the unwritten histories being written in a single work, or group of works. "Bothers" is the wrong word. I mean it's what keeps me up, seeing things in the paintings and not being able to say exactly what they are or how they got there, but recognizing them, seeing suddenly what they mean and how they live.

I want to unravel the unwritten histories, and how they appeared so clearly in the light of Marfa, Texas.

But first, when I saw Greenbaum's paintings of the late 1990s, and later, I couldn't get over how goofy they were, with their strings of circles (the equivalent of outsized plastic beads), and their Day-Glo color-field colors. They reminded me of the baubles thrown off Mardi Gras floats. The other side of this apparently schizoid artistic personality was the Etch-A-Sketch gone mad, generating architectures of reversing, inconsistent, improvisational depth, structures that seemed to metastasize across the canvases like temples across a jungle landscape. I thought about Chichén Itzá and about whether you could program a computer to design a structure for a ritual that hadn't been performed yet—Vincent Scully in reverse. I discarded these thoughts as irrelevant. To my mind, this was the psychedelic art we never got in the sixties, when everything seemed to be about *mandalas* and grainy photos. Neither Warhol nor the Maharishi seemed to be about freedom, about getting beyond history (yours and everyone else's), but only about servicing limits. One exception was Miles, who dressed in silver suits and platforms and hired Stevie Wonder's bass player in order to get funkier. The jazz guys told me later that he was just trapped, a sell-out, desperate. But art is all about doing what you have to do in order to be able to improvise.

How do they grow, these paintings? I see them as literal offshoots of drawing, of an atavistic process. I have this image of a fade in: the artist scratching away in her sketchbook or on sheets of paper with

LYLE REXER is a critic, curator, and teacher living in Brooklyn. His most recent book is *How to Look at Outsider Art* (Abrams, 2005).

Infant Paradise

markers or ballpoints or whatever, going over and over parts until they get dark enough. Then this image slowly fades into an identical, but much larger image, now colored, growing, as Greenbaum applies paint to the canvas. I went to her sketches and notebooks to get a better sense of how she works, to see the source for her ideas. (She doesn't really have ideas, but motifs, tropes, nuclei.) I didn't pick up on the feminist (female) element right away, the feminine lure of the color field (because it's all about absorption, staining, running, flirting with control, losing control), to reach for a comparison, isn't Greenbaum's work more like that of Terry Winters—neither gendered nor psychology intended?

They seem to work like this: take a shape (like a circle), keep making it over and over until it starts to expand; do another one that bumps into it, but make it empty. Put a dot in it, and another dot. Put a square around it. Give the square some sides and shading to make it a box. Connect it to some other boxes, reverse the boxes and add some curlicues, lots of them. Maybe go back to the boxes and outline them to make boxes within boxes within boxes. In

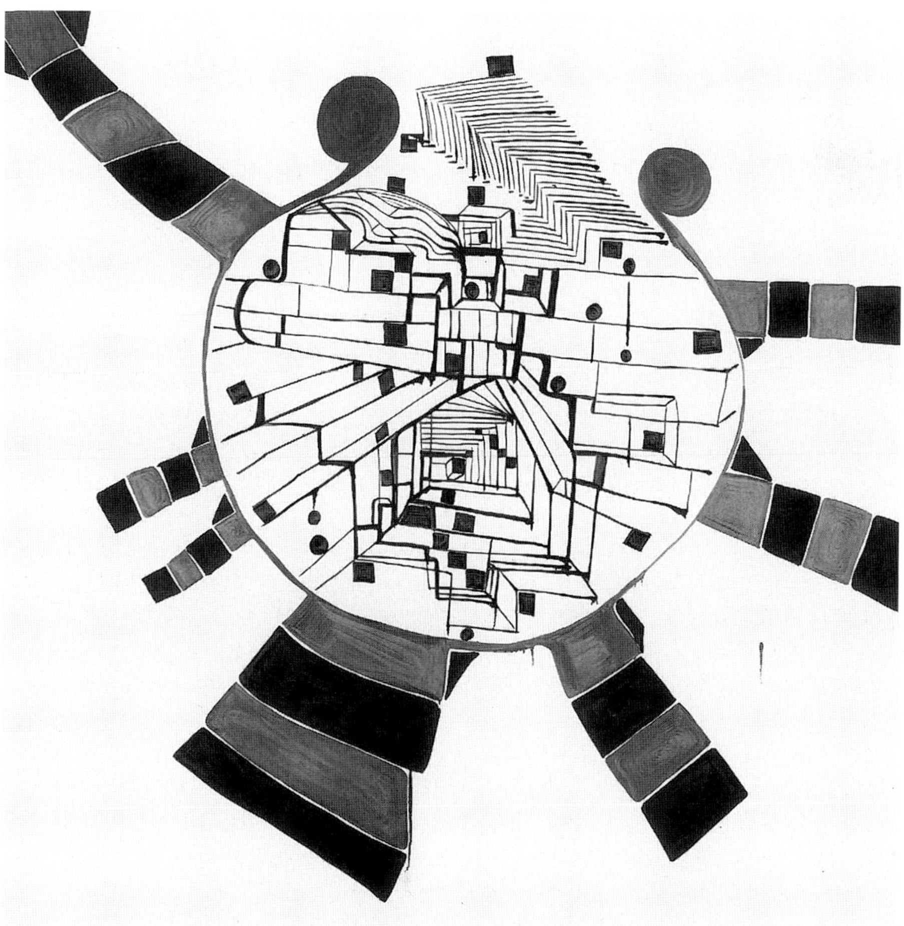

JOANNE GREENBAUM, UNTITLED, 1999, oil on canvas, 65 x 65" /
OHNE TITEL, Öl auf Leinwand, 165,1 x 165,1 cm.

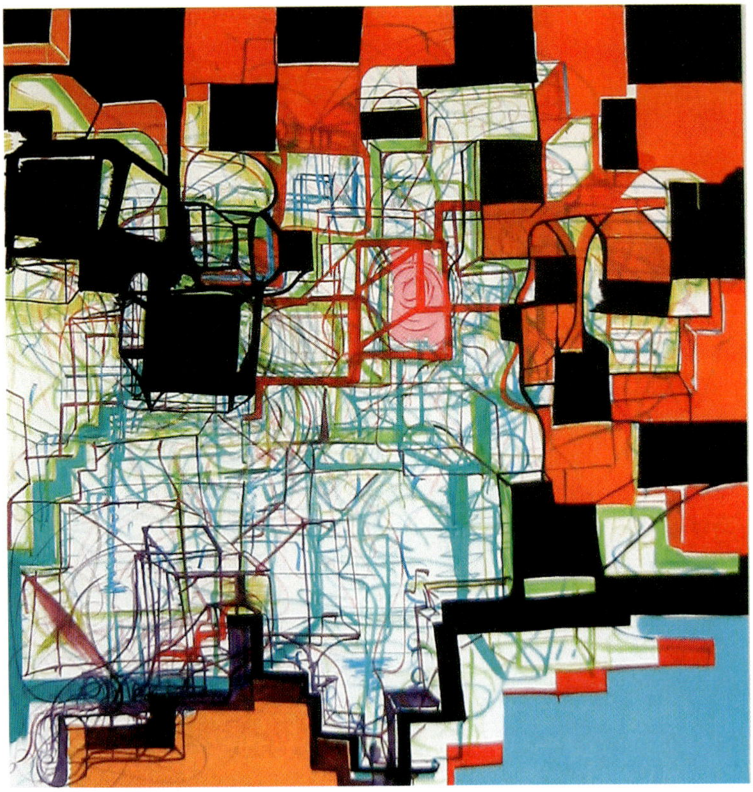

JOANNE GREENBAUM, UNTITLED, 2007, oil and Flashe on canvas, 64 x 66" / OHNE TITEL, Öl und Flashe auf Leinwand, 162,2 x 167,6 cm.

short, do every basic, nearly mindless thing enough times until it starts to get annoying or something else happens. And if that doesn't work, draw a big, black shape over the whole thing.

I have never seen such history-less art. It seems completely personal (yes, those are Greenbaums, for sure) but avoiding all traces of expressiveness or elegance and renouncing all aesthetic resolution. Not to prove a point, but to find out about the f o r m s. It reminds me of something the artist Pier Consagra once said about his sculpture coming from a pad next to his telephone that he sketched on when he was bored listening to the voice on the other end. The Greenbaum sketchbook makes the *Insomnia Drawings* of Louise Bourgeois seem relentlessly literary and anecdotal. I am inclined to take Greenbaum at her word about making the drawings out of an overflow of energy, out of a need just to be doing s o m e t h i n g, in a general way, just to keep in touch with who she is, which segues naturally into the hundreds of small paintings she does to scratch an itch, surprise herself, try things.

But I need to be stronger about this. The drawings form an *infant paradise*, defending (I get the impression) over decades against the critics, adults, teachers who might have wanted her to be a b e t t e r drawer—more conceptual, more interesting, more accessible. She claims that for most of her career people simply ignored what she did, and I can believe it. The drawings are a retreat, a repetition formation with variations, a room where she can do exactly as she pleases and not feel guilty, follow every unpromising lead until one suddenly opens out, or not.

Painting is another story. You can't just plan one with a drawing—not really—since paintings assemble themselves and force choices that have to be dealt with on the spot. Each one has its own character; even accumulated wisdom can't prepare you for what to do with the next one, or at the next dead end. More importantly, they are public admissions, even when no one is looking. They face you and nag at you, and you have to be willing to wait them out or paint them over, all in pursuit of something so solipsistic it seems ridiculous: your own sense of surprise. If you live where you work, you can drown them out, do the laundry or get a coffee. On the other hand, there is Marfa.

Greenbaum took a residency there in 2007. It didn't make much sense to me when I heard about it. I've never been to that part of Texas, but close enough. And it has always seemed a mad errand into the wilderness, a kind of residual crackpot Puritanism. Not only that, but (with all due respect to the two desert flowers, Georgia O'Keeffe and Agnes Martin) the idea that solitude, or at least semi-isolation, and relentless, uninterrupted natural landscapes are good for creativity smacks a bit of Theodore Roosevelt trying to cure his bad lungs and improve his character in the Dakotas. More to the point, an artist like Joanne Greenbaum has created a very personal environment for herself, a cocoon based on privacy, tactical distraction, anger, and the option to be engaged or disengaged, to look or not to look. I get the sense that her drawings have always functioned as her own private Marfa.

And yet, Marfa seems to have opened up things and protected them at the same time. Out there, nobody is looking, really nobody; just her, painting, looking at the work, letting it look back. Nothing at all but that reflexiveness. She set herself a task: to paint four large paintings during her residency. Not exactly a concept, but a little the way an artist might have done it in the late sixties: I'm going to paint a sixteen-foot painting in twenty-four hours without stopping, and let's see what happens. I think this was a declaration of freedom that involved letting all things move to the surface without denying any of them. At Marfa, she also completed dozens of smaller paintings that keep reiterating the point over and over: don't deny anything based on what you think you ought to do or have done.

These Marfa paintings yield to all kinds of influences that were more or less invisible before, at least to me. They rewrite history by embracing it. They are the connections. Although they have different natures, they are closely related by their intricate superstructures, more elaborated and essentially drawn than in any of her recent paintings. Maybe there is something, after all, to the idea of desert purification. Yet the result isn't a scaling down but a ramping up. Drawing serves as a scaffold upon which she swings through all sorts of painting gestures that reveal her to be an unrepentant modernist. I mean, not a modernist but someone who recovers modern art for those of us who stopped looking at Matisse and Picasso. Matisse is all over these Marfa paintings, revivified in their color patterning, their outrageous contrasts, their joy. Likewise, Picasso, in the curving lines that weave in, out, and over the crazy rectilinearity of much of the work. Late Picasso. When to stop drawing was, for him, equivalent to disappearing. Late Picasso seems just like Miles in those platforms, doing what you have to do in order to keep doing what you n e e d to do.

The suggestions of system in these paintings—through occult numbering and endless reticulation—recall a whole range of visionary artists, including Alfred Jensen and Robert Smithson, and the ungainly, cartoon-like rhythms of Guston, of those bundles of arms and legs in boxes. This is restless art, outsider art without the "out." But probably my favorite thing in these amazing, loveable paintings is the unexpected salvations. I am thinking of one work (UNTITLED, 2007) in particular, where a whole section has been given over to orange and black cubes, which descend from the top of the canvas like what? A Suprematist checkerboard that becomes a powder blue stairway at the bottom. This part of the painting clearly started as an overly obvious or uninteresting idea; the only hope was to just keep going until it took over. It ends up redeeming those forms from history, from the so-and-so begat so-and-so genealogizing that doesn't begin to get at how art stays alive. It survives through love that sees only necessity and pleasure, that lets the pain, polemics, theories, and internecine strife originally surrounding those forms, fall away. Who cares about the Russian Revolution or, for that matter, the ideas of Judd, Marfa being one of them?

He bequeathed her a desert, but a fertile one, where you can talk about risk and discovery, and where new things grow.

JOANNE GREENBAUM:

LYLE REXER

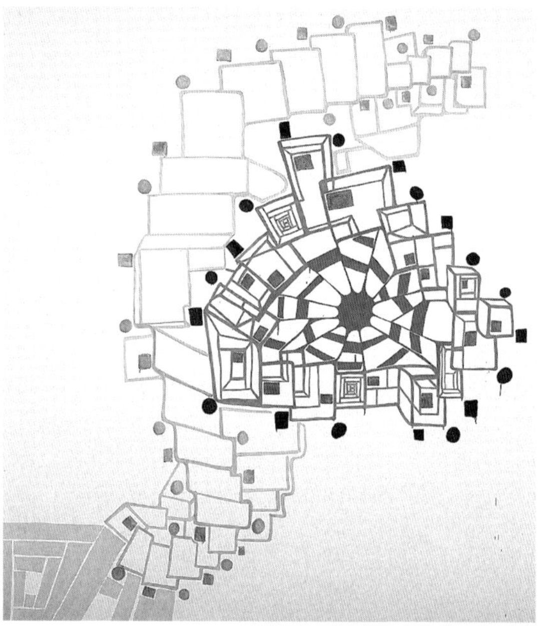

JOANNE GREENBAUM, UNTITLED, oil on canvas, 90 x 80" / OHNE TITEL, Öl auf Leinwand, 228,6 x 203,2 cm.

Die Verbindungen sind die Meisterwerke. Der Künstler ist nur der Anlass, eine Verabredung existierender Formen, eine kombinatorische Black Box. Auf die Mischung kommt es an.

Das hat mich so gestört an den Bildern von Joanne Greenbaum, und es ist im Lauf ihrer künstlerischen Entwicklung nur noch stärker geworden – all die Gesten, die ungeschriebenen Geschichten, eingeschrieben in Einzelwerke oder Werkgruppen.

LYLE REXER ist Kritiker, Kurator und Dozent, er lebt in Brooklyn. Zuletzt ist von ihm *How to Look at Outsider Art* (Abrams, 2005) erschienen.

«Gestört» ist nicht das richtige Wort, «aufgestört» wäre wohl treffender. Von den Dingen, die man in ihren Gemälden sieht, ausserstande, ihre Natur oder Herkunft zu bestimmen. Dennoch nimmt man sie wahr und begreift schlagartig, welche Bedeutung und welches Vorleben sie hatten.

Ich möchte sie entwirren, diese ungeschriebenen Geschichten, und erzählen, wie sie Gestalt annahmen im Licht von Marfa, Texas.

Doch eins nach dem anderen. Als ich Greenbaums Malereien aus den späten 90er Jahren und der Zeit danach sah, wirkten sie albern auf mich mit ihren aufgefädelten Kreisen, die aussahen wie überdimensionale Plastikperlen, und ihren schrillen Farbfeldern. Sie erinnerten mich an die Kugeln, die man beim Mardi-Gras-Umzug ins Publikum streut. Die andere Seite dieser offensichtlich schizoiden Künstlerpersönlichkeit war ein ausser Kontrolle geratenes Etch-A-Sketch,[1] das Architekturen von inverser, variabler, improvisierter Tiefe erzeugt, Strukturen, die gleich Metastasen die Leinwand überziehen, im Dschungel verstreute Tempelruinen. Ich dachte an Chichén Itzá und fragte mich, ob es möglich wäre, ein Computerprogramm zu entwickeln, das einen Bau entwirft für ein nie praktiziertes Ritual – Vincent Scully in umgekehrter Richtung. Ich hielt mich nicht lange bei diesen Gedankenspielereien auf, doch eines stand fest: Das war die psychedelische Kunst, die uns die 60er Jahre vorenthalten hatten, als Mandalas und grobkörnige Photos «in» waren. Meiner Ansicht nach ging es weder Warhol noch dem Maharishi um Freiheit, um die Überwindung der Geschichte, der eigenen und der aller

PARADIES DER KINDHEIT

anderen, sondern bloss um das Abtasten der Grenzen. Eine Ausnahme war Miles, der sich in Silberanzüge und Plateauschuhe warf und den Bassisten von Stevie Wonder anheuerte, um seine Musik funkiger zu machen. Die Jazz-Puristen erklärten mir später, dass Miles in eine Sackgasse geraten war, dem Kommerz verfallen, ausweglos. Aber ein Künstler muss tun, was nötig ist, um improvisieren zu können.

Wie sind sie gewachsen, diese Gemälde? Ich verstand sie als direkte Ableger der Zeichnungen, als Produkt eines atavistischen Prozesses. Ich stellte mir das vor wie eine Überblendung: Greenbaum kritzelt mit Filzstiften, Kugelschreibern oder sonst etwas ins Skizzenbuch oder auf ein Blatt Papier, deckt gewisse Stellen wiederholt mit Strichen zu, bis sie richtig dunkel sind, und dann verschwindet dieses Bild langsam und wird durch ein gleiches, weitaus grösseres an der Wand ersetzt, das – jetzt in Farbe – unter der Hand der Künstlerin wächst. Ich untersuchte ihre Skizzen und Notizbücher um herauszufinden, wie sie arbeitet und woher sie ihre Ideen nimmt. (Eigentlich hat sie ja gar keine Ideen, aber Sie verstehen schon – Motive, Tropen, Assoziationskerne.) Die femininen/feministischen Aspekte fielen mir nicht sofort ins Auge, die weiblichen Vorlieben für das Farbfeld (das schliesslich eine Frage des Aufsaugens, Befleckens, Verlaufens ist, des Liebäugelns mit der Kontrolle und des Kontrollverlusts). Wenn man schon vergleichen will, sind die Werke Greenbaums nicht eher mit jenen von Terry Winters verwandt – ohne die konkrete Zielsetzung in Sachen Gender oder Psychologie?

Ich legte mir ihre Entstehung wie folgt zurecht: Nimm eine Form, etwa einen Kreis, und wiederhole sie immer wieder, bis sie beginnt sich auszudehnen. Mach eine andere, die gegen die erste stösst, aber leer ist. Setze einen Punkt hinein, dann noch einen. Zeichne aussen herum ein Quadrat. Verwandle das Quadrat durch Seitenflächen und Schattierungen in einen Kasten. Verbinde ihn mit anderen Kästen, dreh die Kästen um und mache Schnörkel, haufenweise Schnörkel. Kehre dann unter Umständen zu den Kästen zurück, ziehe Linien parallel zu deren Umriss, sodass Kästen in Kästen in Kästen entstehen. Kurz, wiederhole jede simple, fast geistlose Prozedur so lange, bis sie dir auf die Nerven geht oder bis irgendetwas anderes geschieht. Wenn das

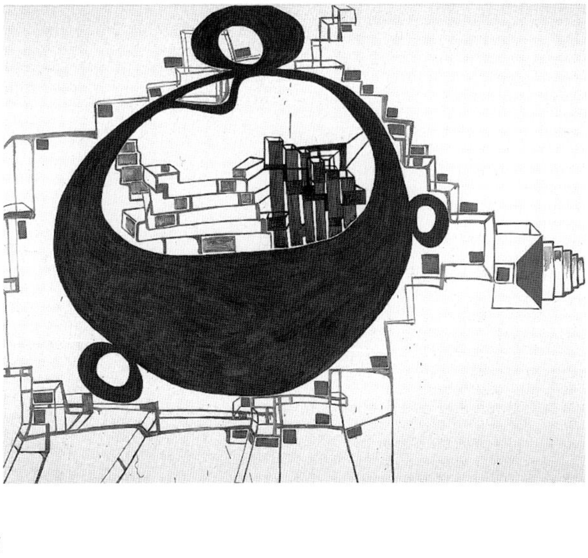

JOANNE GREENBAUM, UNTITLED, oil on canvas, 70 x 90" / OHNE TITEL, Öl auf Leinwand, 177,8 x 228,6 cm.

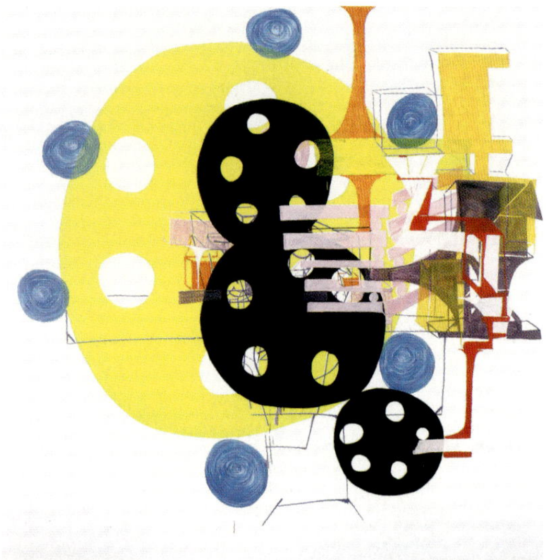

JOANNE GREENBAUM, RENOVATION PROJECT, 2003, oil and Flashe on canvas, 78 x 78" / RENOVIERUNGS-PROJEKT, Öl und Flashe auf Leinwand, 198,1 x 198,1 cm.

zu nichts führt, überdecke das Ganze mit einer grossen schwarzen Form.

Ich hatte noch nie eine solch geschichtslose Kunst gesehen. Sie wirkte absolut persönlich – klar, das sind Greenbaums –, vermied aber jeden Anflug von Expressivität oder Eleganz und widersetzte sich einer ästhetischen Lösung. Nicht, um einen Tatbestand zu beweisen, sondern um mehr über die F o r m e n zu erfahren. Mir fiel dazu eine Bemerkung des Künstlers Pietro Consagra ein, der einmal verriet, woher die Ideen für seine Skulpturen kamen: Er hielt neben dem Telefon einen Notizblock bereit, um sich mit Skizzen die Zeit zu vertreiben, wenn es ihm zu langweilig wurde, der Stimme am anderen Ende der Leitung zuzuhören. Die *Insomnia Drawings* von Louise Bourgeois wirken im Vergleich zu Greenbaums Skizzenbüchern geradezu literarisch und anekdotenhaft. Ich war nahe daran, ihre Behauptung zu akzeptieren, dass ihre Zeichnungen einem Energieüberschuss entsprangen, dem Drang, i r g e n d e t w a s zu tun, sowie ganz allgemein dem Wunsch, mit dem eigenen Ich in Kontakt zu bleiben. All das führt ganz natürlich zu den hunderten kleinformatigen Gemälden, die sie beginnt, um eine juckende Stelle zu kratzen, sich selbst zu überraschen, ein Experiment zu wagen.

Aber ich muss hier doch meine Sicht der Dinge anbringen. Die Zeichnungen bilden ein Paradies der Kindheit, das Greenbaum, wie mir scheint, jahrzehntelang gegen Kritiker, Erwachsene und Lehrer verteidigt hat, die es wohl alle darauf abgesehen hatten, aus ihr eine bessere Zeichnerin zu machen, konzeptueller, interessanter, zugänglicher, was immer. Ihre Erklärung, dass sie über weite Strecken ihrer Laufbahn von der Kunstöffentlichkeit ignoriert wurde, halte ich für durchaus glaubhaft. Die Zeichnungen sind ein Zufluchtsort, ein Wiederholungsschema mit Variationen. Ein Raum, in dem sie tun und lassen kann, was sie will, ohne sich schuldig fühlen zu müssen, in dem sie wenig verheissungsvollen Spuren nachgehen kann, bis eine unvermutet ans Licht führt – oder auch nicht.

Die Malerei steht freilich auf einem anderen Blatt. Sie lässt sich nicht per Zeichnung vorausplanen, nicht wirklich, denn sie folgt einer inneren Logik und zwingt zu spontanen Entscheidungen. Jedes Gemälde ist einzigartig und trotz aller Erfahrung stösst man stets von Neuem völlig unvorbereitet auf die Frage, was mit dem nächsten zu tun sei oder wie man der nächsten Sackgasse entkommt. Noch schwerer wiegt der Umstand, dass es sich um öffentliche Bekenntnisse handelt, auch wenn kein Mensch sie sieht. Sie blicken dich an und irritieren dich. Du musst bereit sein, ihre Präsenz zu ertragen oder sie zu übermalen. Das alles auf der Suche nach etwas, das so solipsistisch ist, dass es fast lächerlich anmutet: die Fähigkeit, dich selbst zu überraschen. Wenn du in deiner Wohnung arbeitest, kannst du dich ablenken, Wäsche waschen, einen Kaffee holen. Ansonsten gibt es natürlich auch noch Marfa.

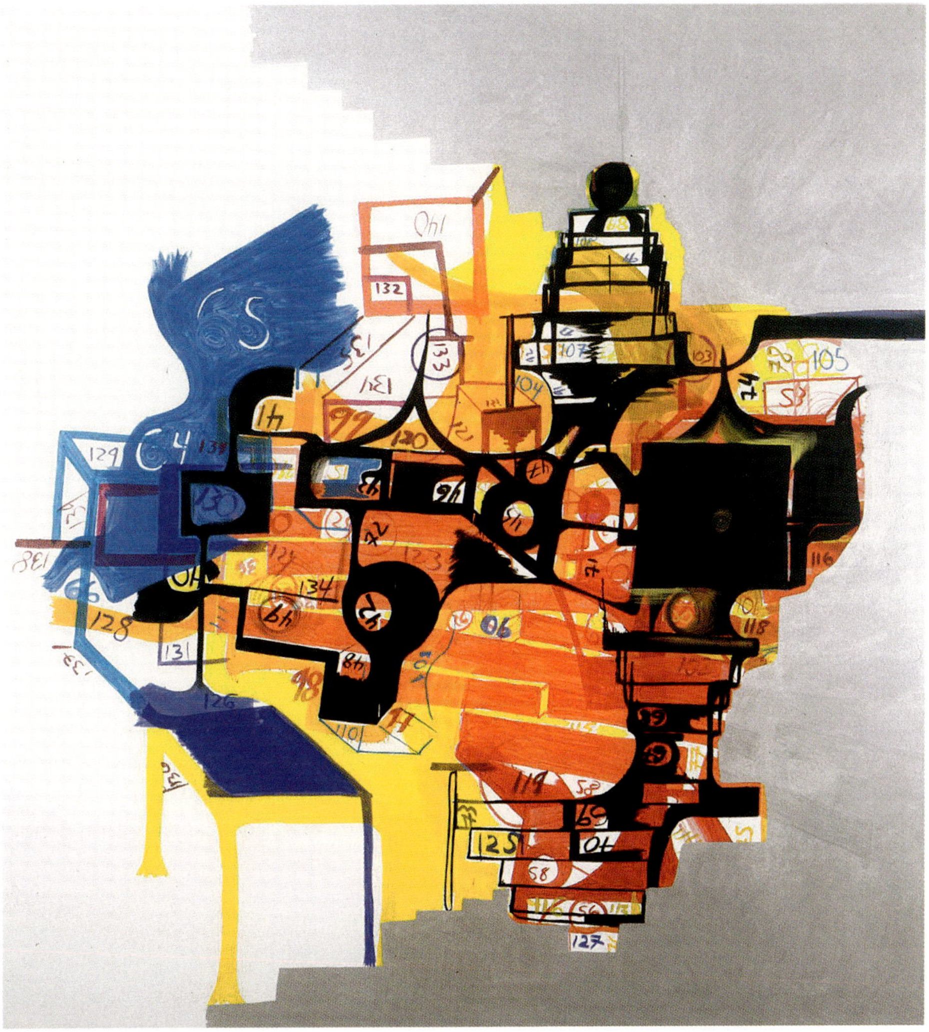

JOANNE GREENBAUM, PROJECT PURPLE, 2005, oil and Flashe on canvas, 80 x 75" / PROJEKT VIOLETT, Öl und Flashe auf Leinwand, 203,2 x 190,5 cm.

Greenbaum nahm dort ihm Jahr 2007 an einem Atelierprogramm teil. Ich war ganz perplex, als ich davon hörte. Es hatte mich nie in diese Ecke von Texas verschlagen, aber nahe genug. Mir kam es immer wie eine Irrfahrt in die Wildnis vor, der Überrest eines verschrobenen Puritanismus. Nicht nur die Idee, dass die Einsamkeit (oder zumindest Halb-Einsamkeit) und eine sich endlos hinziehende Naturlandschaft gut für die Kreativität seien, roch mir verdächtig nach Theodore Roosevelt, der sich zur Lungen- und Charakterstärkung nach North und South Dakota begeben hatte. Hinzu kam, dass Greenbaum sich ohnehin ihre eigene Welt eingerichtet hatte, einen Kokon aus Privatleben, taktischen Ablenkungen, Ärger, sowie der Freiheit, sich einzulassen oder zu distanzieren, die Augen zu öffnen oder zu schliessen. Ihre Zeichnungen, dachte ich, waren bereits ihr privates Marfa.

Dennoch – Marfa hat neue Horizonte eröffnet und zugleich das bisher Erreichte gefestigt. Da draussen hat nun wirklich kein Mensch zugeschaut, keiner ausser der Künstlerin selbst. Malen, Bilder betrachten, die Bilder zurückblicken lassen. Nichts als diese Reflexion. Greenbaum setzte sich ein Ziel: vier grosse Gemälde während des Atelieraufenthalts. Nicht gerade ein Konzept, eher schon eine Aktion in der Art der späten 60er Jahre: Ich werde vierundzwanzig Stunden lang ohne Pause ein fünf Meter langes Bild malen. Mal sehen, was dabei herauskommt. Sie bekundete damit ihre Absicht, den Dingen freien Lauf zu lassen, alles an die Oberfläche treten zu lassen ohne Zensur. Auch Dutzende kleinformatige Bilder entstanden in Marfa, die ständig dasselbe Gebot wiederholen: Schliesse nichts aus, nur weil du meinst, du solltest etwas tun oder getan haben.

Die in Marfa realisierten Gemälde unterliegen einer Reihe von Einflüssen, die – zumindest für mich – zuvor mehr oder weniger unsichtbar waren. Sie schreiben die Geschichte neu, indem sie sich ihr überlassen. Sie sind die Verbindungen. Obwohl dem Wesen nach verschieden, eint sie eine differenzierte Grundstruktur. Die Zeichnung ist reiner und sorgfältiger durchgestaltet als in den anderen Arbeiten jüngeren Datums. Vielleicht hat die Vorstellung einer Reinigung durch den Gang in die Wüste doch etwas für sich. Das Ergebnis ist indessen keine Einkehr, sondern ein Plus an Vitalität. Die Zeichnung dient als Gerüst, von dem sich Greenbaum durch Malgesten aller Art schwingt, die sie als unverbesserliche Anhängerin der Moderne ausweisen. Soll heissen: als eine, die moderne Kunst neu entdeckt für jene, die Matisse und Picasso aus den Augen verloren haben. Matisse lebt überall in den Marfa-Gemälden, in ihren Farbmustern, ihrem Kontrastreichtum, ihrem Überschwang. Desgleichen Picasso. Die Kurvenlinien, die sich in die überspannte Geradlinigkeit vieler Werke ranken und flechten, sind später Picasso, dem ein Leben ohne Zeichnung gleichbedeutend gewesen wäre mit dem endgültigen Aus. Auch so ein Miles in Plateauschuhen, der tat, was nötig war, um weiter tun zu können, was er tun m u s s t e .

Das Durchschimmern eines Systems in den Bildern infolge ihrer Zahlenmystik und wuchernden Netze verweist auf eine Vielzahl visionärer Künstler, einschliesslich Alfred Jensen und Robert Smithson. Die groben, karikaturhaften Rhythmen erinnern an Guston, an dessen Arm- und Beinbündel in Kisten. Dies ist rastlose Kunst, *Outsider Art* ohne das *Out.* Aber was mir an diesen faszinierenden, einnehmenden Malereien vielleicht am meisten zusagt, sind die unerwarteten Erlösungen. Ich denke da vor allem an ein Werk (Ohne Titel, 2007), das zum Teil von oran-

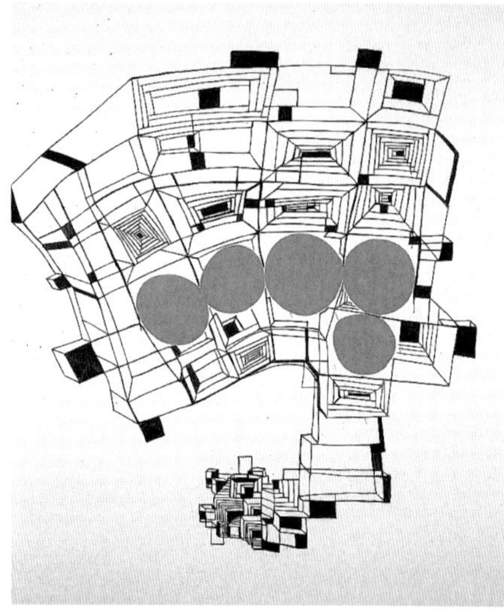

JOANNE GREENBAUM, UNTITLED, 1999, oil on canvas, 96 x 82" / OHNE TITEL, Öl auf Leinwand, 243,8 x 208,3 cm.

gen und schwarzen Würfeln ausgefüllt ist, die vom oberen Bildrand fallen, wie …? Wie ein suprematistisches Schachbrett, das sich weiter unten in eine taubenblaue Treppe verwandelt. Diese Erfindung begann offensichtlich mit einer banalen oder belanglosen Idee; ihre einzige Chance war weiterzumachen, bis sich die inhärente Dynamik durchsetzt. Am Ende erlöst sie diese Formen aus ihrer Geschichte, aus der Ahnenreihe des Soundso zeugte Soundso, die niemals erklären kann, wie Kunst sich am Leben hält. Sie überlebt durch eine Liebe, die einzig Notwendigkeit und Genuss kennt und alles, was diese Formen anfangs umgibt – Schmerz, Polemik, Theorien, blutige Konflikte –, wegfallen lässt. Wer interessiert sich schon für die Russische Revolution oder gar für Judd und seine Ideen (Marfa ist eine davon)?

Er hat eine Wüste hinterlassen, allerdings eine fruchtbare, wo man über Wagnisse und Abenteuer spricht und wo Neues wächst.

(Übersetzung: Bernhard Geyer)

1) Etch-A-Sketch™ ist eine Zeichentafel; mit zwei Drehknöpfen lassen sich Bilder auf einen Bildschirm ritzen – und auch wieder löschen. Das als Spielzeug verkaufte Gerät war besonders in den 70er Jahren populär.

MAGIE. ART ET POLITIQUE.
Zur Jetztzeit eines Buches von Marcel Broodthaers aus dem Jahre 1973

WILFRIED DICKHOFF

Die Jetztzeit einer Vergangenheit ergreifen, indem man sich einer Erinnerung, zum Beispiel im Augenblick einer Gefahr, bemächtigt, Walter Benjamin nannte es «Tigersprung ins Vergangene»[1], birgt die Chance, dass sich an ihrer Spur Bewusstsein und angesichts von bildender Kunst vor allem Wahrnehmungsbewusstsein bildet, das auch der Kunst heute zugutekommen könnte. Ich möchte deshalb noch einmal[2] auf die Gegenwärtigkeit des Buchs *Magie. Art et Politique* aufmerksam machen, das Marcel Broodthaers im Jahre 1973 veröffentlichte. Ein kleines Buch, in dem die Aporien der Kunst in ihrem Verhältnis zur Politik eine Form gefunden haben, die diese nicht nur artikuliert, sondern auch pariert. Eine souverän formulierte Widerrede, die aus politischer und künstlerischer Verantwortlichkeit heraus eine konzeptuelle und poetische Form annimmt, eine kritische Poetisierung und eine verantwortliche Form von Kunstbuch, die sowohl den Widersprüchen politischer Kunst als auch den Paradoxien, die die Politik der Kunst ausmachen, auf einem wohltuend hohen Humorniveau Paroli bietet.

WILFRIED DICKHOFF ist freier Autor, Kurator und Verleger und lebt in Köln und New York. Bücher unter anderem *After Nihilism* (Cambridge University Press), *Zur Hermeneutik des Schweigens* (Athenäum) und *Für eine Kunst des Unmöglichen* (Kiepenheuer & Witsch).

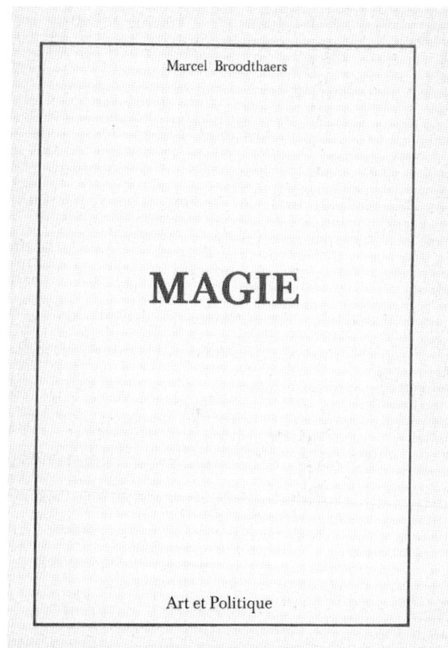

MARCEL BROODTHAERS, Magie. Art et Politique, 1973, cover / Umschlag, Multiplicata, Paris. (ALL PHOTOS: COURTESY MARIE-PUCK BROODTHAERS, BRUXELLES)

Am 25. September 1972 schrieb Marcel Broodthaers einen Brief an Joseph Beuys, der am 3. Oktober desselben Jahres im Feuilleton der *Rheinischen Post,* unter dem Titel «Politik der Magie?» (Untertitel: «Offener Brief von Broodthaers an Beuys / ‹Unsere Beziehung ist schwierig geworden›») veröffentlicht wurde. Am 3. Februar 1973 erschien in Paris das Buch *Magie. Art et Politique.* Im ersten Teil – «Politique» – ist, neben dem Zeitungsartikel, der Brief in Französisch, Deutsch und Englisch abgedruckt. Broodthaers versagt sich jedoch den Kunstgriff des direkten offenen Briefes und schickt Beuys stattdessen Fragmente eines Briefes von Jacques Offenbach an Richard Wagner, die er behauptet, auf einem Dachboden in Köln gefunden zu haben. Er sendet diesen Brief in handgeschriebener Form, die er als «Unterpfand für die Echtheit des Briefes»[3] ausgibt.

In Offenbachs Kritik an Wagners Haltung zum Verhältnis von Kunst und Politik spiegelt sich die von Broodthaers an Beuys, höflich elegant zur literarischen Form sublimiert. Eine Definition der Kunst, die die der Politik mit einschliesst und eine von der Kunst ausgehende politische Magie annimmt, die im sozialen Feld verändernd wirksam ist, also einen «erweiterten Kunstbegriff» im Sinne Beuys', lehnt er ab. Er sieht darin letztlich eine unverantwortliche Verwischung von Kunst und Politik, wie sie in Richard Wagners als Gesamtkunstwerke geschriebenen Musikdramen bereits angelegt war. Seine eigene Haltung sieht er eher in der Nähe des aus Köln stammenden Komponisten Jacques Offenbach, der artistische Operetten der virtuos erotischen Art mit entsprechend tiefer Oberflächenwirkung schuf, und in der Bescheidenheit eines gewissen Hans H., einem Spezialisten der Flötenkomposition, den der Bayernkönig Ludwig II. vom Hof gewiesen hatte, weil er Wagners Opern, vor allem wohl dessen Trockeneismystik, bevorzugte. Broodthaers deutet in diesem Zusammenhang jene fatale Struktur an, die weitgehend alle Versuche verbindet, Kunst und Politik – wie auch immer vermittelt – in der Einheit einer alle Gestaltungsformen umfassenden gesellschaftsverändernden Praxis kurzzuschliessen: Sie reproduzieren genau das, wogegen sie zu opponieren scheinen, sie dienen der Macht, die sie sich einbilden durch Formen mit vermeintlich magischer Wirkung zum Guten hin zu verändern, die sie in Wirklichkeit jedoch, wenn auch in dreist anmassender Naivität meist wider Willen, nur anders dekorieren und beschönigen.

Der zweite Teil des Buchs – «Art» – enthält poetisch formulierte Definitionen von jeweils vier «typischen» Praktiken zweier nicht ganz unverwandter, wenn nicht komplementärer Daseinsformen: «Narziss sein.» und «Künstler sein.» Broodthaers führt die Komplementarität von Narzissmus und Künstlersein vor Augen, indem er eine lexikalische Form wählt, die durch ihre Verwandtschaft mit Flauberts *Wörterbuch der Gemeinplätze* als Zugabe einen Gegensinn evoziert und indem er diese Form mit konzeptuell verfeinerten Sprachbildern unterläuft.

Begleitet wird dieses sozio-poetische Sprachbild von Zaubertafeln, deren Prinzip unterhalb ihrer Abbildung angegeben wird: «Die Zaubertafel beruht auf folgendem Prinzip: Jede Beschriftung wird durch einfaches Herausziehen der Tafel gelöscht. Sie bleibt aber unsichtbar auf einem Film im Innern der Vorrichtung graviert.» Die Zaubertafeln hat Broodthaers mit seinen Initialen signiert, die von Abbildung zu Abbildung weiter nach oben verschoben erscheinen. Auf der letzten Tafel ist die Signatur auf der Oberfläche verschwunden, auf der zugrundeliegenden Folie aber unsichtbar präsent. In einer Notiz zu seiner Ausstellung «La signature de l'artiste», in der vor allem Variationen von signierten Zaubertafeln zu sehen waren, verweist Broodthaers darauf, dass Sigmund Freud diese als Gleichnis zur Erläuterung des «Mechanismus Bewusstsein/Unterbewusstsein»[4] verwendet hat. Ein Hinweis auf Broodthaers' kritisch poetische Dekonstruktion der Signatur als Zeichen von Autorenschaft (das den Kunstgegenstand als Kunst konstituiert[5])), die er in Form von Signaturkompositionen und Vexierbildern aus Sprachbild und Bildsprache auftauchen und verschwinden lässt, um sie schliesslich als Kunstfigur – in eine Blickbewegung zwischen Anwesenheit und Abwesenheit versetzt – neu zu erfinden, ohne sie, und mit ihr das bürgerliche Künstler-Subjekt, «dessen Rolle der Fabrikation eines Mythos dient»[6], künstlich wiederzubeleben.

Magie. Art et Politique geht als für sich stehende Buchform über die Bedeutungsmöglichkeiten, die ich andeutete, hinaus. Broodthaers formuliert an der Grenze der Dinge, «da wo die Welt der bildenden Künste und die Poesie sich vielleicht, ich würde nicht unbedingt sagen treffen können, aber an der genauen Grenzlinie, in der sie beide aufgehen»[7]. Wie in nahezu all seinen Arbeiten konterkariert er auch hier wechselseitig die Präsentation von Bedeutung (Text) und die Präsentation von Formen

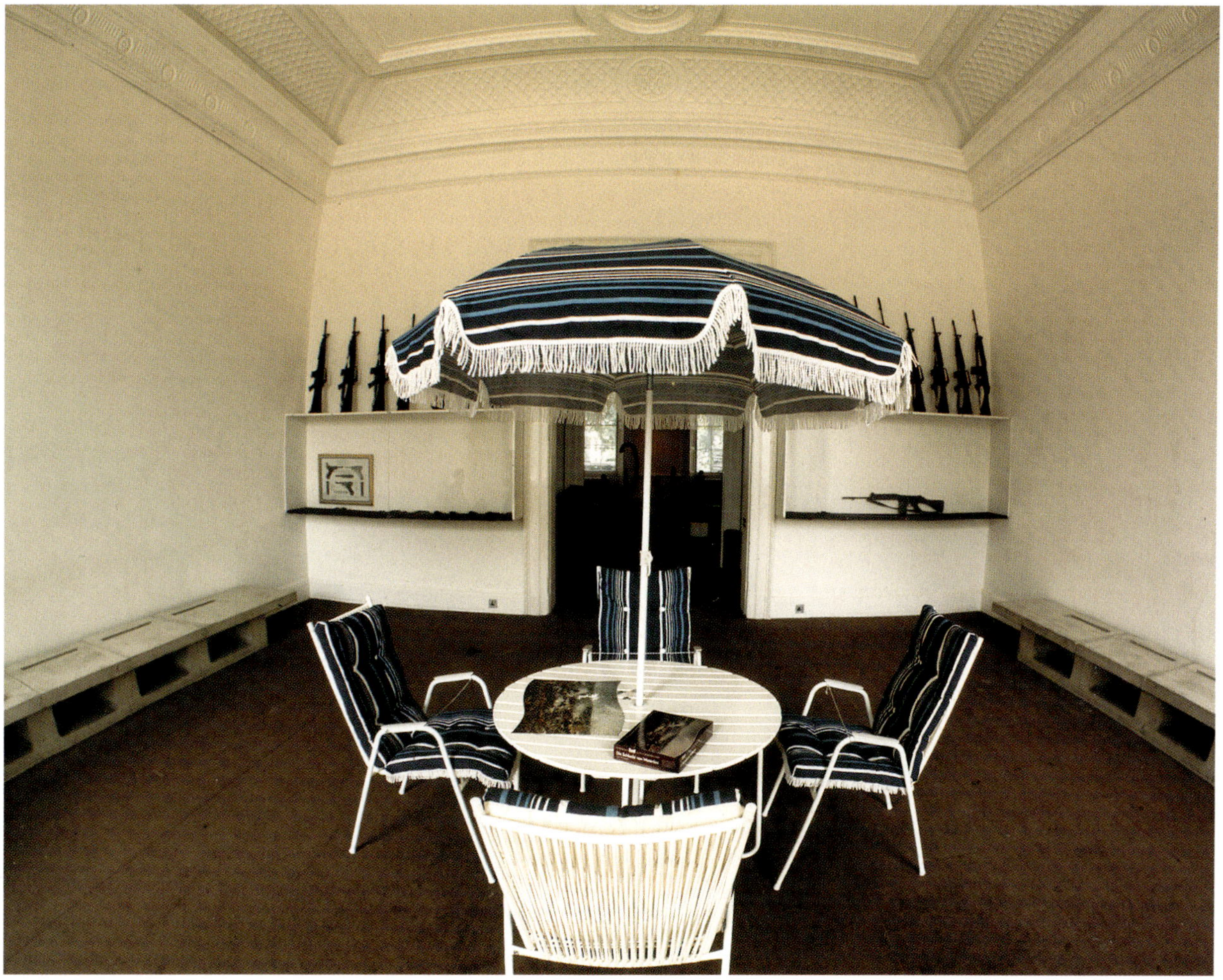

MARCEL BROODTHAERS, SALLE XXe SIÈCLE (Twentieth-Century Room / Raum Zwanzigstes Jahrhundert), 1975, exhibition view / Ausstellungsansicht "Décor", ICA New Gallery, London.

(Bild). Bilder und Wörter erfahren einen ständigen Austausch, ein wechselseitiges Ein- und Ausblenden. Broodthaers versetzt den Text als Bild und das Bild als Text in ein Oszillieren, eine Grenzen auflösende Schwingung, begleitet von der *high definition* eines Distinkten[8)], der präzisen Unterscheidung einer Ausnahme. Eine «Kunst der Zerstreuung»[9)] im Hinblick auf die Erfindung eines neuen Alphabets[10)]? ... Die Räume, die Broodthaers eröffnet, legen Denkbilder von Leerstellen nahe, Leerstellen in der Signifikantenstruktur. Er inszeniert eine Hermeneutik des Schweigens, in der die Worte und die Formen, das Sagbare und das Unsagbare, das Sichtbare und das Unsichtbare distinkte Beziehungen eingehen. All dies geschieht, und das ist entscheidend, denn hier scheiden sich die Geister, im Hinblick auf die Konstruktion einer abstrakten Form[11)], die in sich trägt, worum es geht, in der Kunst und im wirklichen Leben. Im Fall von *Magie. Art et Politique* wird ein Buch zu einer abstrakten Form. Einschreibungen von Bedeutung, von Erzählerischem und von kritisch analytischem Denken und die nackte Präsenz von Sichtbarkeiten und Denkbildern, die jedem Sinn widerstehen, nehmen die abstrakte Form einer Abweichung an, zum Beispiel «die Abweichung, die das Material der Repräsentation hinzufügt»[12)].

Marcel Broodthaers war sich Mitte der 70er Jahre darüber im Klaren, dass die Immanenz des Spektakels Ausmasse einer Totalität angenommen hat, die nicht mehr überschreitbar ist und der die Stereotypen der Subversion und die Konventionen der Destruktion nicht mehr gewachsen sind. Er arbeitete in dem Bewusstsein, dass die künstlerische Tätigkeit, vom Augenblick ihrer Rezeption und Zirkulation im Kunstbetrieb an, der «Gipfel der Inauthentizität»[13)] ist, der er mit einer Kunst als «authentische Form der Infragestellung von Kunst»[14)] antwortete. Solche Formen bestimmter Negation zeichneten sich für Broodthaers dadurch aus, dass sie auch und vor allem «auf der Ebene des Werkes ... in sich selbst die Negation der Situation enthalten, in der sie sich befinden»[15)]. Weder Maler noch Geiger[16)], hat er zu seinem «Gebrauch Instrumente hergestellt, «um die Mode in der Kunst zu begreifen, ihr zu folgen und schliesslich eine Definition von Mode zu suchen»[17)]. Dabei fand er unter anderem die Modestruktur der

MARCEL BROODTHAERS, L'Angelus de Daumier, 1975, page from the catalog / Seite aus dem Katalog.

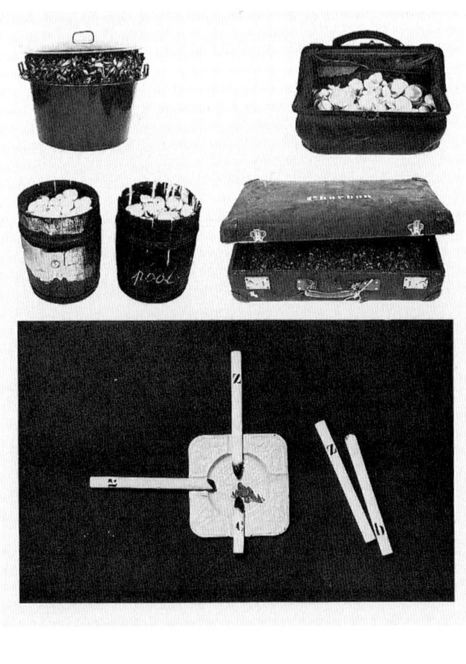

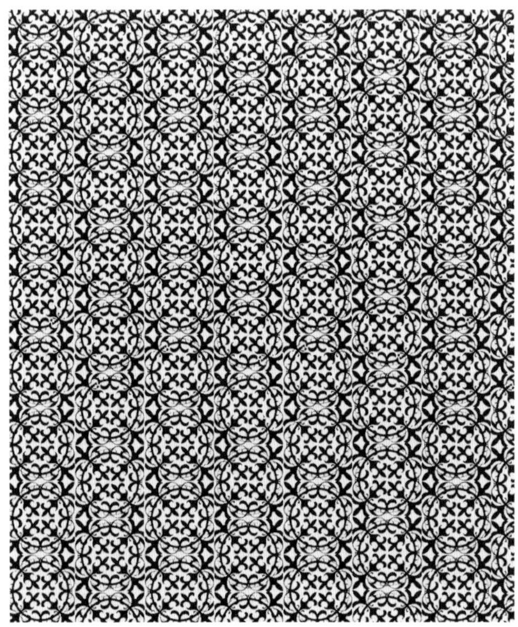

Kunst, die ewige Wiederkehr des Neuen, innerhalb derer er seine kritisch poetische Praxis als «schuldig innerhalb der 'Kunst als Sprache' und unschuldig innerhalb der Sprache als Kunst»[18] empfand. In seinem «Musée d'Art Moderne», das er als ein Museum des Sinns verstanden wissen wollte, hat er, eine institutionskritisch vermittelte Gegenwärtigkeit des beredten Schweigens der Lyrik Stéphane Mallarmés vor Augen führend, unter anderem einen Hohlspiegel «des Gegensinns»[19] aufgehängt, in der Hoffnung, dass der Betrachter das Risiko auf sich nimmt – einen Augenblick lang –, «sich nicht mehr so wohl in seinem Sinn zu fühlen»[20]. Die Frage, «ob die Kunst anders und anderswo existiert als auf der Ebene der Negation»[21], bleibt bei Broodthaers allerdings immer offen, das heisst zu erforschen. So geschehen in dieser Buchform, in der die Paradoxien politischer Kunst und der Politik der Kunst weder harmonisiert noch beschönigt, sondern unversöhnt ausgetragen werden und in der die Inhalte, die Fragwürdigkeit einer Kunst als Politik der Magie (Teil 1) sowie konstitutive Aspekte einer der Kunst eigenen Politik (Teil 2), nicht nur zu Wort und Bild kommen, sondern auch poetisch überschritten werden. Eine abstrakte Buchform, eine verantwortliche Form, die ihre Inhalte als Substanz in sich trägt, ohne sie zu illustrieren oder zu repräsentieren. *Magie. Art et Politique* ist eine nicht gleichgültige immanente Transzendenz, der in eins Fluchtlinien skeptisch kunst- und institutionskritischer Negation und Züge poetisch wie poetologisch insistierender, nichtaffirmativer Bejahung eingeschrieben sind.

Jeden direkten Bezug zwischen Kunst und Botschaft lehnte Broodthaers ab, besonders «wenn diese Botschaft eine politische ist»[22]. Aber gerade weil er die wesentliche Gleichgültigkeit der Kunst gegenüber dem wirklichen Leben und deren Politiken in Rechnung stellte, verhielt er sich auch politisch und kunstpolitisch äusserst reflektiert und verantwortlich. So bestand er bei seiner letzten Ausstellung in Paris – «L'Angelus de Daumier» – darauf, «eine Wahl zu manifestieren»[23]. Als symbolische Geste der Solidarität mit den Demokraten in Spanien liess Broodthaers die Eröffnung seiner Ausstellung eine halbe Stunde früher als üblich unterbrechen. Das Aussetzen einer Kunstveranstaltung, eine Leerstelle im Kunstbetrieb im Namen eines politisch Realen. Eine schöne, bescheidene, der Unmöglichkeit einer politischen Stimme im Kontext «Kunst» angemessene politische Note.

Die grossartigen Räume, die Broodthaers am Ende seines Lebens unter dem Namen «Décor» inszenierte, atmen eine weitergehende distinkte «Po~~li~~étique». Die explizit «Décor. A Conquest by Marcel Broodthaers» betitelte Ausstellung im ICA, London, 1975, hat eine überraschende Direktheit. Das Thema – die Beziehung zwischen Krieg und Komfort – hat Broodthaers ausdrücklich benannt. Objekte, bei denen er selbst Hand angelegt hat, zeigt er hier nicht, stattdessen zwei Raumkompositionen, bestehend aus Leihgaben. Die beiden Räume, SALLE XIXTH SIÈCLE und SALLE XXTH SIÈCLE, repräsentieren das Verhältnis zwischen Krieg und (nicht nur seiner) Einrichtung jeweils für das 19. und 20. Jahrhundert. Er verstand diese Manifestation als die Eroberung eines Raums[24]. Das Wort Installation lehnte er weitgehend ab. Seine Arbeit integrierte sich nicht, sie passte sich weder ein noch an. Stattdessen besetzte sie einen Raum mit einer für sich stehenden und sich von der Situation, in der sie sich befindet, kritisch absetzenden Form. In dieser sah Broodthaers allerdings nicht mehr ein nur für sich stehendes Kunstwerk, sondern ein «Dekor» in einem Kunst als Kunst überschreitenden Sinne. Die Raumkompositionen zum Verhältnis von Krieg und Komfort verwandte er als Kulisse für seinen letzten Film, THE BATTLE OF WATERLOO, einer anderen folgenreichen Eroberung ... Aber mehr noch, mit dem «Esprit ‹décor›», den Broodthaers seinen späten Sälen mitgab, vefolgte er das Ziel: «de restituer à l'objet ou à la peinture une fonction réelle. Le décor n'étant pas une fin en soi.»[25]

«Décor» ist eine Restitution des Objekts oder der Malerei in einer realen Funktion, der Versuch, «nützliche Objekte»[26] herzustellen und der Kunst damit ein neues Realitätsgewicht, eine Funktion des Realen zurückzugeben. Diese kann nur in einem «Dekor» bestehen, der von der Funktion des Designs, dieser Beschönigung des Kapitals, dem ökonomischen Regisseur allen Redens und Schweigens, befreit wäre und der Einrichtung anderer, gerechterer Verhältnisse diente ... oder nicht? Eine Kunst, die sich

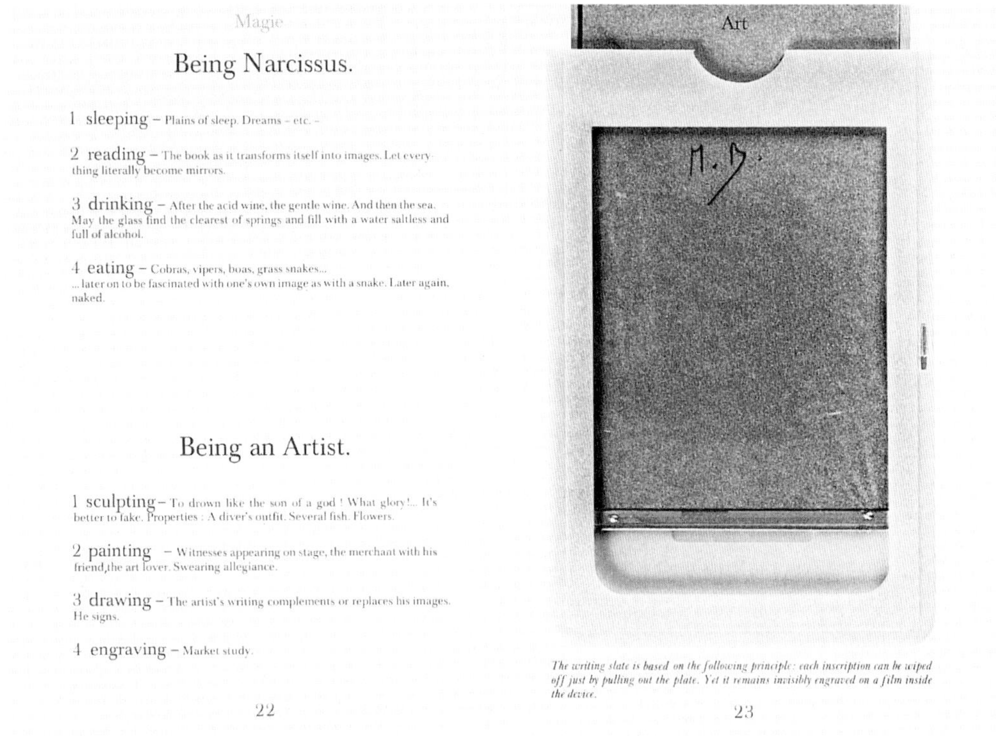

Magie

Being Narcissus.

1 sleeping – Plains of sleep. Dreams – etc. –

2 reading – The book as it transforms itself into images. Let every thing literally become mirrors.

3 drinking – After the acid wine, the gentle wine. And then the sea. May the glass find the clearest of springs and fill with a water saltless and full of alcohol.

4 eating – Cobras, vipers, boas, grass snakes...
...later on to be fascinated with one's own image as with a snake. Later again, naked.

Being an Artist.

1 sculpting – To drown like the son of a god ! What glory!... It's better to fake. Properties : A diver's outfit. Several fish. Flowers.

2 painting – Witnesses appearing on stage, the merchant with his friend, the art lover. Swearing allegiance.

3 drawing – The artist's writing complements or replaces his images. He signs.

4 engraving – Market study.

22

Art

The writing slate is based on the following principle: each inscription can be wiped off just by pulling out the plate. Yet it remains invisibly engraved on a film inside the device.

23

MARCEL BROODTHAERS, Magie. Art et Politique, 1973, double page with magic writing slate / Doppelseite mit Zaubertafel.

einem solchen «Geist von Dekor» verschreibt, ist eine Kunst des Unmöglichen, schwankend zwischen ihrem Wunsch nach Selbstabschaffung und ihrem Insistieren auf der sozialen Funktion ihrer a-sozialen Autonomie. «Décor» ist ein Austragen dieser widersprüchlichen Fluchtlinien, eine Form von Raumeroberung, die die zerrissene Kommunikation, zwischen einer *Entwerkung* und einer Form, in der diese sich fasst, poetisch *pariert* ... eine immanente Transzendenz der schönsten Art.

1) Walter Benjamin, «Über den Begriff der Geschichte», in: *Gesammelte Schriften*, I.2, Suhrkamp, Frankfurt am Main 1974, S. 701.
2) Siehe: *Marcel Broodthaers Box*, hg. v. Wilfried Dickhoff, Tinaia 9 Verlags GmbH, Köln 1994.
3) Marcel Broodthaers, *Magie. Art et Politique*, Multiplicata, Paris 1973, S. 7, 9 u. 13.
4) Abgebildet in: *Marcel Broodthaers – Le poids d'une œuvre d'art*, hg. v. Wilfried Dickhoff, Tinaia 9 Verlags GmbH, Köln 1994, S. 140–141.
5) Siehe *Marcel Broodthaers, Kunst Heute Nr. 12*, hg. v. Wilfried Dickhoff, Kiepenheuer & Witsch, Köln 1994, S. 104.
6) Ebd., S. 160.
7) Ebd., S. 151.
8) Vgl. hierzu: Jean-Luc Nancy, *Am Grund der Bilder*, Diaphanes Zürich/Berlin 2006.
9) *Marcel Broodthaers, Kunst Heute Nr. 12*, op. cit., S. 149.
10) Siehe ebd.
11) Siehe ebd., S. 121.
12) Ebd.
13) Ebd., S. 127.
14) Ebd.
15) Ebd., S. 92.
16) Ebd., S. 124.
17) Ebd.
18) Ebd., S. 119.
19) Ebd., S. 129.
20) Ebd., S. 124.
21) Ebd., S. 129.
22) Ebd., S. 122.
23) Ebd., S. 164.
24) Der Begriff «Raumeroberung» erscheint zum Beispiel im Titel des Buchs, das Marcel Broodthaers kurz vor seinem Tode fertigstellte. Siehe: Marcel Broodthaers: *La Conquète de l'espace. Atlas à l'usage des artistes et des militaires* (Die Eroberung des Raums. Atlas zum Gebrauch für Künstler und Militärs), Brüssel 1975.
25) Marcel Broodthaers: «Notes sur le sujet», in: *L'Angelus de Daumier*, Centre Pompidou, Paris 1975.
26) *Marcel Broodthaers*, Kunst Heute Nr. 12, hg. v. Wilfried Dickhoff, Kiepenheuer & Witsch, Köln 1994, S. 120.

MAGIE. ART ET POLITIQUE.
On the Nowtime of a Book by Marcel Broodthaers Published in 1973

WILFRIED DICKHOFF

Taking hold of the *nowtime*[1] of a past time, by conjuring up a particular memory, in a moment of danger for instance—Walter Benjamin called it a "tiger's leap into the past"[2]—means picking up a scent that allows consciousness and, in the context of art, a consciousness of perception to form that could be of benefit to art today. I should therefore like, once again,[3] to draw attention to the presentness of the book *Magie. Art et Politique* that Marcel Broodthaers published in 1973: a little book in which the aporia of art in relation to politics have acquired a form that not only articulates but also p a r r i e s them. A masterfully formulated riposte, that—by shouldering its own political and artistic responsibility—has taken on a conceptual and poetic form, a critical poeticization and a responsible form of art book that enlists a refreshingly high level of humor to foil not only the contradictions of political art but also the paradoxes that characterize the politics of art.

On 25 September 1972 Marcel Broodthaers wrote a letter to Joseph Beuys that was published soon afterwards (3 October) in the arts pages of the *Rheinische Post* with the headline "Politics of

WILFRIED DICKHOFF, independent critic, curator and publisher, lives in Cologne and New York. Books include *After Nihilism, Zur Hermeneutik des Schweigens,* and *Für eine Kunst des Unmöglichen.*

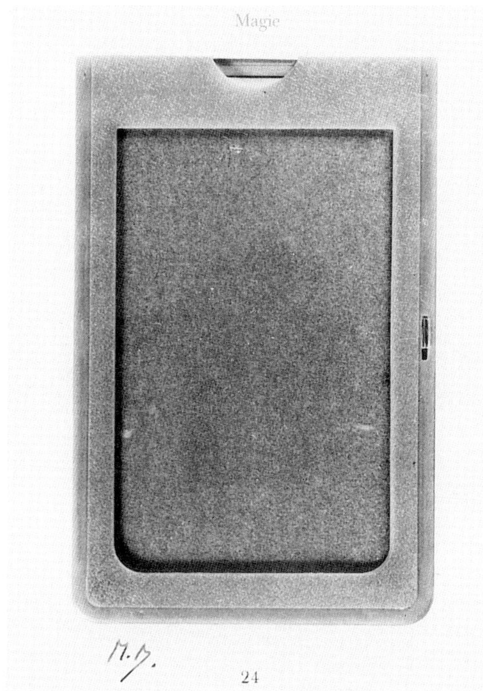

MARCEL BROODTHAERS, Magie. Art et Politique, 1973, magic writing slate / Zaubertafel.

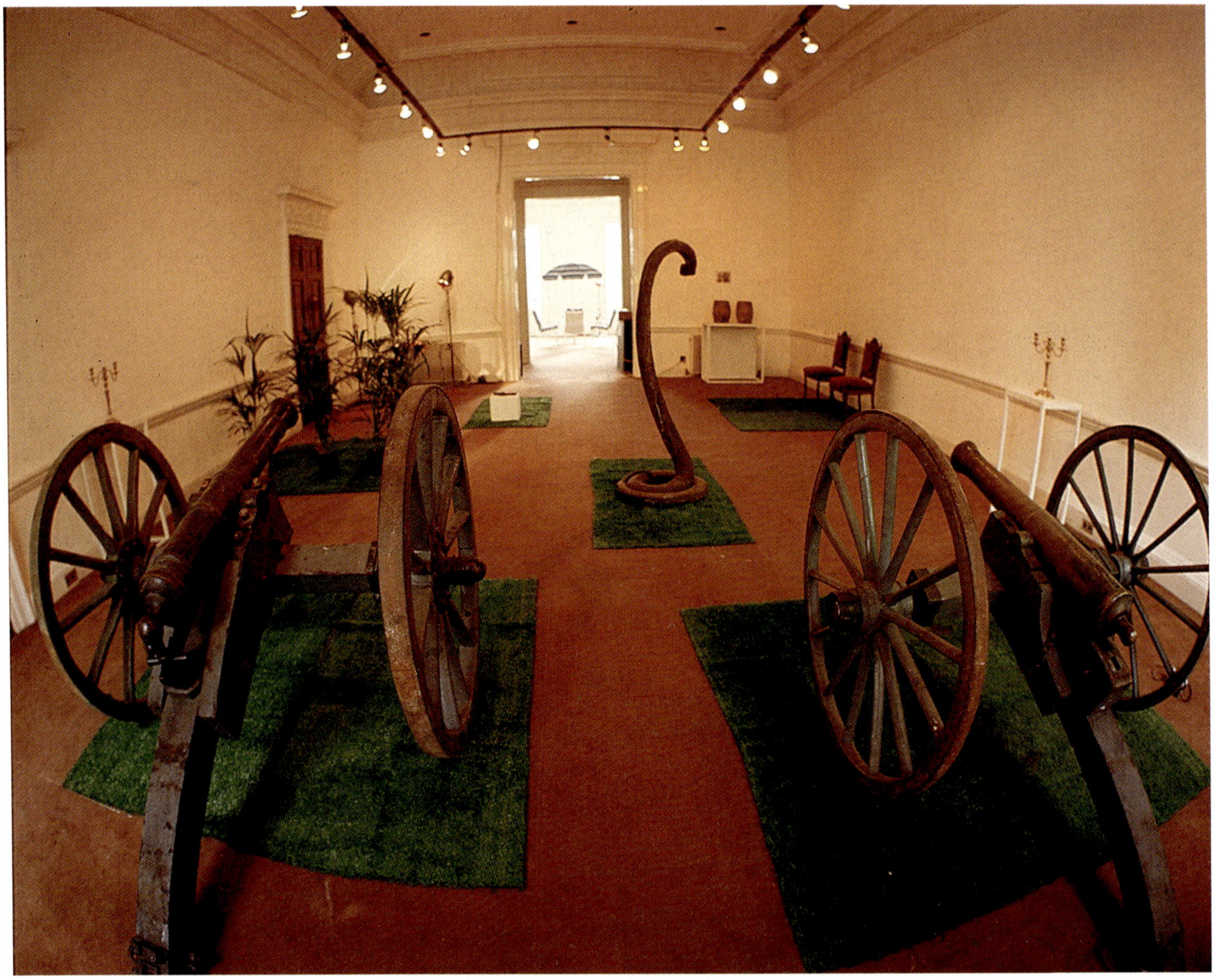

MARCEL BROODTHAERS, SALLE XIXe SIÈCLE (Nineteenth-Century Room / Raum Neunzehntes Jahrhundert), 1975, exhibition view / Ausstellungsansicht "Décor", ICA New Gallery, London.

Magic?" (and the subheading: "Open Letter from Broodthaers to Beuys / 'Our Relationship Has Become Difficult'"). On 3 February 1973, the book *Magie. Art et Politique* was published in Paris. The first part—"Politique"—contains facsimiles of the hand-written letter in French, German, and English along with the letter as it appeared in the newspaper. However, Broodthaers chooses not to use the device of a direct open letter; instead he sends Beuys fragments of a letter from Jacques Offenbach to Richard Wagner, which he claims to have found in an attic in Cologne. He sends it as a hand-written document, which is meant to vouch for "the authenticity of the letter."[4)]

Offenbach's critique of Wagner's attitude to the relationship of art and politics mirrors Broodthaers' own criticism of Beuys, politely and elegantly sublimated in a literary form. He rejects a definition of art that incorporates a definition of politics and adopts an art-induced political magic that has the capacity to change the social fabric, that's to say, an "extended concept of art" as proposed by Joseph Beuys. Broodthaers regards this as an irresponsible blurring of art and politics, of the kind that already existed in Richard Wagner's music dramas, which were conceived as *Gesamtkunstwerke.* He himself feels a greater affinity with the Cologne-born composer Jacques Offenbach, who wrote operettas of virtuoso and erotic artistry that make a correspondingly profound superficial impact, and with the modesty of a certain Hans H., a specialist in music for the flute, whom the Bavarian King Ludwig II banished from his court because he preferred the dry-ice mysticism of Wagner's operas. It is in this connection that Broodthaers outlines the fatal structure that essentially links all attempts to short-circuit art and politics—whatever the media used for the purpose—within the framework of a praxis that embraces all creative forms and seeks to change society: these endeavors reproduce exactly what they appear to oppose, they serve the powers that they fondly imagine can be changed for the better through the supposedly magical influence of certain artistic forms, whereas in reality all they do—generally inadvertently and with blatantly self-important naivety—is embellish and beautify these powers in some other way.

The second part of the book—"Art"—contains poetic definitions of four "typical" practices of two not entirely unrelated and perhaps even complementary forms of existence: "Being a Narcissus" and "Being an Artist." Broodthaers demonstrates the complementary features of narcissism and the artist's existence by choosing a lexical form whose affinity with Flaubert's *Dictionary of Accepted Ideas* additionally evokes a counter-meaning, and by undermining this form with conceptually refined word-pictures.

This socio-political word-picture is accompanied by magic writing slates, whose principle is explained underneath the reproductions: "The magic writing slate works as follows: writing can be erased simply by pulling out the slate. But it will remain hidden from sight, engraved on a film deep inside the device." Broodthaers signed the magic writing slates with his initials, placed ever higher from one reproduction to the next. When it comes to the last, the signature has disappeared from the surface, but is invisibly present on the film underneath. In a note for his exhibition "La signature de l'artiste," which consisted predominantly of variations on signed magic writing slates, Broodthaers reminds readers that Sigmund Freud used this as a simile to explain the "conscious/ subconscious mechanism."[5)] This is indicative of Broodthaers' critically poetic deconstruction of the signature as a sign of authorship, which constitutes the art object as art.[6)] He causes it to appear and disappear in the form of signature compositions and optical puzzles consisting of word-pictures and visual language, which he reinvents as art figures caught in a gaze, moving between presence and absence. But he doesn't artificially revive the signature, along with its bourgeois artist-subject, "whose role serves the fabrication of a myth."[7)]

Magie. Art et Politique, a book-form in its own right, has a much wider range of potential meanings than those I have just touched on. In it, Broodthaers formulates ideas that are on the margins of things, "at the place where the world of the visual arts and poetry may perhaps, I wouldn't call it meet, but converge on the exact dividing line that absorbs both."[8)] As in almost all his works the presentation of meaning (text) and the presentation of forms (image) undermine each other. Images and words constantly interact, mutually fading in and out. Broodthaers causes the text as image and the image as text to oscillate, to vibrate, breaking down all boundaries, accompanied by the high definition of the Distinct,[9)] precisely marking out an exception. An "art of distraction"[10)] involving the invention of a new alphabet?[11)] The spaces that Broodthaers opens evoke mental images of voids—voids in the structure of the significants. He sets up a hermeneutics of silence (non-speaking), in which words and forms, the sayable and the

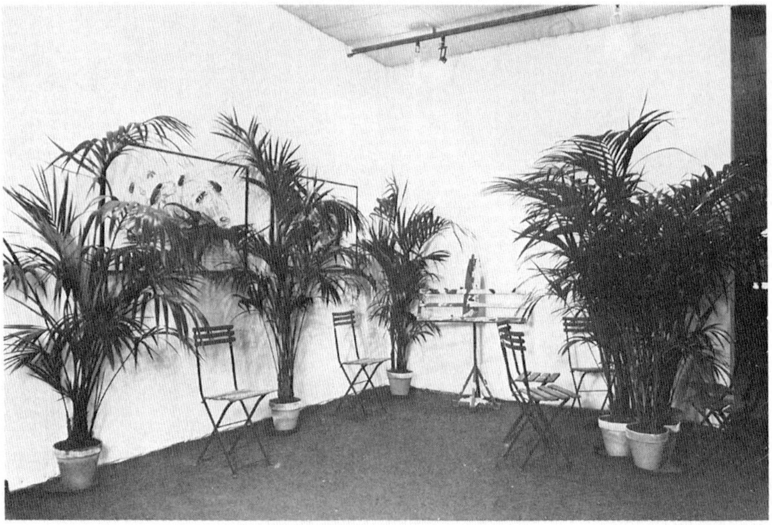

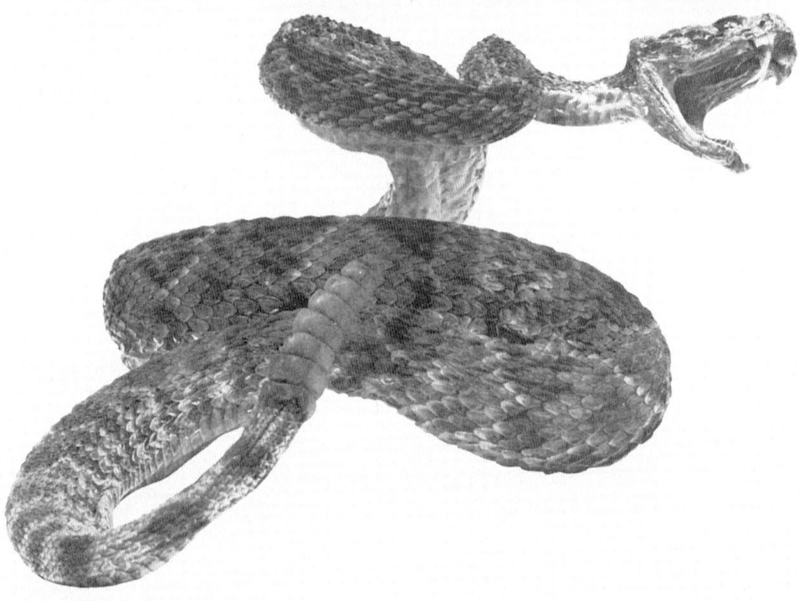

MARCEL BROODTHAERS, L'Angelus de Daumier, 1975, page from the catalog with exhibition view / Seite aus dem Katalog mit Ausstellungsansicht.

unsayable, the visible and the invisible, enter into distinct relationships. All this happens—and that is crucial, because opinions differ when it comes to constructing an abstract form[12)] that encompasses what both art and real life are about. In the case of *Magie. Art et Politique,* a book becomes an abstract form. Inscriptions of meaning, of narrative and of critical, analytical thinking and the bald presence of visibilities and mental images that resist sense at all costs, take on the abstract form of a deviation, for instance "the deviation that the material adds to the representation."[13]

By the mid-seventies, Marcel Broodthaers was certain that the immanence of the spectacle had taken on the dimensions of a totality that could no longer be surpassed nor countered by the stereotypes of subversion and the conventions of destruction. He worked in the conviction that from the moment a work of art is received and subsequently circulated in the art business, all artistic activity was the "height of inauthenticity."[14] To which his answer was: art as "an authentic form of questioning art."[15] Such forms of specific negation were characterized, in Broodthaers' eyes, by the fact that above all "on the level of the work...they also contain within them the negation of the situation in which they find themselves."[16] Neither a painter nor a violinist,[17] he "created for his own use instruments with which to comprehend fashion in art, to follow it and ultimately to seek a definition of fashion."[18] In doing so, he found, amongst other things, the fashion structure of art, the eternal recurrence of the new, within which he came to regard his own critical poetic praxis as "blameworthy within 'art as language' and blameless within language as art."[19] In his "Musée d'Art Moderne" (1969), which he intended as a museum of meaning, he hung a concave mirror of "antithetical meaning,"[20] presenting the eloquent silence of Stéphane Mallarmé's poetry in the context of institutional critique, in the hope that the viewer would—for just one moment—accept the risk of "not feeling so at home in its meaning."[21] However, Broodthaers does not answer but ceaselessly investigates the question "as to whether art exists differently and elsewhere other than on the level of negation."[22] And he does so in this book-form, in which the paradoxes of political art and the politics of art are neither rendered harmonious nor prettified, but are conveyed in their unreconciled state, and in which the two main themes, namely the questionability of art as a politics of magic (Part I) and constitutive aspects of a politics intrinsic to art (Part II) not only materialize as words and images but are also poetically transcended. An abstract book-form, a responsible form that carries its contents within it as substance, without illustrating or representing them. *Magie. Art et Politique* is not an indifferent, immanent transcendence, into which vanishing lines of skeptical negation that critique both art and institutions are inscribed, as well as elements of poetic and poetologically insistent, non-affirmative affirmation.

Broodthaers resisted any kind of direct connection between art and message, particularly "if this message is political."[23] But precisely because he took into account the essential indifference of art towards real life and its politics, he was himself extremely thoughtful and responsible both in his own political attitudes and with regard to the politics of art. Accordingly, at his last exhibition in Paris, "L'Angelus de Daumier," he insisted on "manifesting a choice."[24] As a symbolic gesture of solidarity with the Democrats in Spain, Broodthaers brought the opening to a close half an hour earlier than usual. The shutting down of an art event, a void in the art

MARCEL BROODTHAERS, L'Angelus de Daumier, 1975, page from the catalog / Seite aus dem Katalog.

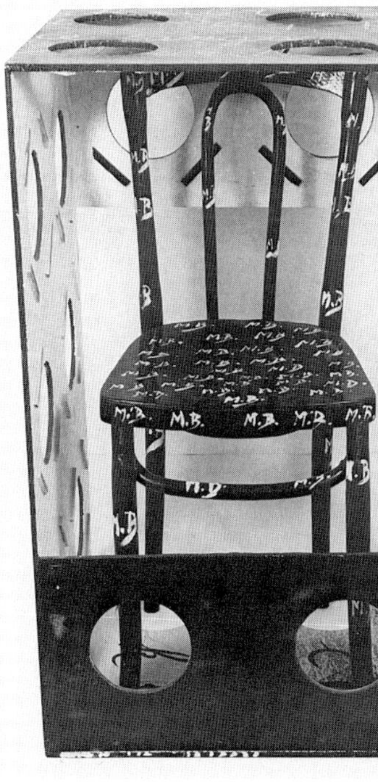

business in the name of a political reality. A pleasing, modest political touch in keeping with the impossibility of a political voice within the context of "art."

The stunning spaces that Broodthaers created towards the end of his life in the name of "décor" breathe an enduringly distinct "poliétique." The exhibition at the ICA in London in 1975, explicitly titled "Décor. A Conquest by Marcel Broodthaers" had an astonishing directness. Broodthaers expressly stated the theme of the exhibition—the relationship between war and comfort. Instead of objects that he had a hand in making, he composed two spaces, consisting entirely of loans. The two rooms—SALLE XIXTH SIÈCLE and SALLE XXTH SIÈCLE—represent the relationship between war and (not only its) accoutrements in the nineteenth and twentieth centuries. Broodthaers regarded this manifestation as the conquest of a space.[25] The word installation was generally not to his liking. His work was not integrated; it neither fitted nor fitted in. Instead it occupied a space with a form that existed in its own right and critically set itself apart from the situation it found itself in. Broodthaers regarded a piece of this kind not as an independent work of art but as a "décor" that goes beyond art as art. Broodthaers then used his spatial compositions exploring the relationship between war and comfort as the set for his last film, THE BATTLE OF WATERLOO, about a different successful conquest… but more than that, with the "esprit 'décor'," that Broodthaers introduced into his late rooms, he was pursuing his intention "de restituer à l'objet ou à la peinture une fonction réelle. Le décor n'étant pas une fin en soi."[26]

"Décor" is about giving the object or the painting a real function again, an attempt to create "useful objects"[27] and thereby to give art a new weight of reality, a function of the real. This can only happen in a "décor" that is liberated from the function of design, this prettification of capital, the financial director of all speaking and non-speaking, and that serves the establishment of different, fairer conditions… Right? Art committed to such a "spirit of décor" is an art of the impossible, torn between the desire to abolish itself and its insistence on the social function of its a-social autonomy. "Décor" is the implementation of just such contradictory vanishing lines, a way of conquering space that poetically parries the broken communication between *desœuvrement* and the form that it takes… an immanent transcendence of the most beautiful kind.

(Translation: Fiona Elliott)

1) Concerning the translation of *Jetztzeit* into English: Harry Zohn suggests "presence of the now," others favor the "here-and-now" (e.g., Dennis Redmond, at HYPERLINK "http://www.efn.org/~dredmond/Theses_on_History.PDF" http://www.efn.org/~dredmond/Theses on_History.PDF). However, there seems to be no real reason not to translate it literally as "nowtime" which has the same ring in both German and English.
2) Walter Benjamin, "Theses on the Philosophy of History," in *Illuminations, Essays and Reflections*, transl. by Harry Zohn (New York: Schocken Books, 1968), p. 261.
3) See *Marcel Broodthaers Box*, ed. by Wilfried Dickhoff (Cologne: Tinaia 9 Verlags GmbH, 1994).
4) Marcel Broodthaers, *Magie. Art et Politique* (Paris: Multiplicata, 1973), pp. 7, 9, and 13.
5) Reproduced in *Marcel Broodthaers—Le poids d'une œuvre d'art*, ed. by Wilfried Dickhoff (Cologne: Tinaia 9 Verlags GmbH, 1994), pp. 140–41.
6) See *Marcel Broodthaers, Kunst Heute Nr. 12*, ed. by Wilfried Dickhoff (Cologne: Kiepenheuer & Witsch, 1994), p. 104.
7) Ibid., p. 160.
8) Ibid., p. 151.
9) Cf. Jean-Luc Nancy, *The Ground of the Image*, Fordham University Press, 2005.
10) *Marcel Broodthaers, Kunst Heute Nr. 12* (see note 6), p. 149.
11) Ibid.
12) Ibid., p. 121.
13) Ibid.
14) Ibid., p. 127.
15) Ibid.
16) Ibid., p. 92.
17) Ibid., p. 124.
18) Ibid.
19) Ibid., p. 119.
20) Ibid., p. 129.
21) Ibid., p. 124.
22) Ibid., p. 129.
23) Ibid., p. 122.
24) Ibid., p. 164.
25) The concept of "conquering space" first appears in the title of the book that Marcel Broodthaers finished shortly before his death. See Marcel Broodthaers, *La Conquète de l'espace. Atlas à l'usage des artistes et des militaires* ("The Conquest of Space: Atlas for Use by Artists and the Military," 1975).
26) Marcel Broodthaers. "Notes sur le sujet," in *L'Angelus de Daumier* (Paris: Centre Pompidou, 1975).
27) *Marcel Broodthaers, Kunst Heute Nr. 12,* ed. by Wilfried Dickhoff (Cologne: Kiepenheuer & Witsch, 1994), p. 120.

Jennifer Allora & Guillermo Calzadilla

Jennifer Allora, born 1974 in Philadelphia, and Guillermo Calzadilla, born 1972 in Havana, live and work in Puerto Rico.
Jennifer Allora, geboren 1974 in Philadelphia, und Guillermo Calzadilla, geboren 1972 in Havanna, leben und arbeiten in Puerto Rico.

Dominique Gonzalez-Foerster

Dominique Gonzalez-Foerster, born 1965 in Strasbourg, France, lives and works in Paris and Rio de Janeiro.
Dominique Gonzalez-Foerster, geboren 1965 in Strassburg, lebt und arbeitet in Paris und Rio de Janeiro.

Mark Grotjahn

Mark Grotjahn, born 1968 in Pasadena, California, lives and works in Los Angeles.
Mark Grotjahn, geboren 1968 in Pasadena, Kalifornien, lebt und arbeitet in Los Angeles.

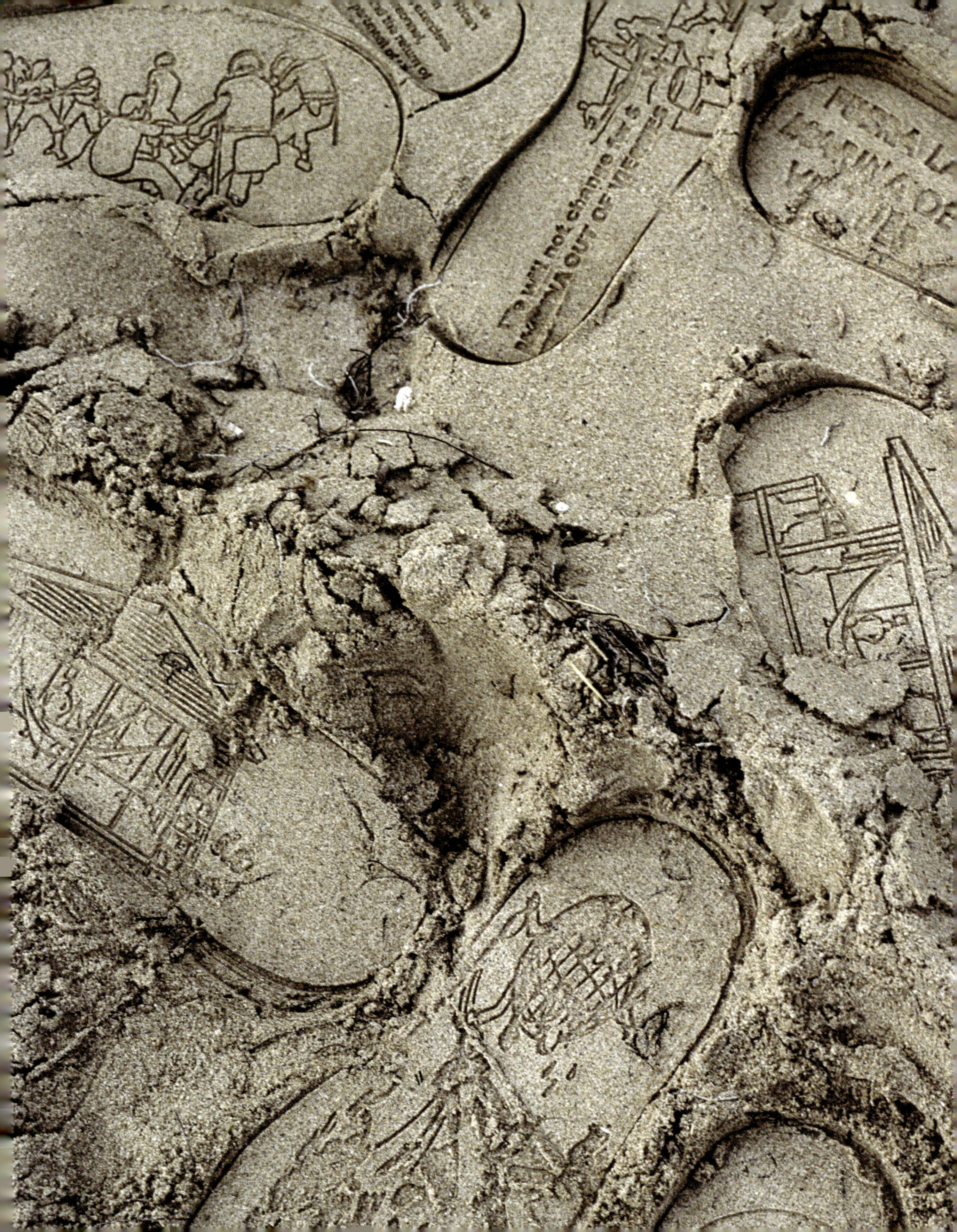

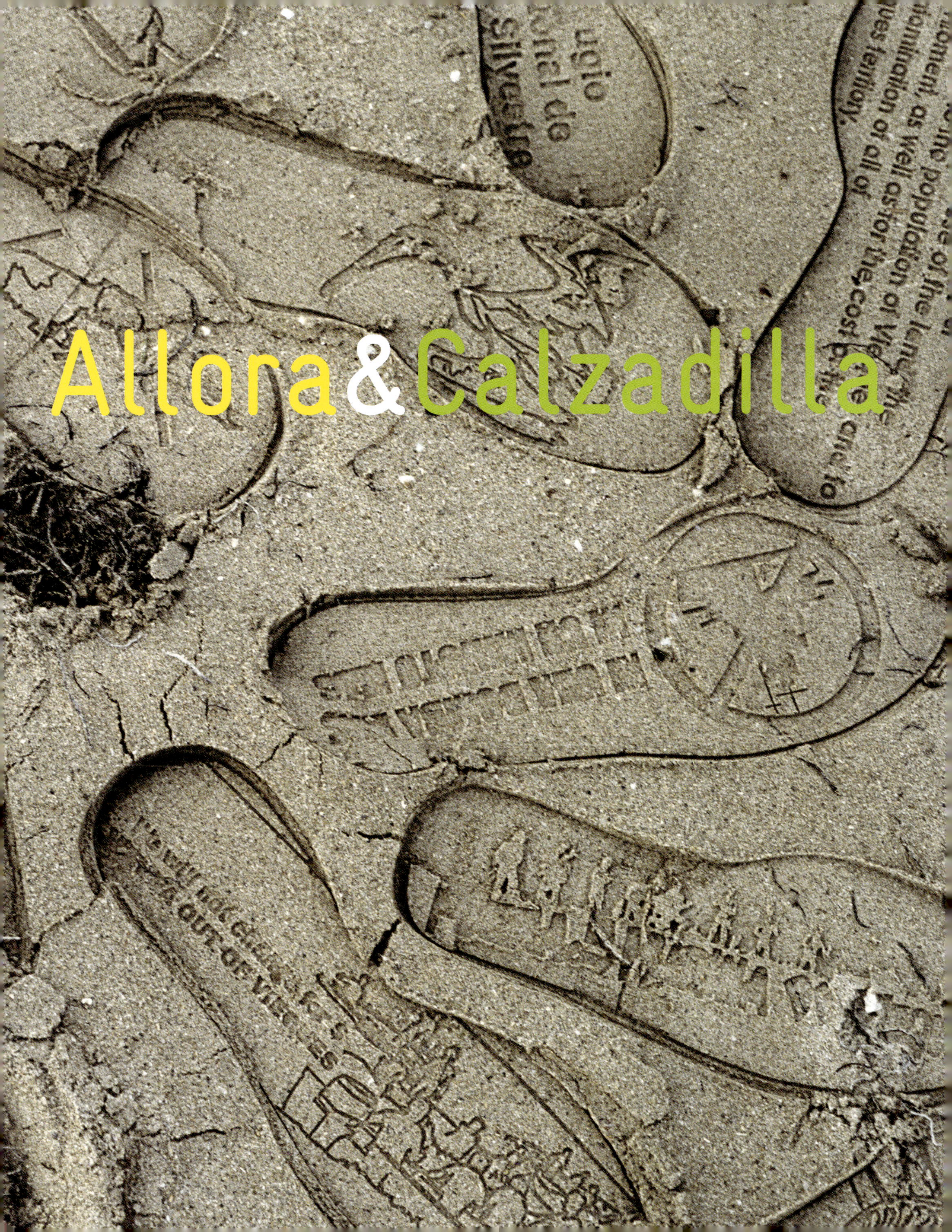

Allora & Calzadilla

ARCHIPELAGO

PATRICIA FALGUIÈRES

One ventures from home on the thread of a tune.[1]

It would seem that there are (at least) two ways of approaching the work of Allora and Calzadilla. Via the island where the two artists spend most of their time—one of those "enchanted isles" located less in the Caribbean than on the outskirts of New York: Puerto Rico. Or via the itineraries that have taken them from Peru to China, from Boston to Paris, following the thread of the "art of opportunities" that is now the regime of artists with international reputations. But this opposition is deceptive, first of all because it opposes a "home" to an "elsewhere," a "given" or a "particular" to a "foreign." For, however far back their respective relations to the island may go, it does not function in their work as an "origin"; rather, they have constructed it. To do so, they broke off a bit, a ready-made parcel isolated by American imperial history, a few cable lengths away from Puerto Rico, and identified by a long legal dispute between the Navy and a population of despoiled fishermen: the military base of Vieques.

PATRICIA FALGUIÈRES teaches history of Renaissance Philosophy at the Ecole des Hautes Etudes en Sciences Sociales, Paris. She is the author of *Bernard Frize* (Hazan, 1997), *Le Maniérisme une avant-garde au XVIe siècle* (Gallimard, 2004) and various titles on contemporary art. Her next book is entitled *Technè. Art, nature et mécanique dans l'Europe de la renaissance* (2008).

RETURNING A SOUND (2004) traces out this territory—that is to say, it invents a map, not land, but an artifact (the territory does not pre-exist its qualifying mark; it is the mark that makes the territory). "Home turf" does not pre-exist; first you must trace a circle, just as a child walking in the dark makes his or her own Ariadne's thread by whistling. On his moped, Homar (the young fisherman whose beauty gathers about itself the heroic beauties of Eisenstein's *Que viva Mexico*) completes the triumphal circuit that acclaims the fishermen's victory over the Administration and their re-conquest of the island. But the sound that gives the triumph substance (the triumphant expressiveness of brass) is overlaid with a pattern that is very different from the familiar ribbon of the road, a grotesque and vaguely obscene hiccupping noise,[2] jumping and jolting to the jerky rhythm of the revving and accelerating, conveyed through the exhaust pipe to which it is attached. The sound is entrusted with what Deleuze called the "line of flight" that makes the refrain (*ritornelle*): this "marking out of a home space" is, at the same time, an invitation to leave it, to expose oneself to the great wide world by paying out the thread of an uncertain itinerary.

What, for Allora and Calzadilla, is the "local"? It is a place that offers a grip. So many activists have readily cast themselves in the role of teacher or missionary, revealing, on-site, the local variant of a universal

ALLORA & CALZADILLA, LAND MARK (FOOT PRINTS), 2002, color photographs, 20 x 24" each / LAND-ZEICHEN (FUSSABDRÜCKE), Farbphotographien, je 50,8 x 61 cm.
Imprints of soles, each with different treads that demonstrators fixed to their shoes. / Abdrücke von Sohlen, die Demonstranten an ihren Schuhen befestigten.
(COURTESY ALL PHOTOS, UNLESS OTHERWISE INDICATED: ALLORA & CALZADILLA)

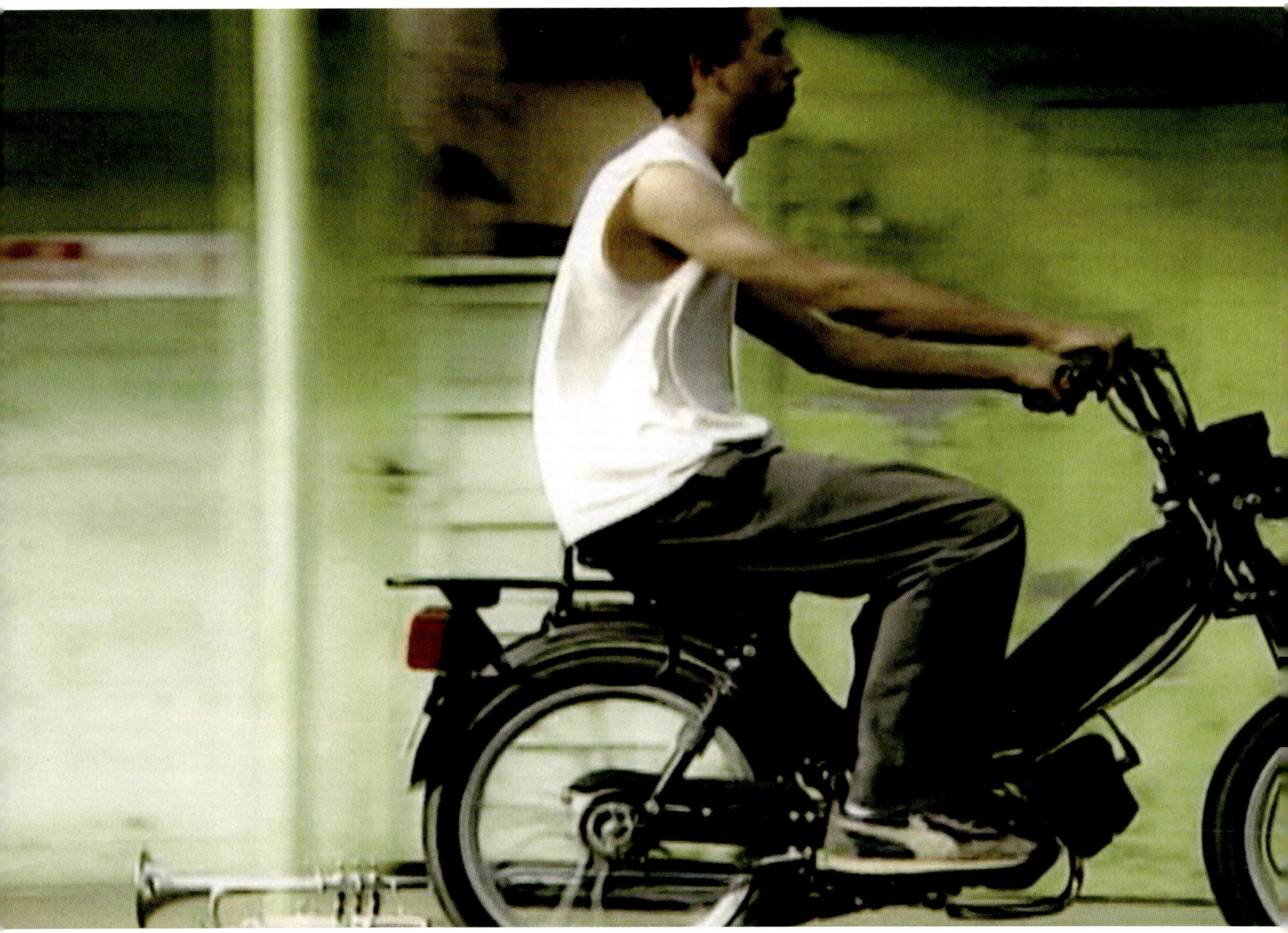

ALLORA & CALZADILLA, RETURNING A SOUND, 2004, 1-channel video with sound, 5'42" / EINEN TON ZURÜCKGEBEN / 1-Kanal-Video mit Ton.

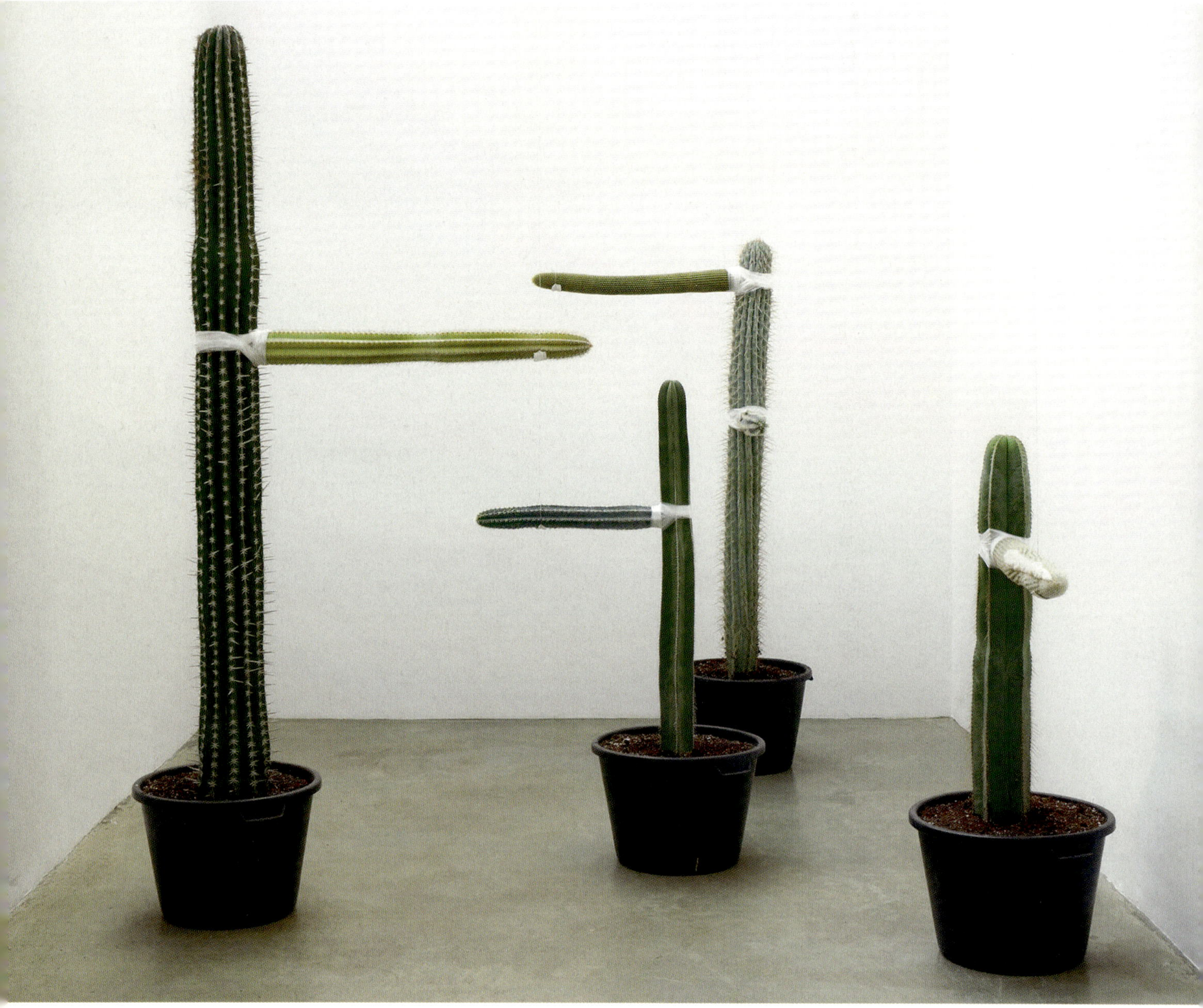

ALLORA & CALZADILLA, GROWTH, 2006, grafted cactusses, dimensions variable / WACHSTUM, gepfropfte Kakteen, Masse variabel.

form of alienation (the local then becomes "the case"). In contrast, Allora and Calzadilla approach local struggles as specific, concrete situations from which they can learn; investigation, which is the specifically human modality of knowing, has become a moment in the work of art.[3] What is at stake here is not mobilization or consciousness raising. (The fishermen did not wait for the artists to come along to be active, and Puerto Rico has a rich tradition of territorial claims, which has even extended to the American continent.)[4] To borrow the felicitous formula used by Isabelle Stengers and Philippe Pignarre in their analysis of the new modalities of political action following the 1999 G-8 Summit in Seattle, it is not a matter of convincing the misled but of finding interested partners, of finding a grip, a handle.[5] The "problem" (here, the "Vieques problem") is not so much what needs to be solved as what unites. The common challenge is to introduce a learning trajectory that actually engenders the local. In other words, the local is not opposed to the universal but instead offers a handle on a collective and individual experiment; it is both a risk and a resource—a *milieu.* Allora and Calzadilla "think through the milieu"; their relation to it is at once experimental and speculative.

LAND MARK (FOOT PRINTS), 2001–2002, demonstrates this operation of capturing or gripping involved in the learning trajectory that Allora and Calzadilla apply to the Vieques enclave. LAND MARK does not represent an event; it is the event or the occasion, the means of the event—the event *par excellence* that is the demonstration. It lasts no longer than it takes for the traces left by the demonstrators on the sand to be erased. It is the demonstration as event that signifies. The artists' intervention is a technical arrangement: the making of soles, each with different treads that demonstrators can fix to their shoes. The artists do not mobilize, they underscore the divergences within a crowd that has gathered temporarily, and thereby become a force: "There were evangelical groups, representatives of various political parties, conservationists, students, people whose families once lived in this area, there were members of the Ricky Martin fan club who had learned about the struggle through their local website, there were anti-military activists, environmentalists of all sorts, and even a few celebrities, such as Robert F. Kennedy Jr. and Jesse Jackson from North America, just to name a few. We wanted to find a way to convey the diversity of this group in the photographs, as shown through the actual marks being produced in the sand—going in so many different directions, canceling each other out as one footprint replaced the one that was made before."[6]

The artists' job is to construct, for all these singularities, the plane of a shared experience: alone together. In other words, they must offer each person a handle on the event: the event is grasped from the standpoint of each person's experience of it, never in an overview that might claim to tell the truth or expose their illusions. Nothing is guaranteed, neither the future of resettlement nor of re-appropriation. On the contrary, RETURNING A SOUND (2004) registers the limits of the restitution of Vieques—it observes the devastation of this enclave that must now be resettled. Nothing has been restored, reclaimed; one can only walk between and around the bomb craters and rocket silos, in the interstices of a contaminated environment. Allora and Calzadilla have learned from Matta-Clark (the Matta-Clark of the REALITY PROPERTIES: FAKE ESTATES, 1973–1974, who bought up useless slivers of land between New York buildings, on which nothing could be built) the art of approaching their material as a milieu (medium) for interstices, fault lines, and fissures. This, according to Isabelle Stengers, illustrates the meaning of Deleuze's expression, "penser par le milieu" (thinking through the milieu, but also the middle): "the interstice is defined neither against nor in relation to the block to which it nevertheless belongs. It creates its own dimensions out of the concrete processes that give it its substance and its scope, its import and that for which it is important."[7] To make an interstice or make the interstice work, to "think through the milieu," is to be capable of following and creating the dimensions required by a "situation."

The word "situation" is often misunderstood. A kind of cultivated reflex associates it with Situationism (which label is itself dubious, as a close reading of Guy Debord shows). But Allora and Calzadilla do not cast themselves in the role of those who have understood, of those who pit themselves against the world by identifying with the theory of demystification. They do not distinguish between two worlds, the world of reality and the world of experience (with the former pre-existing the latter, and the latter acquiring legitimacy insofar as it verifies the ineluctability of the former). In the work of Allora and Calzadilla we recognize the radical empiricism of a very different philosophical tradition: there is nothing beyond experience, beyond the never-ending process of learning about the world as one experiences it—a philosophical phylum for which the empirical is the transcendental, and which obliges us to do away with the categories form/matter, truth/appearance, and substance/attributes. As William James puts it, "What really exists is not things made, but things in the making."[8] It is this process which, after the event, distributes functions and roles and names like so many local accents of the experience, like so many coordinates or positional names that make it possible to go from the initial "this" to the "here," "there," "now," "I," "we"...[9]

One single plane of experience, then, is a distribution of events or "relations that are now disjunctive, now conjunctive, following the series of shocks that we experience,"[10] the "patches" and "bits" from which the world is, according to James, interwoven—Deleuze's *archipelago*: "not even a puzzle, whose pieces when fitted together would constitute a whole, but rather a wall of loose, uncemented stones, where every element has a value in itself but also in relation to others: isolated and floating regions, islands and straits, immobile points and sinuous lines, for Truth always has 'jagged edges.' Not a skull, but a cordon of vertebrae, [...] a patchwork."[11] The material is no longer the substance of forms, categories, and representations; it is receptive to relations that are now conjunctive, now disjunctive, and serialized by function. Take for example the series "campfire—piglet—wheel hub—car engine" in SWEAT GLANDS, SWEAT LANDS (2006), in which humor activates the sequence, or RUIN (2006), a field of sculptures that in some ways evokes the Latin-American constructivism of the 1960s—a panoply of negatives, of industrial metal shapes, articulated and invested with meaning by the addition of hinges, an endless reworking, folding, and unfolding, a perpetual relaunching of disjunctions and conjunctions. PUERTO RICAN LIGHT (2003) makes this collapse of representation explicit by literally connecting the splendid metaphor of a Dan Flavin *neon* to a battery periodically recharged in Puerto Rico. 10 MINUTES TRANSMISSION (2003) exemplifies this process of directly linking the material to forces of another kind, thereby making them visible. Here we can recognize Paul Klee's "pure and simple line accompanied by the idea of the object," which is enough to make visible or capture the Cosmos. In the fine metal mesh woven by Allora and Calzadilla, a kind of "perspective vision of the idea" serves as an antenna and captures the ten minutes of radio transmissions sent out each time the international space station orbits the earth.[12]

In this work, relations are always external to their terms, just as the plant clippings are alien to the plans of GROWTH (2006) and the tropical fan is to the palm trunk in CYCLONIC PALM TREE (2004); the conjunctions make the work. Such is the condition for the constitution of a plane of immanence: "If we make relations dependent on a subject or a substance, then this immanence is lost, and so is the very nature of the relation: it becomes static and the model of eternal truths once again constitutes the horizon against which they will be thought."[13] To let relations develop in every direction and hence enter the field of multiple connections implies a play on perspective, a situation that is pioneered in the 1998 work SEEING OTHERWISE, which, literally and by artifice (digital trickery), decentralizes the subjective vanishing point on the marine horizon. Here Allora and Calzadilla show us the Leibnizian *monad*, the singular point of view that will never coincide with my own—I, who am watching the young man from behind, absorbed as he is in the contemplation of the universe. This non-coincidence of viewpoints, which undermines all theories of communication, recurs in the overturned table of UNDER DISCUSSION (2005), Richard Rorty's famous "negotiating table," (the ready-made "plane" or "level" that has the power to make everyone agree to congregate around an issue). The victorious young fisherman turns it upside down and adds an outboard motor, converting it into a boat with which to explore the Vieques enclave. The protagonists of Allora and Calzadilla's videos have grace, a grace and a joyousness that make them brothers to Russian filmmaker Boris Barnet's heroes, the amorous fisherman in *By the Bluest of Seas* (1936—but without the sentimentality of consensus or fusion. On the contrary, there is an attentiveness to the sound made by each person, to that originality which is the condition—for Melville, for Lawrence, and for Deleuze—of fraternity: "a sound that each one produces, like a ritornello at the limits of language, but that it produces only when it takes to the open road (or to the open sea) with its body, when it leads its life without seeking salvation, when it embarks upon its incarnate voyage, without any particular aim, and then encounters other voyagers, whom it recognizes by their sound." This is the community of explorers, of the brothers of the archipelago.[14)]

(Translation: Charles Penwarden)

1) Gilles Deleuze, Félix Guattari, *A Thousand Plateaus,* trans. Brian Massumi (London: Continuum Press, 2004), p. 344.
2) The French word "pétarader" usually employed to describe the racket of mopeds with neutralized silencers neatly underscores the incongruity of the association of exhaust pipe and trumpet.
3) See the Vieques dossier put together by C & A in: *Land Mark* (Paris: Palais de Tokyo, 2006).
4) See the Young Lords movements in Chicago and New York during the 1960s, which have become a model of contemporary urban ecology movements. Cf. Matthew Gandy, *Concrete and Clay. Reworking Nature in New York City* (Cambridge, MA: MIT Press, 2002); Benedikte Zitouni, "Ecologie urbaine: mode d'existence? mode de revendication?" in: *Cosmopolitiques,* no. 7 (August 2004).
5) Philippe Pignarre and Isabelle Stengers, *La sorcellerie capitaliste. Pratiques de désenvoûtement* (Paris: La Découverte, 2006).
6) *Land Mark* (see note 3), p. 56.
7) *La sorcellerie capitaliste* (see note 5), p. 149.
8) William James, *A Pluralistic Universe* (Whitefish, MT Kessinger Publishing, 2005), p. 263.
9) See the excellent commentary by David Lapoujade, in *William James. Empirisme et pragmatisme* (Paris: Les Empêcheurs de penser en rond, 2007).
10) Ibid., p. 79.
11) Gilles Deleuze, "Bartleby; or, The Formula" in: *Essays Critical or Clinical,* trans. Daniel W. Smith and Michael A. Greco (University of Minnesota Press, 1997), p. 86.
12) On the cosmic development of modern art as the unlimited expansion of the technological imagination, see *Mille plateaux,* p. 344.
13) David Lapoujade (see note 9), p. 76.
14) Gilles Deleuze, "Bartleby; or, The Formula" (see note 11), p. 87.

ALLORA & CALZADILLA, LAND MARK, 1999–2003, felt, 48 x 95'/ LAND-ZEICHEN, Filz, 14,6 m x 29 m.

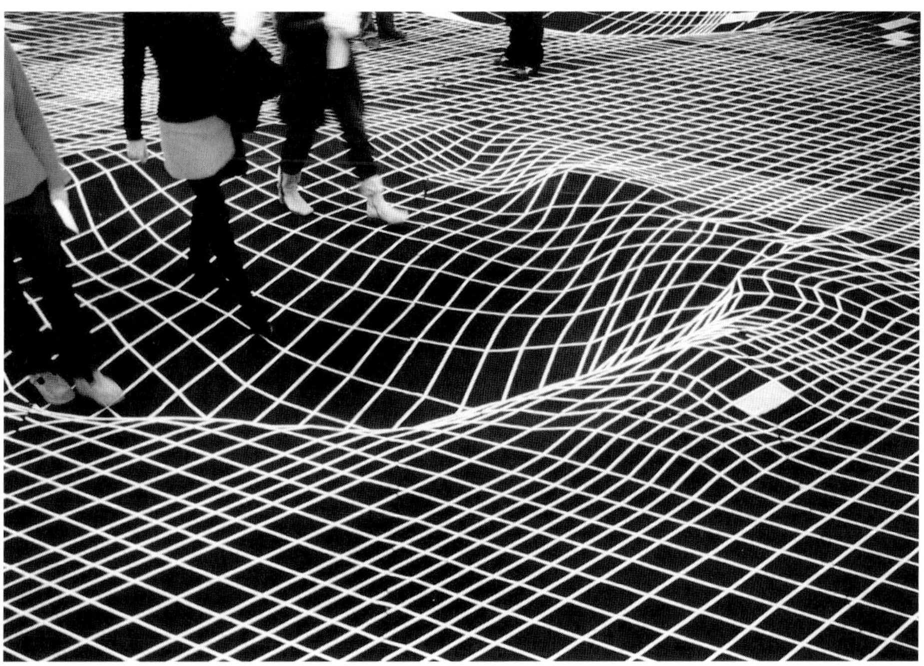

ARCHIPEL

PATRICIA FALGUIÈRES

On sort de chez soi au fil d'une chansonnette.[1)]

Es gibt (mindestens) zwei Möglichkeiten, sich der Arbeit von Allora und Calzadilla anzunähern: entweder ausgehend von der Insel, wo das Künstlerpaar die meiste Zeit verbringt – eine jener «verwunschenen Inseln», die weniger zur Karibik gehören als zur Peripherie New Yorks, nämlich Puerto Rico; oder aber den Wegen folgend, welche die beiden von Peru nach China, von Boston nach Paris führen, auf der Spur jener Kunst der sich bietenden Gelegenheiten, die heute den Lebensrhythmus aller Künstler von Weltruf bestimmt. Doch dieses Entweder-Oder ist trügerisch. Erstens, weil es ein «zu Hause» einem «Anderswo» gegenüberstellt, ein «Gegebenes» oder «Eigenes» einem «Fremden». Wie alt auch die Beziehungen sein mögen, die beide je für sich mit der Insel knüpfen konnten, sie fungiert in ihrer Arbeit nicht als «Herkunftsort» oder «Heimat», sondern ist ein Konstrukt. Dafür haben sie «ein Stück» von ihr herausgelöst, eine kleine, ein paar Kabellängen vor Puerto Rico gelegene Readymade-Parzelle, die durch die imperialistische Politik Amerikas vom übrigen Puerto Rico getrennt wurde und vor allem für den jahrelangen Streit zwischen der US-Navy und den einheimischen, um ihre Einkommensquelle gebrachten Fischern bekannt ist: die Militärbasis von Vieques. RETURNING A SOUND (Einen Ton zurückgeben, 2004) ist die aktive Wiedergabe dieses Gebietes als Spur, das heisst die Erfindung einer Karte: kein Boden, ein Artefakt (*das Gelände geht seinem qualitativen Merkmal nicht voraus, das Merkmal bestimmt das Gelände*). Das «Zuhause» existiert nicht von vorneherein, man muss zuerst einen Kreis ziehen, wie ein Kind, das sich im Dunkeln bewegt, sich durch Pfeifen einen Ariadnefaden spinnt. Homar (der junge Fischer, dessen Aussehen an die heroischen Schönheiten von Eisenstein's *Que Viva Mexico* (1931) erinnert) bildet auf seinem Mofa den Schlusspunkt des Triumphzugs zur Feier der Rückeroberung der Insel und des Sieges, den die Fischer gegen die Behörden errungen haben. Doch der Ton, der dem Ganzen Nachdruck verleiht (die Ausdruckskraft der Blechmusik), bildet keine Parallele zum vertrauten Band der Strasse, sondern verläuft ganz anders, als grotesker, beinah obszöner Schluckauf, der bei jedem Vibrato und jedem Schmettern der Reprisen und jedem Aufheulen des Auspuffs, in dem die Trompete steckt, aufjault.[2)] Dem Ton wird hier anvertraut, was Deleuze als die «Irr-Linien» bezeichnet hat, die das Ritornell vollzieht.

Was ist das Lokale für Allora und Calzadilla? Die Stelle, wo man ansetzen kann. Dort, wo so viele Aktivisten gern in die Rolle von Pädagogen oder Missionaren geschlüpft sind, um vor Ort die lokale Variante einer allgemeinen Entfremdung zu enthüllen (wodurch das Lokale zum «Fall» wird), behandeln

---

PATRICIA FALGUIÈRES unterrichtet die Geschichte der Renaissancephilosophie an der Ecole des Hautes Etudes en Sciences Sociales, Paris. Sie ist Autorin von *Bernard Frize* (Hazan, 1997), *Le Maniérisme, une avant-garde au XVIe siècle* (Gallimard, 2004) und zahlreichen Publikationen zur zeitgenössischen Kunst. Ihr nächstes Buch wird im nächsten Jahr unter dem Titel *Technè. Art, nature et mécanique dans l'Europe de la renaissance* erscheinen.

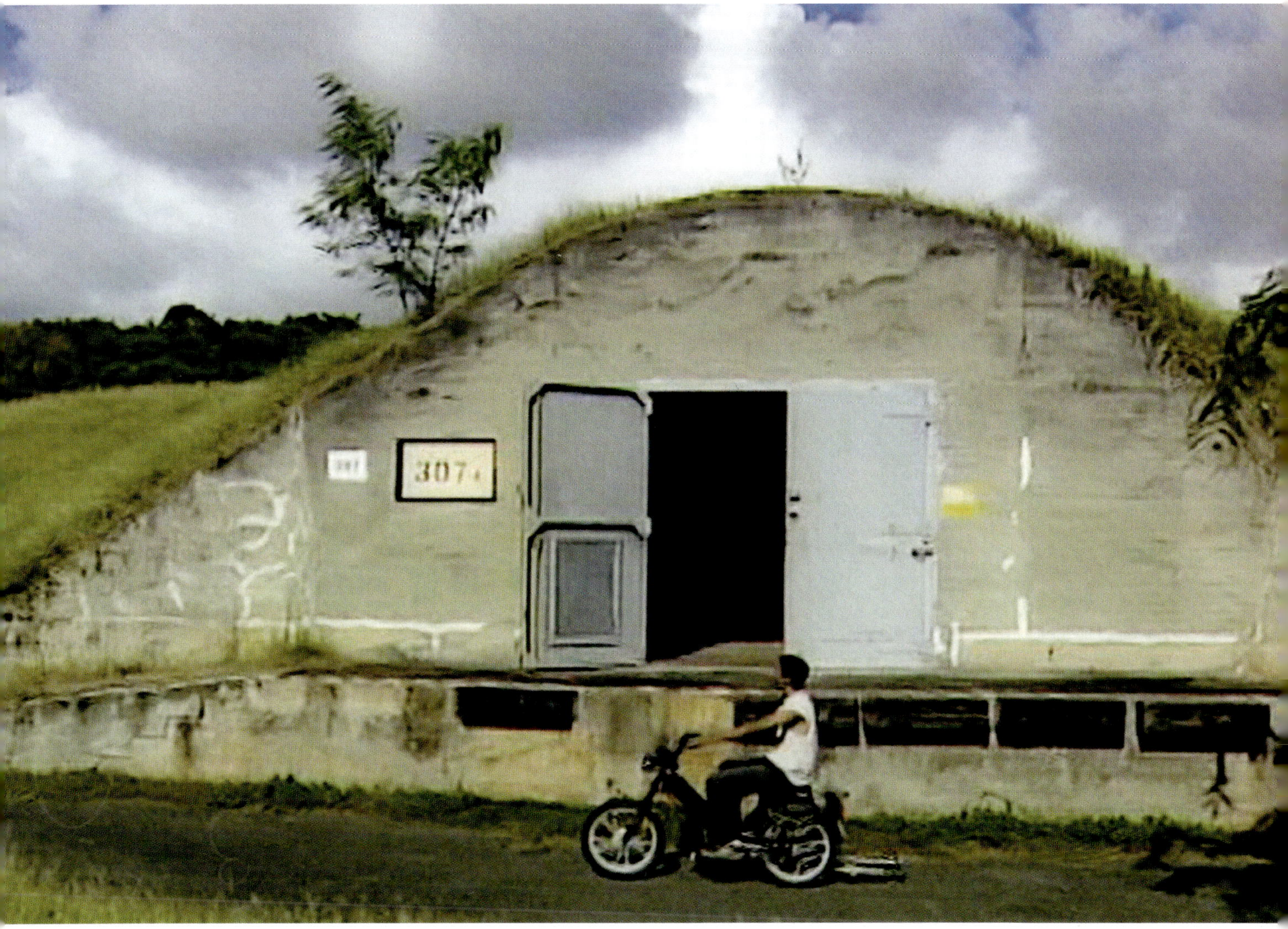

ALLORA & CALZADILLA, RETURNING A SOUND, 2004, 1-channel video with sound, 5'42" / EINEN TON ZURÜCKGEBEN / 1-Kanal-Video mit Ton.

Allora und Calzadilla die lokalen Konflikte wie konkrete Situationen, aus denen man lernen kann: Die Untersuchung als urmenschliche Modalität des Wissens hat sich zu einem festen Bestandteil der künstlerischen Arbeit entwickelt.[3] Es geht hier nicht um eine «Mobilisierung» oder «Bewusstwerdung». (Die Fischer haben nicht auf die Künstler gewartet und Puerto Rico blickt selbst auf eine lange Geschichte territorialer Ansprüche zurück, die bis auf den amerikanischen Kontinent reichten.)[4] Um die geglückte Formel von Isabelle Stengers und Philippe Pignarre zur Analyse der neuen Modalitäten politischen Handelns nach dem G-8-Gipfel von Seattle (1999) aufzugreifen: Es geht nicht darum, Betrogene zu überzeugen, sondern interessierte Partner und damit einen konkreten Ansatzpunkt zu finden.[5] Das «Problem» (hier das «Problem Vieques») ist somit weniger etwas, was es zu lösen gilt, sondern etwas, was vereint.

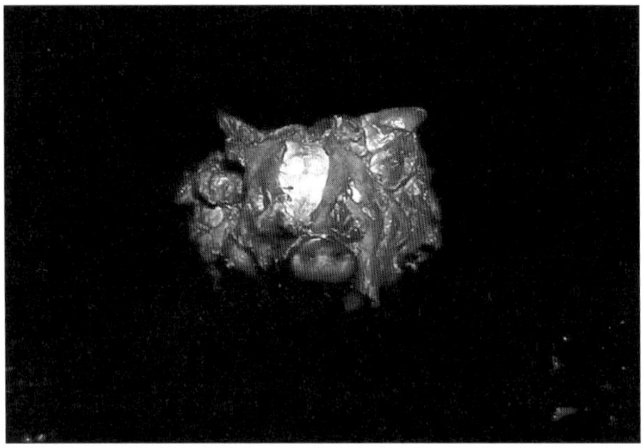

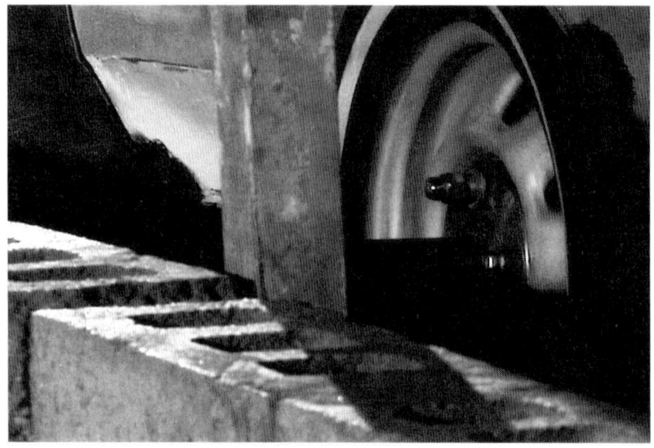

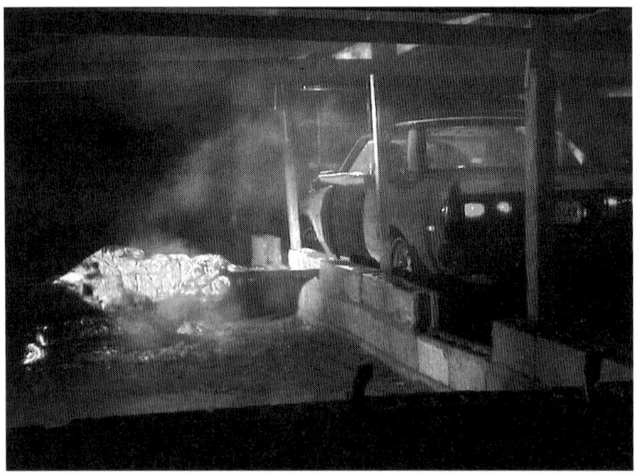

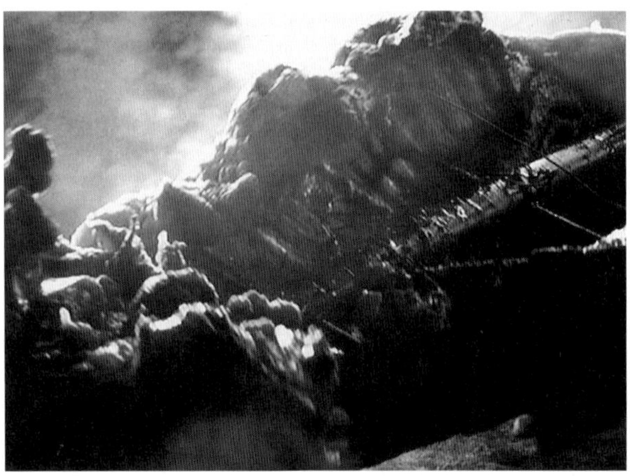

ALLORA & CALZADILLA, SWEAT GLANDS, SWEAT LANDS, 1-channel video with sound, 2'21" / SCHWEISSDRÜSEN, SCHWEISS-LÄNDER, 1-Kanal-Video mit Ton.

Das gemeinsame Ziel besteht darin, einen Lernprozess einzuleiten, der das Lokale als solches erst hervorbringt. Mit anderen Worten, das Lokale ist kein Gegensatz zum Universalen, es ist das, was einen Ansatz, eine Handhabe, für ein kollektives und individuelles Experiment bietet; das, was auf dem Spiel steht und gleichzeitig Ressource ist – ein *Milieu.* Allora und Calzadilla «denken aus dem Milieu (der Mitte) heraus», sie unterhalten eine zugleich experimentelle und spekulative Beziehung zu diesem.

LAND MARK (FOOT PRINTS) – Land-Zeichen (Fussspuren), 2001–2002 – veranschaulicht diese Operation des Besetzens oder Ansetzens, mit welcher der Lernprozess von Allora und Calzadilla in der Enklave Vieques einsetzt. LAND MARK repräsentiert kein Ereignis, sondern ist dieses Ereignis oder diese Gelegenheit, das Mittel des Ereignisses – dieses Ereignisses *par excellence,* das diese Demonstration darstellt. Sie dauert nicht viel länger, als die Spuren der Demonstranten im Ufersand sichtbar bleiben, bevor sie verweht werden. Die Demonstration in ihrer Ereignishaftigkeit ist das, was zählt. Die Intervention der Künstler besteht in einem «technischen» Arrangement: der Herstellung von Schuhsohlen mit ganz unterschiedlichen Profilmustern, welche die Demonstrierenden an ihren Schuhen befestigen können. Der Künstler «mobilisiert» nicht, er unterstreicht die Divergenzen innerhalb einer Menschenmenge, die sich für einen Moment versammelt und durch diese Versammlung in eine Gewalt verwandelt hat. «Es waren evangelikale Gruppierungen dabei,

Vertreter verschiedener politischer Parteien, Umweltschützer, Studierende, Mitglieder von Familien, die früher dort gelebt hatten, da waren Mitglieder des Ricky-Martin-Fanclubs, die über die Website des Clubs von der Aktion erfahren hatten, ferner Kriegsgegner und Umweltaktivisten aller Art, ja selbst einige Prominente aus den USA, wie Robert F. Kennedy und Jesse Jackson. Wir hatten nach einem Mittel gesucht, um die Vielfältigkeit dieser Gruppe auf den Photos sichtbar zu machen, so wie das auch die Spuren im Sand aufzeigten, die in alle Himmelsrichtungen auseinanderstrebten und sich gegenseitig auslöschten, indem neue Spuren die bestehenden verwischten [...].»[6]

Aufgabe der Künstler ist es, für all diese Singularitäten eine gemeinsame Erfahrungsebene zu schaffen – *zusammen allein* – oder jedem und jeder Einzelnen einen Ansatzpunkt zu liefern, um sich das Ereignis aneignen zu können: Das Ereignis wird vom Standpunkt der Erfahrung jedes Einzelnen her erfasst, nie aus einer Position des Überblicks, die so tut, als könne sie die Wahrheit darüber verkünden oder darin versteckte Illusionen entlarven. Nichts ist garantiert, weder was das Schicksal der Umsiedlung, noch was die Zukunft der Wiederaneignung angeht. Ganz im Gegenteil, RETURNING A SOUND (2004) nimmt die Grenzen der Rückgabe von Vieques zur Kenntnis, das heisst: den verwüsteten Zustand der Enklave, die neu besiedelt werden soll. Die Bombenkrater und Raketensilos sind nicht sauber entsorgt und eingeebnet worden, sondern man muss sie umgehen und bewegt sich in den Zwischenräumen einer kontaminierten Umwelt. Allora und Calzadilla haben von Gordon Matta-Clark – dem Matta-Clark der REALITY PROPERTIES – FAKE ESTATES (1973–1974), der unbebaubare, vergessene, abgeschnittene Parzellen zwischen den Gebäuden New Yorks aufkaufte – gelernt, das Material als Milieu/Mitte/Medium der Zwischenräume, Verwerfungen und Risse zu begreifen. Das erklärt, wenn man Isabelle Stengers folgt, auch den Ausdruck von Deleuze, «penser par le milieu»: «der Zwischenraum lässt sich weder durch die Grenze noch durch die Verbindung zu dem Block definieren, von dem er dennoch Teil ist. Er erzeugt seine eigenen Ausmasse, aufgrund konkreter Prozesse, die ihm seine Beschaffenheit und seine Reichweite verleihen, das, worauf er sich bezieht, und das, wofür er von Bedeutung ist.»[7] Einen Zwischenraum setzen oder den Zwischenraum Wirkung entfalten lassen, «aus der Mitte denken», heisst fähig sein, die einer Situation angemessenen Dimensionen zu verfolgen und zu schaffen.

Das Wort Situation wird gern missverstanden. Eine Art gebildeter Automatismus bringt es unweigerlich mit «Situationismus» in Verbindung (eine selbst schon fragwürdige Bezeichnung, wenn man Debord genau liest). Aber Allora und Calzadilla massen sich nicht die Rolle von solchen an, «die verstanden haben», für die ein demystifizierendes Denken sich «gegen die Welt» abgrenzt. Für sie gibt es nicht zwei Welten, jene der Realität und jene der Erfahrung, wobei die erste der zweiten vorangeht und die Legimitation der zweiten allein darin besteht, die Notwendigkeit der ersten zu bestätigen. Allora und Calzadilla lassen den radikalen Empirismus einer ganz anderen philosophischen Tradition erkennen: Es gibt nichts ausserhalb der Erfahrung, ausserhalb eines nie abgeschlossenen, prozesshaften Kennenlernens der Welt, sofern man sie erfährt. Also ein Stamm der Philosophie, für den das Empirische das Transzendentale ist und uns zwingt, Kategorien wie Form/Materie, Wahrheit/Schein, Substanz/Attribute, und so weiter fallen zu lassen: Was wirklich existiert, sind – laut William James – nicht die Dinge, sondern die Dinge im Prozess ihrer Entstehung – im Werden.[8] Es ist dieser Prozess, der nachträglich die Funktionen, Rollen und Namen verteilt, wie irgendwelche lokalen Akzentuierungen der Erfahrung oder irgendwelche Koordinaten oder Positionsbezeichnungen, die erlauben, vom ursprünglichen *dies* zum *hier, dort, jetzt, ich, wir* ... zu gelangen.[9]

Eine einzige grosse Erfahrungsebene also, eine Verteilung von Ereignissen oder von «bald disjunktiven, bald konjunktiven Beziehungen, entsprechend der Reihe von schockartigen Begegnungen, die wir erfahren».[10] Die Flicken (*patches*) und Stückchen (*bits*), die sich für James zur Welt verweben (*interweave*), entsprechen dem Archipel bei Deleuze und fungieren «eben nicht als ein Puzzle, dessen ineinandergreifende Teile ein Ganzes wiederherstellen würden, sondern eher als eine Mauer loser Steine, die nicht zementiert sind, in der jedes Element für sich

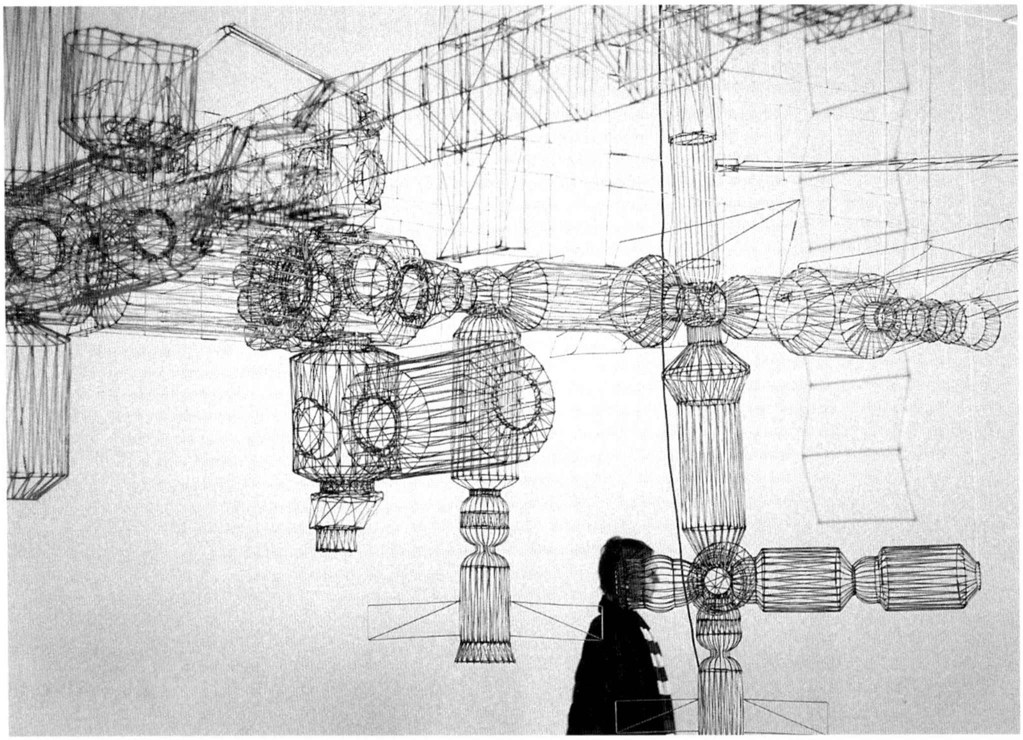

ALLORA & CALZADILLA, 10 MINUTE TRANSMISSION, 1997–2003, metal wire hangers, HAM radio, 20 x 8 x 12', installation view Tate Modern / 10-MINUTEN-ÜBERTRAGUNG, Metalldraht-Aufhängung, Funkradio, 6 x 2,4 x 3,6 m.

allein steht und doch auch in Beziehung zu den anderen: Isolate und flottierende Beziehungen, Inseln und Zwischen-Inseln, bewegliche Punkte und gewundene Linien, denn die Wahrheit hat immer ‹ausgezackte Ränder›. Nicht ein Hirn, sondern eine Wirbelkette, ein Rückenmark ... ein Patchwork...»[11] Das Material ist nicht mehr der Stoff für Formen, Kategorien, Darstellungen. Es ist eine Verfügbarkeit für bald konjunktive, bald disjunktive Beziehungen, die mittels Funktionen Reihungen bilden. Beispielsweise die Reihung, Lagerfeuer – Ferkel – Spiess – Radnabe – Automotor, in SWEAT GLANDS, SWEAT LANDS (Schweissdrüsen, Schweiss-Länder, 2006), wo der Humor diese Verkettung in Gang setzt. Oder RUIN (Ruine, 2006), ein «Skulpturenfeld», das durchaus an den lateinamerikanischen Konstruktivismus der 60er Jahre denken lässt: ein Arsenal von Negativschablonen zur Herstellung industrieller Formelemente, die durch das Hinzufügen von Scharnieren Gelenke und einen Sinn erhalten haben, «ein endloses Überarbeiten, Falten und Entfalten», ein endloses Wiederbeleben von Disjunktionen und Konjunktionen. PUERTO RICAN LIGHT (Licht aus Puerto Rico, 2003) machte diese Absage an die Repräsentation deutlich, indem es die wunderbare Metapher eines Neonwerkes von Dan Flavin buchstäblich an eine Batterie anschloss, die periodisch in Puerto Rico aufgeladen wurde. In 10 MINUTES TRANSMISSION (10-Minuten-Übertragung, 2003) kommt diese direkte Bindung des Materials an Kräfte einer anderen Ordnung, die dabei sichtbar werden, zu ihrer vollen Entfaltung. Hier wird Paul Klees «reine und einfache Linie, die mit der Idee des Gegenstandes verbunden ist» erkennbar; sie genügt, um im feinen metallischen Haarnetz, das Allora und Calzadilla knüpfen, sichtbar zu machen oder den

Kosmos einzufangen, eine Art Vision im Hinblick auf die Idee, die als Antenne fungiert und die zehnminütige Radioübertragung auffängt, die bei jeder Umdrehung der Erde von der internationalen Raumstation ausgestrahlt wird.[12)]

In dieser Arbeit bleiben die Beziehungen ihren Begriffen immer äusserlich, wie die pflanzlichen Stecklinge in GROWTH (Wachstum, 2006) den Tropenpflanzen fremd bleiben oder der tropische Ventilator dem Stamm der Palme in CYCLONIC PALM TREE (Wirbelsturmpalme, 2004): Die Verbindungen leisten die Arbeit. Die Konstitution einer Ebene der Immanenz erfolgt um diesen Preis: «Wenn man die Verbindungen von einem Subjekt oder einer Substanz abhängig macht, geht diese Immanenz sogleich verloren und damit auch die Art der Verbindung selbst: Sie wird statisch und das Modell der ewigen Wahrheiten bildet erneut den Horizont, innerhalb dessen sie künftig gedacht werden.»[13)] Beziehungen nach allen Richtungen zuzulassen und damit das Feld multipler Verknüpfungen zu betreten, bedeutet auf den Perspektivismus zu setzen; dies veranschaulicht SEEING OTHERWISE (Anders sehen, 1998) auf bahnbrechende Weise. Die Arbeit bewirkt buchstäblich und auf höchst raffinierte Weise (durch digitale Verfälschung) eine Dezentralisierung des subjektiven Fluchtpunktes am Meereshorizont: Allora und Calzadilla inszenieren hier die Leibniz'sche Monade, diesen einzigartigen Blickwinkel, der nie mit meinem eigenen zusammenfällt, während ich den jungen Mann, der in seine Kontemplation des Universums vertieft ist, von hinten betrachte. Diesem Nicht-Zusammenfallen der Blickwinkel, das jede Kommunikationstheorie Lügen straft, begegnet man in Gestalt des auf den Kopf gestellten Tisches in UNDER DISCUSSION (Zur Diskussion stehend, 2005) wieder, dem berühmten, von Richard Rorty so geliebten «Verhandlungstisch» (jene fixfertig bereit stehenden «plane Ebene», welche die Macht hat, alle Beteiligten um das herum zu versammeln, womit jeder einverstanden sein müsste): Der junge, siegreiche Fischer verpasst dem Tisch, nachdem er ihn umgekehrt hat, einen Aussenbordmotor und funktioniert ihn zum behelfsmässigen Motorboot um, um die Enklave von Vieques damit zu erkunden. Die Protagonisten der Videos von Allora und Calzadilla haben etwas Anmutiges. Sie strahlen eine Anmut und eine jubelnde Freude aus, die sie zu Geschwistern der Helden von Boris Barnet macht, jenen verliebten Fischern in *Au bord de la mer bleue*. Doch es kommt nie zum einfältigen Konsens oder einer Verschmelzung, sondern es wird im Gegenteil behutsam auf den Tonfall jedes Einzelnen geachtet, auf jene «Originalität», die – bei Melville, bei Lawrence und auch bei Deleuze – Voraussetzung jeglichen Schulterschlusses *(fraternité)* ist: «das heisst wie ein Klang, den jede wie ein Ritornell an der Grenze der Sprache wiedergibt, den sie aber nur wiedergibt, wenn sie den Weg (oder das Meer) mit ihrem Körper befährt, wenn sie ihr Leben führt [...] und dann dem anderen Reisenden begegnet, den sie am Klang wiedererkennt.»[14)]

(Übersetzung: Suzanne Schmidt)

1) Gilles Deleuze, Félix Guattari, *Mille plateaux*, Minuit, Paris 1980, S. 383; deutsch: *Tausend Plateaus*, Merve, Berlin 1992, S. 425: «Am Leitfaden eines Liedchens geht man aus dem Haus.»
2) Im französischen Wort «pétarader» (knattern, furzen *en série*), das gewöhnlich für den von Mofas verursachten Krach verwendet wird, tritt die Ungehörigkeit der Assoziation von Auspuff und Trompete noch deutlicher hervor.
3) Siehe dazu das Dossier zu Vieques von Allora und Calzadilla im Katalog *Land Mark*, Palais de Tokyo, Paris 2006.
4) Man denke etwa an die Bewegung der *Young Lords* in den 70er Jahren in Chicago und New York, die zunehmend einen wichtigen Bezugspunkt für zeitgenössische stadtökologische Bewegungen darstellen. Siehe dazu: Matthew Gandy, *Concrete and Clay. Reworking Nature in New York City*, MIT Press, Cambridge, Mass., 2002; Benedikte Zitouni, «L'écologie urbaine. mode d'existence? mode de revendication?», in: *Cosmopolitiques*, Nr. 7, August 2004.
5) Philippe Pignarre und Isabelle Stengers, *La sorcellerie capitaliste. Pratiques de désenvoûtement*, La Découverte, Paris 2006.
6) *Land Mark*, S. 56. (Zitat aus dem Französischen übersetzt.)
7) *La sorcellerie capitaliste*, S. 149. (Zitat hier aus dem Französischen übersetzt.)
8) William James, *Philosophie de l'expérience. Un univers pluraliste*, Les Empêcheurs de penser en rond, Paris 2007, S. 173. (Original englisch, hier aus dem Französischen übersetzt.)
9) Siehe den exzellenten Kommentar von David Lapoujade, in: William James, *Empirisme et pragmatisme*, Les Empêcheurs de penser en rond, Paris 2007, S. 51 ff.
10) Ebenda, S. 79. (Zitat aus dem Französischen übersetzt.)
11) Gilles Deleuze, *Kritik und Klinik*, Kap. 10: «Bartleby oder die Formel», Edition Suhrkamp, Frankfurt am Main 2000, S. 118.
12) Über das Kosmisch-Werden der modernen Kunst als unbegrenzte Ausdehnung der technischen Phantasie, siehe *Tausend Plateaus*, S. 460 ff.
13) David Lapoujade, ebenda, S. 76. (Aus dem Französischen übersetzt.)
14) Gilles Deleuze, «Bartleby oder die Formel», ebenda, S. 119.

YATES MCKEE & JALEH MANSOOR

The Sediment of History

An Interview with Allora & Calzadilla

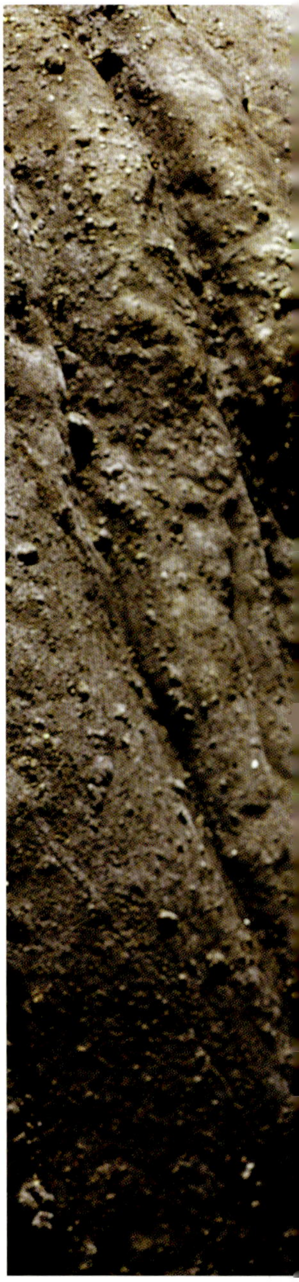

Yates McKee & Jaleh Mansoor: We understand that you are en route to Zurich to install a new show. Many of the works for which you have gained the most critical acclaim such as CHALK (1998–2002) and LAND MARK (1999–2003) have been produced site-specifically although you have consistently exposed this rubric to a great deal of pressure, if not displaced it altogether. For lack of a better word, is the Zurich project site-specific?
Jennifer Allora: The show in Zurich is not site-specific in the canonical sense of being wedded to the irreducible presence of a particular space and time, though the pieces are crucially informed by the problematic of displacement to which you refer, in a way that is simultaneously conceptual, metaphorical, and spatial.
Guillermo Calzadilla: We have chosen to group together a selection of both recent and older works that explore the interplay between militarism, war, and the significance of

YATES McKEE is a PhD candidate in the department of Art History, Columbia University. His work has appeared in venues including *October* and the *Journal of Aesthetics of Protest*, and he is associate editor of *Nongovernmental Politics* (Zone 2007).
JALEH MANSOOR is term assistant professor in Art History at Barnard College. Her work has appeared in venues such as *October* and *Texte zur Kunst*, and she is co-editing the book *Communities of Sense: Rethinking Aesthetics in Practice*, due out in 2008.

ALLORA & CALZADILLA, HOPE HIPPO (detail), 2005, mud, whistle, daily newspaper, live person, 16 x 6 x 5' / NILPFERD HOFFNUNG (Detail), Schlamm, Pfeife, Tageszeitung, Leser, 490 x 183 x 152 cm.

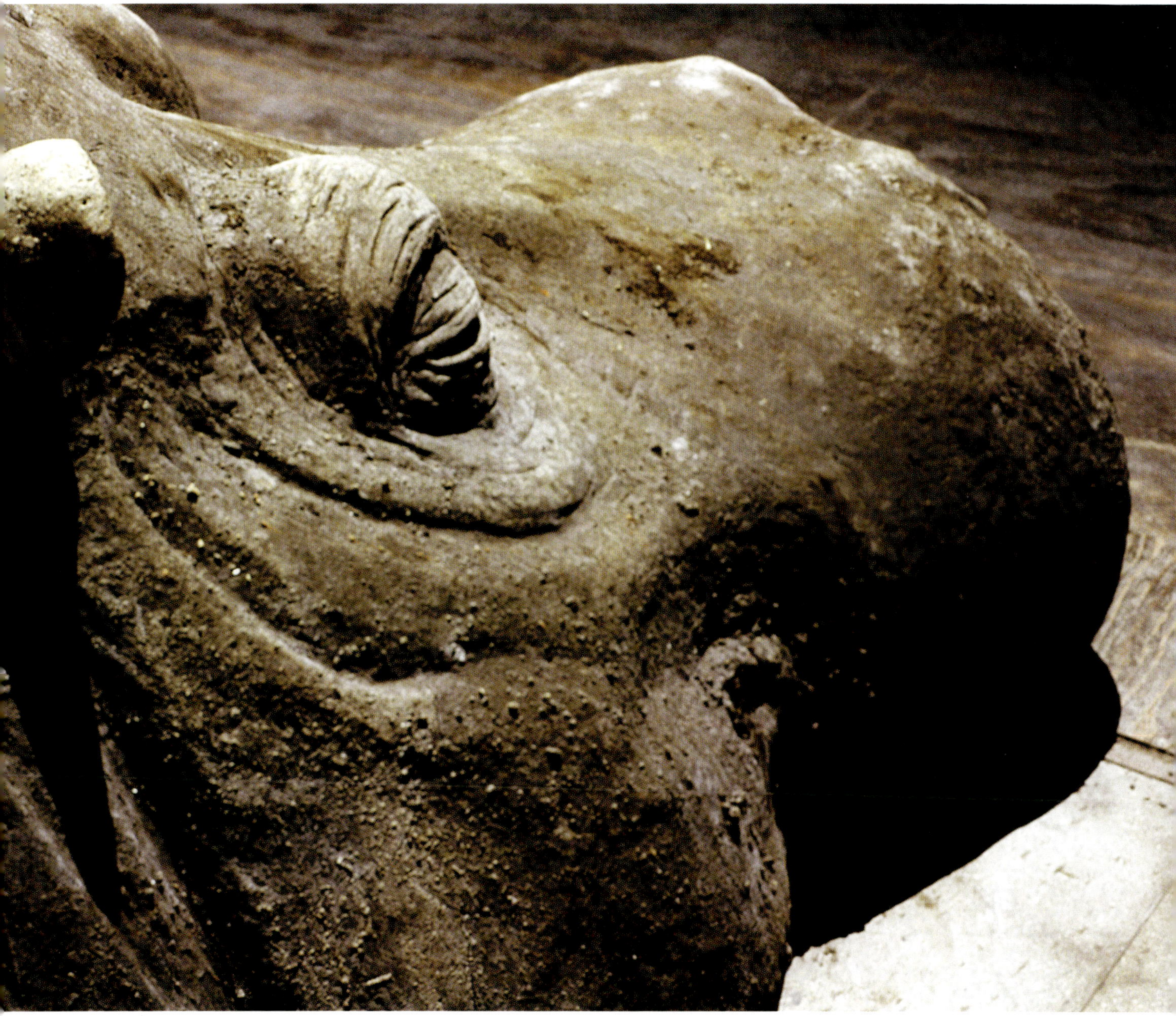

music/sound in this context. There's a new silent work in the show entitled GROWTH (SURVIVAL), 2006, which involves a "botanical assemblage" of tropical plants originating in Africa, Asia, and Latin America (disseminated across the globe over the past three centuries through colonial networks of scientific research and capitalist agro-industry) that have been grafted together into a kind of hybrid, monstrous organism whose viability is uncertain.

Y&J: The title of which you appropriated from Jean Arp's famous work of 1938, a key example of sculptural organicism in which the art object is molded in such a way as to suggest an interior vital force bringing dead matter to life. Complicating such vitalism, you mobilized avant-garde techniques of fragmentation and disjunction in order to open onto the geopolitical genealogy of "organic form"—how has this set of world-historical and aesthetic problems been modified in the new work? How are we to understand this titular supplement of "survival"?

JA: Among other things, we take "survival," after Derrida, to mean the simultaneous destruction and remainder of an entity, a hovering between life and death in which the being in question can only endure on the condition of a certain loss of self-identity.

GC: Indeed, the growth and survival of the transplanted plants that comprise GROWTH (SURVIVAL) are literally dependent on a series of Light Emitting Diode (LED) signs by Jenny Holzer that are installed along with the trans-plant in the gallery, providing the only source of light or heat. Interestingly, LED is the technology used by NASA in artificially recreating the processes of photosynthesis and heliotropism in space laboratories, which is related to NASA's longstanding concern with determining the minimal conditions of biological survival in alien, extraterrestrial environments.

Y&J: Let's return to the political and ecological implications of your interest in this trope of survival in a moment. It bears mentioning that GROWTH (SURVIVAL) encrypts yet another reference to an earlier work of yours whose survival was also contingent upon the work of another art-historical ancestor, though in an almost inverted way. Your earlier work PUERTO RICAN LIGHT (1998–2003) staged a kind of intergenerational parasitism with the minimalist sculptor Dan Flavin. There, you collected several hundred hours worth of sunlight from Puerto Rico in a photovoltaic battery that was then transplanted to New York, where this energy reserve was used to temporarily power Flavin's 1969 PUERTO RICAN LIGHT, whose coloristic composition was purportedly inspired by the artist's encounter with a sublime tropical sunset while on vacation in the politically fraught locus of Puerto Rico. This work shares with GROWTH (SURVIVAL) a dense interweaving of the issues of intergenerational art-historical exchange, postcolonial geographical dislocation, and the etymological metaphorics of *photos* (Gk. < light) and *helios* (Gk. < sun). Indeed, the word "metaphor" itself involves questions of travel and dislocation. To pose a rather broad question, what role does metaphor play in your work, whether at the level of your play with titles, materials, or concepts?

GC: We've already touched a bit on how we understand the metaphor of survival as a question of both biological existence and historical memory, but for us it's crucial that such a trope become operative at the level of a work's materials and materiality—our use of actual living organisms in the gallery for instance. That said, materiality and metaphoricity constitute a couple. In other words, a material is never simply self-evident in its meaning; it is always marked with histories, cultures, and politics that are at once irreducible to and indissociable from the material in question. Any material is going to have the weight of history inscribed in it. The time of the world is there; geologically, geopolitically, there is always an allegorical dimension to materials. A tropical plant, for instance, cannot be treated as a bare biological life without effacing its colonial genealogy, even though we are quite interested in the actual temporalities and processes of the living organism as a sculptural problematic.

Y&J: In other words, you contaminate biomorphism with the biopolitical. Among the various art-historical progenitors of this interest in the non-self-identity and historicity of artistic materials would be the Arte Povera artists. Against the arguably positivist investment by American Minimalists in the sheerly physical or phenomenological properties of this or that industrial material—Plexiglas, lead, neon, felt—Arte Povera insisted on the mnemonic and cultural overdetermination of the materials they used, which often included living, organic, or natural materials of some sort. Has Arte Povera been a reference at all in your thinking and practice? Jannis Kounellis, in particular, comes to mind, not only in the trans-plants of GROWTH but also in a work such as HOPE HIPPO (2005), a mimetically rendered sculpture of a hippopotamus made for the 2005 Venice Biennale—it was made of mud from the canal, right?

DAN FLAVIN, PUERTO RICAN LIGHT (TO JEANNIE BLAKE), 1965, and ALLORA & CALZADILLA, PUERTO RICAN LIGHT, 1998–2003, battery bank containing solar panels, batteries, inverter / PUERTORIKANISCHES LICHT, Batterie mit Solarzellen, Batterien, Inverter.

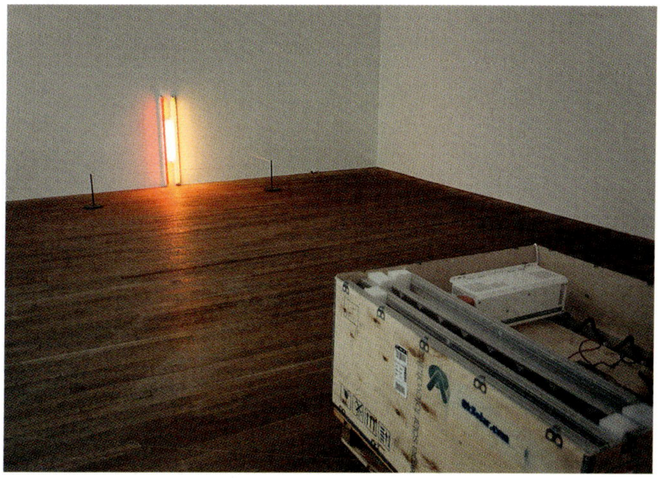

JA: Yes. This is a perfect case in which the physical properties of a sculptural material—mud—are constitutively marked by history and culture. Not in the sense of a grand artistic tradition, such as granite or bronze, but rather in the sense of the waste products and detritus of a city that have accumulated over hundreds of years as sediment at the bottom of the Venice canal. We literally delved into the dregs of history in order to conjure up the hippopotamus (Latin < river horse) as a kind of monstrous, counter-memorial figure to the triumphalist equestrian monuments that populate the public spaces of the city. And, yes, one point of reference was indeed Kounellis' 12 CAVALLI (1969).

Y&J: Where the artist lined the gallery with a series of horses—an exemplary subject of classical Italian sculpture—transforming the sculptural object into a *biogranic* shit-machine producing serial piles of dung... a rather different take on "process" than American post-minimalists! HOPE HIPPO also brings us to another recurrent trope in your work, that of animality or creaturehood, and its unstable relationship to the realm of the human. We see this in your SPEECH-AIMER (2003), in which participants wore a precariously shared *parangolé* of monster masks based on prehistoric marine organisms (each mask contained a voice amplifier and a laser that could be aimed in any direction, making the entire environment a potential "target" of address) or again in the video SWEAT GLANDS SWEAT LANDS (2006), which involves the roasting of a pig on a spit that has been collaged onto the accelerator of a stationary automobile like some sort of perverse Duchampian sacrifice-machine. Most recently, you presented a new video AMPHIBIOUS (LOGIN/LOGOUT), 2005, in the ICP "Ecotopia" exhibition, which stars a cluster of turtles set adrift on a log along the currents of the Pearl River in Southern China.

JA: Yes, the question of animality is crucial for us as an art-historical, philosophical, and ethico-political problem. What is the difference between human and inhuman marks, the tracks or traces made by those creatures supposedly invested with self-consciousness, subjectivity, and those putatively animated by nothing other than a base struggle for survival? What are the economies of antagonism, identification, fear, and desire that mark human-animal relations? Without positing some ideal of inter-species reconciliation, we are interested in destabilizing this relationship and mining its metaphorical and poetic possibilities. In AMPHIBIOUS, we framed the turtles as both the serialized objects of a distributional sculpture and as silent, strangely anthropomorphic witnesses to the ecological devastation wrought on the natural and human landscape by the market-driven hyperindustrialization of the Pearl River Delta.

Y&J: There might be a connection between the turtles' river-bound *dérive* and the hybrid protest-vehicle featured in UNDER DISCUSSION (2005), which also involved a dimension of ecological witness-bearing—albeit in the context of Vieques, the Puerto Rican island that was used for decades

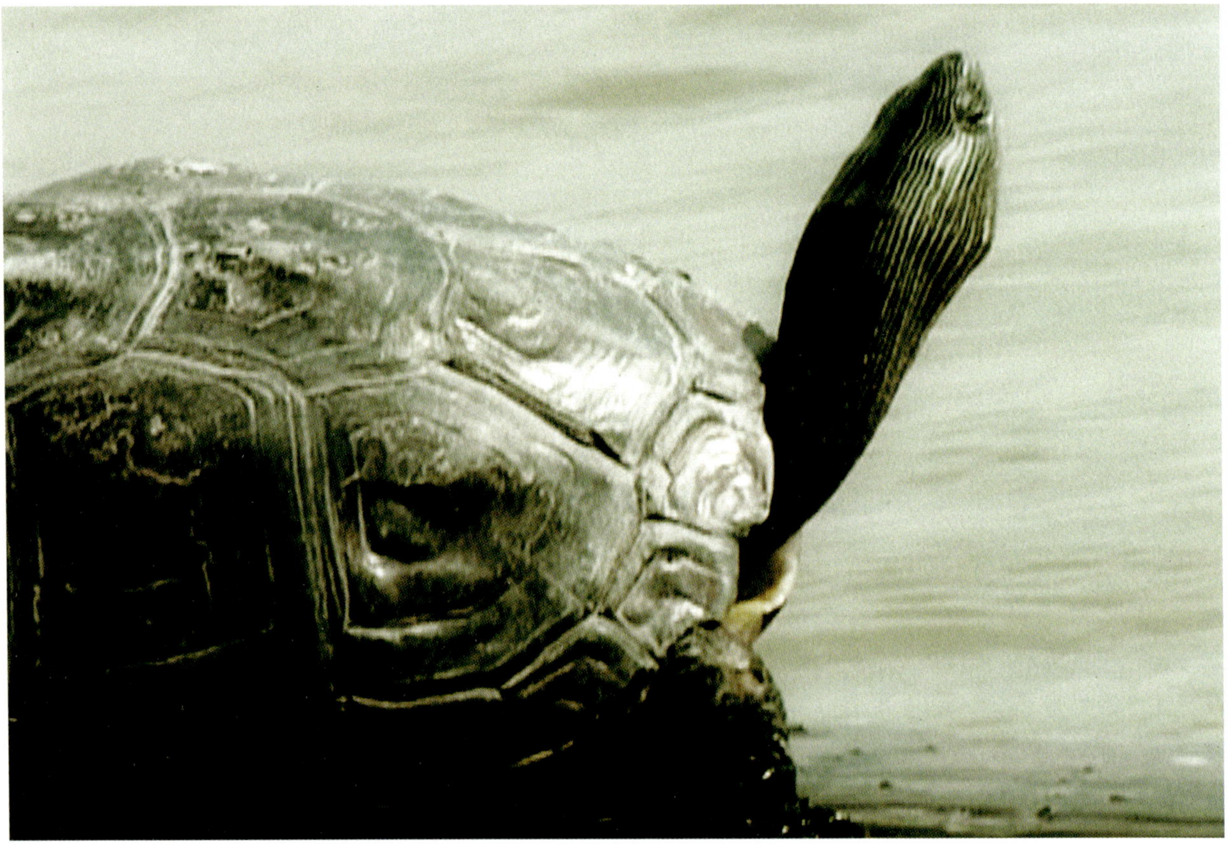

as a weapons-testing range by the US Navy until the latter was pressured to leave by a civil disobedience campaign in 2002.

JA: We worked with the campaign you mention, but we also wanted to follow up with the situation there after the apparent success of the civil disobedients. The Navy did vacate the island, but the contaminated sections were turned over to the department of the interior and marked as a wildlife preserve rather than given to the local municipality where its future could be democratically debated. In the aftermath of the well-publicized direct-action campaign, local nongovernmental activists have been struggling with how a) to ensure accountability from the government to remediate the areas in question and b) to propose plans for the sustainable development of the island.

GC: Drawing in equal measure from the constructivist imperative of public functionality and the critical absurdity of surrealist collage, in UNDER DISCUSSION we retrofitted a conference table with an outboard motor and asked a local activist—the son of a fisherman-activist from the 1970s, actually—to pilot it around what had once been communal fishing areas directly off the contaminated part of the island that are currently unfishable because of the government's refusal to perform environmental remediation.

Y&J: Refusing to reduce politics to a rational negotiation within a predetermined procedural framework of government, this work recalls the disruptive tactical media interventions of Greenpeace in the 1970s, and it complicates the empty signifier of "sustainability" so frequently cited by policymakers, activists, and artists concerned with environmental issues. As formalized in the UN's *Our Common Future* report of 1987, "sustainability entails development that meets the needs of present generations without compromising the ability of future generations to meet their own."[1]

GC: In Vieques, this concept takes on specific political stakes: sustainability for whom, and on what terms? Our concern is that any attention to the lives of current and future generations must be marked by the memory of the dead, whose traces precariously survive in the present.

Y &J: A key figure cited in most discussions of art and ecological sustainability is Joseph Beuys, whose late work was preoccupied with what he called an "Energy Plan for Western Man," the iterations of which included his I LOVE AMERICA AND AMERICA LOVES ME (1974) and his tree-planting project for the 1982 documenta. For many critics, the nail in the coffin of any productive engagement with Beuys was hammered more than twenty years ago by Benjamin Buchloh in his 1980 article published in *Artforum,* "The Twilight of the Idol,"[2] where the artist is denounced for his rhetoric of mysticism and shamanism, his sense of art as a medium of collective healing and harmonization. In past interviews, you've cited Beuys as a point of reference for your work; can you elaborate, in light of both the Buchlohian critique and the recent renaissance of enthusiasm for the artist?

GC: We are not afraid to acknowledge the indispensability of Beuys for our work, but we would also distance ourselves from the dimensions of primitivist ideology, hermetic iconography, spectacular self-promotion, and his pretensions to have transcended political antagonism in the name of an organically unified community. Our work is detached from us as artistic personalities; it has internal conceptual generators that give it a life of its own. The key thing we take from Beuys is his interest in the metaphorically, historically, and psychically laden character of materials. But rather than a one-to-one correspondence with some transcendent meaning, idea, or spiritual substance, we are

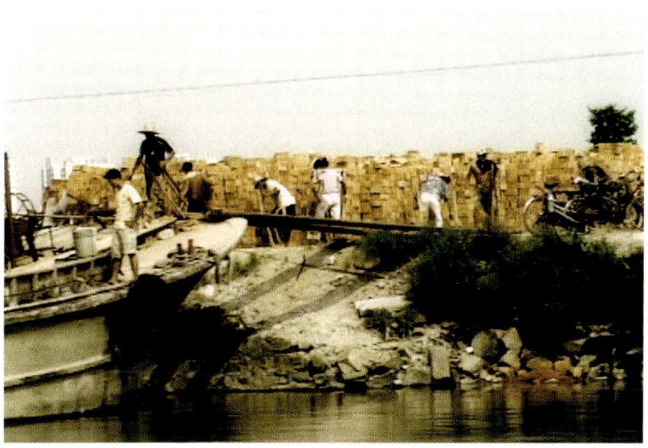

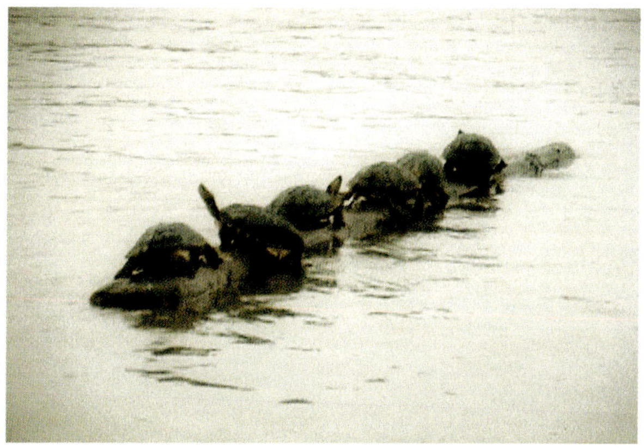

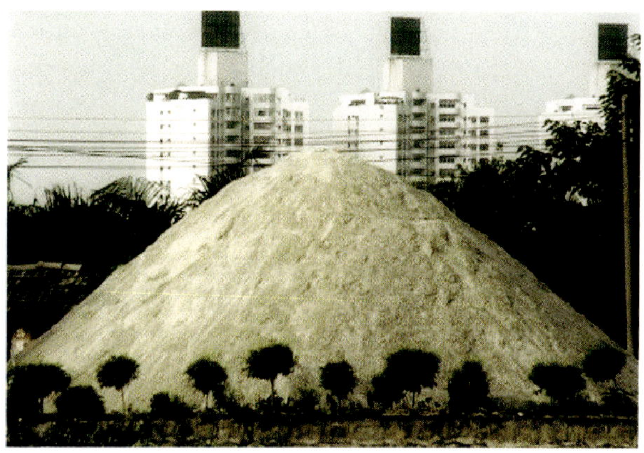

ALLORA & CALZADILLA, AMBHIBIOUS (LOGIN-LOGOUT), 2005, 1-channel video with sound, 6'22" / AMPHIBISCH (LOGIN-LOGOUT), 1-Kanal-Video mit Ton.

interested in the unstable and polysemic resonance of materials, as well as their physical properties in the post-minimalist sense.

Y&J: Felt, for instance—a key material for both Beuys and his erstwhile disciple Robert Morris—was central to the component of your Vieques project LAND MARK (1999–2003), installed at Tate Modern in 2003, in which you transferred a spectrometric satellite reading of the bomb-scarred topography of Vieques onto a set of felt carpet tiles that covered the floor of the gallery. While bearing the displaced indexical traces of a distant environmental disaster zone, the felt carpet also became a kind of shock absorber that enabled mediation with the audience.

JA: There we were playing with the double association of felt as an insulating, compressed material with a certain familiar texture, as well as the verb "to feel," both in the sense of an active process of handling a specific object or material as well as the passive sense of being affected by a force that comes from outside oneself—in the way one might feel an earthquake, or, in the case of Vieques, the blast of a carpet-bombing raid.

GC: Moreover, we did not want to glorify nor make a beautiful image of destruction, but rather to expose this image to undoing, making it vulnerable/flexible in its own constitution. The pieces that together made up the compositional graphic of the floor were not fixed to each other in any manner, so that the entire simulated terrain potentially could come undone, through simply shifting or moving any of its individual parts. The intention for this unstable arrangement was to allow for the possibility of re-structuring, re-configuration, and change. It was meant to mimic the actual status of the land represented, its undefined future after the departure of the Navy.

Y&J: The projects we have discussed thus far have roamed across the art-historical landscape in terms of their formal, technical, and political inspiration, from constructivist equipment design to the materialist poetics of Arte Povera. Your work is obviously not medium-specific in any traditional sense. In other words, you would identify as not sculptors, poets, photographers, architects, or musicians, even as you have substantially engaged each of these traditions. That said, do you feel you have a medium?

JA: We are certainly interested in the problems and concepts that adhere mnemonically to particular mediums—any work of sculpture, for instance, must confront questions of scale, volume, materiality, installation, the relation between aesthetic objects, perceiving subjects, and spatio-architectural containers.

GC: Sculpture is a heterogeneous tradition that we involuntarily inherit, but also take pleasure in drawing from, exploring, manipulating, rearticulating, in light of contemporary socio-political conditions. This is what we might call the responsibility of forms. But you are right that we do not simply identify as sculptors. Why, as historians, would it be important or interesting for you to identify us with a medium? We don't think we would want our work to be reduced to one! We get the sense you mean something different.

Y&J: We are thinking of what Rosalind Krauss has called the "post-medium condition." Rather than a purely self-contained tradition—painting or sculpture, for instance—a medium for Krauss would need to account for an entire oeuvre, a whole problem-set taken up in a seeming heterogeneous variety of ways without collapsing into a de-differentiated field of "multimedia"; it would be a kind of framing device that is irreducible to neither a sheer physical support nor a set of immaterial ideas posited by the artist independently of the object itself. Our question is motivated by a resistance to the recent emergence of a neo-situationist impulse in contemporary art that calls for artists to dissolve their practice into an expanded field of activist counter-publicity; from this position, art loses its specificity and is judged according to political ends that are external to its own aesthetic or formal means, which is to say, its media and mediums. You are sympathetic to this impulse, but refuse to be assimilated to it altogether.

GC: Perhaps we could say that our medium is the trace—a mnemonic problematic of marking and effacement, preservation and destruction, life and death that unsettles any linear relation between past, present, and future.

Y&J: Trace as medium—one informed by the memory of past generations and those yet to come.

JA: Yes, a medium that resonates, materially and metaphorically, with the politico-ecological imperative of sustainability. At stake is the survival of both art as a discipline and life itself as a biopolitical object under historical conditions of extreme duress.

1) United Nations, *Our Common Future: A Report from the United Nations Commission on Environment and Development* (Oxford: Oxford University Press, 1987), p. 1.

2) Benjamin Buchloh, "Beuys: The Twilight of the Idol," *Artforum International* (January 1980), pp. 35–43.

YATES MCKEE & JALEH MANSOOR

Der Bodensatz der Geschichte

Ein Gespräch mit Allora & Calzadilla

Yates McKee & Jaleh Mansoor: Ihr seid also auf dem Weg nach Zürich, um eine neue Ausstellung aufzubauen ... Jene Arbeiten, die euch seitens der Kritik am meisten Beifall eingebracht haben, waren oft solche mit einem spezifischen Ortsbezug, obwohl ihr diese Kategorie ziemlich strapaziert, wenn nicht gar auf eine vollkommen andere Ebene verlagert habt. Da es nun mal kein besseres Wort gibt: Ist das Projekt in Zürich ortsspezifisch angelegt?

Jennifer Allora: Die Ausstellung in der Kunsthalle Zürich ist nicht ortsspezifisch im kanonischen Sinn eines an die nicht hintergehbare Präsenz eines bestimmten Ortes und einer bestimmten Zeit Gebunden-Seins; obwohl die von euch erwähnte Problematik der Verlagerung die Arbeiten entscheidend bestimmt, und zwar zugleich in konzeptueller, metaphorischer wie räumlicher Hinsicht.

Guillermo Calzadilla: Wir haben uns entschieden eine Auswahl neuerer wie älterer Arbeiten zusammenzustellen, in denen die Wechselwirkung zwischen Militarismus, Krieg und der Bedeutung von Musik/Sound in eben diesem Kontext untersucht wird. Zur Ausstellung gehört auch eine neue Arbeit ohne Sound, sie trägt den Titel GROWTH (SURVIVAL) – Wachstum (Überleben), 2006. Es ist eine Art «botanische Assemblage» tropischer Pflanzen aus Afrika,

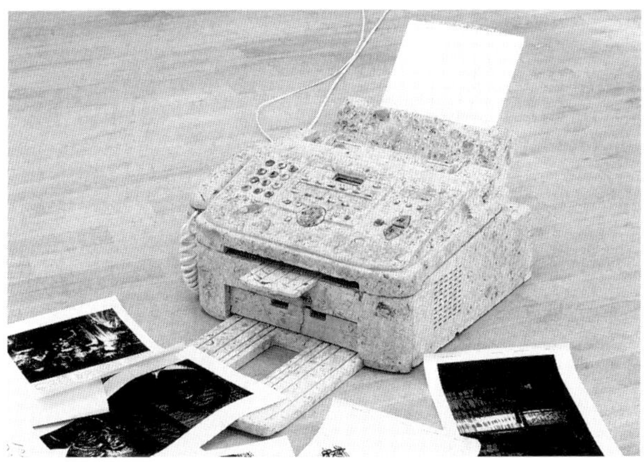

ALLORA & CALZADILLA, FOSSIL FAX, 2005, fossil rock, fax machine mechanism, installation view / FOSSILER FAX, fossiler Stein, Faxmechanismus, Installationsansicht.

YATES McKEE ist Doktorand an der historischen Fakultät der Columbia University, New York. Seine Arbeiten sind an verschiedenen Orten publiziert worden, unter anderem auch in *October* und im *Journal of Aesthetics of Protest*. Er ist Mitherausgeber des Buches *Nongovernmental Politics* (Zone Books, 2007).

JALEH MANSOOR hat einen befristeten Lehrauftrag für Kunstgeschichte am Barnard College. Ihre Texte sind unter anderem in *October* und *Texte zur Kunst* erschienen. Sie ist Mitherausgeberin des demnächst erscheinenden Buches *Communities of Sense: Rethinking Aesthetics in Practice* (Duke University Press, 2008).

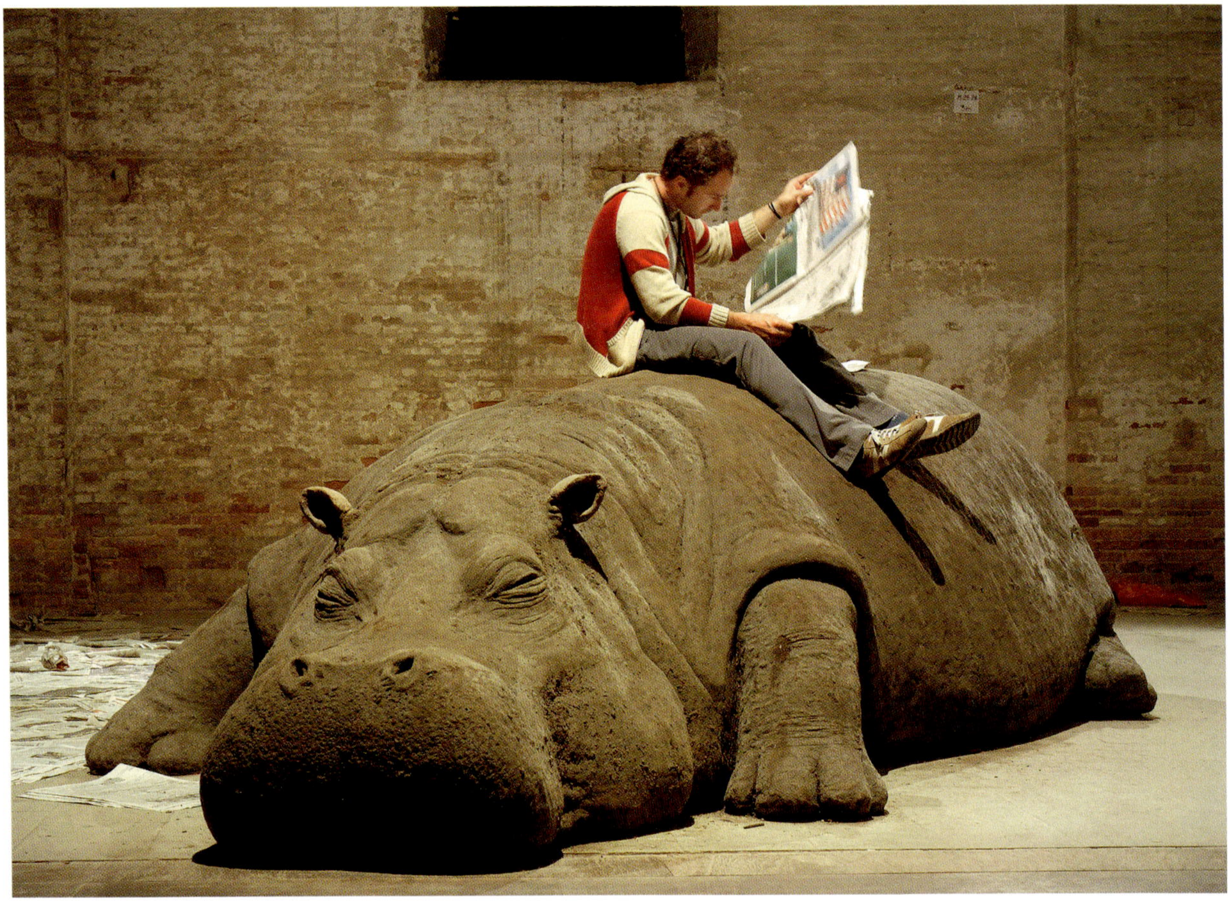

ALLORA & CALZADILLA, HOPE HIPPO, 2005, mud, whistle, daily newspaper, live person, 16 x 6 x 5' / NILPFERD HOFFNUNG, Schlamm, Pfeife, Tageszeitung, Leser, 490 x 183 x 152 cm.

Asien und Lateinamerika (die sich im Lauf der letzten drei Jahrhunderte über die kolonialen Netzwerke der wissenschaftlichen Forschung und der kapitalistischen Agrarindustrie auf dem gesamten Globus verbreitet haben); sie wurden zu einer Art hybridem Monsterorganismus zusammengepfropft, dessen Lebensfähigkeit ungewiss ist.

Y&J: Den Titel GROWTH habt ihr Hans Arps berühmtem Werk aus dem Jahr 1938 entliehen, einem Musterbeispiel für organische Formensprache in der plastischen Kunst; die Form des Objekts vermittelt einem das Gefühl einer inneren Lebenskraft, welche die tote Materie zum Leben erweckt. Ihr habt diesen Vitalismus mithilfe avantgardistischer Techniken wie Fragmentation und Disjunktion kompliziert, um eine Tür zur geopolitischen Genealogie der «organischen Form» zu öffnen. Wie wurde dieser Komplex welthistorischer und ästhetischer Probleme in der neuen Arbeit verändert? Wie ist die Ergänzung «survival/überleben» im Titel zu verstehen?

JA: Unter anderem verstehen wir «überleben» mit Derrida zugleich als Destruktion und Rest einer Entität, als ein Schweben zwischen Leben und Tod, bei dem das fragliche Wesen nur unter der Bedingung eines gewissen Selbst- und Identitätsverlustes überleben kann.

GC: Tatsächlich sind Wachstum und Überleben der transplantierten Pflanzen in GROWTH (SURVIVAL) direkt von einer Serie von LED-Leuchttafeln von Jenny Holzer abhängig, die zusammen mit der Trans-Pflanze ausgestellt sind und die einzige Licht- und Wärmequelle im Raum darstellen. Interessanterweise verwendet die NASA dieselbe LED-Technologie, um in ihren Weltraumlaboratorien auf künstlichem Weg Pflanzenwachstum und Photosynthese zu ermöglichen; natürlich steht dies im Zusammenhang mit dem alten Anliegen der NASA, die minimalen biologischen Bedingungen zum Überleben in ausserirdischer Umgebung zu bestimmen.

Y&J: Wir kommen gleich nochmals auf die politischen und ökologischen Implikationen eures Interesses für die Trope des Überlebens zurück. Man könnte sagen, dass GROWTH (SURVIVAL) noch einen weiteren verschlüsselten Hinweis auf eine eurer früheren Arbeit enthält, deren Überleben ebenfalls vom Werk eines kunsthistorischen Vorläufers abhing, wenn auch fast in umgekehrter Weise. Diese frühere Arbeit, PUERTO RICAN LIGHT (Puertoricanisches Licht, 1998–2003), stellte eine Art parasitäre Beziehung über zwei Generationen zum Minimal-Künstler Dan Flavin dar. Ihr habt dafür mehrere hundert Stunden Sonnenlicht aus Puerto Rico in einer photoelektrischen Batterie gespeichert, die dann nach New York verpflanzt wurde, wo sie vorübergehend die Energie für Flavins PUERTO RICAN LIGHT (1969) lieferte; dessen farbliche Komposition war, so hiess es, von einem perfekten tropischen Sonnenuntergang inspiriert, den der Künstler während eines Ferienaufenthalts an diesem politisch «heissen» Ort erlebt hatte. Wie GROWTH (SURVIVAL) zeigt auch diese Arbeit eine dichte Verflechtung von Fragen des kunsthistorischen Austausches zwischen den Generationen, der postkolonialen geographischen Dislokation und der etymologischen Metaphorik von *photos* (griech.: Licht) und *helios* (griech.: Sonne). Tatsächlich ist auch das Wort «Metapher» selbst mit Vorstellungen von Reisen und Ortswechseln verknüpft; die nächste Frage ist sehr weit gefasst: Welche Rolle spielt die Metapher in eurem Werk, sei es auf der Ebene eures Spiels mit Titeln, Materialien oder Konzepten?

GC: Das ist allerdings eine weit gefasste Frage. Wir haben bereits angetönt, dass wir die Metapher des Überlebens sowohl als eine Frage der biologischen Existenz wie des historischen Gedächtnisses verstehen; für uns ist es jedoch entscheidend, dass eine solche Trope auf der Ebene der Materialien und der Materialität eines Werkes wirksam wird – wie beispielsweise in unserer Verwendung «echter» lebender Organismen im Ausstellungsraum. Darüber hinaus bilden Materialität und Metaphorik ein Paar. Mit anderen Worten, ein Material erklärt sich hinsichtlich seiner Bedeutung nie von selbst, es ist immer gezeichnet von Geschichten, Kulturen und politischen Umständen, die sich gleichzeitig weder auf das fragliche Material reduzieren noch von ihm trennen lassen. Jedes Material wird von der Last seiner Geschichte geprägt. Die Zeit der Welt ist darin aufgezeichnet; geologisch, geopolitisch gesehen haben Materialien immer eine allegorische Dimension. Eine tropische Pflanze etwa kann man nicht einfach als nacktes biologisches Leben behandeln, ohne ihre koloniale Abstammung auszublenden, obwohl wir auch sehr an den tatsächlichen Zeitverhältnissen und Prozessen des lebenden Organismus als skulpturale Problematik interessiert sind.

Y&J: Mit anderen Worten, ihr kontaminiert das Biomorphe mit dem Biopolitischen. Zu den kunsthistorischen Vorläufern dieses Interesses für das Nicht-mit-sich-selbst-Identische und Historische künstlerischer Materialien gehören unter anderen die Vertreter der Arte Povera. Im Kontrast zu dem nachweislich positivistischen Setzen auf die schieren physischen oder phänomenologischen Eigenschaften des einen oder anderen industriellen Materials durch die Minimalisten – Plexiglas, Blei, Neon, Filz – bestand die Arte Povera auf der mnemonischen und kulturellen Überdetermination der verwendeten Materialien, die oft irgendwelche lebendigen, organischen oder natürlichen Stoffe mit einschlossen. War die Arte Povera für euer Denken und Schaffen überhaupt je ein Bezugspunkt? Mir fällt dazu insbesondere Kounellis ein, nicht nur zu den Trans-Pflanzen in GROWTH, sondern auch zu einem Werk wie HOPE HIPPO (2005), einer mimetischen Skulptur eines Flusspferdes, das für die Biennale in Venedig 2005 entstand – es bestand aus Schlamm aus dem Canal Grande, nicht?

JA: Ja. Das ist ein perfektes Beispiel dafür, dass die physischen Eigenschaften eines in der plastischen Kunst verwendeten Materials – Schlamm, Lehm – im Wesentlichen geschichtlich und kulturell bestimmt sind. Nicht im Sinne einer grossen künstlerischen Tradition, wie das bei Granit oder Bronze der Fall ist, sondern vielmehr im Sinn der Wegwerf- und Abfallprodukte einer Stadt, die sich über Hunderte von Jahren als Sediment auf dem Grund des Canal Grande in Venedig abgelagert haben. Wir haben buchstäblich im Bodensatz der Geschichte gewühlt, um das Flusspferd als monströse Figur erstehen zu lassen, eine Art Anti-Monument zu den Reiterdenkmälern, welche die öffentlichen Plätze der Stadt bevölkern. Und ja, Kounellis mit seinen 12 CAVALLI (12 Pferde, 1969) war tatsächlich ein Bezugspunkt.

Y&J: Er stellte eine Reihe von Pferden in den Ausstellungsraum – ein typisches Sujet der klassischen italienischen Skulptur – und verwandelte das skulpturale Objekt in eine biogenische Kotmaschine, die reihenweise Dunghaufen produzierte ..., eine etwas andere Auffassung des Prozesshaften als bei den amerikanischen Postminimalisten! HOPE HIPPO führt uns auch zu einer weiteren, in eurer Arbeit häufig wiederkehrenden Trope, jener des Tierischen oder Kreatürlichen und seiner unsicheren Beziehung zum Bereich des Menschlichen. Wir sehen sie etwa in SPEECH-AIMER (Rede-Zielvorrichtung, 2003), wo die Beteiligten einen bedenklich unterteilten Parangolé-Umhang in Form von Monstermasken trugen, die prähistorischen Meeresorganismen nachempfunden waren; zu jeder Maske gehörte ein Megaphon und ein Laserpointer, mit denen in jede beliebige Richtung gezielt werden konnte, was die gesamte Umgebung zum potenziellen Ansprechpartner machte; oder auch im Video SWEAT GLANDS SWEAT LANDS (Schweissdrüsen, Schweissländer, 2006), in dem unter anderem ein Schwein auf einem Spiess gebraten wird, der mit dem Gaspedal eines stillstehenden Autos verbunden ist, eine Art perverse Opfermaschine à la Duchamp. Erst kürzlich habt ihr in der ICP-Ausstellung «Ecotpia» ein neues Video gezeigt, AMPHIBIOUS (LOGIN/LOGOUT) – Amphibisch (Log-in/Log-out), 2005 –, in dem eine Gruppe von Schildkröten, die auf einem Stück Holz in der Strömung des Pearl River in Südchina ausgesetzt werden, die Hauptrolle spielen.

JA: Ja, die Frage nach der Tiernatur als kunsthistorisches, philosophisches und ethisch-politisches Problem ist für uns entscheidend. Wo liegt der Unterschied zwischen menschlichen und nicht-menschlichen Zeichen, zwischen den Fährten oder Spuren von Kreaturen, die vermutlich über ein Bewusstsein, Subjektivität verfügen, und jenen, die angeblich von nichts anderem angetrieben werden als einem primitiven Überlebenstrieb? Was ist der Nutzen der Antagonismen, Identifikationen, Ängste und Sehnsüchte, welche die Beziehungen zwischen Mensch und Tier charakterisieren? Ohne irgendein Ideal der Versöhnung zwischen den Arten zu postulieren, geht es uns darum, dieses Verhältnis ins Wanken zu bringen und seine metaphorischen und poetischen Möglichkeiten auszuschöpfen. In AMPHIBIOUS stellten wir die Schildkröten gleichzeitig als serielle Objekte einer sich im Raum ausbreitenden Skulptur und als stumme, seltsam anthropomorph anmutende Zeugen der Umweltzerstörung dar, welche die allein auf den Markt konzentrierte Überindustrialisierung des Pearl-River-Deltas über die natürliche und menschliche Landschaft gebracht hat.

Y&J: Es könnte eine Verbindung bestehen zwischen der *dérive*, dem Abdriften, der Schildkröten im Fluss und dem hybriden Protest-Vehikel in UNDER DISCUSSION (Zur Diskussion stehend, 2005); auch hier spielt die Dimension der ökologischen Zeugenschaft eine Rolle – wenn auch im Kontext von Vieques, jener puertoricanischen Insel, die der US-Navy jahrzehntelang als Waffentestgelände diente, bis eine lokale Widerstandskampagne sie 2002 von der Insel vertrieb.

JA: Wir haben an dieser Kampagne mitgewirkt, aber wir wollten die Situation dort auch nach dem anscheinenden Erfolg des Bürgerwiderstandes weiter beobachten. Die Navy hat zwar die Insel geräumt, aber die kontaminierten Abschnitte wurden dem Departement des Inneren zugeteilt und als Naturreservat ausgegrenzt, statt sie der lokalen Behörde zu unterstellen, was eine demokratische Aushandlung der Zukunft ermöglicht hätte. Im Gefolge der von guter Öffentlichkeitsarbeit begleiteten Aktionskampagne hatten lokale, nicht der Regierung angehörende Aktivisten darum gerungen, wie man die Regierung dazu verpflichten könnte, erstens die fraglichen Zonen zu sanieren und zweitens Pläne für eine nachhaltige Entwicklung der Insel vorzulegen.

GC: Indem wir uns gleichzeitig am konstruktivistischen Imperativ der öffentlichen Funktion und an der kritischen Absurdität der surrealistischen Collage orientierten, haben wir in UNDER DISCUSSION einen Konferenztisch mit einem Aussenbordmotor versehen und baten einen lokalen Aktivisten – den Sohn eines Fischers, der sich in den 70er Jahren selbst am Widerstand beteiligt hatte –, damit in dem Gebiet herumzufahren, das einst zur kommunalen Fischereizone gehörte, direkt vor dem kontaminierten Teil der Insel, wo man heute nicht mehr fischen kann, weil die Regierung sich weigert, die Umweltschäden zu sanieren.

Y&J: Durch die Weigerung, Politik auf einen rationalen Vorgang innerhalb eines vorgegebenen Handlungsrahmens der Regierung zu reduzieren, erinnert dieses Werk an die medienwirksamen taktischen Störmanöver von Greenpeace in den 70er Jahren, und es füllt die leere Worthülse von der «Nachhaltigkeit», die so oft von Entscheidungsträgern, Aktivisten und Künstlern, die sich mit ökologischen Themen befassen, gebraucht wird, mit einem komplexen Inhalt. Wie es im UN-Kommissionsbericht *Unsere Gemeinsame Zukunft* – dem sogenannten Brundtland-Report – aus dem Jahr 1987 heisst, ist mit Nachhaltigkeit eine Entwicklung gemeint, «die den Bedürfnissen der heutigen Generation entspricht, ohne die Möglichkeiten künftiger Generationen zu gefährden, ihre eigenen Bedürfnisse zu befriedigen und ihren Lebensstil zu wählen».

GC: In Vieques knüpfen sich an diesen Begriff spezifische politische Fragen: Nachhaltigkeit für wen und unter welchen Bedingungen? Uns geht es darum, dass jede Sorge um das Leben heutiger und künftiger Generationen von der Erinnerung an die Toten getragen sein muss, deren Spuren in der Gegenwart ein prekäres Dasein fristen.

Y&J: Eine Schlüsselfigur, die in den meisten Diskussionen über Kunst und ökologische Nachhaltigkeit zitiert wird, ist Joseph Beuys, der sich in einer Vortragsreihe im Jahr 1974 mit etwas befasste, was er *The Energy Plan for the Western Man* nannte. In dessen Umkreis gehörte auch das Werk I LOVE AMERICA AND AMERICA LOVES ME (1974) und sein Baumpflanzungsprojekt für die Documenta 1982. Für viele Kritiker setzte Benjamin Buchloh bereits vor mehr als zwanzig Jahren (1980) den Schlussstrich unter jede fruchtbare Auseinandersetzung mit Beuys, und zwar in seinem Essay «Twilight of an Idol»; darin wird der Künstler, wegen seiner mystisch-schamanistischen Rhetorik und seiner Auffassung der Kunst als Medium kollektiver Heilung und Harmonisierung angeprangert.[1] In früheren Interviews habt ihr Beuys als Bezugspunkt für eure Arbeit zitiert; könnt ihr – im Lichte von Buchlohs Kritik und der in jüngster Zeit wieder aufflammenden Begeisterung für Beuys – dazu etwas sagen?

GC: Wir scheuen uns nicht, zuzugeben, dass Beuys für unsere Arbeit unverzichtbar ist. Aber auch wir distanzieren uns von den Dimensionen, die seine vereinfachende Ideologie, seine hermetische Bildsprache, seine spektakuläre Selbstdarstellung sowie seine Prätention angenommen haben: alle politischen Widersprüche im Namen einer organisch vereinten Gemeinschaft zu transzendieren. Unser Werk ist von uns selbst als Künstlerpersönlichkeiten losgelöst; es verfügt über innere Begriffsgeneratoren, die ihm ein Eigenleben verleihen. Das entscheidende Element, das wir von Beuys übernehmen, ist sein Interesse für den metaphorisch, historisch und psychisch aufgeladenen Charakter von Materialien. Aber wir interessieren uns

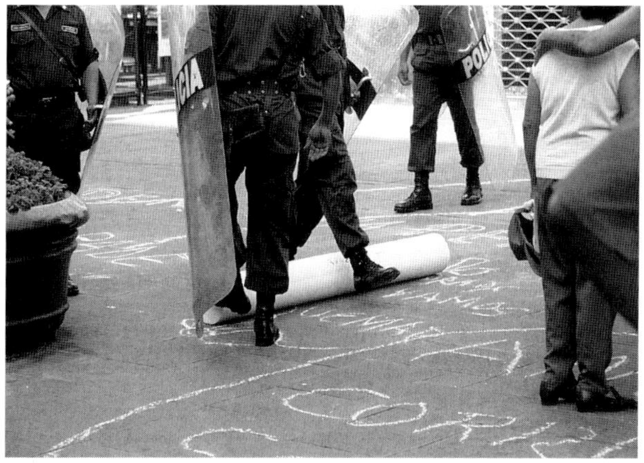

ALLORA & CALZADILLA, CHALK (LIMA), 1998–2002, 12 chalks, 8" diameter, 64" length each, installation view / KREIDE (LIMA), 12 Kreidestücke, je 20,3 cm Durchmesser, 162,5 cm Länge, Installationsansicht.

weniger für die Eins-zu-eins-Entsprechung mit irgendeiner transzendenten Bedeutung, Idee oder geistigen Substanz als vielmehr für die unbeständige und polysemantische Resonanz der Materialien sowie für ihre physikalischen Eigenschaften in einem postminimalistischen Sinn.

Y&J: Filz, zum Beispiel – ein wichtiges Material für Beuys und seinen einstigen Schüler Robert Morris –, war ein zentraler Bestandteil eures Vieques-Projektes LAND MARK (Grenzmarkierung, 1999–2003), das 2003 in der Tate Modern ausgestellt war; darin habt ihr eine spektrometrische Satellitenaufzeichnung der mit Bombentrichtern übersäten Landschaft von Vieques auf eine Reihe von Filzteppichplatten übertragen, die den Boden des Museums bedeckten. Obwohl der Filzteppich die auf ihn übertragenen Hinweise und Spuren einer fernen Umweltkatastrophenzone aufwies, fungierte er auch als eine Art Schock-Absorber und übernahm eine vermittelnde Funktion gegenüber dem Publikum.

JA: Wir spielten dabei mit den beiden Assoziationen, die das englische Wort für Filz auslöst – *felt*: die eines isolierenden, komprimierten Materials mit einer ganz eigenen, vertrauten Textur, aber auch die des Verbs *to feel* (fühlen), sowohl im Sinne eines aktiven Befühlens eines bestimmten Objekts oder Materials als auch im passiven Sinn des Spürens einer Kraft, die von aussen auf uns einwirkt – so wie man ein Erdbeben oder, im Fall von Vieques, die Druckwelle beim Abwurf eines Bombenteppichs fühlen würde.

GC: Ausserdem wollten wir keinesfalls die Zerstörung glorifizieren oder ein schönes Bild davon liefern, sondern das Bild vielmehr der Auflösung aussetzen, es schon durch seine eigene Beschaffenheit verletzbar und biegsam machen. Die einzelnen Elemente, aus denen sich die Graphik auf dem Boden zusammensetzte, waren überhaupt nicht fixiert oder aneinander befestigt, so dass sich allein durch das Verschieben oder Wegnehmen beliebiger Teile theoretisch das gesamte nachgebildete Gelände in Luft auflösen konnte. Der Sinn dieser instabilen Anordnung bestand darin, die Möglichkeit einer Neuordnung, Umstellung und Veränderung zuzulassen. Der tatsächliche Zustand des dargestellten Landstrichs sollte nachgeahmt werden, seine unbestimmte Zukunft nach dem Abzug der Navy.

Y&J: Die Projekte, von denen wir bisher sprachen, bewegten sich mittels formaler, technischer und politischer Inspiration quer durch die kunsthistorische Landschaft, vom konstruktivistischen Apparatedesign bis zur materialistischen Poetik der Arte Povera. Eure Arbeit ist offensichtlich nicht im traditionellen Sinne an ein bestimmtes Medium gebunden. Mit anderen Worten, ihr würdet euch nicht als Plastiker, Dichter, Photographen, Architekten oder Musiker bezeichnen, obwohl ihr euch intensiv mit jeder dieser Traditionen auseinandergesetzt habt. Habt ihr dennoch das Gefühl, ein spezifisches Medium zu haben?

JA: Mit Sicherheit interessieren wir uns für die Probleme und Ideen, die gedanklich an bestimmte Medien geknüpft sind – jedes plastische Werk muss sich beispielsweise Fragen des Massstabs, des Volumens, der materiellen Beschaffenheit, der Installation und der Beziehung zwischen ästhetischen Objekten, wahrnehmenden Subjekten und räumlich-architektonischen Behältnissen stellen.

GC: Die Skulptur ist eine heterogene Tradition, die wir unfreiwillig geerbt haben, von der wir uns aber auch gern inspirieren lassen und die wir mit Vergnügen im Lichte der heutigen soziopolitischen Voraussetzungen erforschen, manipulieren und neu formulieren. Man könnte dies die Verantwortung der Formen nennen. Aber ihr habt Recht, wir verstehen uns nicht einfach als plastische Künstler. Weshalb ist es für euch als Historiker wichtig oder von Interesse, uns mit einem Medium zu identifizieren? Ich glaube, wir möchten uns oder unsere Arbeit nicht auf ein Medium reduzieren lassen! Ich habe das Gefühl, ihr meint etwas anderes ...

Y&J: Wir denken dabei an das, was Rosalind Krauss die *post-medium condition* nannte, einen «postmedialen Zustand». Anders als eine in sich geschlossene Tradition – wie die Malerei oder Plastik – muss ein Medium laut Krauss ein ganzes Œuvre erklären können, einen ganzen Problemkomplex, der in anscheinend heterogener Methodenvielfalt aufgegriffen wird, ohne dabei zu einem undifferenzierten, multimedialen Umfeld zu zerfallen; es wäre eine Art Rahmenwerkzeug, das sich weder auf eine rein physische Trägerfunktion noch auf einen immateriellen Ideenkomplex reduzieren lässt, den der Künstler unabhängig vom Gegenstand selbst gesetzt hat. Unsere Frage ist vom Widerstand gegen einen in der zeitgenössischen Kunst neustens aufgetauchten neo-situationistischen Impuls motiviert, der die Künstler drängt, ihre Arbeit im erweiterten Wirkungsbereich einer aktiven «Gegenöffentlichkeit» aufzulösen; in dieser Position verliert die Kunst ihren spezifischen Charakter und wird an politischen Zielen gemessen, die ausserhalb ihrer eigenen Ästhetik und ihrer formalen Mittel liegen, das heisst: ausserhalb ihrer Arbeits- und Trägermedien. Ihr steht diesem Impuls zwar wohlwollend gegenüber, weigert euch jedoch, ganz von ihm vereinnahmt zu werden.

GC: Vielleicht könnte man sagen, dass unser Medium die Spur ist – eine auf das Gedächtnis bezogene Fragestellung rund um das Setzen und Auslöschen von Zeichen, um Bewahrung und Zerstörung, Leben und Tod, welche jede lineare Beziehung zwischen Vergangenheit, Gegenwart und Zukunft aus den Angeln hebt.

Y&J: Die Spur als Medium – geprägt von der Erinnerung an vergangene Generationen und von jenen, die noch kommen werden.

JA: Ja, ein Medium, das materiell und metaphorisch mit dem politisch-ökologischen Imperativ der Nachhaltigkeit mitschwingt. Das Überleben der Kunst als selbständige Disziplin steht auf dem Spiel, aber auch das Überleben des Lebens selbst als biopolitischer Gegenstand unter extrem harten historischen Bedingungen.

(Übersetzung: Suzanne Schmidt)

1) Benjamin Buchloh, «Beuys: The Twilight of the Idol», *Artforum International* (Januar 1980), S. 35–43.

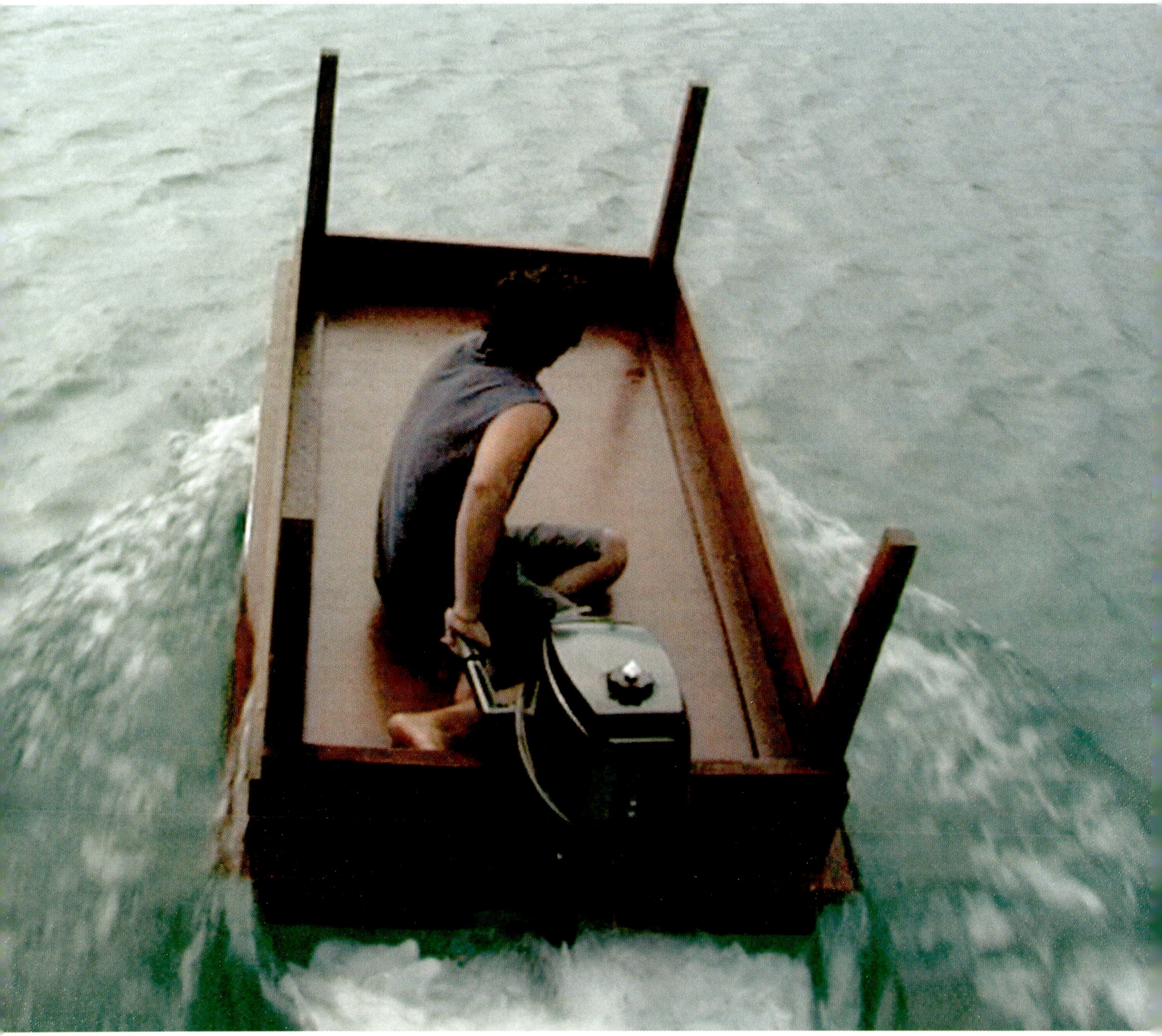

ALLORA & CALZADILLA, UNDER DISCUSSION, 2005, 1-channel video with sound, 6'14" /
ZUR DISKUSSION STEHEND, 1-Kanal-Video mit Ton.

Wake Up Call

HAMZA WALKER

And when he had opened the seventh seal, there was silence in heaven about the space of half an hour. And I saw the seven angels which stood before God; and to them were given seven trumpets.

The Book of Revelations 8:2

The trumpet comes with a lot of cultural baggage and *Revelations* is a case in point. With deep pre-musical origins, the trumpet is a relatively universal artifact appearing in different cultures at different moments in history. *Revelations* was written well before the trumpet would become the musical contraption it is today. Its allegorical significance in the Bible was strictly a function of its use in making formal ceremonial announcements. But even as it evolved into a musical instrument, the trumpet never lost its stately patrimony becoming perhaps the only instrument with a built-in military repertoire. When Walter Pater wrote "all art constantly aspires toward the condition of music,"[1] he did not have in mind the non-musical portion of the trumpet's history. That would have ruined his notion of music as a purely autonomous art. Or would it?

No matter how symbolic, music, as an arrangement of sound that is inherently abstract, could never be said to literally represent anything, making it a conspicuous platform from which to critique the tension between aesthetics and politics. Throwing this age-old divide into high relief has become Allora and Calzadilla's trademark *modus operandi.* Their interest in music no doubt stems from its supposed immunity to the debate between artwork taking up issues of social justice versus artwork reduced exclusively to formal concerns. Their recent spate of projects, RETURNING A SOUND (2004), CLAMOR (2006), and WAKE UP (2007), were all brassy affairs featuring a combination of music and performative elements. In each case, the artists looked to music "as an irreducible form of political speech,"[2] one that while maintaining its autonomy could not fail to signify the saber rattling escapades of state.

On that topic, from their native Puerto Rico, Allora and Calzadilla need only look next door to the island of Vieques. Used by the U.S. military as a bombing test site, Vieques is known for the vehement protests staged by its residents. RETURNING A SOUND is a video documenting a Vieques resident's road trip to sites formerly off limits via a moped whose exhaust pipe was outfitted with a trumpet. The driver's deadpan, Chaplinesque expression blithely offsets the absurdity of an exhaust-powered trumpet whose change in pitch (corresponding

---

HAMZA WALKER is Associate Curator/Director of Education at The Renaissance Society at The University of Chicago.

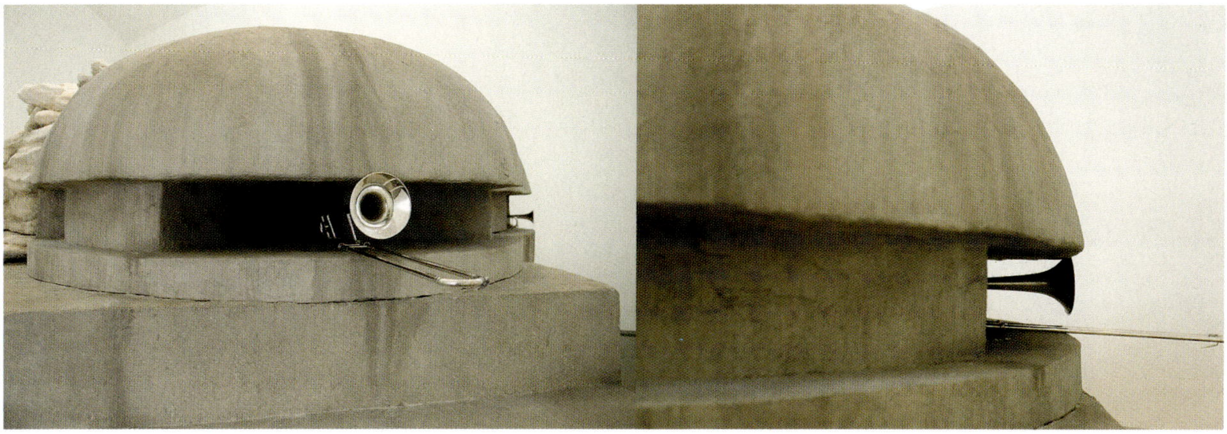

ALLORA & CALZADILLA, CLAMOR, 2006, details, mixed media and live performance with sound, dimensions variable / GEZETER, Details, verschiedene Materialien und Live-Performance mit Musik, Masse variabel.

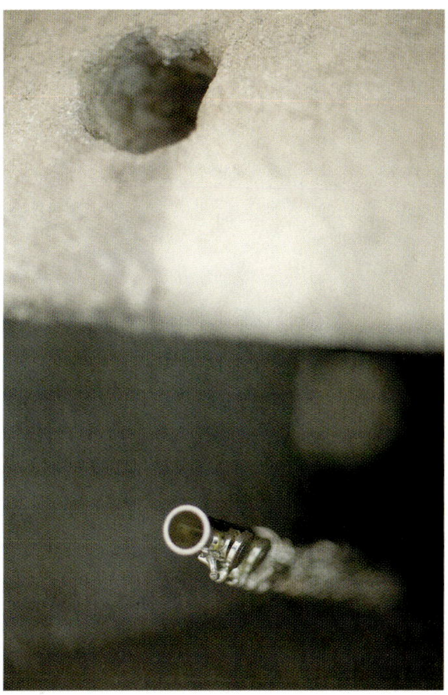

to a shift in gears) provides an element of slapstick. The military is invoked insofar as the work speaks through an instrument familiar for its capacity to signal, only now it has been reduced to the steady vibrato of a single note; a shrill drone in return for explosions. Given the success of the civil disobedience campaign in ending sixty years of military activity, RETURNING A SOUND was in part a victory lap. But at the same time it could be said to signal the military's retreat; it was also a call for residents to remain vigilant as ownership of the contested land was transferred from the military not to the local authorities but to the U.S. Department of the Interior. For many residents, the term "wildlife refuge" was a not-so-subtle code for neglect of the non-benign variety.

A humorous gesture unto itself, RETURNING A SOUND's deeper meaning comes from its context, making it site-dependent if not site-specific. As one of several works for and about Vieques, RETURNING A SOUND qualifies as social sculpture. If, however, Allora and Calzadilla qualify as sculptors, it is in abiding by sculpture's dismantlement. In the wake of modernist sculpture's decisive conclusion in institutional critique, sculpture has become an altogether useless category in describing a class of activity to which

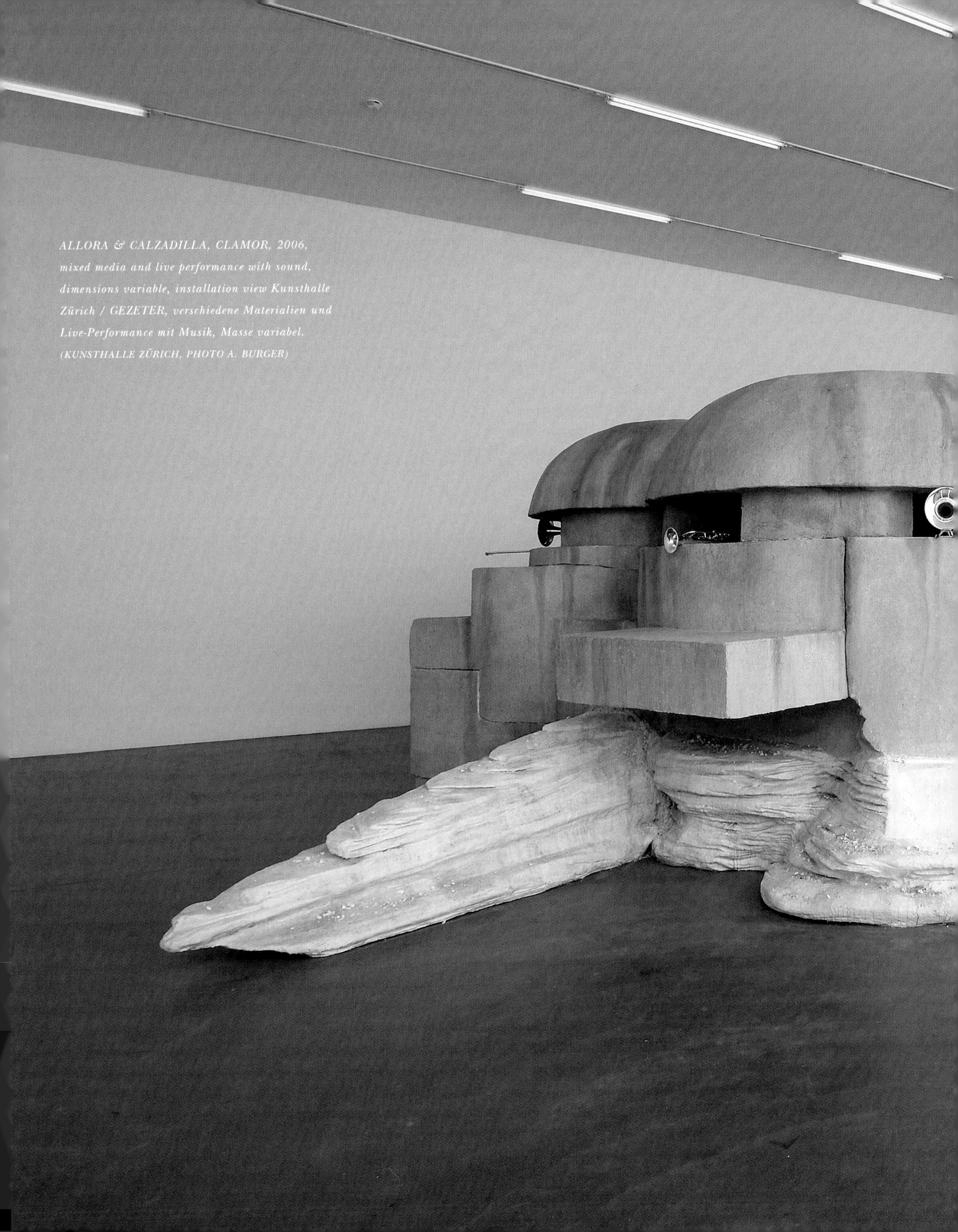

ALLORA & CALZADILLA, CLAMOR, 2006, mixed media and live performance with sound, dimensions variable, installation view Kunsthalle Zürich / GEZETER, verschiedene Materialien und Live-Performance mit Musik, Masse variabel. (KUNSTHALLE ZÜRICH, PHOTO A. BURGER)

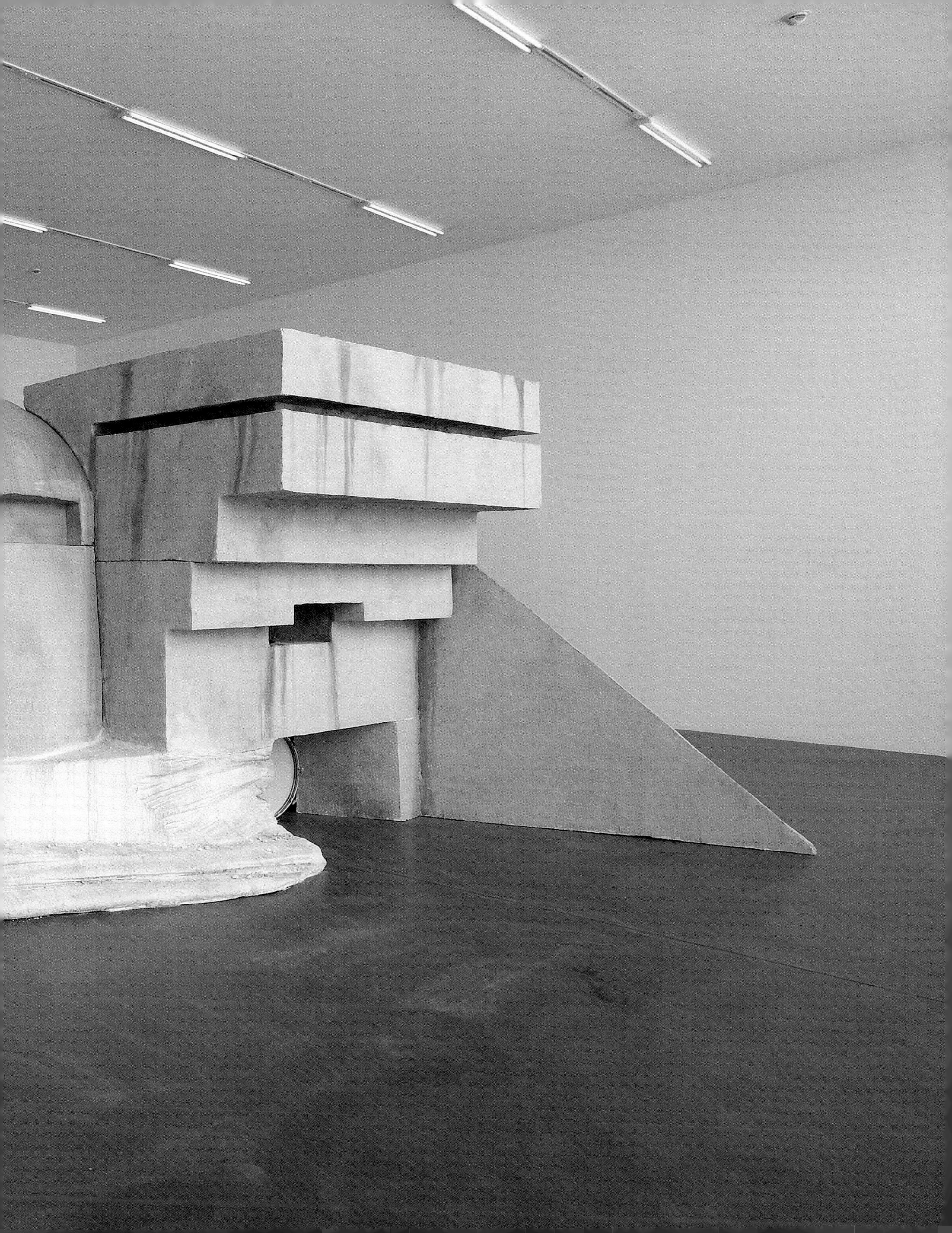

any and everything could belong. In this regard, Allora and Calzadilla are wary of reconstituting an art object which for them is anything but a given. Based on CLAMOR, which was half military bunker and half Dadaist installation, the operative equation is: the nearer to monument the nearer to farce.

CLAMOR's opening night at The Moore Space in Miami featured a small music ensemble (trumpet, tuba, flute, trombone, and drummer) performing a host of war songs, marches, and battle hymns all inside a large structure resembling a concrete military bunker. Among the more standard fare were Barney the Dinosaur's "I Love You" and Bruce Springsteen's "Born in the U.S.A" (as they were used to torture detainees in Guantanamo), and Twisted Sister's "We're Not Gonna Take It" (a favorite of American forces during the 1989 invasion of Panama). Save for the trombone slide poking through an embrasure and a low window exposing the tuba's bell, the band was completely concealed. More monumental than the sculpture itself was the band's performance, which, with over three hours of music, became an endurance test. Bombast gave way to cacophony, which in turn gave way to a peripatetic tumult of disfigured nationalist fanfare. In this respect, CLAMOR's performative aspect trumped any dimension of autonomy lent by the music. It became a resolutely and pointedly figurative work whose structure referenced an authority quickly rendered by the music as parody.

WAKE UP, like CLAMOR, was clearly conceived for a gallery space. It too featured a live musical component during the opening reception and a recorded component for the duration of the exhibition. But unlike CLAMOR's representational reference to the military, WAKE UP's starkly abstract sculptural component suggested that the visual arts need no longer aspire to the condition of music for they have already arrived.

For WAKE UP, the artists commissioned seven trumpet players to write and perform interpretations of Reveille, the bugle call signaling the start of the military day. Just over ninety minutes of music, the recordings were played back over a dozen speakers inside a simple but very large drywall structure whose interior was likewise lined with several dozen three-hundred-watt bulbs. The music and light were synchronized through a computer that, along with all other hardware including the bulbs and speakers, was inside the structure hidden from view. Powered by a dimming unit used for theater productions, the bulbs cast their light through the structure's open top, their brightness determined by the amplitude of the music. Following the music, the light, in addition to changing brightness, traveled across the series of bulbs so as to be projected from different areas of the gallery. The bulbs were incandescent, their luminosity ranging from a peach glow to a brilliant white. As the music demanded, the brightness could change in a smooth continuum or flash abruptly. Although Reveille is a clear reference to dawn, the lights produced the uncanny sensation of not-too-distant explosions.

A stark white expanse of eight-foot-high drywall, WAKE UP's sculptural component could easily be taken as a permanent part of the gallery where it was installed. Completely self-contained, the structure mirrored the gallery space, becoming, quite literally, a white cube inside the white cube. Hopelessly autonomous, the only reference outside of itself was to a hefty slab of site-specificity cum institutional self-reflexivity à la Robert Morris. If modern art's apogee was in its having achieved absolute autonomy, then Allora and Calzadilla are postmodern in the literal sense of aiding and abetting Minimalism's further transition into the recesses of art history where it is just another language, or worse, style. Rather than descend into mannerism, Allora and Calzadilla reinscribe a previous generation's autonomy within a dialectic that derives its meaning and, indeed, strength of purpose not by acting apart from but in concert with a previously disavowed content. An autonomous art, no matter how supposedly pure, could no longer be said to function in opposition to an issue-based, representational art. In this respect, they are the children of none other than Felix Gonzalez Torres.

More than two generations removed from Minimalism proper, Allora and Calzadilla's work in general and WAKE UP in particular tacitly reveal the historical contingency of an autonomous art as a *fait accompli* of the twentieth century. Moreover, as Daniel Buren continues to make abundantly clear, the autonomous work of art may be introduced into contexts well outside the gallery and maintain its integrity as such. At issue instead is parity between an autonomous art and the social sphere as they have entered into a dialectic that continues to evolve in the wake of the 1960s, which had more than its fill of art and politics. With an ability to produce work with, for, and about the residents of the island of Vieques, on the one hand, and an exceptionally adroit addendum to a work by Dan Flavin on the other, Allora and Calzadilla have proven adept at approaching context as a sliding scale for an equilibrium between art and life which, in this equation, are never mutually exclusive of one another.

With more than a few works allowing them to qualify as "interventionists," Allora and Calzadilla wholeheartedly subscribe to a definition in which what art depends on where it is, be it in the street or in the gallery. Interventions, however, are hardly their stock-in-trade. Likewise, despite the scope and accrual of events since the 2000 presidential election debacle, they are far less beholden to the demand for a so-called "political art" than they are to strands of an art practice that modernity has left hopelessly unreconciled (as the advent of abstraction would question art's accountability, if any, to effecting social change). While their work derives a great deal of its cultural currency from the rhetoric of globalization, it is at its most powerful when considered part of a methodology in which art can enter into life and life into art regardless of whether the context is as politically charged as Vieques or as seemingly remote and autonomous as the museum gallery.

WAKE UP is an unabashedly autonomous work. By virtue of Pater's statement, music not only qualifies unconditionally as a discipline meeting the most stringent demand for autonomy, it sets the bar. Yet, despite the irony in their choice of Reveille, a work that cannot fail to function metonymically as a stand-in for the military, WAKE UP represents a critical rear-guard in relationship to the vogue (some might say plague) of music in the visual arts.

The history of experimentation in regard to light and sound falls into a plurality of strands. As they have come to fruition in the present, those strands have all but obscured any criticality regarding the historically rich relationship between music and the visual arts. In this respect, WAKE UP was conspicuously tidy and lean, coming across as an uncompromising capitulation to Pater. Here was an autonomous site containing an autonomous structure at the service of an autonomous form. No bones about it. That music should find its visual corollary in light, plain and simple, only underscored a paradigm of modernist transcendence and purity.

WAKE UP, however, would indulge such hyperbole only to come across as an anachronism within the modernist rubric of experimental light and sound works—works which arguably culminated in cinema. Falling outside the traditional purview of painting and sculpture, such experimental works were neither one art form nor another, all the while occupying an awkward relationship to cinema. In that regard, an unintended effect at The Renaissance Society was a crude but striking animation of shadows cast by the gallery's truss work. If, however,

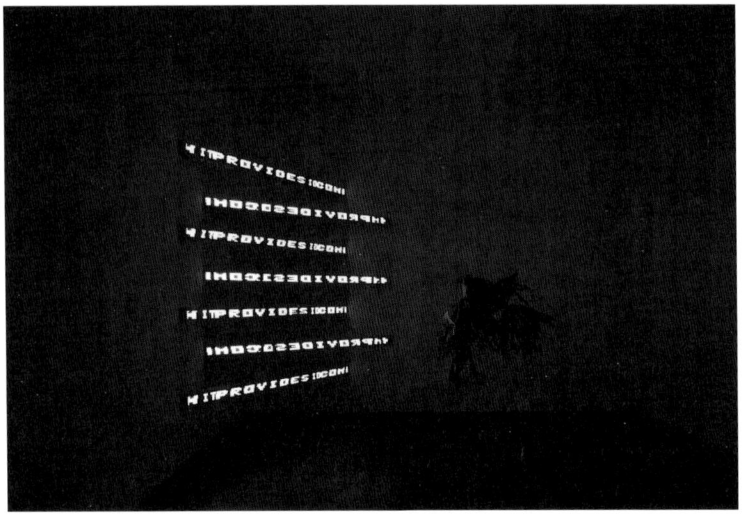

ALLORA & CALZADILLA, GROWTH (SURVIVAL), 2006/2007, grafted tropical plant and Jenny Holzer's JH725 YELLOW CORNER, 2002, dimensions variable / WACHSTUM (ÜBERLEBEN), gepfropfte tropische Pflanze und Jenny Holzers JH725 GELBE ECKE, Masse variabel.

WAKE UP is considered a contemporary experimental work, it is by virtue of the trumpet players in whose hands it becomes clear that the trumpet, if not the most sophisticated, is easily the most exquisite piece of plumbing outside the human respiratory and gastrointestinal systems.

The trumpet players represent a broad range of styles, from the starkly conceptual approach of Birgit Ulher, to the rapid-fire, lengthy post-bop phrasing of Paul Smoker, to the breathy, microphone-enhanced atmospherics of Leonel Kaplan and Franz Hautzinger. In most cases the compositions and performances bore no resemblance whatsoever to the familiar tune of Reveille. Although the musicians occasionally used Reveille in a schematic sense—as in the case of Ulher and Natsuki Tamura, whose work is divided into three sections, "A"(startle), "B"(shake), and "C"(awake)—the particular details of their approaches to Reveille pale in comparison to the deconstruction and expansion of sounds the trumpet is capable of making.

Allora and Calzadilla's work does not resolve the age-old question of art's relation to politics. It perpetually reframes the question so that it would remain reducible only as far as that of the chicken or the egg. WAKE UP is not itself a work of so-called "political art," a false category which assumes a discreet political domain. For Allora and Calzadilla politics is instead a way of looking, an attribute ascribed through a particular perspective, meaning politics are both everywhere and nowhere. Although the question of art's relationship to effecting social change is transmissible from one generation to the next, the answer is not to be found. What worked for one generation may not be applicable to the next. In this regard, it is indeed time to wake up and smell the coffee.

1) Walter Pater, *The Renaissance: Studies in Art and Poetry*, originally published in 1873 (London: Macmillan and Co., 1935), p. 124.
2) From a conversation with the artist, February 2007.

Erwacht aus euren Träumen

HAMZA WALKER

Und da es das siebente Siegel auftat, ward eine Stille in dem Himmel bei einer halben Stunde. Und ich sah die sieben Engel, die da stehen vor Gott, und ihnen wurden sieben Posaunen gegeben.[1]

Trompete wie Posaune sind kulturgeschichtlich schwer befrachtet, die Offenbarung ist ein einschlägiges Beispiel dafür. Mit ihren ins Vormusikalische zurückreichenden Wurzeln ist die Posaune ein mehr oder weniger universal verbreitetes Artefakt, das in verschiedenen Kulturen zu unterschiedlichen Zeitpunkten auftaucht. Die Offenbarung wurde niedergeschrieben, lange bevor die Posaune sich zum Musikinstrument im heutigen Sinn entwickelte. In der Bibel war die allegorische Bedeutung der Posaune ausschliesslich an ihre Funktion im Zusammenhang mit der zeremoniellen Ankündigung geknüpft. Doch selbst nachdem sie sich zum Musikinstrument entwickelt hatte, verlor sie nie ihre herrschaftliche Erblast und wurde vielleicht zum einzigen Instrument mit festgeschrieben militärischem Repertoire. Als Walter Pater schrieb, dass alle Kunst immer den Zustand der Musik anstrebe, hat er nicht an den nicht-musikalischen Aspekt in der Geschichte der Posaune gedacht.[2] Dies hätte seinen Begriff von Musik als einer vollkommen autonomen Kunst zu Fall gebracht. Oder vielleicht doch nicht?

So symbolisch Musik auch sein mag, da sie von Natur aus ein abstraktes Klangarrangement ist, kann man nicht sagen, dass sie im eigentlichen Sinn etwas repräsentiert; das macht sie zu einer hervorragenden Plattform, um die Spannung zwischen Ästhetik und Politik einer Kritik zu unterziehen. Diesen uralten Graben deutlich auszuleuchten ist zum klassischen *modus operandi* von Allora und Calzadilla geworden. Ihr Interesse für die Musik entspringt zweifellos deren vermuteter Immunität gegenüber der Debatte zwischen einer Kunst, die Themen der sozialen Gerechtigkeit aufgreift, und einer Kunst, die sich auf rein formale Fragen beschränkt. Ihre letzte Serie setzte sich aus Projekten zusammen, RETURNING A SOUND (Einen Ton zurückgeben, 2004), CLAMOR (Gezeter, 2006) und WAKE UP (Wacht auf, 2007), die alle mit Blechmusik zu tun hatten und in einer Kombination aus Musik und/oder performativen Elementen bestanden. In jedem Fall betrachtete das Künstlerpaar die Musik «als irreduzible Form einer politischen Sprache»,[3] einer Sprache, die, obwohl sie ihre Autonomie aufrechterhielt, unweigerlich auf die säbelrasselnden Eskapaden von staatlicher Seite verweisen musste.

HAMZA WALKER ist Co-Direktor und Kurator der Abteilung Bildung der Renaissance Society an der Universität von Chicago.

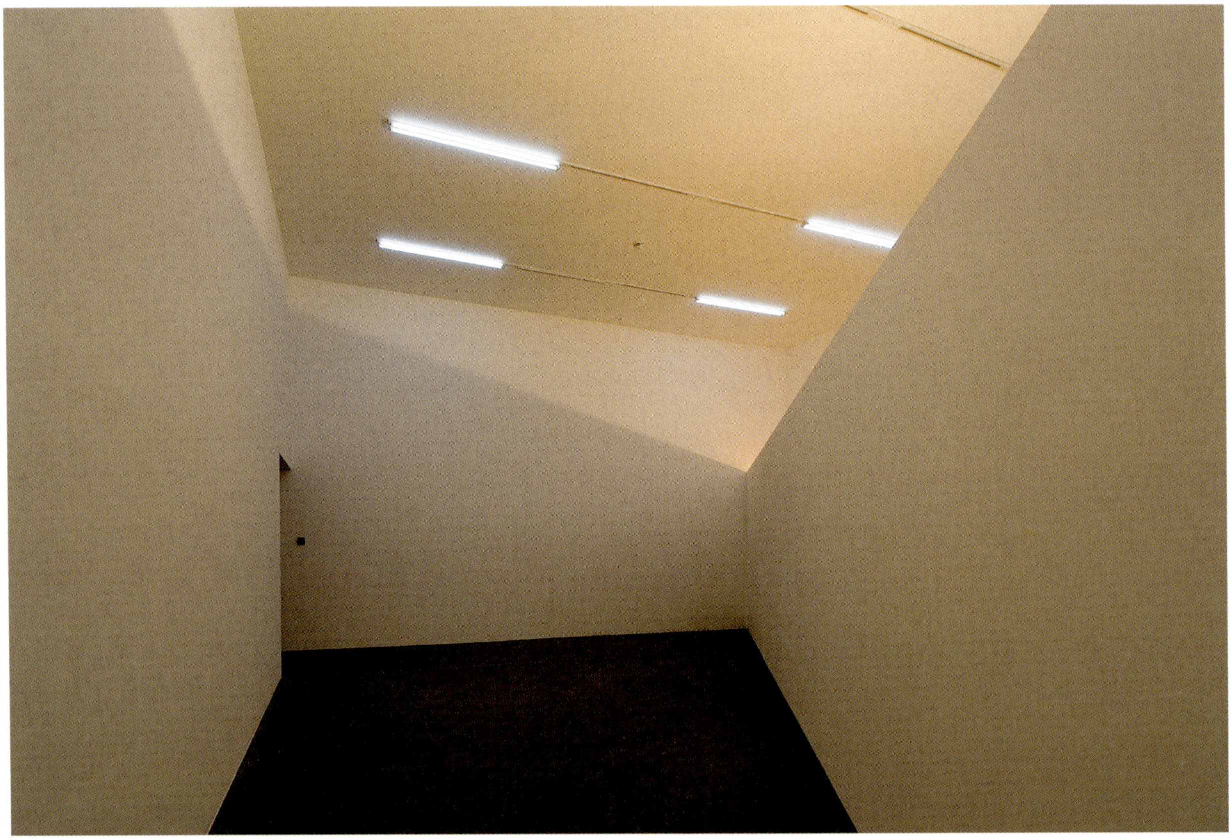

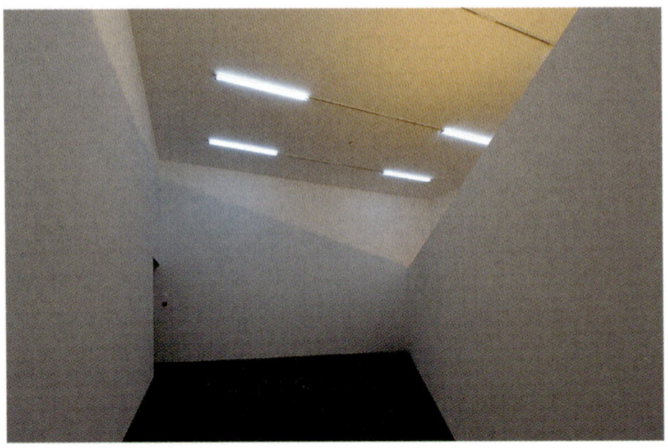

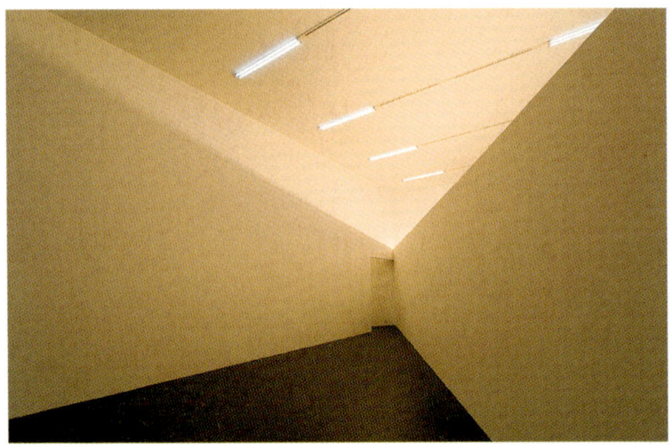

Für dieses Thema mussten Allora und Calzadilla von ihrer Heimat Puerto Rico aus lediglich auf die Nachbarinsel Vieques hinüberschauen. Vieques wurde von der amerikanischen Armee als Bombentestgelände genutzt und ist durch den heftigen Widerstand seiner Einwohner bekannt geworden. RETURNING A SOUND ist ein Video, das die Fahrten eines früheren Einwohners von Vieques in die ehemals verbotenen Zonen der Insel dokumentiert, und zwar fährt er mit einem Moped, dessen Auspuff mit einer Trompete bestückt ist. Die stoisch-chaplineske Miene des Fahrers unterstreicht die Absurdität einer auspuffbetriebenen Trompete aufs Erheiterndste, während deren wechselnde Tonlagen (entsprechend der wechselnden Gangschaltung) ein echtes Slapstick-Element darstellen. Der militärische Zusammenhang wird nur insofern beschworen, als ein Instrument verwendet wird, das für seine Signalfunktion bekannt ist, nur ist diese hier auf das beständige Vibrato einer einzigen Note reduziert; ein schrilles Gedröhn als Antwort auf Explosionen. Angesichts des Erfolgs des zivilen Widerstandes, der es vermochte, der sechzigjährigen Periode militärischer Aktivitäten auf der Insel ein Ende zu setzen, stellte RETURNING A SOUND zum Teil eine Ehrenrunde zur Feier dieses Sieges dar. Doch man könnte auch sagen, es sei das Signal zum militärischen Rückzug gewesen, oder auch ein Aufruf an die Einwohner, wachsam zu bleiben, da die umkämpfte Insel nicht etwa in den Besitz der lokalen Behörden überging, sondern in jenen des US-amerikanischen Innenministeriums. Für viele Inselbewohner war die Bezeichnung «Naturreservat» ein wenig subtiler Code für eine Vernachlässigung der unguten Sorte.

Ihre tiefere Bedeutung bezieht diese durchaus selbstironische Arbeit aus ihrem Kontext, der sie zu einem ortsabhängigen Werk macht, wenn nicht gar zu einem ortsspezifischen. Als einzige unter mehreren Arbeiten für und über Vieques stellt RETURNING A SOUND eine soziale Skulptur dar. Wenn Allora und Calzadilla sich jedoch als plastische Künstler ausweisen, dann dadurch, dass sie an der Demontage der Skulptur beharrlich festhalten. Nachdem

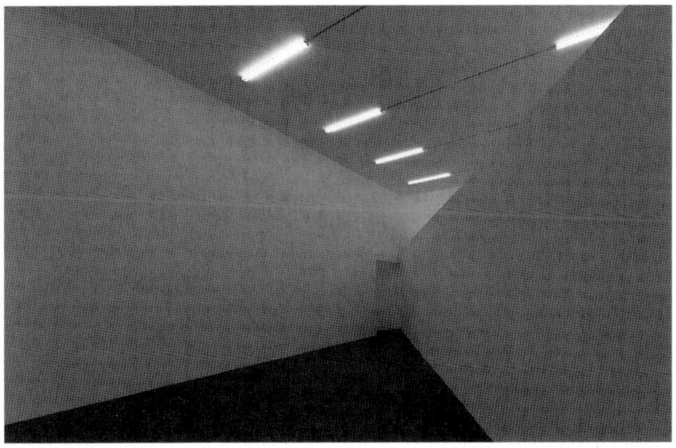

ALLORA & CALZADILLA, WAKE UP, mixed media, live performance with sound and pre-recorded sound, installation view Kunsthalle Zürich / AUFWACHEN, verschiedene Materialien, Live-Performance mit Ton und aufgezeichneter Musik, Installationsansicht. (PHOTO A. BURGER)

die moderne Skulptur definitiv in der institutionellen Kritik geendet hatte, wurde die Skulptur zu einer vollkommen unnützen Kategorie, da sie nun eine Kategorie von Aktivitäten bezeichnete, unter die alles und jedes fallen konnte. In dieser Hinsicht hüten sich Allora und Calzadilla davor, eine Kunstkategorie zu reinstallieren, die für sie alles andere als selbstverständlich ist. Gestützt auf CLAMOR, das halb militärischer Bunker, halb dadaistische Installation war, gilt die Gleichung: je näher beim Monument, desto näher bei der Farce.

Am Eröffnungsabend der Präsentation von CLAMOR im Moore Space in Miami trat ein kleines Musikerensemble auf (Trompete, Tuba, Flöte, Posaune und Trommel) und spielte eine Menge Schlachtgesänge, Märsche und Kampfeshymnen, das Ganze in einem grossen Bau, der einem Betonbunker der Armee glich. Zur gängigeren Kost gehörten «I Love You» von Barney the Dinosaur und Bruce Springsteens «Born in the USA» (was auf Guantanamo angeblich zur Folterung Gefangener verwendet wurde) sowie «We're Not Gonna Take It» von Twisted Sister (ein Lieblingssong der amerikanischen Truppen während der Invasion in Panama 1989). Ausser dem Zug der Posaune, der durch eine Schiessscharte hervorragte, und einem tief liegenden Fenster, durch das der Schalltrichter der Tuba zu erkennen war, blieb das Orchester unsichtbar. Monumentaler als die Skulptur selbst war die musikalische Darbietung, die mit ihrem dreistündigen Programm zum echten Härtetest wurde. Das Bombastische wich dem Kakophonischen, welches wiederum dem peripatetischen Tumult verstümmelter Nationalfanfaren Platz machte. In dieser Hinsicht überstieg die musikalische Darbietung von CLAMOR jedes Mass an musikalischer Autonomie. Es wurde zu einem entschieden und betont figurativen Werk, dessen Struktur auf eine Autorität anspielte, welche sich durch die Musik rasch als Parodie entlarvte.

Wie CLAMOR war auch WAKE UP eindeutig für einen Ausstellungsraum konzipiert. Auch hier gab es zur Eröffnung Livemusik und eine Tonaufzeichnung für die restliche Dauer der Ausstellung. Aber anders als noch bei CLAMORs inhärenter Anspielung aufs Militär legte

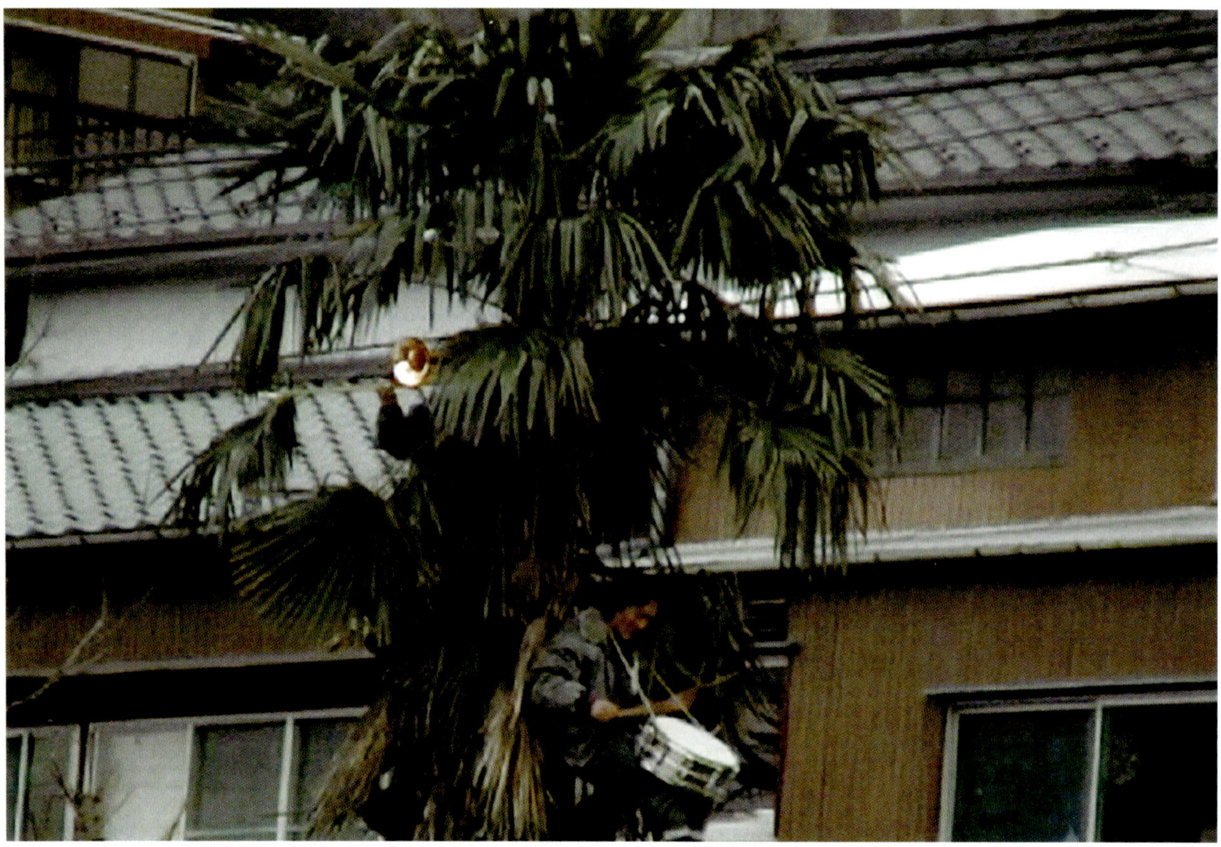

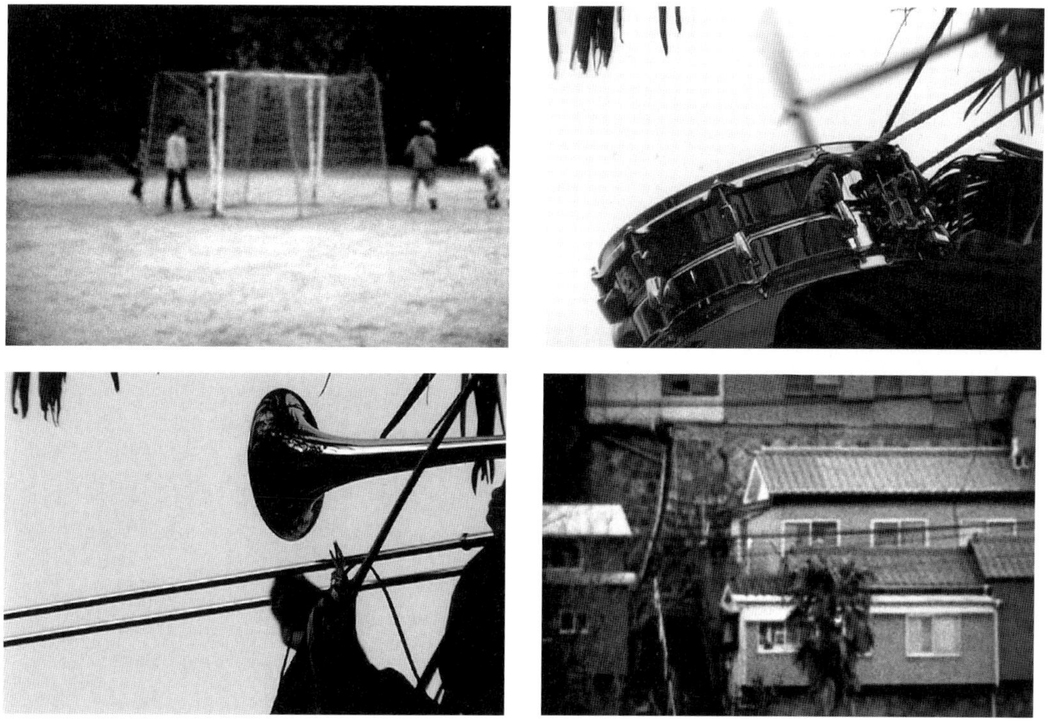

ALLORA & CALZADILLA, UNREALIZABLE GOALS, 2007, 1-channel video with sound, 6'22" / UNERREICHBARE ZIELE, 1-Kanal-Video mit Ton.

die absolut abstrakte skulpturale Komponente von WAKE UP den Schluss nahe, dass die bildende Kunst nicht länger die Stellung der Musik anzustreben braucht, weil sie diese bereits erreicht hat.

Für WAKE UP beauftragte das Künstlerpaar sieben Blasmusiker Interpretationen der Réveille, des traditionellen militärischen Wecksignals, zu komponieren und zu spielen. Die Aufnahmen davon, rund neunzig Minuten Musik, wurden über ein Dutzend Lautsprecher in eine einfache, aber sehr grosse Raumkonstruktion aus Gipskartonplatten übertragen. Im Inneren waren mehrere Dutzend 300-Watt-Lampen angebracht. Musik und Licht wurden durch einen Computer synchronisiert, der sich zusammen mit der gesamten übrigen Hardware, einschliesslich Lampen und Lautsprechern, im Inneren der Raumkonstruktion befand, also dem Blick entzogen war. Die Lampen waren an einen Dimmer, wie er auf der Bühne verwendet wird, angeschlossen und schickten ihr Licht durch die offene Oberseite des Raumgebildes in den Ausstellungsraum; die Helligkeit des Lichtes hing dabei von der Lautstärke der Musik ab. Je nach Musik wanderte das Licht – zusätzlich zu seiner wechselnden Helligkeit – entlang der Glühbirnenreihen, sodass es auf verschiedene Stellen im Ausstellungsraum fiel. Es waren echte Glühbirnen, deren Spektrum von einem pfirsichfarbenen Leuchten bis zu strahlendem Weiss reichte. Je nachdem wie die Musik es verlangte, konnte die Helligkeit ganz allmählich oder blitzartig wechseln.

Das plastische Element von WAKE UP, eine kahle weisse Fläche, bestehend aus einer 2,4 Meter hohen Gipskartonwand, konnte man leicht für einen festen Bestandteil des jeweiligen Ausstellungsraums halten. Völlig in sich selbst geschlossen war die Konstruktion eine perfekte Spiegelung des Ausstellungsraumes und damit im wahrsten Sinne des Wortes ein White Cube im White Cube. Eine hoffnungslos autonome Angelegenheit – der einzige Verweis auf etwas ausserhalb ihrer selbst war eine tüchtige Portion Ortsspezifität mit einem Schuss institutioneller Selbstreflexivität à la Robert Morris. Wenn die Moderne darin gipfelte, dass sie die absolute Autonomie erreichte, so sind Allora und Calzadilla postmodern in dem wörtlichen Sinn, dass sie alles tun, um den Minimalismus bis in die hintersten Winkel der Kunstgeschichte hineinzutragen, bis er nur noch eine Sprache – oder schlimmer noch: ein Stil – unter anderen ist. Statt in Manierismen zu verfallen, bringen Allora und Calzadilla die Autonomie einer früheren Generation im Rahmen einer Dialektik neu ein, von der ihre Bedeutung ursprünglich abgeleitet ist, und zwar äusserst zielsicher, indem sie einen früher verleugneten Inhalt nicht etwa beiseite lassen, sondern im Einklang mit ihm handeln. Von einer autonomen Kunst, wie rein sie auch immer sein mag, könnte man nicht mehr sagen, sie stehe im Gegensatz zu einer themenorientierten, gegenständlichen Kunst. In dieser Hinsicht sind die beiden Abkömmlinge von keinem anderen als Felix González-Torres.

Aus einer Distanz von mehr als zwei Generationen zur eigentlichen Minimal Art offenbart die Arbeit von Allora und Calzadilla still und leise die historische Zufälligkeit einer autonomen Kunst als *fait accompli* des zwanzigsten Jahrhunderts. Wie Daniel Buren zudem immer wieder mehr als deutlich vor Augen führt, kann das autonome Kunstwerk in Kontexte fernab von Galerien und Museen versetzt werden, ohne dadurch seine eigene Integrität einzubüssen. Es geht vielmehr um ein gleichwertiges Nebeneinander von autonomer Kunst und gesellschaftlicher Sphäre, nachdem beide ein dialektisches Verhältnis eingegangen sind, das sich im Gefolge der 60er Jahre entwickelte und weiterhin entwickelt und mehr als genug Kunst und Politik abbekommen hat. Mit ihrer Fähigkeit, einerseits Arbeiten mit, für und über die Einwohner der Insel Vieques zu schaffen, und anderseits ein Werk von Dan Flavin auf aussergewöhnlich scharfsinnige Art zu ergänzen, haben Allora und Calzadilla bewiesen, dass sie Kontext als eine bewegliche Grösse im Gleichgewicht zwischen Leben und Kunst, die einander nie ganz ausschliessen, auffassen.

Aufgrund einer stattlichen Zahl von Werken, die sie als «Interventionisten» ausweisen, können sich Allora und Calzadilla vorbehaltlos einer Definition von Kunst anschliessen, derzufolge was Kunst ist, davon abhängt, wo sie ist, sei es auf der Strasse oder im Museum. Dennoch bilden diese Interventionen wohl kaum ihr Grundkapital. Ebenso sind die beiden – trotz des breiten Spektrums und der Zunahme von Arbeiten mit Eventcharakter nach dem Debakel der Präsidentschaftswahlen im Jahr 2000 – weit weniger dem Ruf nach einer sogenannt «politischen Kunst» verpflichtet als gewissen aufmüpfigen künstlerischen Tendenzen, die auf die 60er Jahre zurückgehen. Obwohl ihre Kunst einen grossen Teil ihrer kulturellen Aktualität der Globalisierungsrhetorik verdankt, ist sie immer dann am stärksten, wenn sie als Teil eines methodischen Instrumentariums betrachtet wird, durch welches die Kunst ins Leben und das Leben in die Kunst eintreten kann, unabhängig davon, ob der Kontext politisch so stark knistert wie in Vieques oder so weltentrückt und autonom ist wie der Ausstellungsraum eines Museums.

WAKE UP ist ein unerschrocken autonomes Werk. Laut Paters Aussage zeichnet sich die Musik nicht nur vorbehaltlos als eine Form aus, die den höchsten Autonomieansprüchen genügt, sie setzt den Massstab. Doch trotz der Ironie, die in der Wahl des Réveille zutage tritt, einer Musik, die gar nicht anders kann, als metonymisch das Militär zu repräsentieren, fungiert WAKE UP als kritische Nachhut gegenüber der Musikwelle (manche würden sagen Musikplage) in der aktuellen bildenden Kunst.

Die Geschichte des Experimentierens mit Licht und Klang zerfällt in vielerlei Stränge. Die Blüten, die diese bisher trieben, haben die kritischen Aspekte des historisch komplexen Verhältnisses zwischen Musik und bildender Kunst mehr vernebelt als erhellt. In dieser Hinsicht war WAKE UP auffallend sauber und schlank und kam als bedingungslose Kapitulation vor Pater herüber. Es war ein autonomer Ort mit einem autonomen Gebilde im Dienste einer autonomen Form. Ohne grosses Federlesen. Dass die Musik ihre natürliche visuelle Entsprechung im Licht finden sollte, schlicht und einfach, unterstrich nur noch das Paradigma der modernen Transzendenz und Reinheit.

WAKE UP erlaubte sich diese Übertreibung jedoch nur, um sich als Anachronismus zu erkennen zu geben, als gutes altes Stück Klang- und Lichtkunst. Mit seinen technologisch überholten Effekten gehört es zu einer veralteten Kategorie von Experimenten. Es fällt nicht in den traditionellen Bereich von Malerei und Skulptur, lässt sich keiner der verschiedenen Kunstformen zuordnen und hat dabei eine schräge Beziehung zum Film. In dieser Hinsicht gab es in der Renaissance Society einen unbeabsichtigten Nebeneffekt: ein simples, aber höchst eindrückliches Schattenspiel, ausgelöst durch die Trägerkonstruktion des Ausstellungsraumes. Wenn WAKE UP dennoch als zeitgenössische Experimentalkunst gelten darf, so dank den Musikern, durch deren Spiel deutlich wird, dass die Trompete, wenn nicht das raffinierteste, so doch das erlesenste Stück Klempnerarbeit ausserhalb des menschlichen Atmungs- und Verdauungstraktes ist.

Die Bläser führen eine grosse Bandbreite von Stilen vor, vom schroff konzeptionellen Ansatz einer Birgit Ulher über die schnellfeuerartigen, langatmigen Post-Bebop-Phrasierungen eines Paul Smoker, bis zu den gehauchten, mikrophonverstärkten atmosphärischen Impressionen von Leonel Kaplan und Franz Hautzinger. In den meisten Fällen hatten Komposition wie Vortrag keinerlei Ähnlichkeit mit der bekannten Melodie der Réveille. Auch wenn die Musiker in einigen Fällen die Réveille als Schema benützten – so etwa Ulher und Natsuki Tamura, dessen Arbeit in drei Teile zerfällt, A (aufschrecken), B (schütteln) und C (aufwecken) –, verblasst die Bedeutung der spezifischen Details ihrer Behandlung der Réveille gegenüber der klanglichen Dekonstruktion und Expansion, welche die Trompete zustande bringt.

Das Werk von Allora und Calzadilla vermag die uralte Frage nach dem Verhältnis zwischen Kunst und Politik nicht zu beantworten. Es stellt sie in immer wieder neue Kontexte, so dass sie nie weiter aufgelöst werden kann als jene nach dem Huhn und dem Ei. WAKE UP ist selbst keine sogenannte «politische Kunst», eine falsche Kategorie, die von der Existenz eines gesonderten politischen Bereichs ausgeht. Für Allora und Calzadilla ist Politik vielmehr eine besondere Art hinzuschauen, ein Attribut, das durch eine besondere Perspektive erworben wird, was bedeutet, dass Politik überall und nirgends ist. Obwohl die Frage nach dem Verhältnis zwischen Kunst und gesellschaftlicher Veränderung von einer Generation auf die nächste übertragbar ist, die Antwort ist es nicht. Was für eine Generation richtig war, mag für die nächste nicht zutreffen. In diesem Sinn ist es tatsächlich Zeit, aufzuwachen und den Kaffee zu riechen.

(Übersetzung: Suzanne Schmidt)

1) *Offenbarung des Johannes*, 8.1–2, Das siebente Siegel; zit. nach der Lutherbibel, 1912.

2) «All art constantly aspires to the condition of music.» Der Satz stammt aus Paters Essay, «The School of Giorgione» (1877), in: Walter Pater, *The Renaissance, Studies in Art and Poetry,* Oxford University Press 1998, S. 135.

3) Aus Gesprächen des Autors mit dem Künstlerpaar.

EDITION FOR PARKETT 80

JENNIFER ALLORA & GUILLERMO CALZADILLA

DEADLINE, 2007

DVD from 16 mm color film, 3 min.
Signed and numbered certificate.
Edition of 28 / XVI

16 mm Farbfilm auf DVD, 3 Min.
Signiertes und nummeriertes Zertifikat.
Auflage 28 / XVI

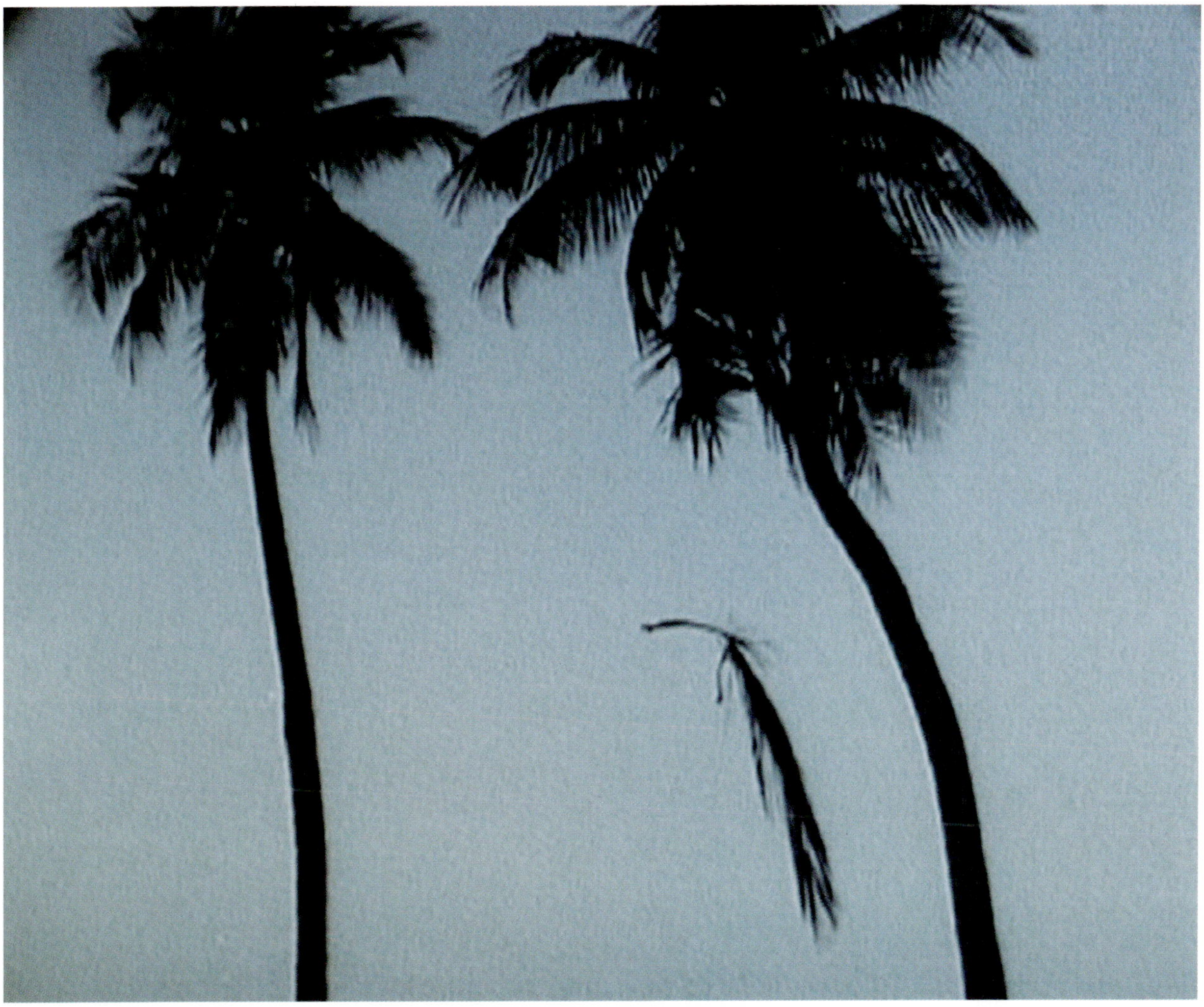

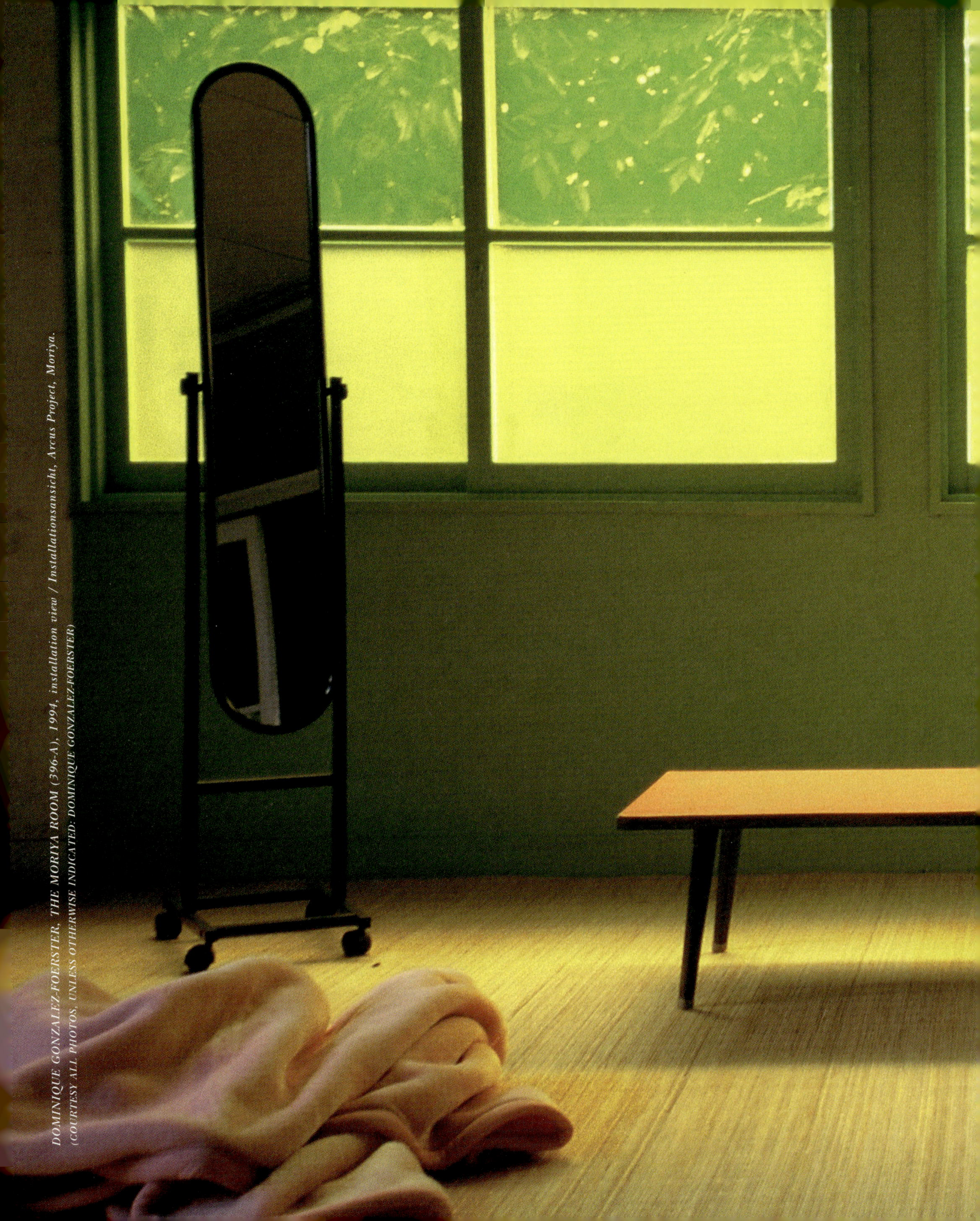

DOMINIQUE GONZALEZ-FOERSTER, THE MORIYA ROOM (396-A), 1994, installation view / Installationsansicht, Arcus Project, Moriya.
(COURTESY ALL PHOTOS, UNLESS OTHERWISE INDICATED: DOMINIQUE GONZALEZ-FOERSTER)

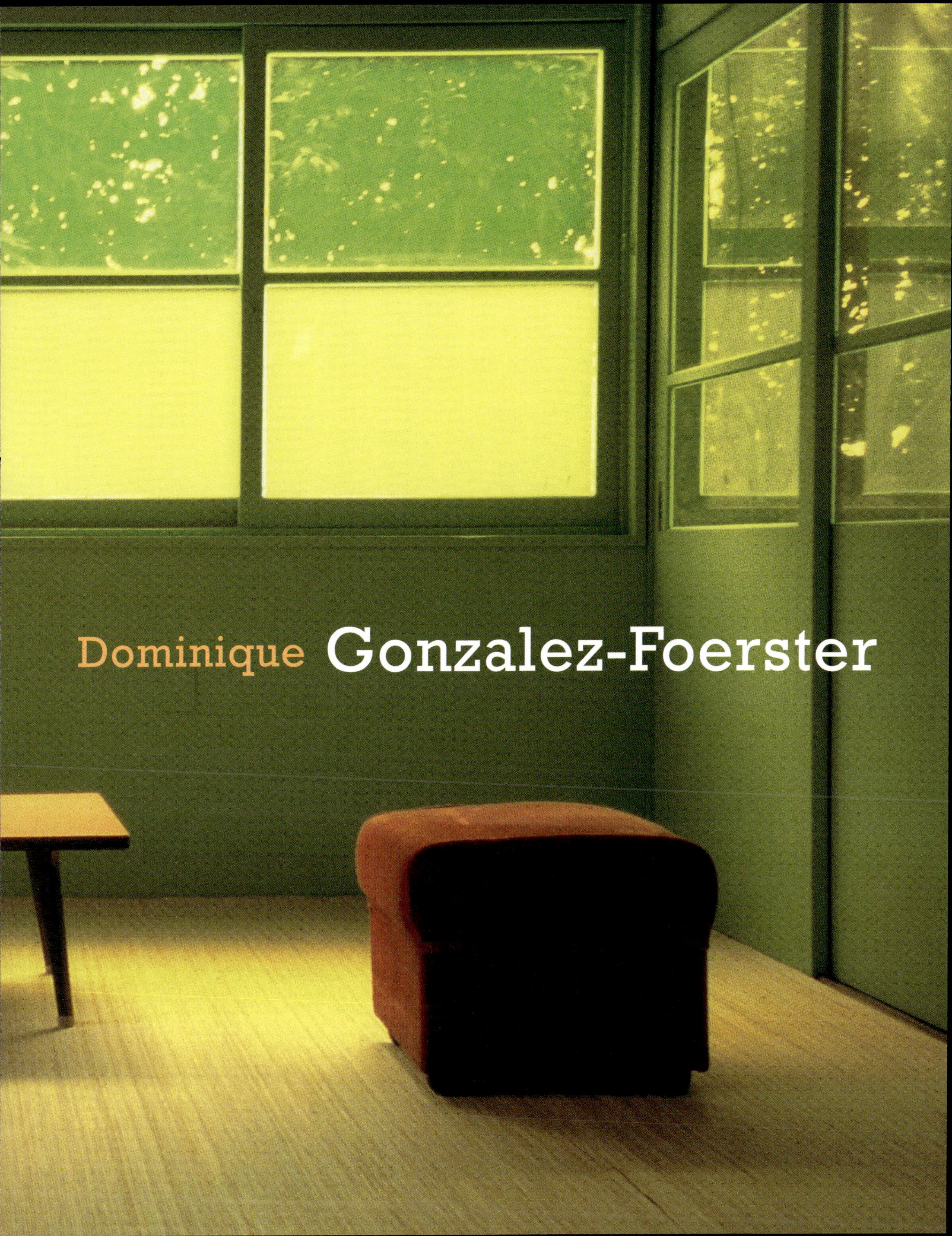

Dominique Gonzalez-Foerster

ENCHANTING EMPTINESS

DANIEL BIRNBAUM

"Moment Ginza," Dominique Gonzalez-Foerster's 1997 proposal for Stockholm's Färgfabriken and the Magasin-Centre National d'Art Contemporain in Grenoble, wasn't the very first work I encountered, but it was at this exhibition—I remember it vividly—that I decided that this is my favorite artist. Now I think that perhaps it would be better to say that the mood her works convey is what I like most in art as well as in life itself: lightness. It's a very special form of weightless ambience, sometimes joyous, sometimes melancholic. Her works (does she really create "works"?—we'll return to this) are often the result of research, but they are never full of themselves, never too confident. And they carry a certain vacuity at their very core, a strangely liberating emptiness. This is how "Moment Ginza" is introduced in the slim publication: "On Sunday afternoons 'Ginza'—Tokyo's famous avenue—is given over to pedestrians and closed to automobiles. As a result, the atmosphere constantly changes, the asphalt is crossed in every direction, a music-like feeling slowly moves in, daily events take on a colorful aspect, and a subtle and transgressive choreography is set."[1)] How does one capture such a mood? My memories are blurred but I believe that "Moment Ginza" contained no original work by Gonzalez-Foerster herself. There were lights by Felix Gonzalez-Torres, a projection by Ange Leccia, "speech bubbles" by Philippe Parreno...

"It is an environment more than an exhibition," writes Gonzalez-Foerster, "a potential space between reality and virtuality—quite pleasant to walk through, exciting to explore...." She avoids everything monumental, finds "urban moments, ... relational architecture," and, as always, a certain kind of blankness. In many of her installations, this void is expressed quite physically, as she leaves large spaces empty. Such was the case a few years after "Moment Ginza" in BRASILIA HALL (2000) where a green carpet covered the floor of a vast area at Stockholm's Moderna Museet, otherwise displaying nothing but an orange neon sign spelling out the title and a small monitor built into the wall showing imagery from Oscar Niemeyer's Brasília—a prime example of the "tropical modernity" Gonzalez-Foerster tends to return to.

DANIEL BIRNBAUM is Director of the Städelschule Art Academy and its exhibition space, Portikus, in Frankfurt am Main.

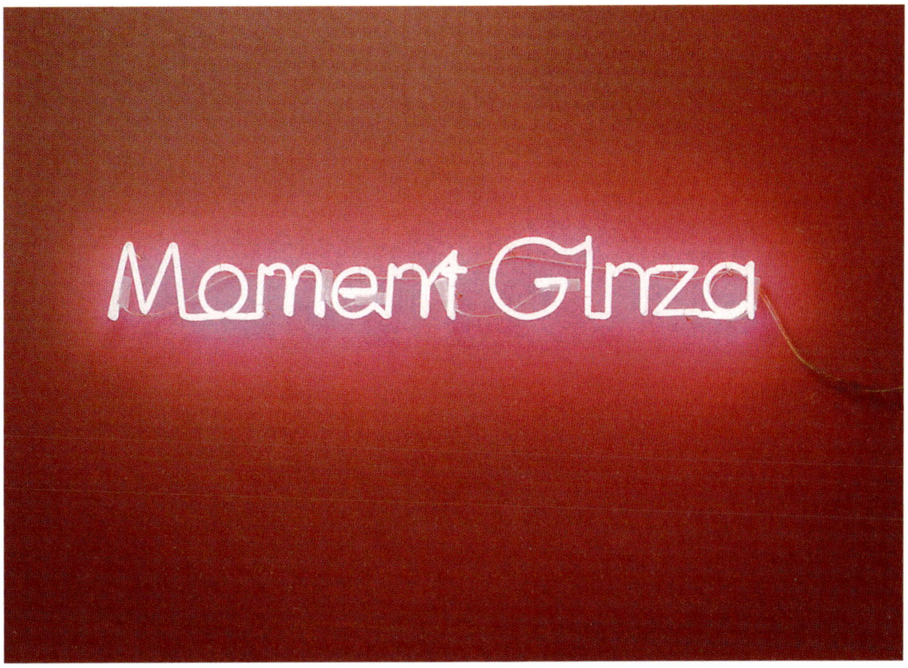

DOMINIQUE GONZALEZ-FOERSTER, MOMENT GINZA, 1999, pink neon on blue wall, ca. 7 3/4 x 47 1/4", installation view, Galerie Schipper & Krome, Berlin / Rosa Neon-Schrift auf blauer Wand, ca. 20 x 120 cm, Installationsansicht. (PHOTO: COURTESY GALERIE ESTHER SCHIPPER, BERLIN)

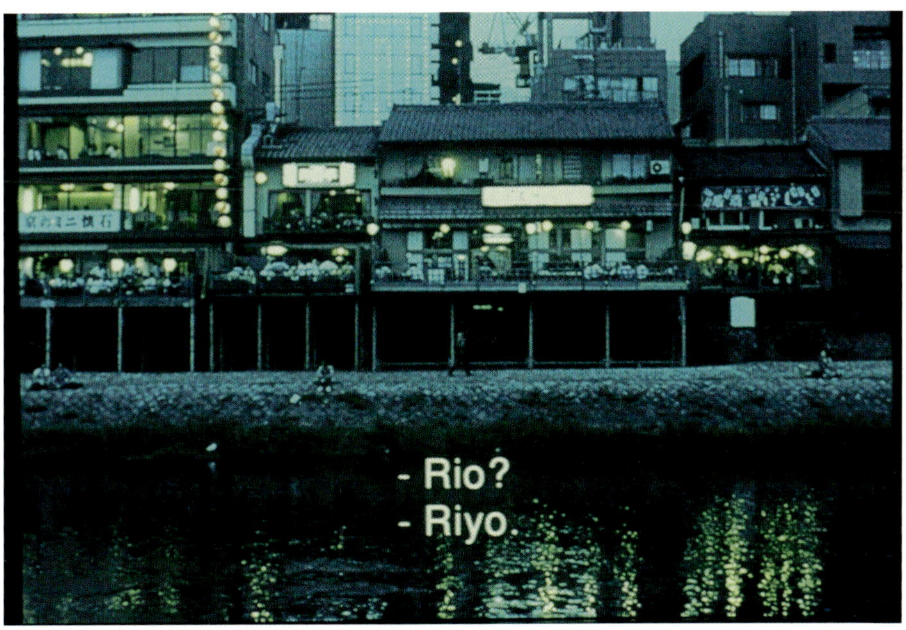

DOMINIQUE GONZALEZ-FOERSTER, RIYO, 1999, 35 mm film, 10'.

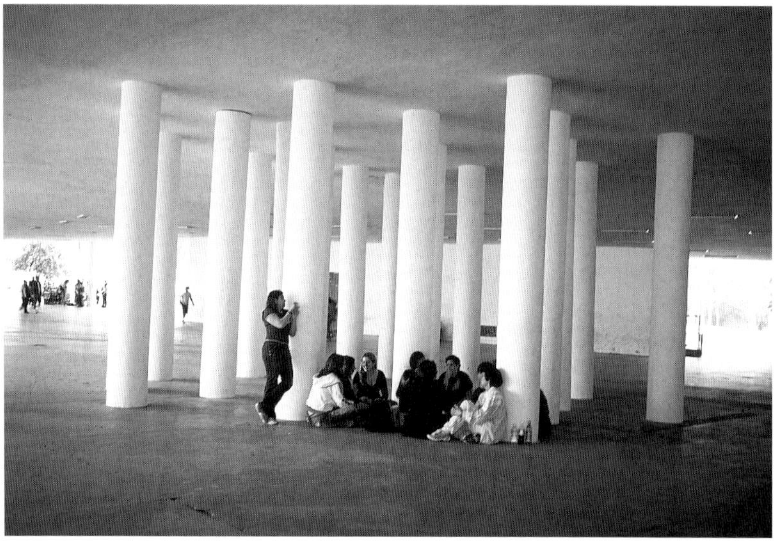

DOMINIQUE GONZALEZ-FOERSTER, DOUBLE TERRAIN DE JEU (Double Playground / Doppelter Spielplatz), 2006, installation view / Installationsansicht, Biennale de São Paulo.

So what are the works that made Gonzalez-Foerster well-known to the world? Asked to describe her open-air project for Documenta 11 in 2002, Gonzalez-Foerster enumerates some of the elements that were displayed amid the shadows cast from the large trees south of Kassel's Orangerie, and where one could see exhausted viewers dozing off on the lawn: "It's a park; it's a plan for escape; it's an extra-large piece of lava rock that's come from Mexico and landed on the green grass; it's a blue phone booth from Rio de Janeiro; it's a butterfly pavilion screening of a film inspired by *The Invention of Morel*, the fantastic novel by Adolfo Bioy Casares; it's a rose tree from Chandigarh; it is outside, coming from all over the world."[2] On hearing this list of seemingly unrelated parts—removed from their original contexts but arranged together in subtle tension—one senses that this is less a work exploring its medium than an atmospheric space that draws out the melancholy inherent in its pieces. If there is a medium, then it must be space itself.

In a way, Gonzalez-Foerster produces exhibitions (she may prefer to call them "environments" or "moments") rather than works, and this she shares with some of her generational peers, most importantly with Philippe Parreno, who often stresses the importance of Jean-François Lyotard's "Les Immatériaux" as an inspiration. In 1985, at the peak of his fame, the French philosopher staged this exhibition at the Centre Pompidou in Paris. Perhaps this show is the single most important point of reference for Gonzalez-Foerster's generation of artists, whether they know it or not. In numerous interviews Lyotard spelled out his ideas about the crisis of the book as an instrument for the diffusion of ideas and the necessity for a contemporary thinker to use other formats—thus the emergence of "the philosopher who decides that his job is to give us something to look at."[3] The show, which included artists like Daniel Buren and thinkers like Jacques Derrida, excluded all forms of expressionist gestures so visible in the painting of the period and instead searched for a new sensibility of communication. Photographs from the exhibition show a rather dry environment, a bit difficult to figure out, but accounts from people who visited the show, including Parreno, are more than enthusiastic: "The show itself was absolutely surprising in the curatorial choices, in the way the things and experiences were arranged. There was no text, and yet you moved through a

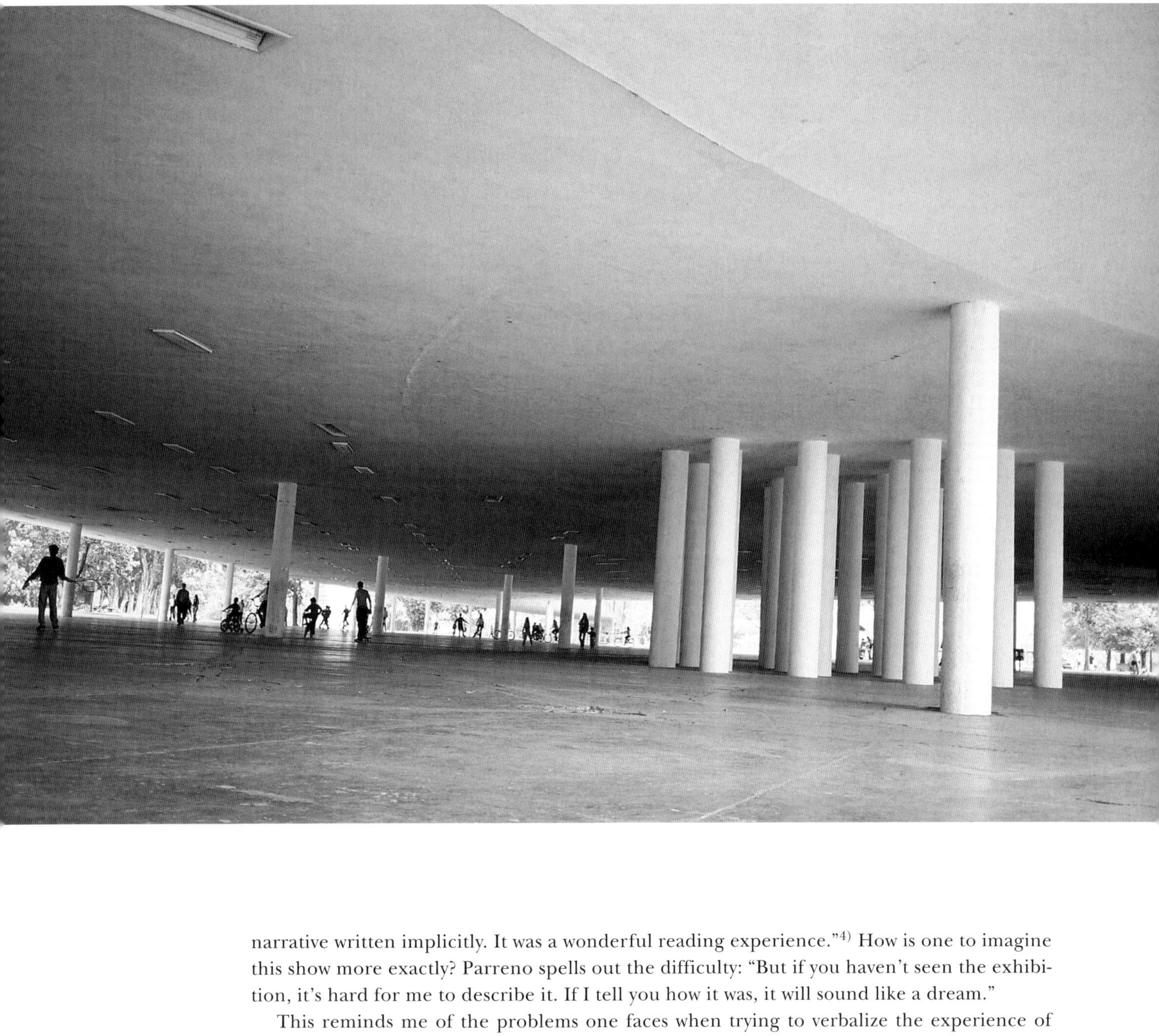

narrative written implicitly. It was a wonderful reading experience."[4] How is one to imagine this show more exactly? Parreno spells out the difficulty: "But if you haven't seen the exhibition, it's hard for me to describe it. If I tell you how it was, it will sound like a dream."

This reminds me of the problems one faces when trying to verbalize the experience of Gonzalez-Foerster's shows. She activates space and also imbues it with her unmistakable form of blankness. Regardless of technique, Gonzalez-Foerster's exhibitions are always close to that active production of emptiness that Roland Barthes—in his book about a fantasized Japan, *Empire of Signs*—counted as writing and which he associated with Zen: "And it is also an emptiness of language which constitutes writing; it is from this emptiness that derive the features with which Zen, in the exemption from all meaning, writes gardens, gestures, houses, flower arrangements, faces, violence."[5] In this sense, Gonzalez-Foerster writes gardens,

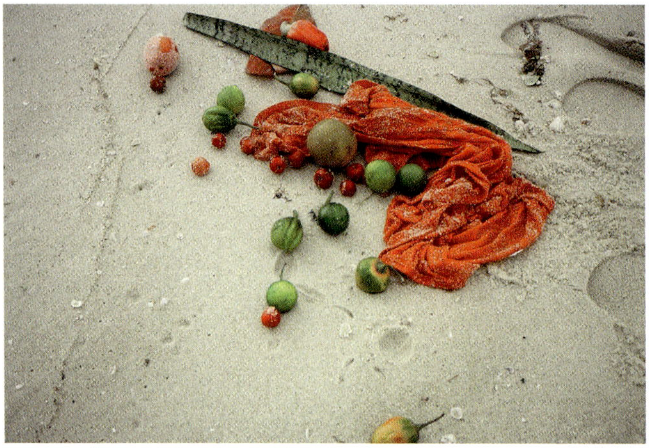

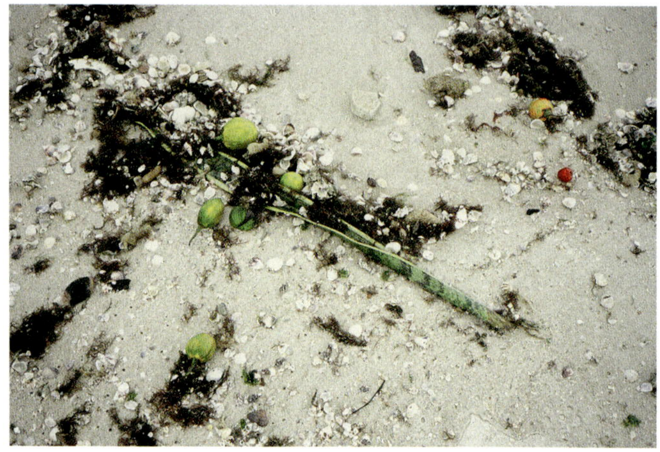

DOMINIQUE GONZALEZ-FOERSTER, BAHIA DESORIENTADA (REPÉRAGES), (Disoriented Bahia / Verwirrtes Bahia), video, 2004.

flower arrangements, and, yes, entire cities, often inscribing cinematic elements into the urban landscape—be it a lush German park or a kunsthalle in the outskirts of Stockholm. This production of fascinatingly unfilled space is a kind of exhibition making, a curatorial practice that perhaps can be seen in the tradition of Lyotard's Pompidou experiment. Gonzalez-Foerster, Parreno, and their generation are immaterialists.

Can an exhibition be the manifestation of a philosophy? Can it be a productive medium for thinking, and not just a kind of pedagogical illustration of already existing ideas? No doubt there have been works of literature, art, and music with such magnificent ambitions, and there have been philosophers who have attempted to phrase the grand philosophy of, say, the novel (Georgy Lukács), of modern music (Theodor W. Adorno), or of cinema (Gilles Deleuze). Jean-François Lyotard is, I would maintain, the "philosopher of the exhibition," and, as far as I know, the only major thinker who tried to explore his most pressing theoretical issues through a display rather than through one more text. What was at stake? As one may have suspected, nothing less than the end of modernity and the possible emergence of something entirely new, still discernable only as a question mark or as something missing, a certain absence: "I keep telling myself, in fact, that the entirety of the exhibition could be thought of as a sign that refers to a missing signified." This missing s o m e t h i n g that might emerge has to do with "the chagrin that surrounds the end of the modern age as well as the feeling of jubilation that's connected with the appearance of something new."[6] And in the end, the issue could not be grander: what are these material and immaterial things that surround us today? And the ultimate question: What are we?

Philosophy, it seems, regularly goes into exile. It needs another discursive field to develop its concepts and make them productive. Lyotard talks about this in terms of a "diaspora" of thought wandering through other domains. In the 1960s this external sphere was no doubt primarily society itself and much of philosophy took place in immediate proximity to sociology. In the 1970s new ideas about the text and "textuality" became so fashionable that philosophy seemed to merge with a novel kind of speculative literary criticism. In the 1980s ideas about the simulacra of the media turned the dialog with art and the world of images into the lost, lively point of departure for philosophical exploration. What happened then? Through what new domains has philosophy wandered since? Technology, the city, architecture, forms of globalization. Yes, no doubt all of these things. And perhaps through the exhibition as a medium for thought and experimentation. This "curatorial turn" of radical thought, which I more or less invent while writing these lines, materialized for the first time in Lyotard's "Les Immatériaux," which in 1985 anticipated two decades of frantic exhibition production across the globe. It was a large experiment about virtual reality and about the exhibition as a kind of artwork. This—Lyotard was quite aware of it—was a provocation to some. He wanted the show itself to be a work of art.

Gonzalez-Foerster's art is a kind of spacing. She constructs exhibitions that are works of art. This spatial void at the center of her works seems to me only one more way of indicating what most of them express on a level of signification or, more precisely, through their strategic lack of signification. "Writing is after all, in its way, a satori," claims Roland Barthes, "a more or less powerful seism which causes knowledge, or the subject, to vacillate: it creates an emptiness in language."[7] This enchanting emptiness is the productive force in Gonzalez-Foerster's curatorial practice. It is what seems to fill her spaces with tempting forms of nothingness. She has captured and recorded *lacunae* of meaning in places as distant as Brazil, China, and Japan, but they are also to be found at the very core of our everyday experience. Now that she's shown me, I find the emptiness everywhere. The construction of the urban atmosphere, even of the city itself, takes place "inside the viewer," says Gonzalez-Foerster. She reminds us of the exteriority we carry around within. Her works always happen in that space, they a r e that space. She is the world's most exceptional exhibition maker.

1) Dominique Gonzalez-Foerster (ed.), *Moment Ginza* (Grenoble & Stockholm: Magasin/Färgfabriken, 1997), p. 79. This is also the source of the following quotations unless otherwise indicated.
2) The author's personal correspondence with the artist.
3) Bernard Blistène, "A Conversation with Jean-François Lyotard" (*Flash Art*, Milan, March 1985), p. 32.
4) Philippe Parreno interviewed by Hans Ulrich Obrist in Dirk Fleischmann and Jochen Volz (eds.), *Gasthof 2002* (Frankfurt a. M.: Städelschule, 2003), p. 100.
5) Roland Barthes, *Empire of Signs*, translated by R. Howard (New York: Farrar, Straus and Giroux, 1982), p. 4.
6) Bernard Blistène (see note 3), p. 35.
7) Roland Barthes (see note 5), p. 43.

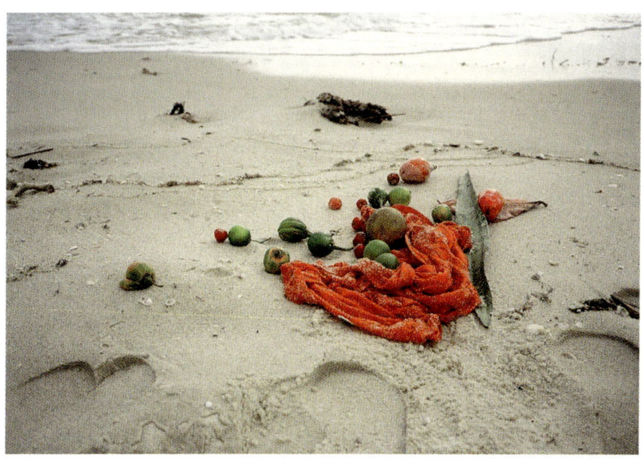

DOMINIQUE GONZALEZ-FOERSTER, BAHIA DESORIENTADA (REPÉRAGES), (Disoriented Bahia / Verwirrtes Bahia) 2004.

VERZAUBERTE LEERE

DANIEL BIRNBAUM

«Moment Ginza», Dominique Gonzalez-Foersters Projekt für die Färgfabriken in Stockholm und das Magasin in Grenoble, 1997, war nicht meine erste Begegnung mit der Arbeit dieser Künstlerin. Aber in dieser Ausstellung – und das ist mir in lebhafter Erinnerung – habe ich sie zu meiner Lieblingskünstlerin erkoren. Heute wäre es vielleicht treffender, zu sagen, dass die in ihren Arbeiten vermittelte Stimmung das ist, was mir in der Kunst, aber auch im richtigen Leben am besten gefällt: Leichtigkeit. Es ist eine ganz besondere Art atmosphärischer Schwerelosigkeit, manchmal fröhlich, manchmal melancholisch. Ihre Werke (schafft sie tatsächlich Werke? – wir werden darauf zurückkommen) sind oft Resultat einer Untersuchung, aber sie sind nie selbstverliebt, nie zu selbstgewiss. Und im innersten Kern bewahren sie stets einen gewissen Freiraum, eine seltsam befreiende Leere. So wird «Moment Ginza» in der schmalen Publikation eingeführt: «An Sonntagnachmittagen wird die ‹Ginza› – Tokios berühmtes Einkaufs- und Vergnügungsviertel – zum Reich der Fussgänger und bleibt für Autos gesperrt. Dadurch entsteht eine laufend wechselnde Stimmung, der Asphalt wird in alle Richtungen überquert, der Rhythmus wird musikalischer, alltägliche Ereignisse erscheinen in bunterem Licht und eine subtile Choreographie der Regelwidrigkeit beginnt zu greifen.»[1)] Wie lässt sich eine solche Stimmung einfangen? Meine Erinnerungen sind verschwommen, aber ich glaube, zu «Moment Ginza» gehörte kein Einzelwerk von Gonzalez-Foerster selbst. Da waren Lichter von Felix Gonzalez-Torres, eine Projektion von Ange Leccia, «Sprechblasen» von Philippe Parreno …

«Es ist eher ein Environment als eine Ausstellung», schreibt Gonzalez-Foerster, «ein potenzieller Raum zwischen Realität und Virtualität – ganz angenehm zu durchstreifen und spannend zu erforschen …» Sie vermeidet alles Monumentale, spürt «urbane Momente», Beispiele einer «relationalen Architektur» auf und bewahrt wie immer eine gewisse wohltuende Leere. In vielen ihrer Installationen kommt diese Leere ganz unmittelbar physisch zum Ausdruck, indem sie viel Raum leer lässt. So auch ein paar Jahre nach «Moment Ginza» in BRASILIA HALL (2000). Da bedeckte ein grüner Teppich eine grosse Fläche im Moderna Museet in Stockholm und sonst gab es nichts zu sehen, ausser dem Titel der Arbeit in oran-

---

DANIEL BIRNBAUM ist Rektor der Staatlichen Hochschule für Bildende Künste (Städelschule) in Frankfurt am Main und Direktor des ebenfalls in Frankfurt angesiedelten Ausstellungshauses Portikus.

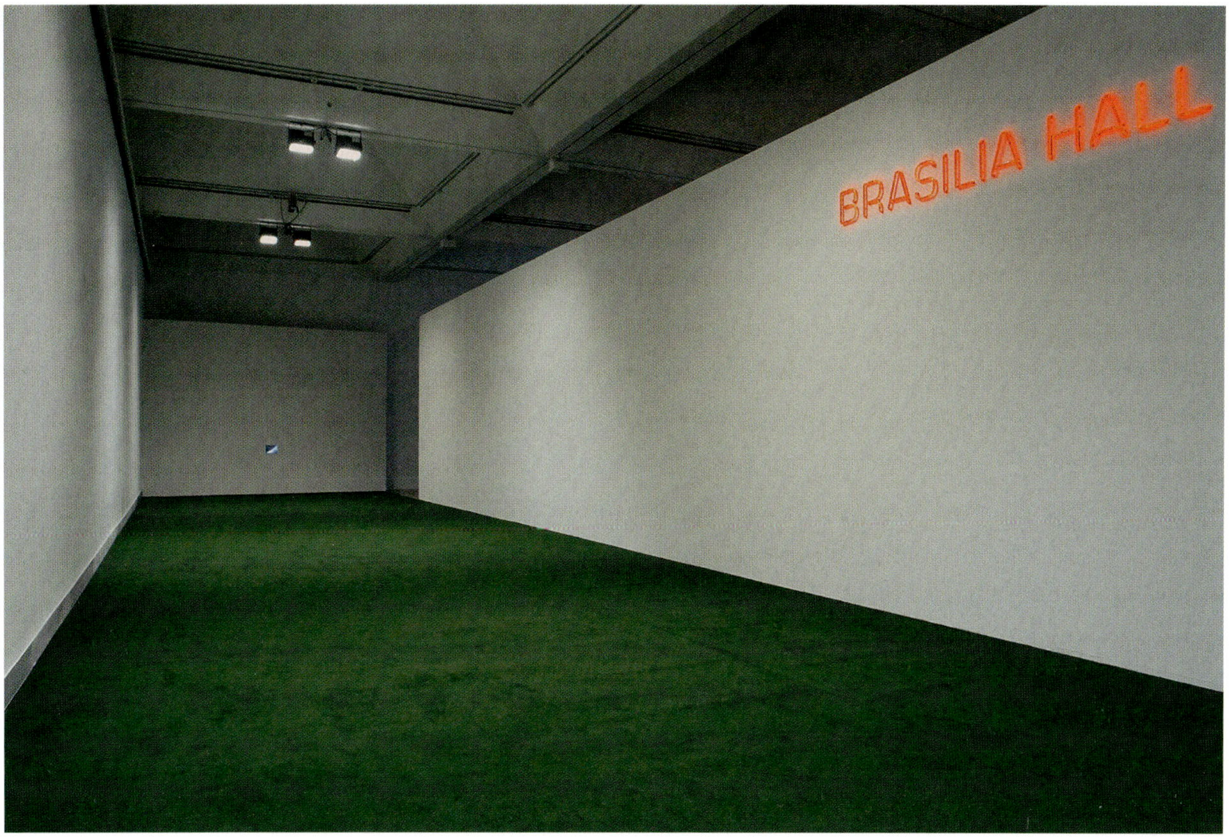

DOMINIQUE GONZALEZ-FOERSTER, BRASILIA HALL, 2000, installation view / Installationsansicht, Moderna Museet, Stockholm.

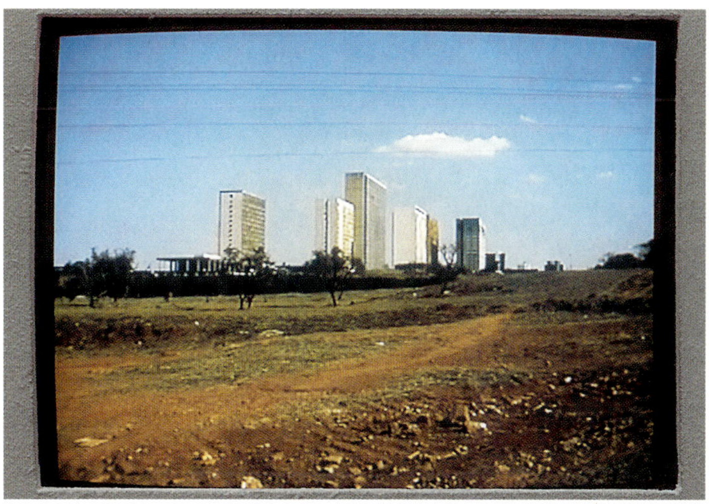

DOMINIQUE GONZALEZ-FOERSTER, BRASILIA HALL, 2000, detail. (PHOTO: COURTESY GALERIE ESTHER SCHIPPER, BERLIN)

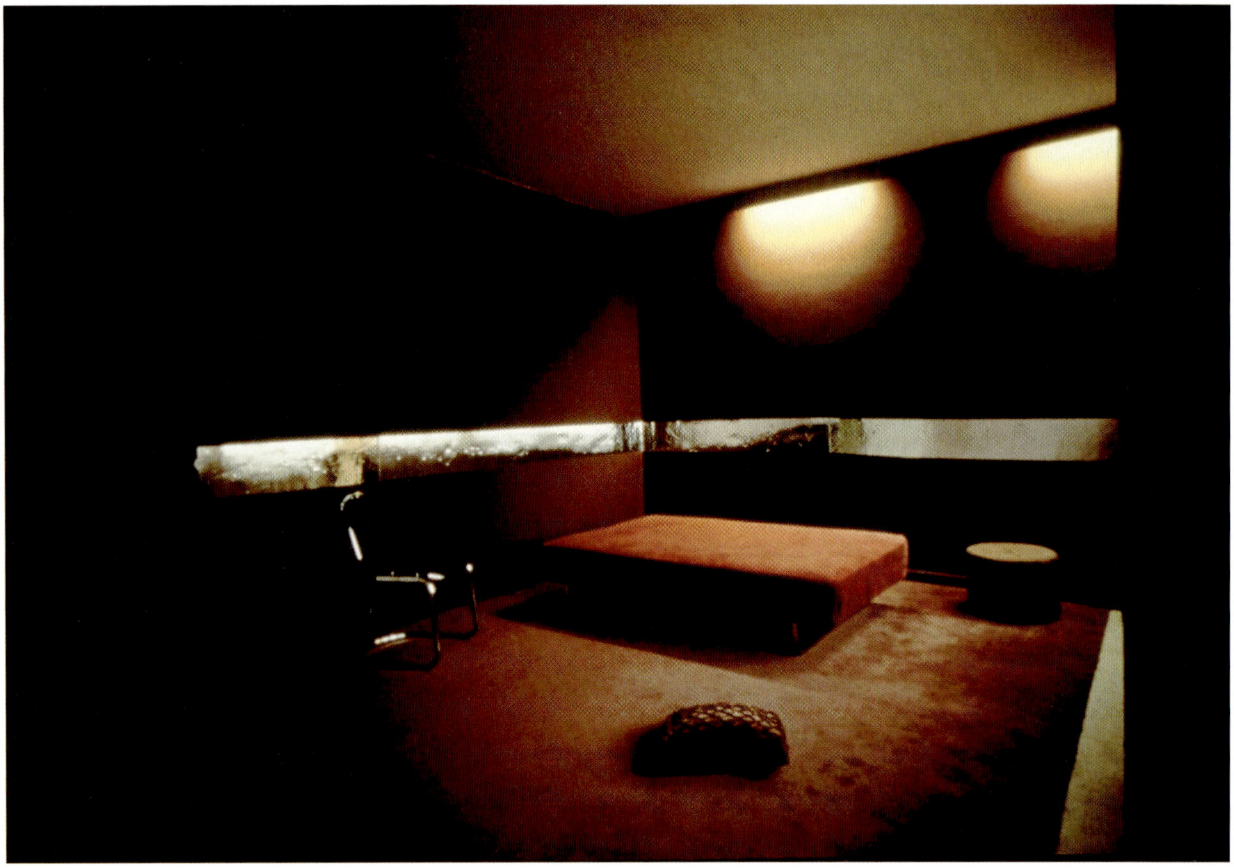

DOMINIQUE GONZALEZ-FOERSTER, RWF (CHAMBRE), 1993, installation view / Installationsansicht, Galerie Schipper & Krome, Köln.

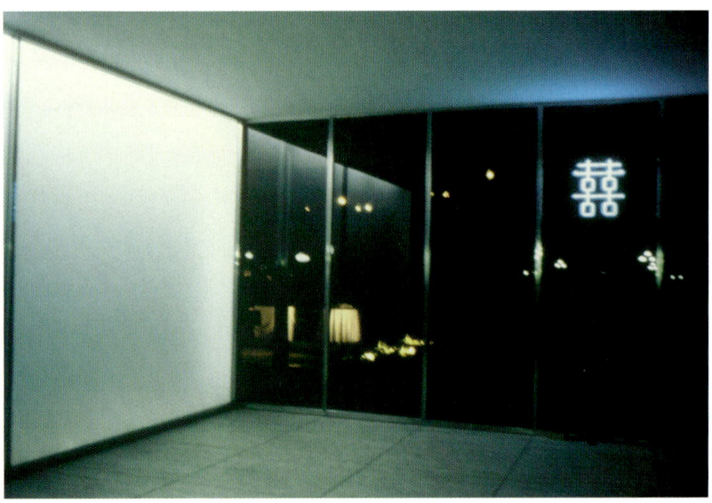

DOMINIQUE GONZALEZ-FOERSTER, TROPICALITÉ MODERNITÉ (DOUBLE HAPPINESS), 1999, with Jens Hoffmann, installation view / Installationsansicht, Mies van der Rohe pavilion, Barcelona.

gefarbener Leuchtschrift und einem kleinen, in die Wand eingebauten Bildschirm, auf dem Bilder von Oscar Niemeyers Brasilia zu sehen waren – ein Paradebeispiel der tropischen Moderne, auf die Gonzalez-Foerster gerne zurückgreift.

Doch welches sind die Arbeiten, die Gonzalez-Foerster weltweit bekannt gemacht haben? Auf die Bitte, ihr Open-Air-Projekt für die Documenta 11, 2002, zu beschreiben, zählt die Künstlerin einige der Elemente auf, die im Schatten der grossen Bäume südlich der Orangerie in Kassel ausgestellt waren, wo erschöpfte Besucher auf dem Rasen vor sich hindösten: «Es ist ein Park; es ist ein Fluchtplan; da ist ein gigantischer Lavagesteinsbrocken, der aus Mexiko stammt und auf der grünen Wiese gelandet ist; da ist eine blaue Telefonzelle aus Rio de Janeiro; da ist ein Pavillon in Schmetterlingsform, in dem ein Film gezeigt wird, der durch den phantastischen Roman *Morels Erfindung* von Adolfo Bioy Casares angeregt wurde; da ist ein Rosenbäumchen aus Chandigarh; es ist ein Aussen, das aus aller Welt zusammenkommt.»[2)] Wenn man diese Aufzählung scheinbar unzusammenhängender Elemente hört – die aus ihren ursprünglichen Kontexten entfernt wurden, jedoch in subtiler Spannung zueinander angeordnet sind –, so spürt man, dass es sich dabei weniger um ein W e r k handelt, das sein Medium auslotet, sondern um einen atmosphärischen Raum, der den einzelnen Elementen die ihnen innewohnende Melancholie entlockt. Wenn es überhaupt ein Medium gibt, so ist es der Raum selbst.

Gonzalez-Foerster schafft gewissermassen Ausstellungen (sie nennt es vielleicht lieber «Environments» oder «Momente») anstelle von Werken, und das verbindet sie mit etlichen Künstlern ihrer eigenen Generation, in erster Linie mit Philippe Parreno, der gern die Bedeutung von Jean-François Lyotards Ausstellung «Les Immatériaux» als Inspirationsquelle hervorhebt. Der französische Philosoph hat diese Ausstellung 1985, auf dem Höhepunkt seines Ruhms, im Centre Pompidou in Paris präsentiert. Diese Schau ist vielleicht der einzige und wichtigste gemeinsame Bezugspunkt der Künstlergeneration, zu der Gonzalez-Foerster gehört, ob das den einzelnen Künstlern nun bewusst ist oder nicht. In zahlreichen Interviews hat Lyotard seine Gedanken zur Krise des Buches als Instrument der Verbreitung von Ideen dargelegt und über die sich für Philosophen heute aufdrängende Notwendigkeit der Verwendung anderer Formate gesprochen. – Daher auch das Auftauchen «des Philosophen, der es sich zur Aufgabe macht, uns etwas zum Anschauen zu bieten».[3)] Die Ausstellung, die Künstler wie Daniel Buren und Philosophen wie Jacques Derrida umfasste, schloss alle Arten von expressionistischen Gesten, die in der Malerei jener Zeit überaus präsent waren, aus und suchte stattdessen nach einer neuen Sensibilität der Verständigung. Photographien der Ausstellung vermitteln ein ziemlich «trockenes» Bild, etwas schwer verständlich, doch die Berichte von Leuten, welche die Ausstellung besuchten, darunter auch Parreno, klingen mehr als begeistert: «Die Ausstellung selbst überraschte vollkommen, sowohl durch die Wahl der gezeigten Werke als auch durch die Art, wie Dinge und Erfahrungen angeordnet waren. Es gab keinen Text, und doch bewegte man sich durch einen explizit aufgezeichneten narrativen Zusammenhang. Es war eine wunderbare Leseerfahrung.»[4)] Wie muss man sich die Ausstellung im Einzelnen vorstellen? Parreno spricht diese Schwierigkeit an: «Doch wenn man die Ausstellung nicht gesehen hat, ist es schwierig, sie zu beschreiben. Wenn ich dir sage, wie es war, wird es sich wie ein Traum anhören.»

Das erinnert mich an die Probleme, welche sich stellen, wenn man das Erlebnis der Ausstellungen von Gonzalez-Foerster in Worte fassen will. Sie belebt den Raum und durchsetzt ihn auch mit ihrer unverkennbaren Art von Leere. Unabhängig von der Technik bewegen sich Gonzalez-Foersters Ausstellungen immer in der Nähe jener Erzeugung von Leere, die

Roland Barthes – in seinem Buch über ein fiktives Japan, *Das Reich der Zeichen* – dem Schreiben zuordnet und mit dem Zen-Erlebnis, in Verbindung brachte: «Und eine solche Leere konstituiert auch die Schrift; von dieser Leere gehen die Züge aus, in denen der Zen in völliger Sinnbefreiung die Gärten, Gesten, Häuser, Blumengebinde, Gesichter und die Gewalt schreibt.»[5] In diesem Sinn s c h r e i b t Gonzalez-Foerster Gärten, Blumengebinde, ja, ganze Städte und überträgt dabei oft filmische Elemente in die urbane Landschaft – egal, ob es sich um einen üppigen deutschen Park handelt oder um eine Kunsthalle am Stadtrand von Stockholm.[6] Dieses Erzeugen eines faszinierend unausgefüllten Raums ist eine besondere Art der Ausstellungsgestaltung, eine kuratorische Praxis, die vielleicht in der Tradition von Lyotards Centre-Pompidou-Experiment zu sehen ist. Gonzalez-Foerster, Parreno und ihre Generation sind Immaterialisten.

Kann eine Ausstellung manifest gewordene Philosophie sein? Kann sie ein fruchtbares Medium des Denkens sein und nicht nur eine Art pädagogische Illustration bereits bestehender Ideen? Zweifellos hat es literarische, künstlerische und musikalische Werke gegeben, die genau diesen grossartigen Anspruch hatten, und es hat Philosophen gegeben, die versuchten, die grosse Philosophie, sagen wir, des Romans (Georg Lukács), der modernen Musik (Theodor W. Adorno) oder des Films (Gilles Deleuze) zu formulieren. Jean-François Lyotard ist, darauf möchte ich bestehen, der Philosoph der Ausstellung und soweit ich weiss, der einzige bedeutende Denker, der versucht hat, seine dringendsten theoretischen Anliegen statt in einem weiteren Text durch ein physisches Auslegen zu untersuchen. Worum ging es dabei? Wie man wohl bereits vermutet, um nichts Geringeres, als um das Ende der Moderne und die mögliche Entstehung von etwas vollkommen Neuem, das noch immer nur als Fragezeichen oder als etwas Fehlendes, ein Gefühl von Abwesenheit, erkennbar war: «Ich sage mir tatsächlich immer wieder, dass man die gesamte Ausstellung als ein Zeichen verstehen könnte, das auf ein fehlendes Signifikat verweist.» Dieses fehlende Etwas, das auftauchen könnte, hat zu tun mit «dem Verdruss, der das Ende der Moderne umgibt, aber auch mit der freudigen Erregung, die man mit der Erscheinung von etwas Neuem verbindet».[7] Am Ende könnte die Fragestellung gewaltiger nicht sein: Was sind diese materiellen und immateriellen Dinge, die uns heute umgeben? Neben der ultimativen Frage: Was sind wir?

Die Philosophie, so scheint es, geht in regelmässigen Abständen ins Exil. Sie braucht ein anderes diskursives Feld, um ihre Ideen zu entwickeln und produktiv werden zu lassen. Lyotard spricht in diesem Zusammenhang von einer «Diaspora» des Denkens, das in anderen Wissensgebieten umherstreift. In den 60er Jahren war diese externe Sphäre zweifellos in erster Linie die Gesellschaft selbst und ein grosser Teil der Philosophie fand in unmittelbarer Nachbarschaft zur Soziologie statt. In den 70er Jahren kamen neue Auffassungen von Text und Textualität so sehr in Mode, dass die Philosophie mit einer neuen Art von spekulativer Literaturkritik zu verschmelzen schien. In den 80er Jahren machten Ideen über die Simulakren der Medien den Dialog mit der Kunst und der Welt der Bilder zum verlorenen, lebendigen Ausgangspunkt der philosophischen Forschung. Und was geschah danach? Durch welche neuen Gebiete streifte die Philosophie seither? Die Technologie, die Stadt, die Architektur, Formen der Globalisierung? Ja gewiss, alle diese Dinge, und vielleicht auch durch die Ausstellung als Medium des Denkens und Experimentierens. Diese «kuratorische Wende» des radikalen Denkens, die ich mehr oder weniger mit dem Schreiben dieser Zeilen erfinde, nahm zum ersten Mal in Lyotards «Les Immatériaux» konkrete Gestalt an, einer Ausstellung, die 1985 zwei Jahrzehnte hektischer Ausstellungstätigkeit rund um den Globus vorwegnahm. Es war ein riesiges Experiment über virtuelle Realität und über die Ausstellung

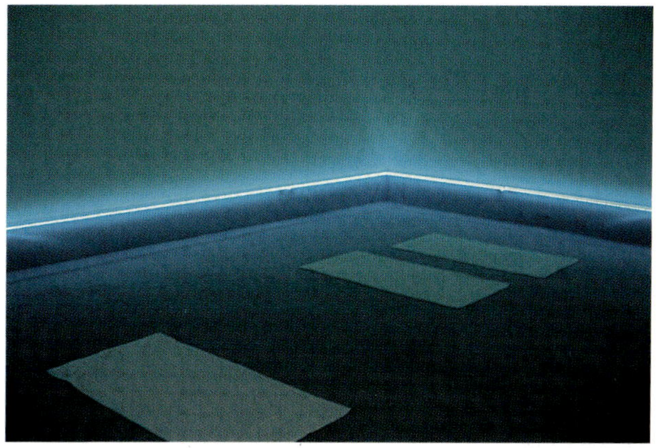

DOMINIQUE GONZALEZ-FOERSTER, REPULSE BAY, 1999, installation view / Installationsansicht, Galerie Jennifer Flay, Paris.

als eine Art Kunstwerk. Dies – und Lyotard war sich dessen vollkommen bewusst – war für manche eine Provokation. Er wollte die Ausstellung selbst als Kunstwerk verstanden wissen.

Gonzalez-Foersters Kunst ist eine Art Zwischenraum. Sie konzipiert Ausstellungen, die Kunstwerke sind. Diese räumliche Leere im Zentrum ihrer Arbeiten scheint mir nur ein weiterer Hinweis auf dasselbe zu sein, was die meisten Arbeiten auf der Bedeutungsebene, oder genauer, durch ihren bewussten Mangel an Bedeutung, zum Ausdruck bringen. «Insgesamt ist die Schrift auf ihre Weise ein Satori», meint Roland Barthes, «ein mehr oder weniger starkes […] Erdbeben, das die Erkenntnis, das Subjekt ins Wanken bringt: Es bewirkt eine Leere in der Sprache.»[8] Diese verzaubernde Leere bildet die produktive Kraft in Gonzalez-Foersters Ausstellungsgestaltung. Sie schafft es, die Räume mit verlockenden Formen von Nichts zu erfüllen. Die Künstlerin hat Bedeutungslücken an so fernen Orten wie Brasilien, China und Japan eingefangen und festgehalten, doch man begegnet ihnen auch direkt im Zentrum unserer alltäglichen Erfahrung. Jetzt, nachdem sie sie mir gezeigt hat, treffe ich überall auf diese Leere. Die Konstruktion der urbanen Atmosphäre, ja der Stadt selbst, findet «im Innern des Betrachters» statt, sagt Gonzalez-Foerster. Sie erinnert uns an das Aussen, das wir in uns tragen. Ihre Arbeiten ereignen sich immer in diesem Raum, sie s i n d dieser Raum. Dominique Gonzalez-Foerster ist die weltweit überragendste Ausstellungsmacherin.

(Übersetzung: Suzanne Schmidt)

1) Dominique Gonzalez-Foerster, *Moment Ginza: une proposition,* in Zusammenarbeit mit Angela Bulloch, Färgfabriken Stockholm und Magasin Grenoble, 1997 (schwed., engl. und franz.), S. 79. Auch alle folgenden Zitate der Künstlerin stammen, sofern nicht anders vermerkt, aus diesem Katalog. (Zitate aus dem Engl. übers.)
2) Dominique Gonzalez-Foerster über ihr Projekt in Kassel, persönliche Korrespondenz mit dem Autor. (Zitat aus dem Engl. übers.)
3) Alle Zitate von Lyotard stammen aus dem Interview mit Bernard Blistène aus dem Jahr 1985. Deutsche Übersetzung in: Lyotard, Jean-François et. al., *Immaterialität und Postmoderne,* Merve, Berlin 1985, S. 55–74.
4) Die Aussagen von Philippe Parreno stammen aus einem Interview mit Hans Ulrich Obrist, in: Dirk Fleischmann et. al., *Gasthof,* Städelschule, Frankfurt 2002 (in engl. Sprache). (Zitat aus dem Engl. übers.)
5) Roland Barthes, *Das Reich der Zeichen,* Edition Suhrkamp, Frankfurt am Main 1981, S. 16.
6) Zur Diskussion der filmischen Aspekte im Werk von Dominique Gonzalez-Foerster, siehe Daniel Birnbaum, *Chronology,* Sternberg Press, New York 2007.
7) Lyotard, op.cit., S. 74.
8) Roland Barthes, op.cit., S. 16.

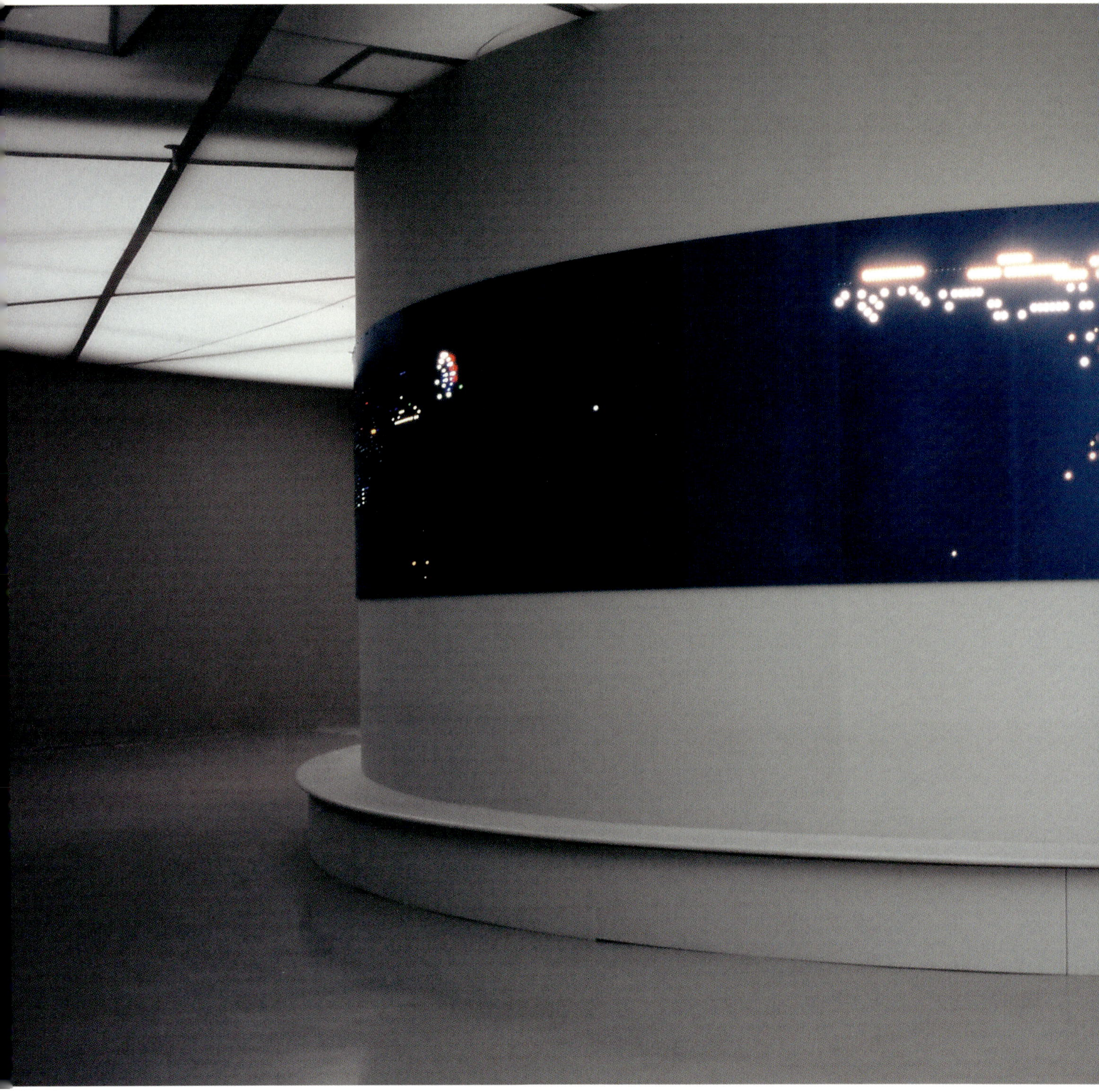

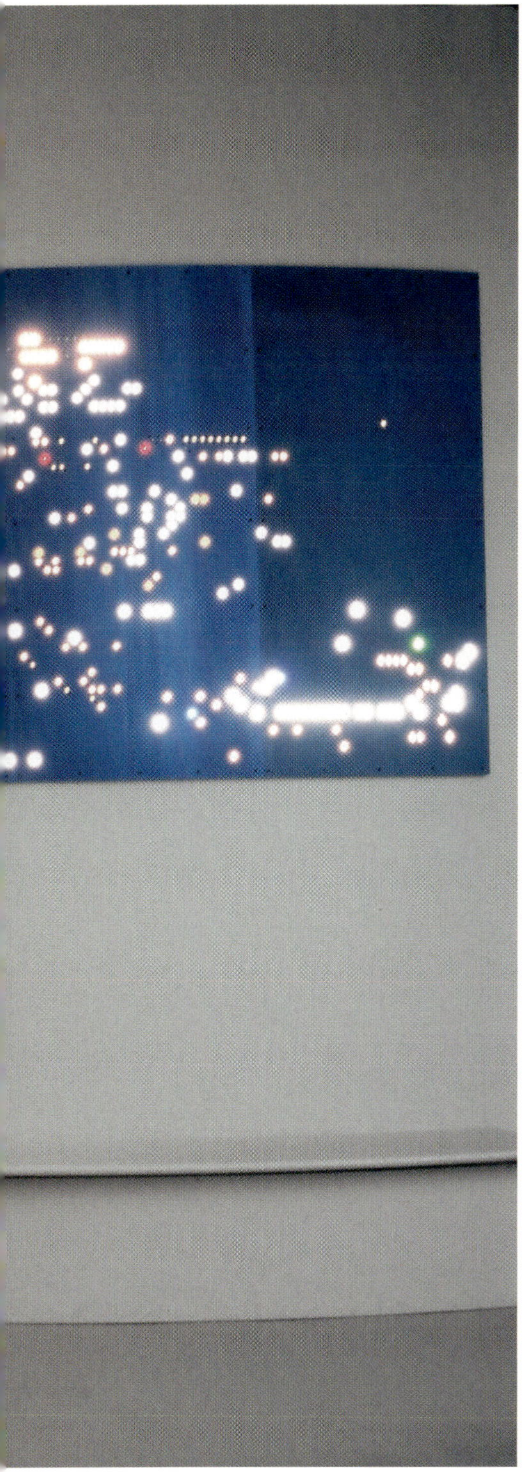

DOMINIQUE GONZALEZ-FOERSTER, PANORAMA, 2007, with Benoît Lalloz and Martial Galfione, exhibition view / Ausstellungsansicht, ARC-Musée d'Art Moderne de la Ville de Paris.

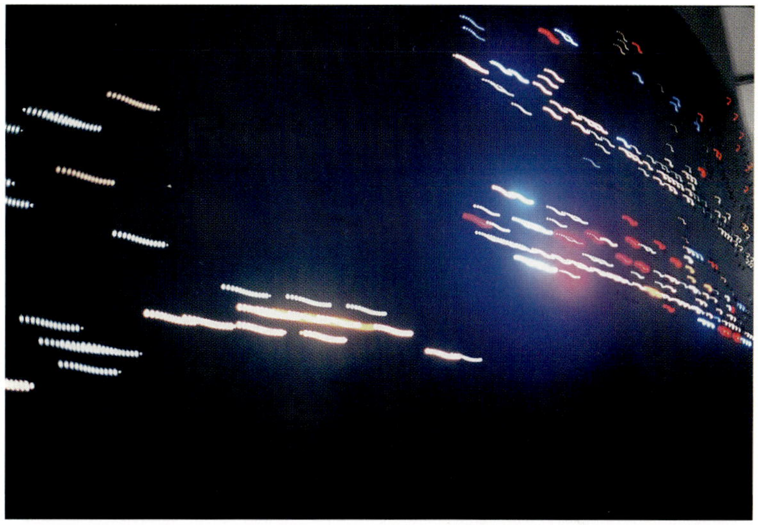

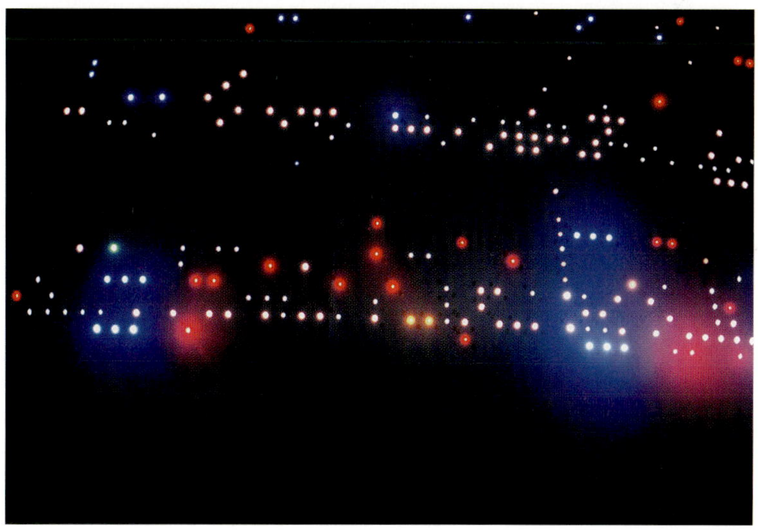

Are There possibilities To Unify Dispersed Fragments In A Coherent Narrative Framework?

PHILIPPE PARRENO

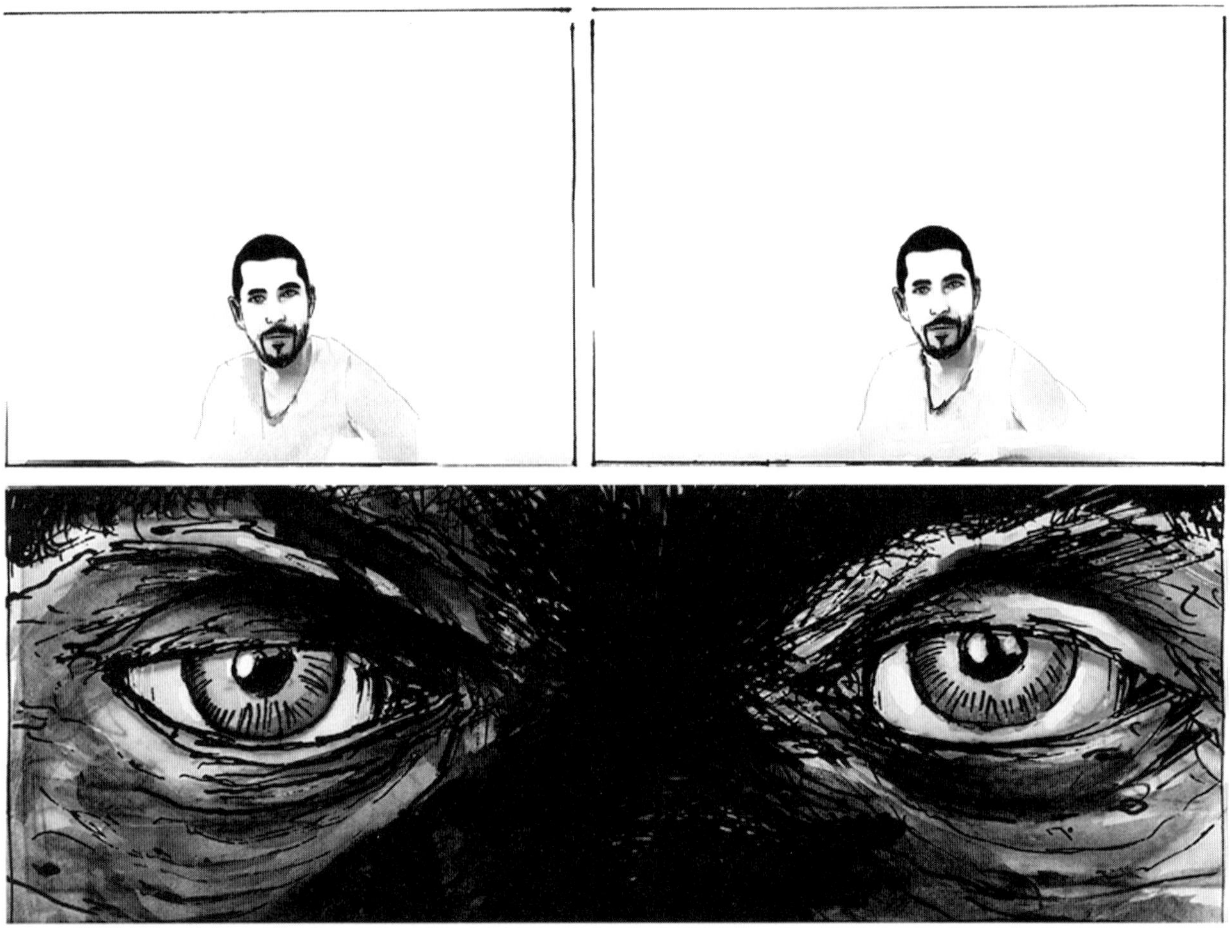

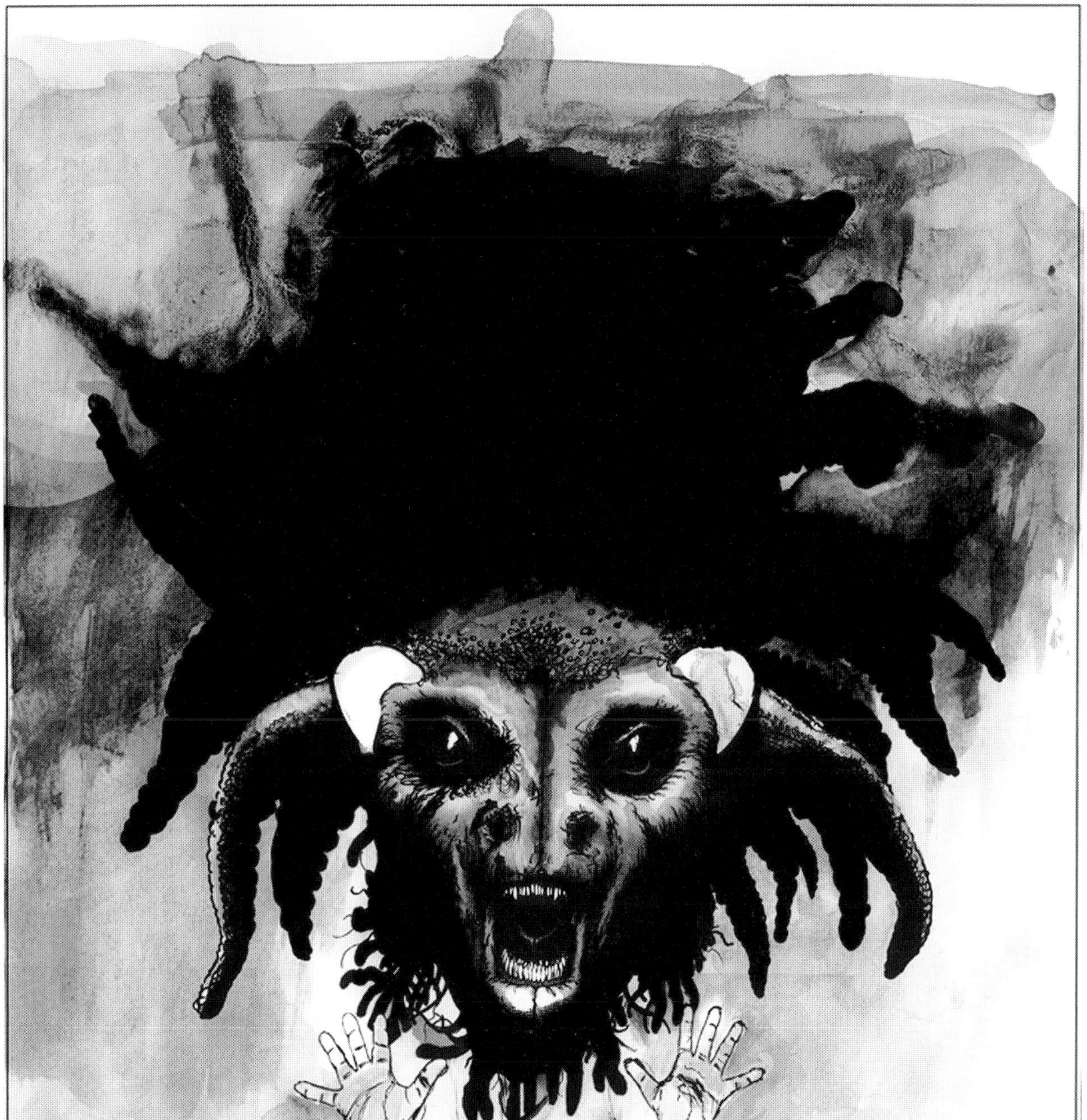

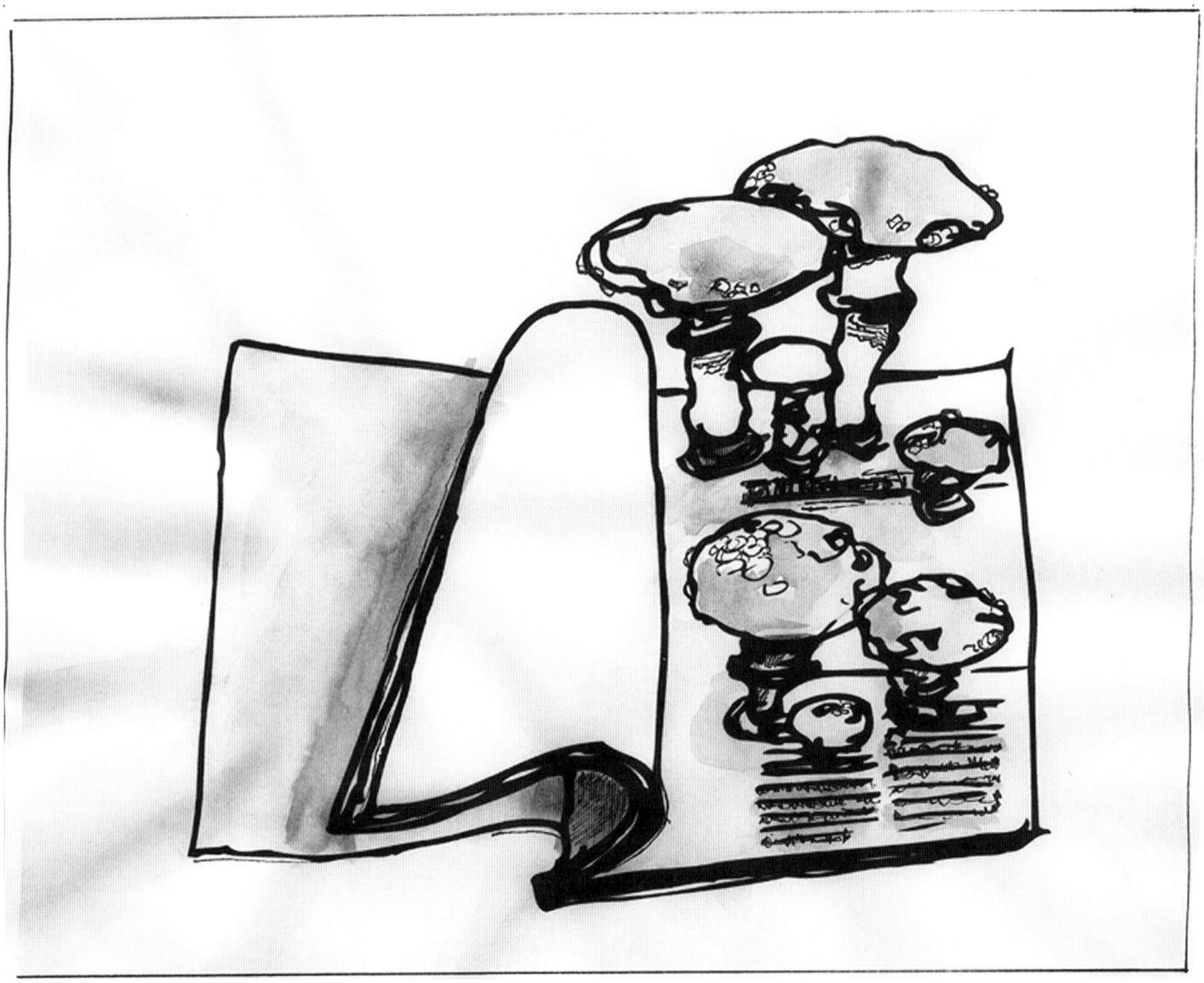

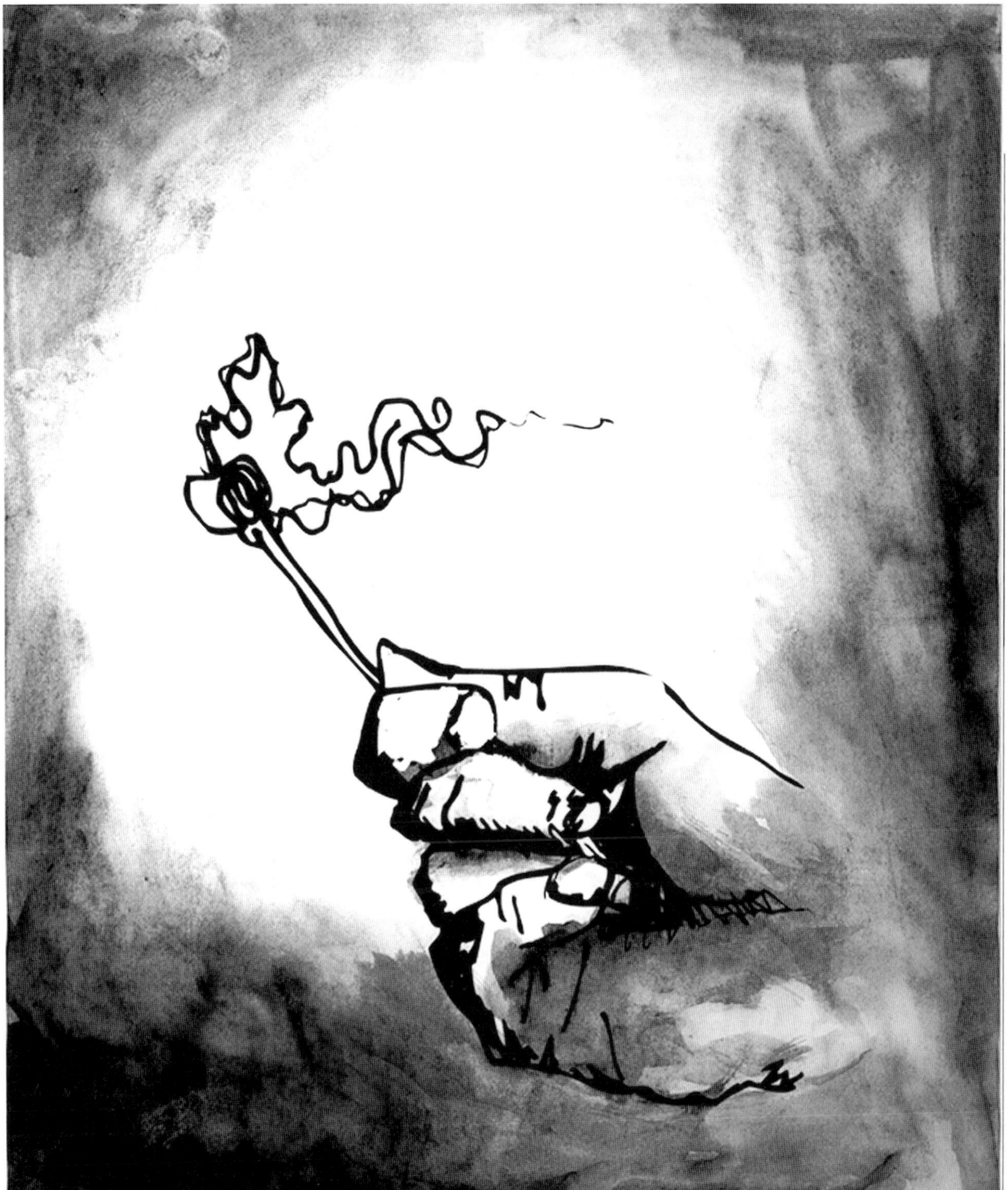

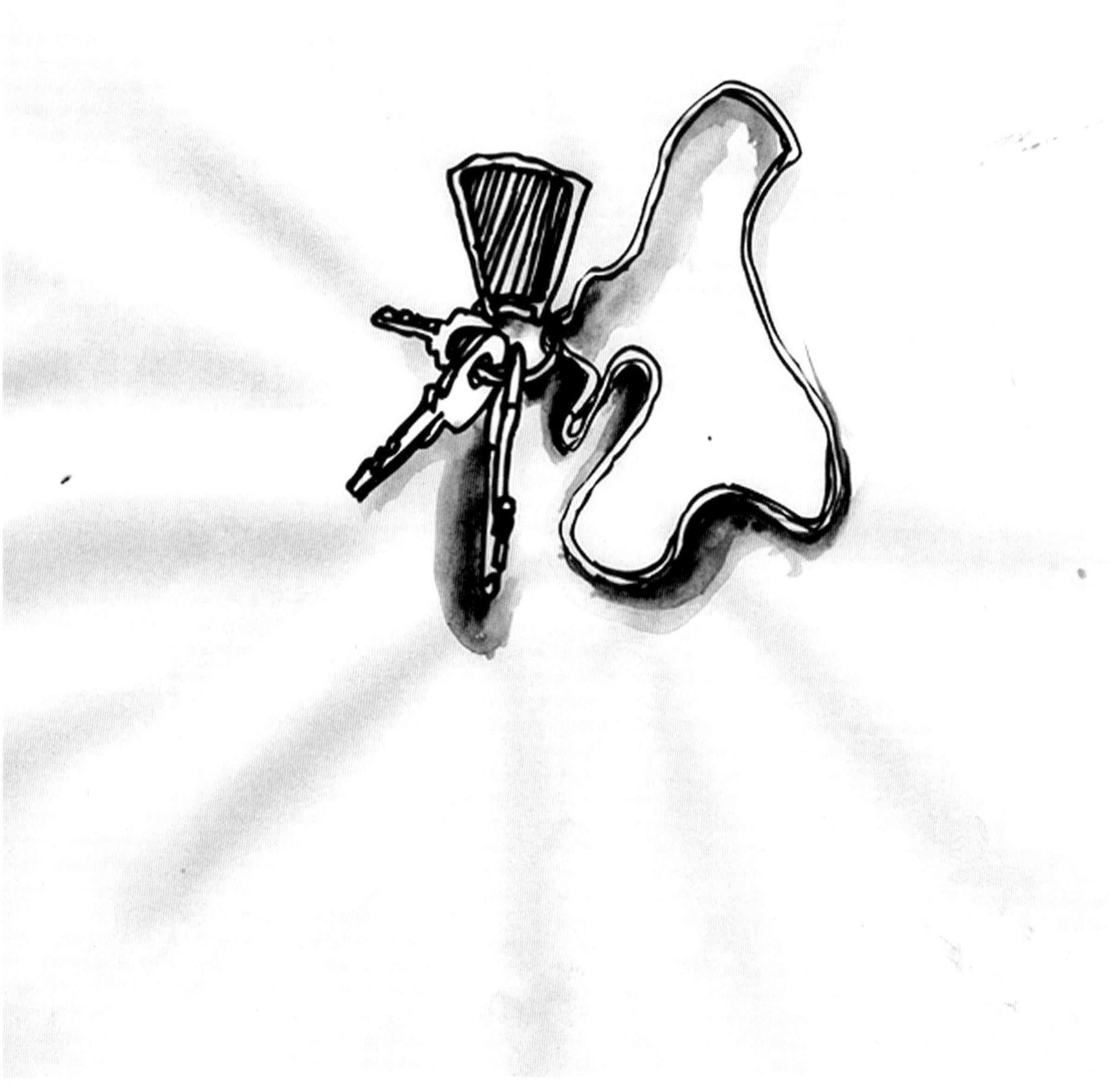

PHILIPPE PARRENO IS AN ARTIST, THIS IS HIS CONTRIBUTION TO DOMINIQUE GONZALEZ-FOERSTER'S COLLABORATION.
PHILIPPE PARRENO IST KÜNSTLER, DIES IST SEIN BEITRAG ZU DOMINIQUE GONZALEZ-FOERSTERS COLLABORATION.

SPACE ESCONDIDO

PAMELA ECHEVERRÍA

While sitting on the terrace of a café, I called a friend to ask him how he would describe the notion of space, and whether he thought it was infinite. He—a solemn, dour man—told me that given our need to put a limit on everything, space might be understood as the determination of a given concept, object, or thing. However, he claimed he could only intuitively know its infinity. Then I asked him to *feel* the space around him so that he could describe it to me and he answered: "Sweet Jesus no! I'm buying paper at an OfficeMax."

An attempt to define space would almost certainly begin with one of a series of ideas that points toward the vastest of generalizations: "The infinite extension of the three-dimensional region in which all matter exists" or in mathematics "A set of elements or points satisfying specified geometric postulates."[1] Discussions about the conceptual determination of space have always been deeply complex. Even slightly more complicated have been attempts to explain how space is understood and utilized in its existence in and relation to art. What happens when space itself is the material being used to give form to an artwork?

Artists like James Turrell, Helio Oiticica, or Carl Andre have all used space as a central element in their work, each one reaching fundamentally different conclusions. Nevertheless, they have all been uniquely effective in distinguishing and bringing to consciousness that "something" that some philosophers, like Heidegger, have considered "imperceptible to the senses" and therefore indeterminate. By directly referring to the relationship of space to art and resigning himself to the certainty of being unable to reach a provable result, Heidegger's analytical framework takes refuge in language and concludes that clearing liberates and opens space, making room for being-in-the-world, while allowing for something to occur.[2]

Space is that which allows us to experience the world in its exteriority, where everything we know happens, and it is starting from this point that we may begin to speak of the work of Dominique Gonzalez-Foerster. Her body of work poses a particularly interesting problem for art criticism—namely, any attempt to account for what makes her enigmatic use of space so evocative can neither rest squarely on a predominantly conceptual inquiry into the determination of space, nor articulate it in terms of an intuitive, phenomenological experience. Rather, in Gonzalez-Foerster's conceptual-affective landscapes we are dealing with a synthesis of the two, and it is the nature of this synthesis that I would like to address.

Gonzalez-Foerster has repeatedly used space as a central feature of her artistic practice. Her work hails from multiple places, sites, and milieus and is constructed from the storehouse of feelings that we all carry inside. It unapologetically alludes to emotional values while generating a sensible landscape within the spectator. From her vast body of work, it is specifically the environments that provoke the formation

PAMELA ECHEVERRÍA is an agent provocateur based in Mexico City.

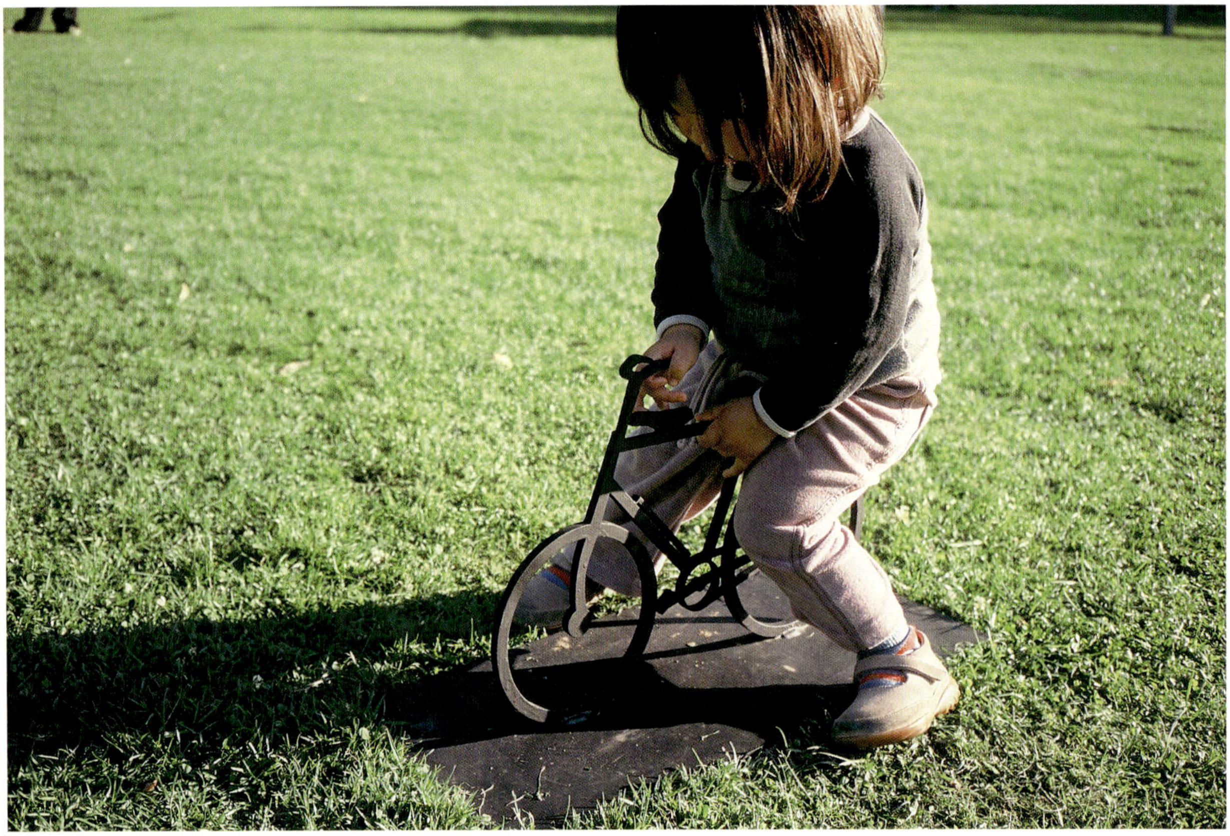

DOMINIQUE GONZALEZ-FOERSTER, ROMAN DE MÜNSTER (Novel of Münster / Münster Roman), 2007, installation view / Installationsansicht, Skulptur Projekte Münster.

of these mental-affective landscapes, and with which we are here concerned.

Gonzalez-Foerster began by building what she called *chambres*—a series of installations structured in such a way that subtle yet effective gestures suggest a scenario or situation that gives one the feeling that something has just occurred. These encounters—and their relational mechanics between memory, presence, and the body—set off a series of irrepressible evocations in the spectator, with unpredictable and sometimes unidentifiable results.

These gestures appear in the form of quotidian objects, and it is in their associations that they become charged with meaning: for example, an ironic graffiti of the word "Tropicalisation" along the wall of a modernist building in Antwerp; a (fully functional) telephone, a couple of newspapers stacked on the floor that might have been left behind by a teenager after thumbing through them while listening to music on her headphones; or a set of white towels perfectly spread out beside a reflecting pool in a modernist setting, in a vain expression of leisure time. These elements function by staging a kind of *mise-en-scène* that immediately accentuates their spatio-architectural surroundings. It is an exquisite way of representing the contrast between an emotion that arises in the privacy of an intimate moment and one that arises from a kind of mediated control. In reference to the Mies van der Rohe Pavilion in Barcelona, Gonzalez-Foerster states: "It is a potentially structuring place because of its absolute beauty, but it is also potentially destructive, as it can increase the anxiety of imperfection."[3)]

The capacity for transformation and interference in vast spaces makes the functioning of these constructions particularly poignant. In INTÉRIEUR/MUSÉE (1994), a hallway with high windows in a former museum in Lucerne is covered with an indigo blue carpet. On the carpet, near a standing lamp that emits a soft, warm glow, lies a white sheet that someone—who may have wrapped herself in it—dropped before entering the next room.

Just a colored carpet, a lamp, and a piece of fabric are enough to fill a long, cold, echoing museum hallway with warmth and sensuality, to dislocate its function, accentuating and restructuring its spatial and architectural qualities.

As interventions in the space of an exhibition, these constructions articulate a poetics of habitation. In other words, the displacement of a given space is what makes the habitation of this space possible.

"Familiarity and intimacy are produced as a gentleness that spreads over the face of things," observes Emmanuel Lévinas when referring to the act of constructing a dwelling place that separates one being from Others. He goes on to claim that hospitality, intimacy, and sheltering are best represented in the feminine space, in that Other.[4)]

It is, then, in the construction of a disposition, specifically a maternal disposition, that Gonzalez-Foerster generously offers the possibility of interaction with one's surroundings. The character of the spaces she structures, and the manner in which she orders extraneous elements makes us feel identified/sheltered, since we are dealing with a similar space in which we also take refuge and abandon ourselves to enclosure and enjoyment.

This gentle spatial interaction of elements like furniture, light, or color then gives place to other, new, enveloping spaces. But the need to experiment with the different surroundings in which we move, limits them, forcing them to free themselves and move to the exterior. Like matryoshka dolls, these installations situate themselves within another, larger space. However, any kind of architectural space capable of containing the *chambres* turns out to be insufficient, paving the way for a new spatial condition: open space.

Since the outside cannot be controlled, yet another element appears in Gonzalez-Foerster's work. In constructing her environments, she incorporates the randomness and unpredictability of nature, thus allowing for the possibility of experimenting with a similar, but now incalculable disposition of elements. That is to say, by situating the artwork in spaces where its limits are not clearly defined, Gonzalez-Foerster explores the boundless and accidental nature of the surroundings themselves: inside and out, sunlight and cloud-face, day and night.

In one of the gardens surrounding the exhibition spaces at Documenta 11, Gonzalez-Foerster staged a playful yet disorienting project: PARK/PLAN D'ÉVASION (2002). Various elements from different parts of the world were placed on a vast stretch of green grass. Set against the backdrop of mid-summer, the piece offered a long and delightful stroll along which the spectator came upon a series of objects: a fully functioning phone booth from Rio de Janeiro (should you want to call someone you miss), a small beach with sand from Copacabana (should your feet need refreshing), a large chunk of volcanic rock from Mexico (which children found especially good for climbing), or a small butterfly-shaped pavilion inspired by modernist Brazilian architecture and with a projected film.

The limits are no longer clear in this work. Inside and outside are no longer demarcated and the surroundings keep changing; the eventuality of coming across a park is different from intentionally searching for one; there is no control over what one might encounter first; there is neither an entrance nor an exit. This piece was built to be experienced in its free "tropicality" and its expansiveness, like that of the universe.

We are faced with an artistic praxis that flows from the general to the particular and back—one that is practiced daily by Gonzalez-Foerster, who lives between Paris and Rio de Janeiro, usually avoids elevators and escalators, goes for picnics at least once a week, and leaves her shoes at the door when entering

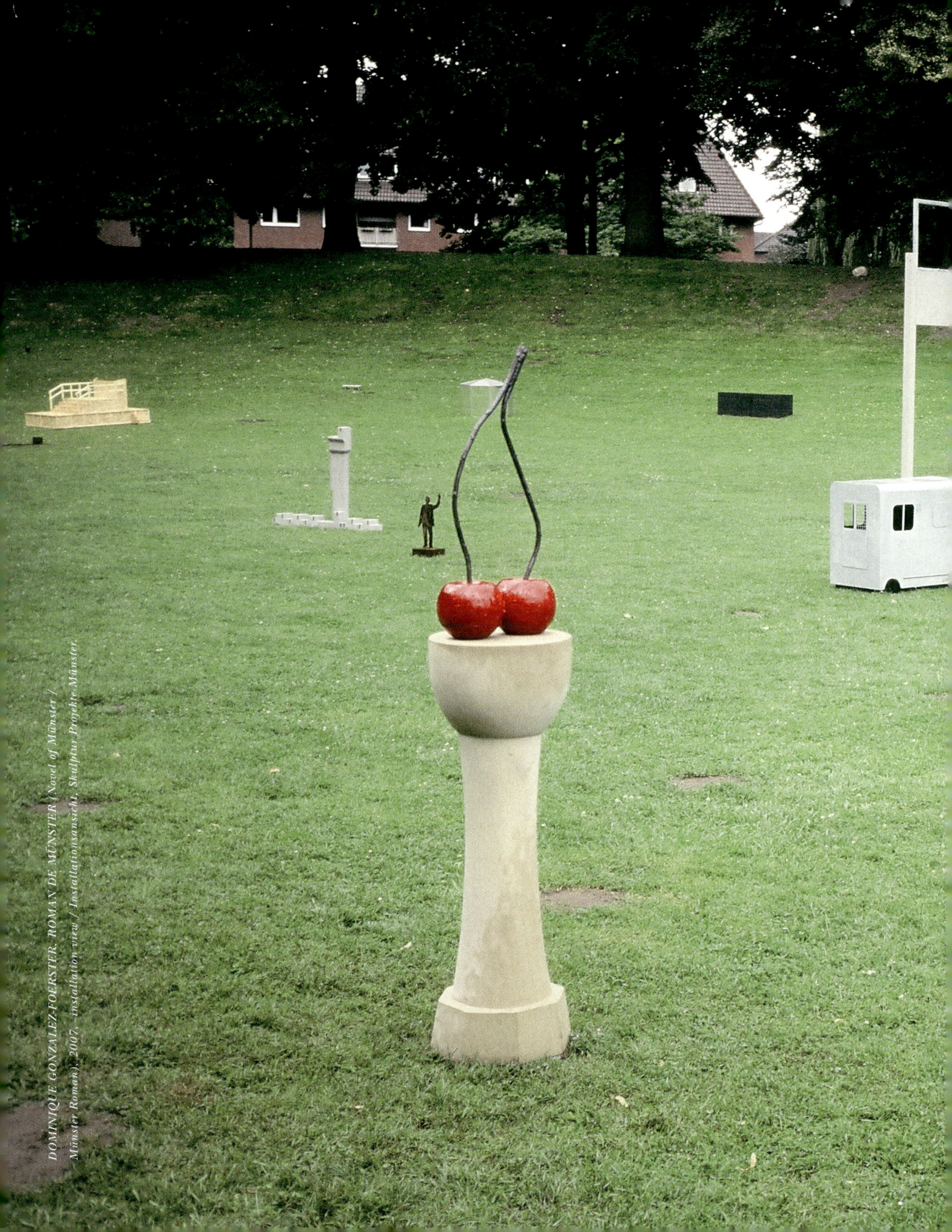

DOMINIQUE GONZALEZ-FOERSTER, ROMAN DE MÜNSTER (*Novel of Münster / Münster Roman*), 2007, installation view / Installationsansicht, Skulptur Projekte Münster.

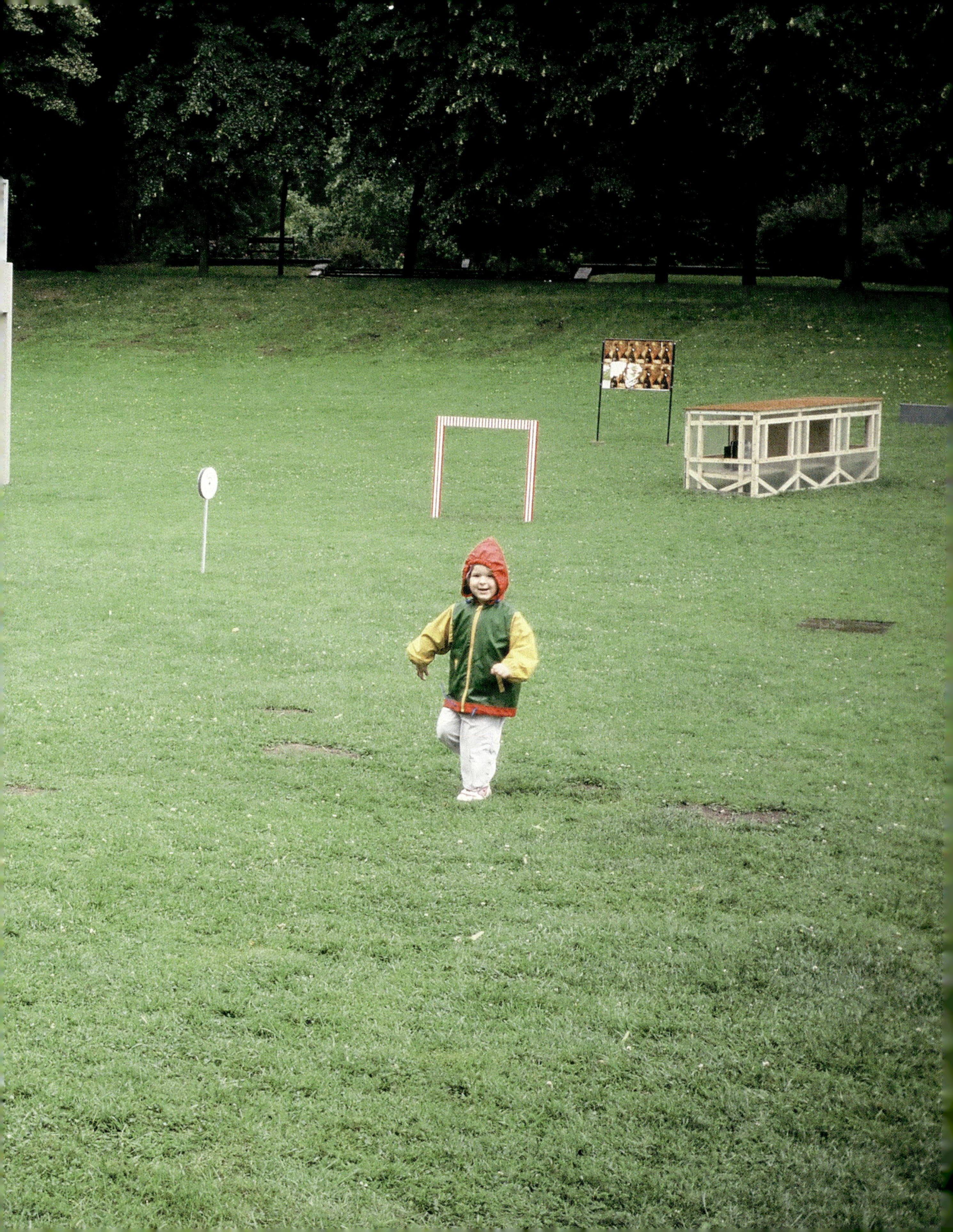

her apartment and stepping onto her own TAPIS DE LECTURE (2000).

There is a particular feature of Gonzalez-Foerster's work that summons the poetic imagination and the association of signifiers: emptiness. Usually, the elements used in the piece are placed in wide spaces, with considerable distance between them, confronting the spectator with the introspective challenge of situating herself as spectator within a field of materialized and foreign signifiers. Here, where everything is visible, emptiness is not nothing; it is something that counts. Here, the spaces that coexist are not only physical, but also virtual, sonorous, psychological, and signifying. And the way they relate makes space receptive to the possibility of memory, new experiences, and myriad emotions that will most likely remain unidentified.

It is not surprising that critics have referred to Gonzalez-Foerster's work as a time machine. Her environments are capable of eliciting not only time travel but a moving through space like that of a futuristic tele-transporter. This is palpable in both PARK/PLAN D'ÉVASION and in UNE CHAMBRE EN VILLE (1996). In the former, one comes across dissimilar objects that belong to diverse, remote regions; in the latter, the television, the newspaper, and the telephone grant us access to different exteriors. All the spaces are interconnected, opening up

DOMINIQUE GONZALEZ-FOERSTER, ROMAN DE MÜNSTER (Novel of Münster / Münster Roman), 2007, installation view / Installationsansicht, Skulptur Projekte Münster.

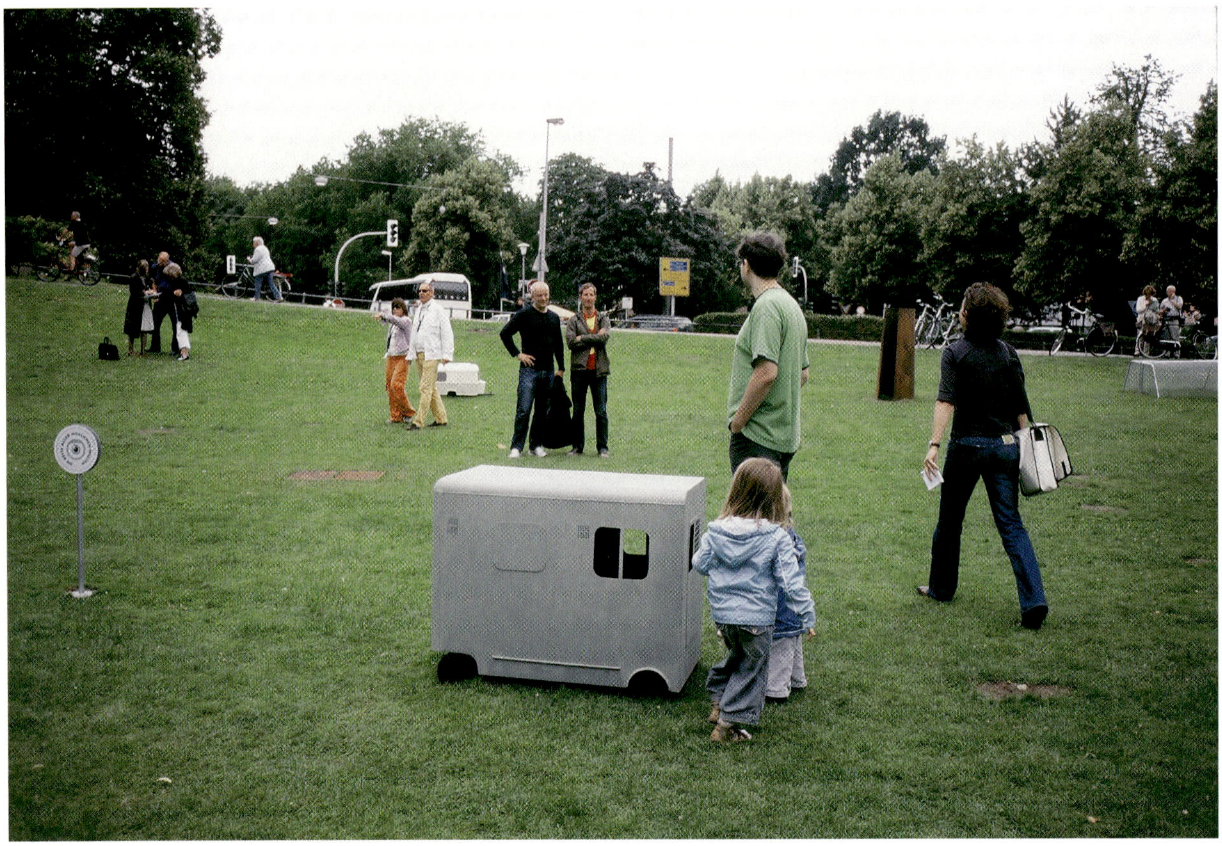

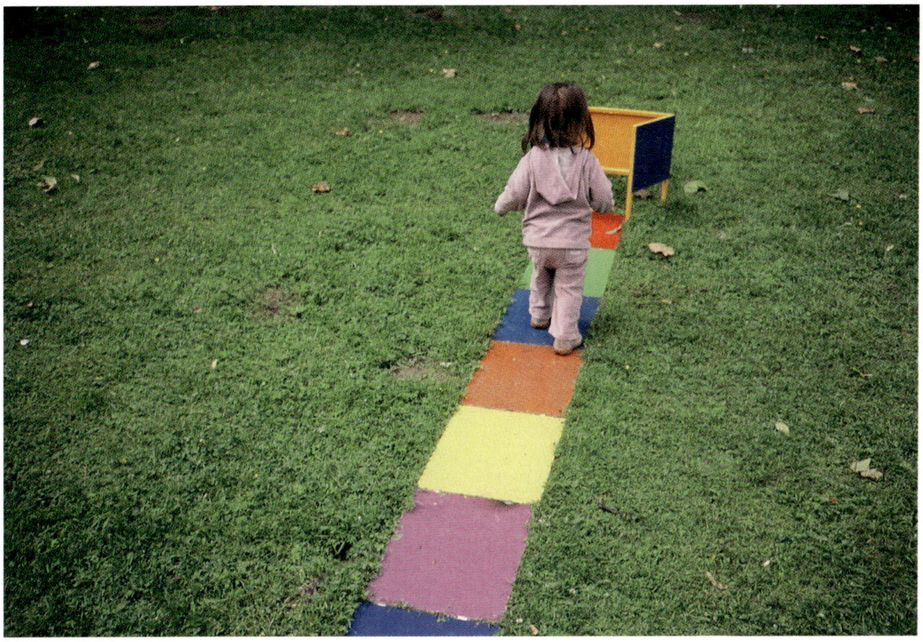

infinite possibilities. The spaces, thus joined together are condensed into a single entity, as if they were the product of a science fiction novel.

The Gonzalez-Foerster Experience is ultimately a gift of inhabiting openness while wandering through an interior, running, walking, becoming absorbed by perception in a moment of moments, within an introspective, psycho-spatial symbolic environment, as free as the tropics, even when you close your eyes, summoning it from inside an OfficeMax.

(Translation from the Spanish: Allan Page)

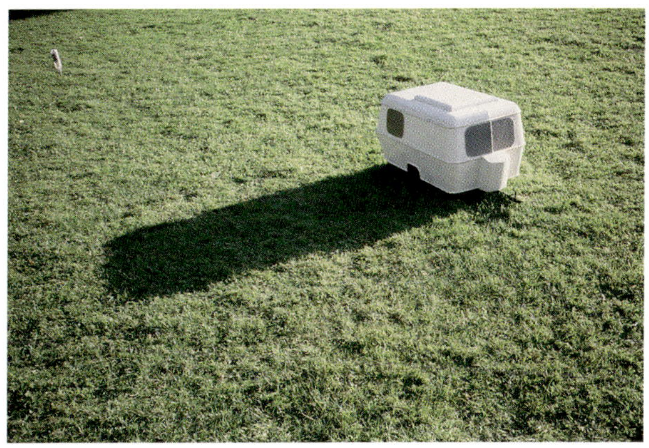

DOMINIQUE GONZALEZ-FOERSTER, ROMAN DE MÜNSTER (Novel of Münster / Münster Roman), 2007, installation view / Installationsansicht, Skulptur Projekte Münster.

1) The American Heritage® Dictionary of the English Language, Fourth Edition Copyright © 2007, 2000 by Houghton Mifflin Company. Updated in 2007. Published by Houghton Mifflin Company. All rights reserved. See 'space' on Answers.com. http://query.nytimes.com/search/query?query=space&srchst=ref&submit.x=0&submit.y=0&submit=sub
2) See Martin Heidegger, "Art and Space," transl. Charles H. Seibert, in *Man and World* (vol. 6, no. 1, February 1973), pp. 3–8.
3) Dominique Gonzalez-Foerster and Jens Hoffmann, *Tropicale Modernité* (Barcelona: Fundación Mies van der Rohe/ Zurich: jrp/ringier, 1999), p. 26.
4) Emmanuel Lévinas, *Totality and Infinity*, transl. Alphonso Lingis (Pittsburg: Doquesne University Press, 1969), p. 155.

TRANSFORMIERTER RAUM

PAMELA ECHEVERRÍA

Von der Terrasse eines Cafés aus rief ich einen Freund an, um ihn zu fragen, ob er erklären könne, was Raum sei und ob er glaube, dieser sei unendlich. Er – ein grüblerischer und übellauniger Typ – erwiderte, dass aufgrund des Bedürfnisses der Menschen, alles einzugrenzen, man Raum als Begrenzung jedweden Konzepts, Gegenstandes oder jedweder Sache verstehen könne. Seine Unendlichkeit aber könne man nur erahnen. Daraufhin bat ich ihn, den Raum zu fühlen, in dem er sich befand, um ihn mir zu beschreiben, und er erwiderte: «Bitte nicht! Ich kaufe gerade Papier in einem OfficeMax.» Was das in raumästhetischer Hinsicht bedeutet, wissen wir alle.

Wenn jemand wirklich erklären wollte, was Raum ist, würde er wahrscheinlich mit ein paar Definitionen beginnen, die einige ganz allgemeine Eigenschaften zu fassen versuchen: «Eine subjektive Anschauungsform, die uns die Erfahrung äusserer Dinge ermöglicht und nicht wegdenkbar ist», oder mathematisch ausgedrückt: «Bezeichnung für [ein] dreidimensionales (Länge, Breite, Höhe) Ordnungssystem», um zwei Beispiele aus einem Lexikon zu zitieren.[1)] Der Versuch, Raum zu definieren, hat im Laufe der Zeit zu komplexen Diskussionen geführt. Als noch komplexer erwies sich der Versuch zu erklären, wie man den Raum in der Kunst verstehen und nutzen soll und was passiert, wenn der Raum selbst das «Material» ist, mit dem man arbeitet, um einem Werk Gestalt zu geben.

Künstler wie James Turrell, Helio Oiticica oder Carl Andre haben den Raum als zentrales Element in ihrer Arbeit verwendet, jeweils mit ganz unterschiedlichen Ergebnissen. Allerdings haben sie uns deutlich dieses «etwas» bewusst gemacht und vor Augen geführt, was Philosophen wie Heidegger als «sinnlich nicht wahrnehmbar» und somit als ambivalent aufgefasst haben, sich trotzdem aber zu einer Stellungnahme aufgefordert fühlten. Als Heidegger direkt Bezug auf den Raum in der Kunst nahm, musste er feststellen, dass es kein beweisbares Ergebnis gibt, er griff auf eine Analyse zurück, mit der er sich in die Sprache flüchtete, und kam zum Schluss, dass das *Räumen* den Raum frei mache und die Voraussetzung dafür schaffe, dass etwas geschehe.[2)]

Der Raum erlaubt uns, das Äusserliche der Welt zu erfahren, in ihm findet alles uns Vertraute statt, auf dieser Grundlage wollen wir über die Arbeit von Dominique Gonzalez-Foerster sprechen, auch wenn es am Ende die Intuition, die Erfahrung oder das phänomenologische Erleben ist, das es uns ermöglicht, eine Erklärung dafür zu finden, wie ihre Arbeiten funktionieren: Die unterschiedlichen Lesarten und die verschiedenartigen Eindrücke, die man in der Interaktion mit ihnen erfährt.

Dominique Gonzalez-Foerster hat wiederholt den Raum als Hauptelement in ihrer künstlerischen Arbeit benutzt. Diese basiert auf einer Vielzahl von Plätzen, Orten und Umgebungen. Dieser Raum wird ausgehend von einer Ansammlung von Erfahrungen

PAMELA ECHEVERRÍA ist ein Agent Provocateur und lebt in Mexico City.

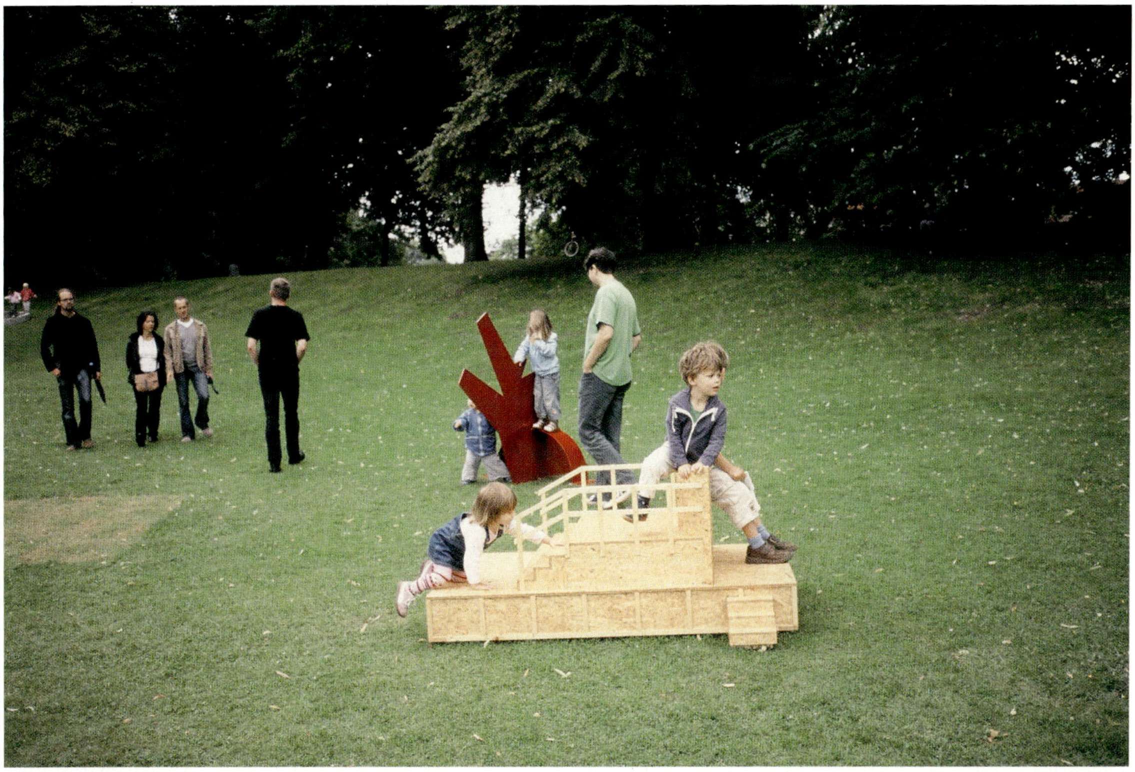

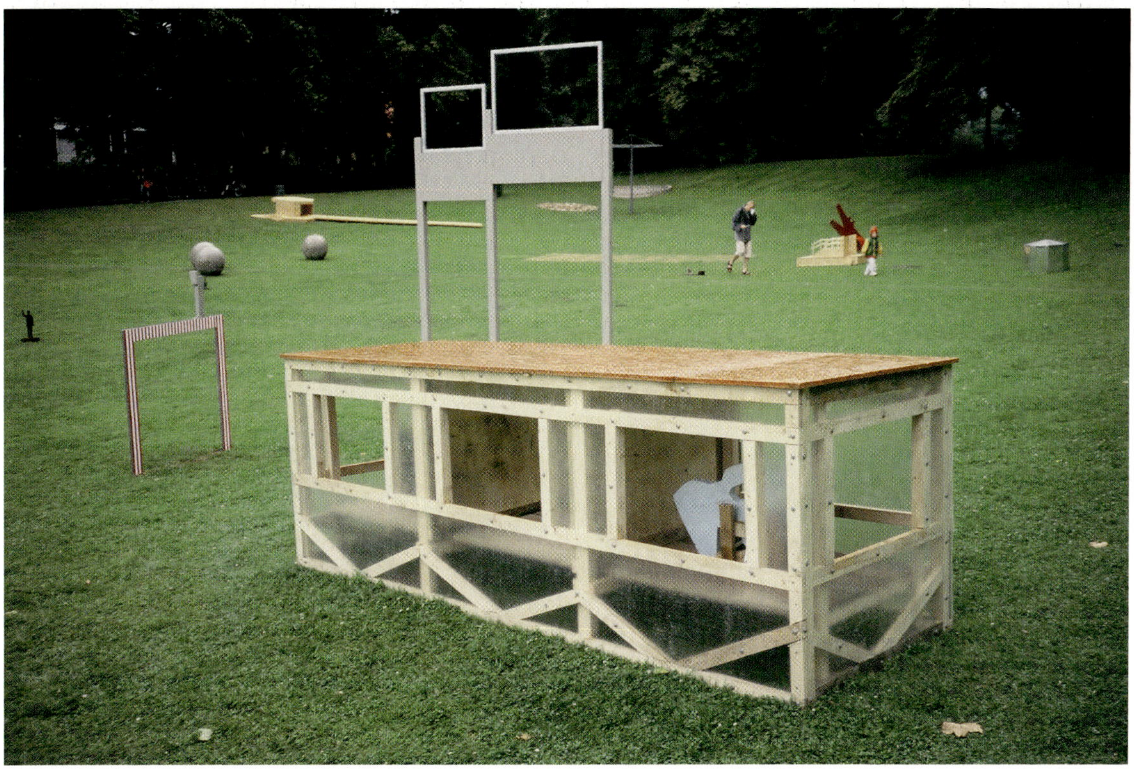

DOMINIQUE GONZALEZ-FOERSTER, ROMAN DE MÜNSTER (Novel of Münster / Münster Roman), 2007, installation view / Installationsansicht, Skulptur Projekte Münster.

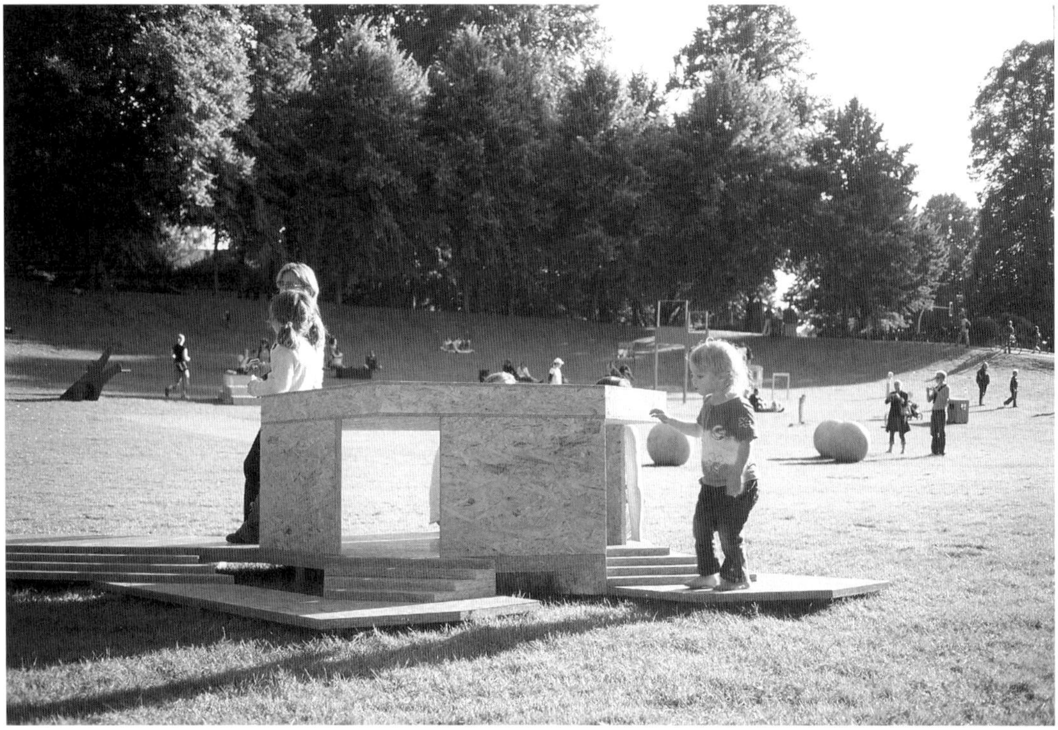

DOMINIQUE GONZALEZ-FOERSTER, ROMAN DE MÜNSTER (Novel of Münster / Münster Roman), 2007, installation view / Installationsansicht, Skulptur Projekte Münster.

konstruiert, die wir alle in uns tragen, und keine Sekunde zeigt sie Hemmungen, auf diese emotionalen Eigenschaften des Betrachters anzuspielen und in ihm eine Gefühlslandschaft entstehen zu lassen. In ihrem umfangreichen Werk sind es vor allem die *environments*, die geistig-emotionale Landschaften in uns evozieren.

Ihre künstlerische Laufbahn begann Dominique mit ihren sogenannten «Chambres» – einer Serie von Installationen, die so strukturiert sind, dass subtile aber wahrnehmbare Gesten eine Situation oder ein Szenarium suggerieren, was den Eindruck erweckt, als wäre gerade etwas geschehen. Diese Konfrontation – die Beziehungsmechanik zwischen Gedächtnis, Gegenwart und Körper – löst im Betrachter einen unkontrollierbaren Assoziationsschub aus, der unvorhersehbare und manchmal nicht abgeschlossene und undefinierbare Ergebnisse zeitigt.

Diese Gesten materialisieren sich in Alltagsobjekten, die mit Bedeutung aufgeladen werden. Zum Beispiel das ironische Graffiti «Tropicalisation» auf der Wand eines modernen Gebäudes in Amberes, ein (funktionierendes) Telefon, ein Stapel Zeitungen auf dem Fussboden, die vielleicht ein Jugendlicher liegen liess, nachdem er sie durchgeblättert hatte, während er Musik hörte, oder ein paar weisse Handtücher, die irgendjemand – perfekt drapiert – in einem modernistischen Umfeld neben eine Wasserfläche gelegt hat, um eine schöne Zeit zu verbringen. Diese Elemente schaffen eine Art *Mises en scène*, die unmittelbar das architektonische Umfeld betonen, in dem sie arrangiert worden sind. Eine raffinierte Art, den dabei entstehenden Gefühlskontrast zwischen der Privatheit eines intimen Moments und, im Gegensatz dazu, der kontrollierten Emotion, ausgelöst durch eine gedachte Umgebung, zu demonstrieren. Mit direktem Bezug auf den Pavillon von Mies van der Rohe in Barcelona bemerkt Gonzalez-Foerster: «Wegen seiner absoluten Schönheit ist es ein strukturierender Ort, er kann aber auch zerstörerisch wirken, da er die Angst vor der Unvollkommenheit weckt».[3)]

Die Fähigkeit zur Transformation eines grösseren Raumes – und somit zur Einflussnahme – bewirkt, dass diese Gebilde auf eine ganz bestimmte Weise funktionieren. In INTÉRIEUR/MUSÉE (1994) liess sie entlang eines Flurs mit hohen Fenstern, in einem heute nicht mehr existierenden Museum in Luzern, einen indigoblauen Teppich ausgelegen, der den gesamten Fussboden bedeckte. In der Nähe einer Stehlampe, die ein gedämpftes und warmes Licht ausstrahlte, lag ein weisses Laken, das jemand – der vielleicht darin eingehüllt war – hatte fallen lassen, bevor er das nächste Zimmer betrat.

Ein schlichter farbiger Teppich, eine Lampe und ein Stück Stoff genügten, um einen langen, kalten und hallenden Museumssaal mit Wärme und Sinnlichkeit zu füllen, um seine Funktion auszuhebeln und seine Architektur und seine räumlichen Eigenschaften sichtbar zu machen.

Hinsichtlich der Intervention in einem Ausstellungsraum entwickeln solche Konstruktionen eine Poetik des Raums. Das also, was vonstatten geht, wenn das Gefürge sich verschiebt und der Raum zu einem bewohnbaren wird.

«Vertrautheit und Initmität entstehen wie etwas Liebliches, das sich auf dem Gesicht der Dinge ausbreitet», zeigt Lévinas in Bezug auf die Handlung des Innehaltens, welche die Trennung des Seins von den Anderen erlaubt und behauptet, dass es die Frau sei, das Weibliche, die jenes andere, das Gastlichkeit, Intimität und Geborgenheit einschliesst, zulässt.[4)]

Es ist die Herstellung einer Disposition, die vom Weiblichen ausgeht, von dort, wo Dominique grosszügig eine Interaktion mit der Umgebung anbietet. Ihre räumlichen Charakteristika und die Anordnung der einzelnen Elemente geben uns ein Gefühl von Identifikation und Beschütztsein, da es sich um ähnliche Räume handelt, wie die, in die wir uns flüchten,

DOMINIQUE GONZALEZ-FOERSTER, PROMENADE, 2007, with Christophe Van Huffel, exhibition view / Ausstellungsansicht, ARC-Musée d'Art Moderne de la Ville de Paris.

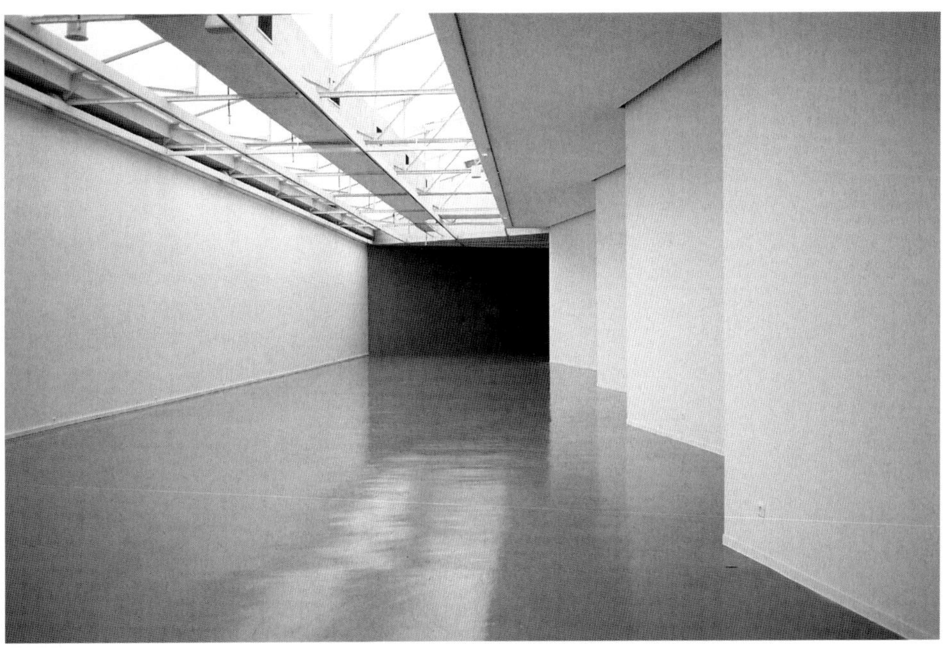

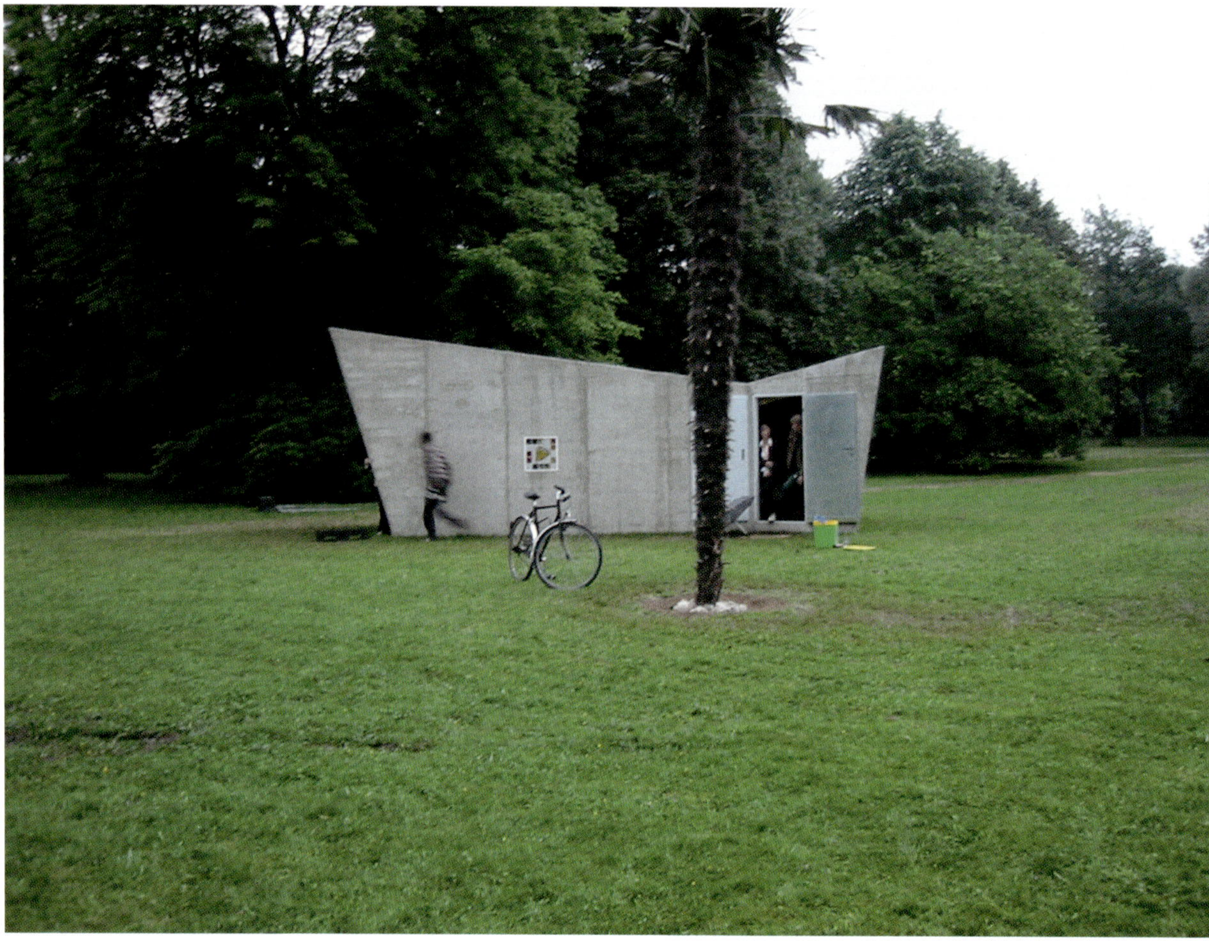

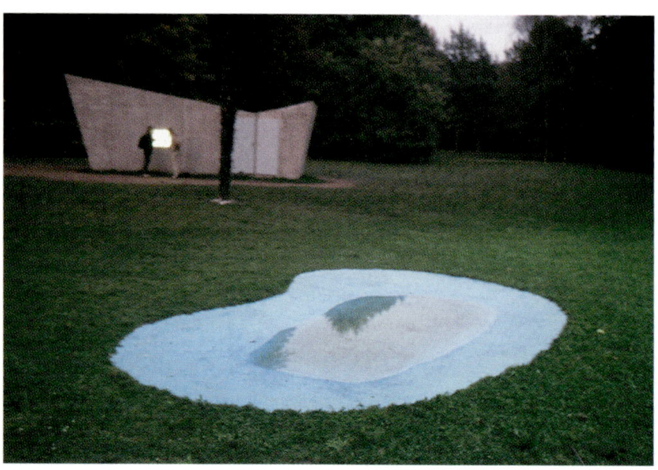

DOMINIQUE GONZALEZ-FOERSTER, PARK, PLAN D'ÉVASION (Park, Plan for Escape / Fluchtplan), 2002, installation view / Installationsansicht, Documenta 11, Kassel. (PHOTO: COURTESY GALERIE ESTHER SCHIPPER, BERLIN)

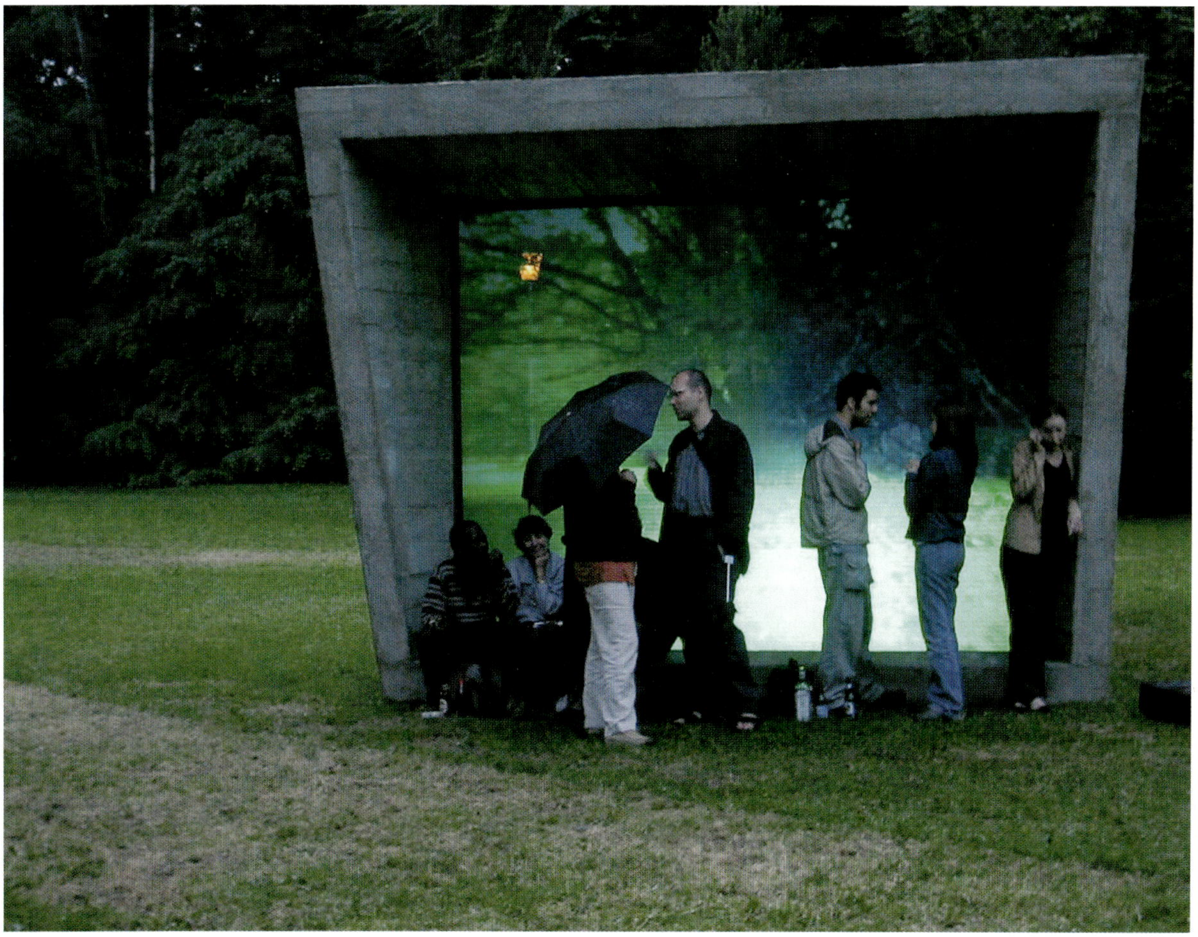

DOMINIQUE GONZALEZ-FOERSTER, PARK, PLAN D'ÉVASION (*Park, Plan for Escape / Fluchtplan*), *2002, installation view / Installationsansicht, Documenta 11, Kassel.* (PHOTO: COURTESY GALERIE ESTHER SCHIPPER, BERLIN)

um uns der Geborgenheit und dem Müssiggang zu überlassen.

Diese dezente räumliche Interaktion der Elemente wie Möblierung, Licht, Farbe oder Musik öffnet den Raum für neue sich darin befindliche Räumlichkeiten. Aber die Notwendigkeit des Experimentierens, mit den Umgebungen, in denen wir uns bewegen, begrenzt diese auch und zwingt sie, sichtbar zu werden. Ähnlich wie bei den Matruschka-Puppen, die im Grunde Installationen sind, die sich innerhalb eines anderen grösseren Raumes befinden. Allerdings ist jede Konstruktion, die ein *chambres* enthalten kann, nicht ausreichend, wenn es um eine neue Situation geht: den offenen Raum.

Da der Aussenraum nicht kontrolliert werden kann, taucht ein neues Element in ihren Arbeiten auf. Gonzalez-Foerster nahm intuitiv das Schicksalhafte und Unvorhersagbare der Natur mit in ihre Projekte hinein, wodurch es ihr gelang, unberechenbare Elemente in derselben Weise erfahrbar zu machen. Das heisst, indem sie die Arbeit in einer Umgebung platziert, wo die Grenzen nicht klar definiert sind, spielt sie mit dem Grenzenlosen und Zufälligen der Umgebung selbst: dem Drinnen und Draussen, den Wolken und der Sonne, dem Tag und der Nacht.

Für die Documenta 11 realisierte sie entlang eines Parks, am Rande der Ausstellungsfläche ein heiteres Projekt: PARK/PLAN D'ÉVASION (2002). Auf einer grossen Rasenfläche wurden Gegenstände platziert, die aus verschiedenen Weltregionen stammten. Auf einer langen und bunten Ausstellungsfläche traf der

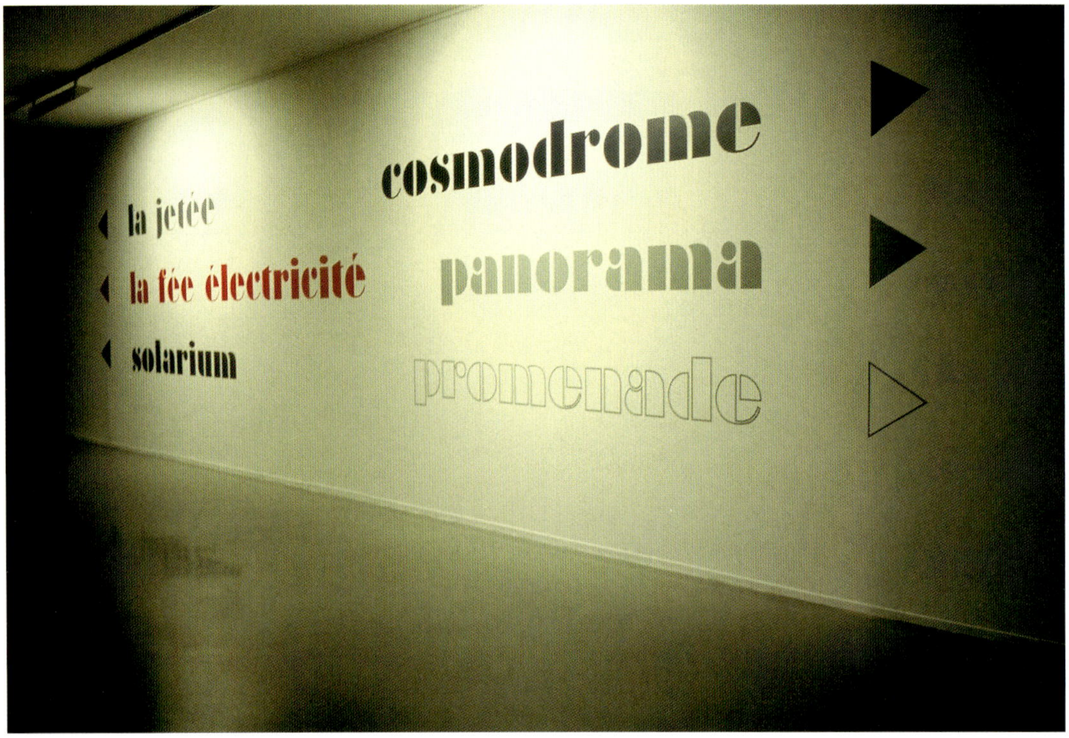

DOMINIQUE GONZALEZ-FOERSTER, "Expodrome," 2007, exhibition / Ausstellung ARC-Musée d'Art Moderne de la Ville de Paris.

Besucher auf eine Reihe von Objekten. Eine Telefonkabine aus Rio de Janeiro (falls man zufällig jemanden anrufen wollte, den man vermisste), ein kleiner Strand mit dem Sand der Copacabana (falls ein erfrischendes Fussbad gewünscht war), ein grosser Lavastein aus Mexiko und ein kleiner Pavillon, dessen Schmetterlingsform von der modernistischen brasilianischen Architektur beeinflusst war, aus dessen Innerem Bilder nach aussen projiziert wurden.

Klare Grenzlinien gab es nicht mehr, kein genau umrissenes Innen und Aussen, die Umgebung änderte sich, die Möglichkeit, zufällig auf den Park zu treffen, war etwas anderes, als wenn man ihn absichtlich aufsuchte. Man konnte nicht kontrollieren, welches Objekt man als erstes entdeckte, es gab keinen definierten Eingang oder Ausgang; ein Objekt, das konzipiert war, um seine freie «Tropikalität» und seine Ausdehnung zu entfalten, wie die eines Universums.

Es handelt sich also um eine künstlerische Übung, die sich zwischen dem Allgemeinen und Spezifischen bewegt, eine, die täglich von Dominique Gonzalez-Foerster praktiziert wird – die ausser in Paris auch in Rio de Janeiro lebt, normalerweise weder Fahrstühle noch Rolltreppen benutzt und mindestens einmal die Woche picknickt und ihren eigenen TAPIS DE LECTURE (2000) nur mit blossen Füssen betritt.

In ihren Arbeiten gibt es eine grundlegende Besonderheit, die, ausgehend von der Verknüpfung der Bedeutungen, die poetische Vorstellungskraft in Gang setzt: die Leere. Üblicherweise werden die Objekte mit grossem Abstand voneinander und auf weitläufigen Flächen platziert, was für den Betrachter die Herausforderung birgt, in einem ganz bestimmten Moment der Introspektion mit sich selbst konfrontiert zu werden. Hier, wo Leere nicht

«Nichts» ist, wo alles sichtbar wird, sind die jetzt koexistierenden Räume nicht nur physisch, sondern auch virtuell, sind sie Klang, Schrift, Psychologie und vieles mehr. Ihre Beziehung untereinander schafft Raum für die Erinnerung, neue Erfahrungen und tausend noch nicht gelebte Gefühle.

Es ist nicht verwunderlich, dass von Gonzalez-Foersters Arbeit bereits als von einer Zeitmaschine gesprochen wurde. Ähnlich wie bei dieser sind ihre *environments* dazu in der Lage, das *Beamen* (im übertragenen Sinne) zu suggerieren, das einer Teleportationsmaschine in der Zukunft irgendwann einmal gelingen könnte. Sowohl in PARK/PLAN D'ÉVASION als auch in UNE CHAMBRE EN VILLE (1996) ist das spürbar. Bei Ersterem trifft man auf völlig verschiedenartige Objekte aus unterschiedlichen Weltgegenden; beim Zweiten ermöglichen uns Fernsehen, Zeitung und Telefon den Zugang zu anderen, ausserhalb liegenden Orten. Sämtliche Räume stehen miteinander in Verbindung, wobei sie unendliche Möglichkeiten eröffnen und all diese verdichteten Orte in einer einzigen Intention verbinden, wie als Folge eines Science-Fiction-Romans.

Die Dominique Gonzalez-Foerster-*experience* ist ein Geschenk, eine Erfahrung der Offenheit, auf einem Spaziergang im Innern, bei dem man, schnell oder langsam gehend, sich versenkt, um aufzutauchen in einer symbolischen psycho-räumlichen Umgebung – die frei ist wie die Tropen –, sogar bei geschlossenen Augen in einem OfficeMax.

(Übersetzung aus dem Spanischen: Susanna Mende)

1) *Knaurs Lexikon A–Z*, München, Droemer Knaur, 1969, S. 705.
2) Siehe Martin Heidegger, *Die Kunst und der Raum*, St. Gallen, Erker Verlag, S. 3–8.
3) Dominique Gonzalez-Foerster and Jens Hoffmann, *Tropicale Modernité*, Fundación Mies van der Rohe, Barcelona / Zürich, jrp/ringier, S. 26.
4) Emmanuel Lévinas, *Totalität und Unendlichkeit, Versuch über die Exteriorität*, übersetzt von Wolfgang Nikolaus Krewani, Freiburg i.Br. / München: Karl Alber, 2003. S. 23.

DOMINIQUE GONZALEZ-FOERSTER, SOLARIUM, 2007, with Nicolas Ghesquière, exhibition view / Ausstellungsansicht, ARC-Musée d'Art Moderne de la Ville de Paris.

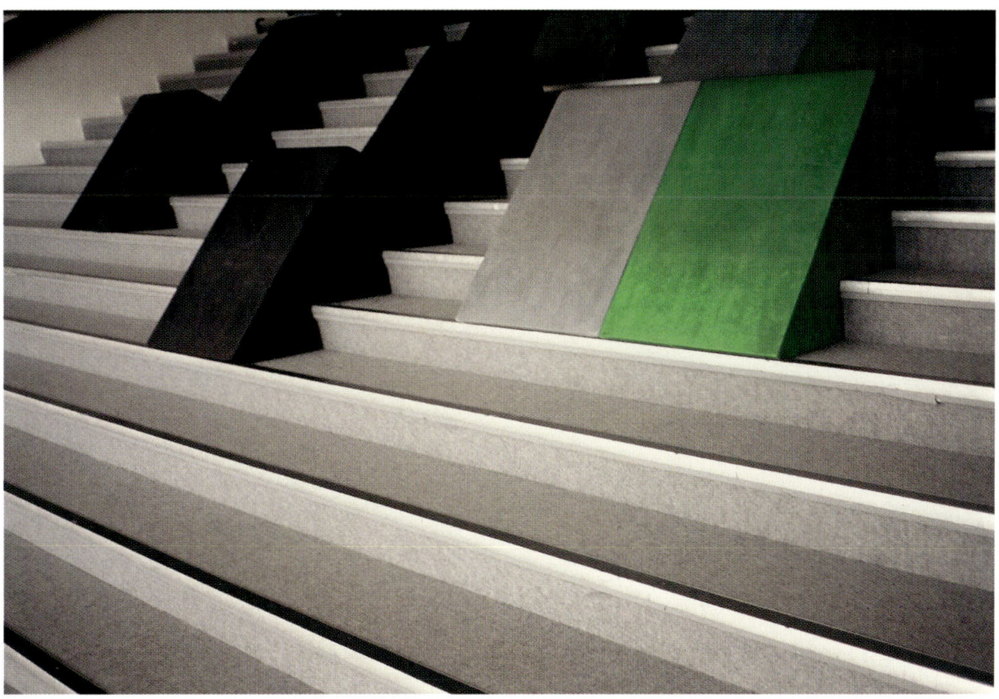

EDITION FOR PARKETT 80

DOMINIQUE GONZALEZ-FOERSTER

CALENDARIO 2020, 2007

Calendar for 12 months in 12 years (January 2008–December 2020)
14 prints, including 2 by Philippe Parreno, color silkscreen on Munken 350 g/m^2,
Paper size 16 $^1/_2$ x 19" each,
Image size 11 $^1/_2$ x 16 $^3/_4$", bound.
Printed by Atelier Lorenz Boegli, Zurich.
Edition of 45 / XX, numbered and signed.

Kalender für 12 Monate in 12 Jahren (Januar 2008–Dezember 2020)
14 Farbsiebdrucke, davon 2 von Philippe Parreno, auf Munken 350 g/m^2,
Papierformat je 42 x 46,6 cm,
Bildformat 28.6 x 42,6 cm, geheftet.
Gedruckt von Atelier Lorenz Boegli, Zürich.
Auflage 45 / XX, nummeriert und signiert.

JAN 2008

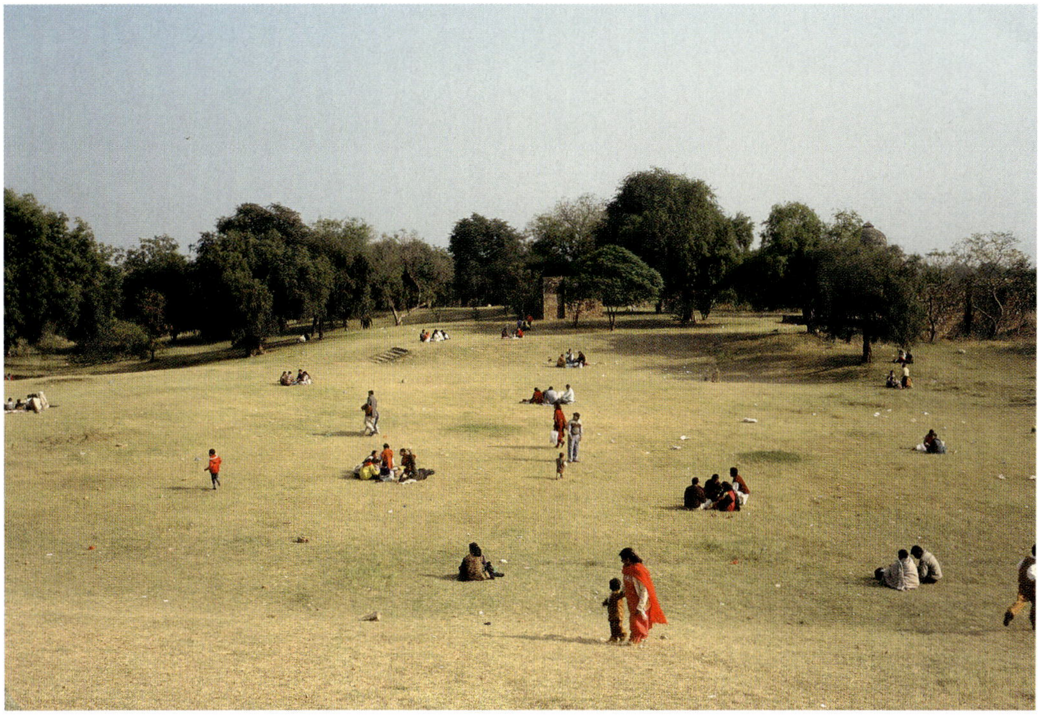

	1	2	3	4	5	6
7	8	9	10	11	12	13
14	15	16	17	18	19	20
21	22	23	24	25	26	27
28	29	30	31			

CALENDARIO 2020

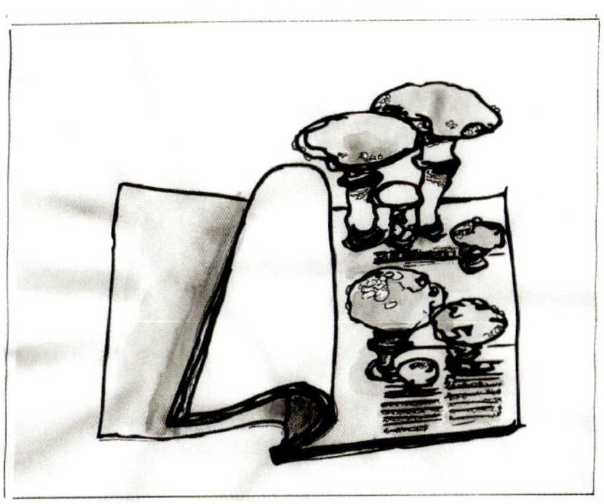

FEB 2009

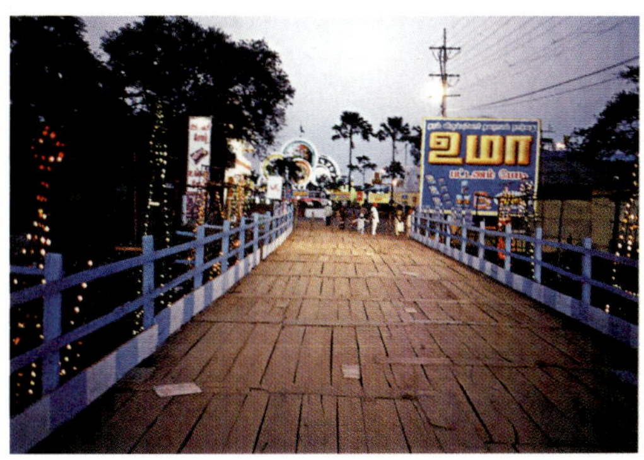

						1
2	3	4	5	6	7	8
9	10	11	12	13	14	15
16	17	18	19	20	21	22
23	24	25	26	27	28	

Mark Grotjahn

MARK GROTJAHN, UNTITLED (3 TIERED PERSPECTIVE), 1998, oil on linen, 60 x 48" /
OHNE TITEL (3-STUFIGE PERSPEKTIVE), Öl auf Leinen, 147 x 122 cm. (PHOTO: ANTON KERN GALLERY, NEW YORK)

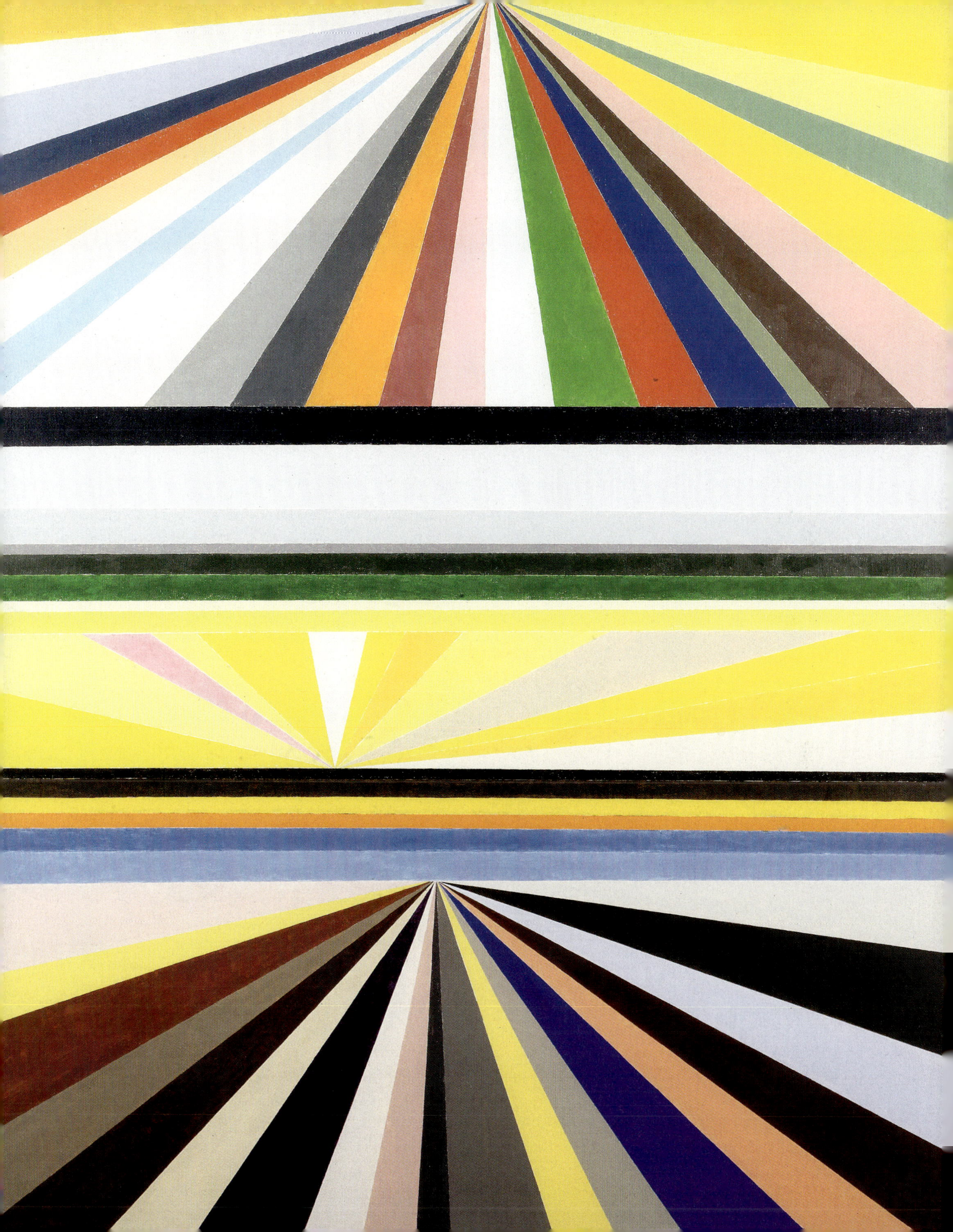

IN THE *Center* OF THE *Infinite*

DOUGLAS FOGLE

"Borges speaks of a labyrinth that is a straight line, invisible and unceasing. Overwhelming in its symmetries, the architecture of the planetarium is more labyrinthian. Circular, insular, windowless, it renders the mind itself invisible. An artistic conception on the inconceivable, it conforms to no outer necessity. Edges blur as one tries to distinguish an outline. The ambulatories become vast interminable spaces; traversing them becomes an interstellar journey. Once such expectations occur, there no longer exist any realities. Just vague disorders and contingencies. The planetarium becomes the same size as the universe; which it is. Perplexed, dizzied, one encounters here a cosmic nostalgia. Vertigo at contemplating man's most futile gesture—patrimony of the infinite. Above the staircase a sign: solar system and restrooms."[1)]

DOUGLAS FOGLE is curator of contemporary art at the Carnegie Museum of Art in Pittsburgh and curator of the 55th Carnegie International.

In their 1966 essay "The Domain of the Great Bear," Mel Bochner and Robert Smithson take us on an analytical dérive through the Hayden Planetarium at the American Museum of Natural History in New York moving from the architecture of the building itself to a reading of the planetarium's celestial projection show. They eventually end up offering a commentary on the planetarium's artist renditions of the cosmological cataclysm that will be heralded by the death of our sun. It is a very heavy Smithsonian moment with its invocation of the vastness of geological (or in this case cosmological) time, entropy, and the end of history. Every time I think back on this text though, all I can remember is the sign with the phrase "SOLAR SYSTEM & RESTROOMS" that is itself depicted graphically in their essay accompanied by a directional ideogram of a hand pointing us towards our rendezvous with our individual destinies, whether they might be of the cosmological or urological variety. Its prominent placement in the essay

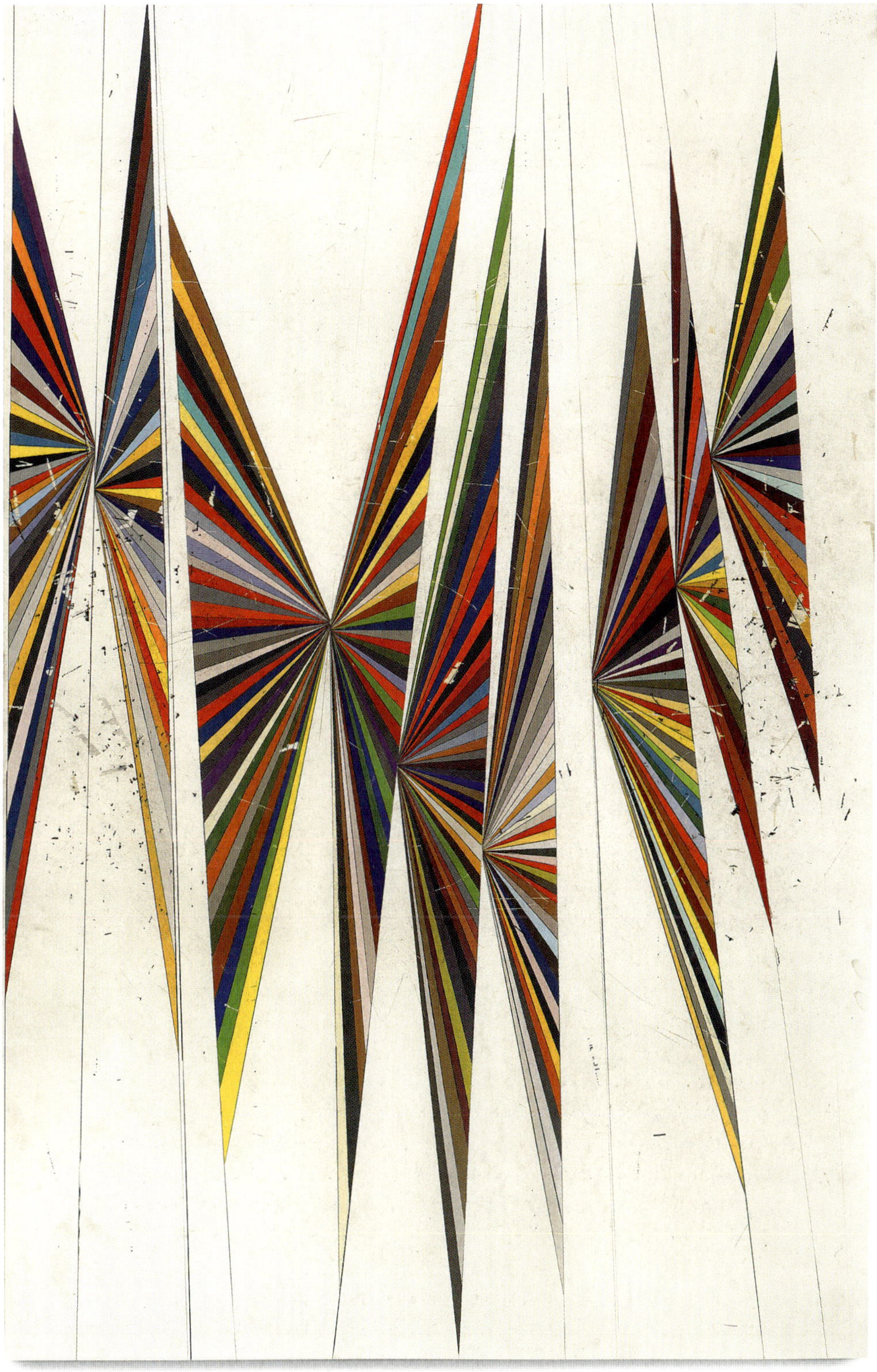

MARK GROTJAHN, UNTITLED (LARGE COLORED BUTTERFLY WHITE BACKGROUND 9 WINGS), 2005, colored pencil on paper, 71 1/2 x 47 5/8" / OHNE TITEL (GROSSER FARBIGER SCHMETTERLING WEISSER HINTERGRUND 9 FLÜGEL), Farbstift auf Papier, 181,6 x 120 cm. (PHOTO: BLUM & POE, LOS ANGELES)

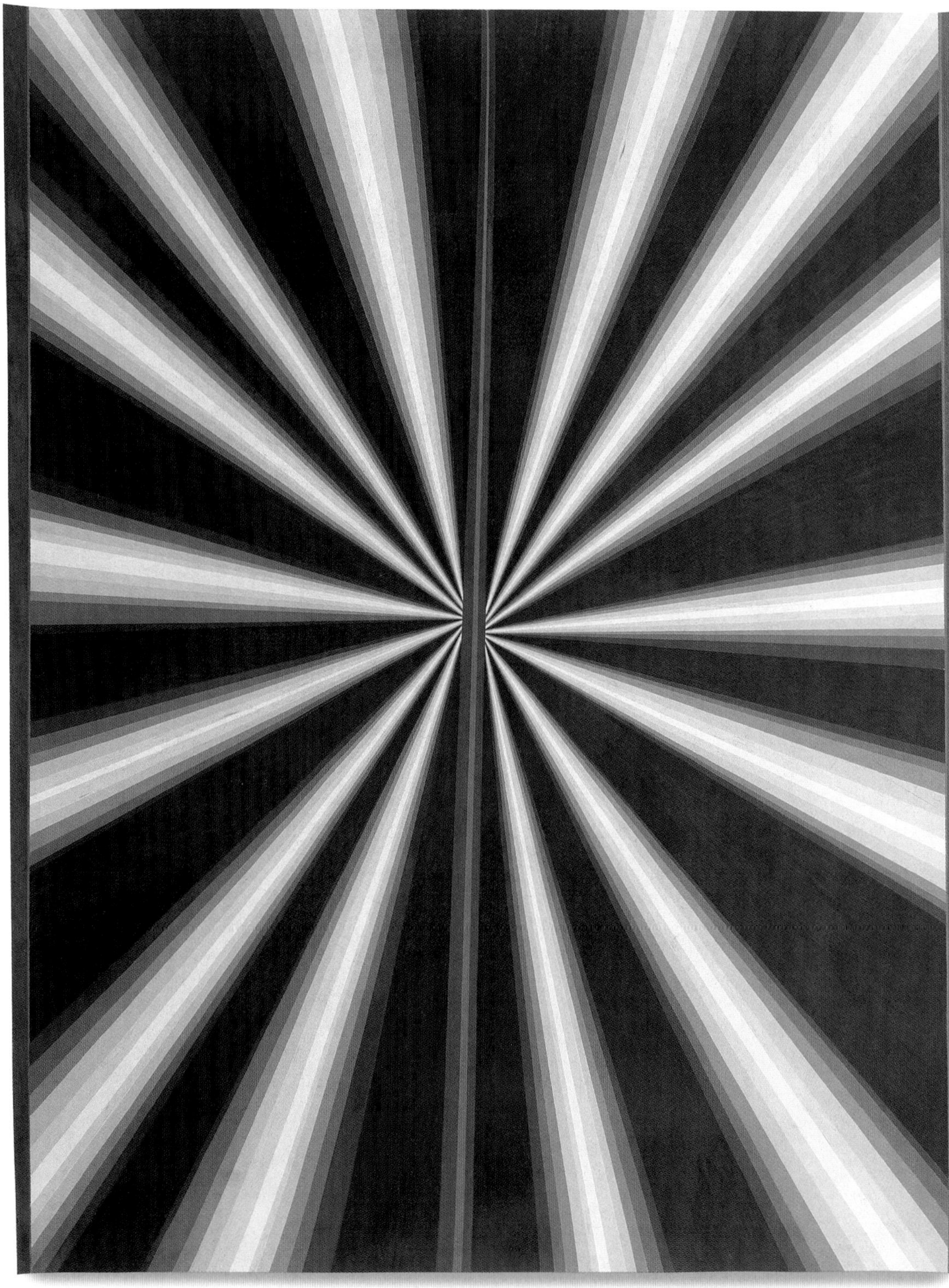

MARK GROTJAHN, UNTITLED (FRENCH GREY 10–90% BUTTERFLY), 2006, colored pencil on paper, 61 1/2 x 48" / OHNE TITEL (FRANZÖSISCHES GRAU 10–90% SCHMETTERLING), Farbstift auf Papier, 156,2 x 122 cm. (PHOTO: BLUM & POE, LOS ANGELES)

makes one wonder if the authors are taking the piss out of us by displacing the sublime with the urinal. Whether taking us on a tour of the planetarium or the so-called monuments of Passaic, New Jersey, Smithson was always skirting this line between the serious and the absurd and the infinite and the quotidian.

The same paradox between the infinite and the banal might help us approach the work of Mark Grotjahn. In considering his drawings and paintings we begin to see something of a similar respiration between the poles of the cosmic and the everyday, the systemic and the idiosyncratic, and the rational and the absurd. All of this takes place on a stage defined by the interchangeability and blurring of the abstract and the figurative that lies at the perpetually shifting center of his work.

Grotjahn began his career in the Bay Area and Los Angeles in the mid 1990s looking at signs not so different from the one Bochner and Smithson describe. In his case, he became fascinated with the ad hoc hand-made signs found at local supermarkets, burrito stands, and other various neighborhood restaurants. In his SIGN EXCHANGE PROJECT that he began as early as 1992, Grotjahn would make an offer to these shop owners to replace the signs that he found interesting with identical, newly hand-painted replicas. After completing his doppelganger versions he would bring them back to the shops and then exhibit the originals in the gallery as his artwork. Many of these works were simple hand-written notes delimiting the behavior of patrons in a convenience store such as "NO I.D., NO BEER," or "LEAVE ALL BAGS AT THE FRONT." They could, of course, get much more elaborate and might include a text such as "House 'Special' Soup with Rice $5" with an elaborate rendering of a bowl of steaming hot soup. These were simple Duchampian gestures that in each case reiterated the conceptual and performative basis of his work. They were something more though as well. This repetitive mimicry of the finite world would, in a very strange way, lead Grotjahn into an exploration of the infinite as he moved from the verisimilitude of his mimetic performances to a graphic exploration of illusionistic space itself.

The multiplication of the everyday world that took place in Grotjahn's SIGN REPLACEMENT PROJECT found another manifestation as he turned towards what seemed to be abstraction. In his first exhibition at Blum & Poe Gallery in Santa Monica in 1998 the artist showed a group of his sign works next to a set of paintings that each were composed of two or three competing and tiered perspectival vanishing points by deploying colorful orthogonals that receded into their own independent horizon lines. He began these investigations with drawings in which he used colored pencils to graphically delineate what at first seem to be abstract triangular patterns. As our eyes move vertically across their surfaces, though, we start to make our way through what almost seem like a set of cinematic storyboards, each with two or three different takes on an exterior establishing shot of an unknown landscape. It is as if John Ford had asked a Russian Constructivist to make him graphic renditions of the wide-open spaces of Monument Valley for his film *The Searchers.*

This new way of making pictures offered Grotjahn, in his own words, "a certain graphic form that I could stick with and see how far within that system I could push it."[2] Stick with it he did as these initial explorations into perspectival space would lead to an enormous body of what the artist calls his "Perspective" drawings and subsequently a body of work he refers to as his "Butterfly" drawings and paintings. In both of these bodies of work Grotjahn turned the axis of his images ninety degrees from a horizontal format to a vertical one while maintaining their multiple vanishing points. With their horizon lines now upended, the works begin to feel radically unmoored as their perspectival spaces list dynamically from side to side. It is interesting that Grotjahn chose to manipulate the system of Renaissance one-point perspective that is often described as the hyper-rational visual embodiment of the Age of Reason. Significant-

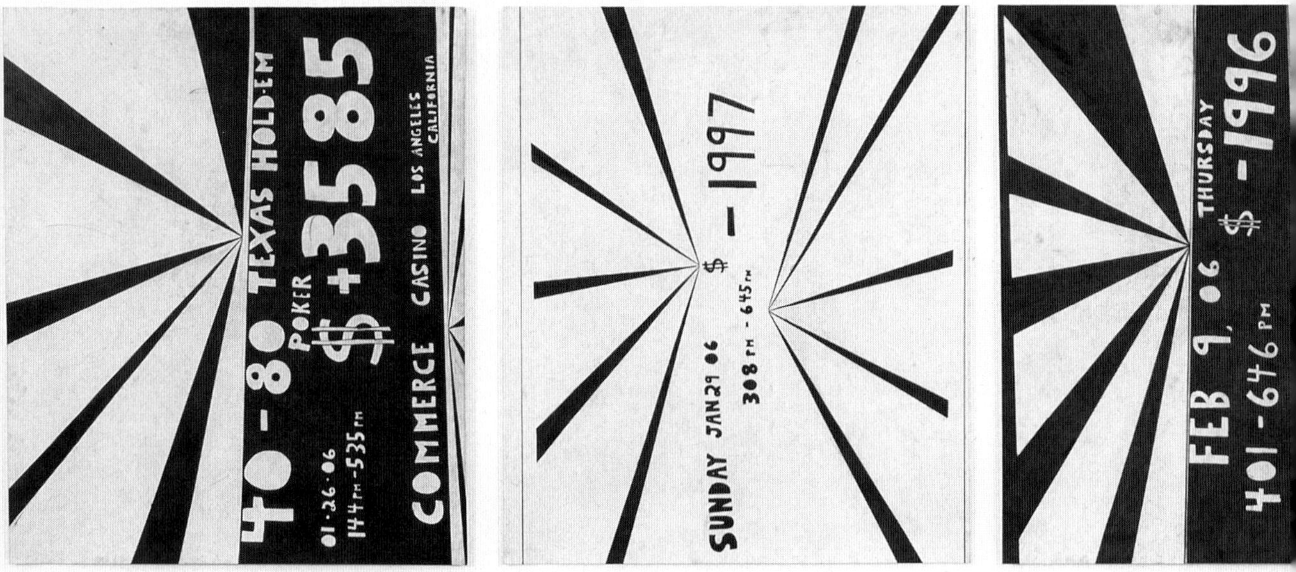

MARK GROTJAHN, UNTITLED (POKER SET CHICAGO, $ 10,000 SEED MONEY, 5 DAYS $ 45–80 TEXAS HOLD'EM, COMMERCE CASINO LOS ANGELES, TOTAL LOSS $ 4,602), 2006, colored pencil on paper, 5 parts, 28 x 24" each / OHNE TITEL, Farbstift auf Papier, 5 Teile, je 71 x 61 cm. (PHOTOS: BLUM & POE, LOS ANGELES)

ly, there were a number of different competing systems of perspective operative during the Renaissance (some even using multiple vanishing points) and not simply the singular, one-point linear system popularized by Brunelleschi and Alberti that is often linked to the idea of a dominating Western gaze. What's even more interesting is Grotjahn's unconscious choice to deliberately undermine the idea of a singular perspective by doubling or multiplying it in his drawings, much as he mimetically doubled restaurant signs in his earlier work. This disruption can be seen in its most extreme incarnation in his large-format *Butterfly* drawings in which he pushes the rational system of linear perspective with its innovative creation of pictorial depth into a kaleidoscopic spatial crisis.

Perhaps the most dramatic example of this dissonant visual effect can be seen in a series of Grotjahn's large-format *Butterfly* drawings that were shown at the UCLA Hammer Museum in 2004. In works such as UNTITLED (COLORED BUTTERFLY WHITE BACKGROUND 9 WINGS), 2005, the artist adopted a rigorous yet strangely aleatory system of production. After drafting an infrastructure consisting of a set of non-parallel lines that vertically transverse the paper, the artist proceeded to "randomly" choose individual colored pencils from a group that he had pre-approved. Working methodically from left to right and top to bottom Grotjahn then rigorously applied these colors as he created his butterfly "wings." Sometimes the works have six wings, other times eight, nine, or ten. These works also display a kind of archaeological history in abrasions, color loss, and other stigmata that are the results of the artist using these larger drawings as a surface on which to produce other works. They then become a kind of palimpsest showing the marks of their own process of creation.

The effect of these works when shown next to one another is completely vertiginous. The butterflies, whose bodies are the vanishing points of these multiple perspectival systems, literally move across the

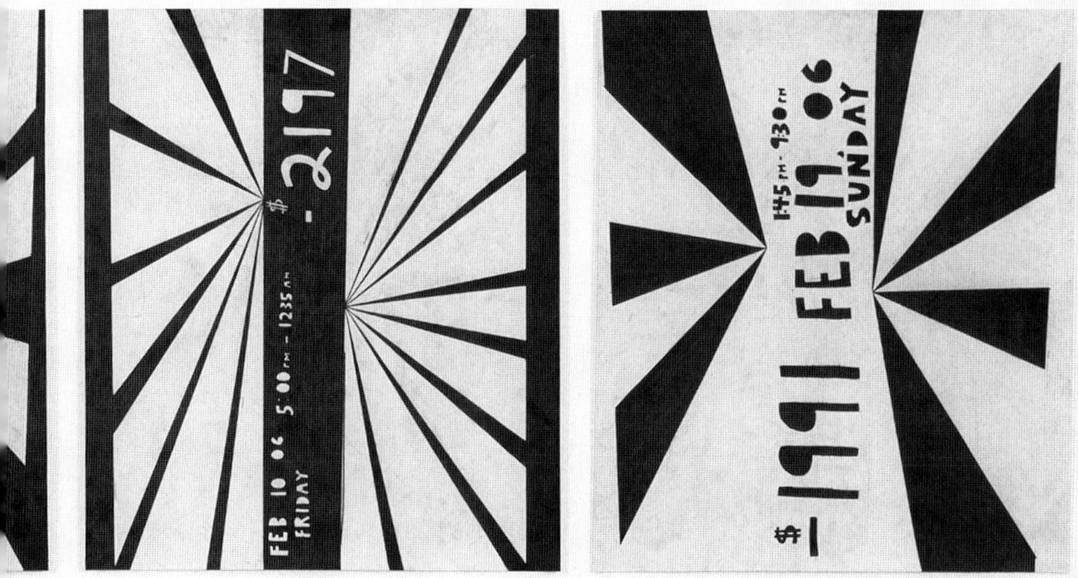

MARK GROTJAHN, Poker Matches, Texas Hold'em, 2001–2002 / Poker Spiele.

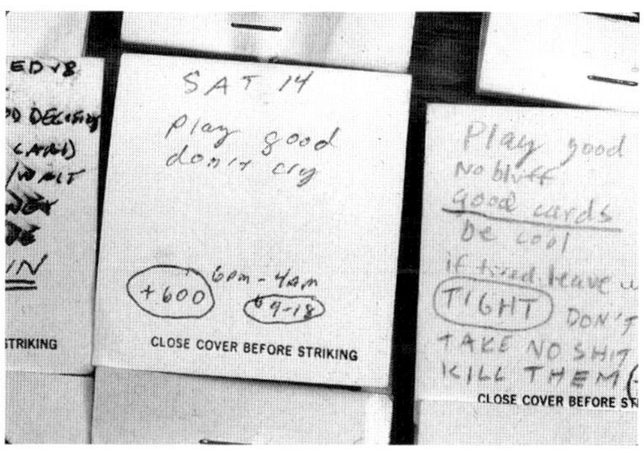

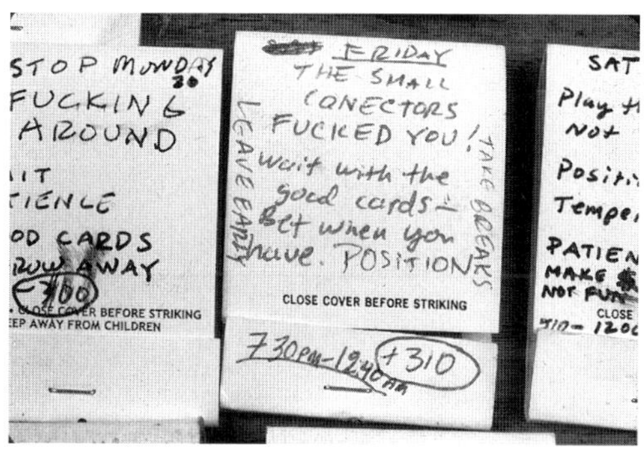

paper with an almost cinematic dynamism as the viewer moves from one drawing to the next. With a scaffolding of vertical stabilizers defining their spatiality, they bring to mind fractal geometries or perhaps the seminal film title sequences of the legendary designer Saul Bass. I am reminded in particular of Bass's opening titles to Alfred Hitchcock's *North By Northwest* where an abstract grid of lines crosses the screen only to eventually form the contours of the modernist glass façade that defines the opening shot of the film. As with these film titles, Grotjahn's butterflies hover precipitously close to this line between abstract geometry and illusionistic spatiality, displaying a kind of graphic unconscious that constitutes a paradoxically systematic disruption of a rational and orderly system. What we are left with are a series of unique but parallel worlds. Although drawing is the practice that grounds Mark Grotjahn's

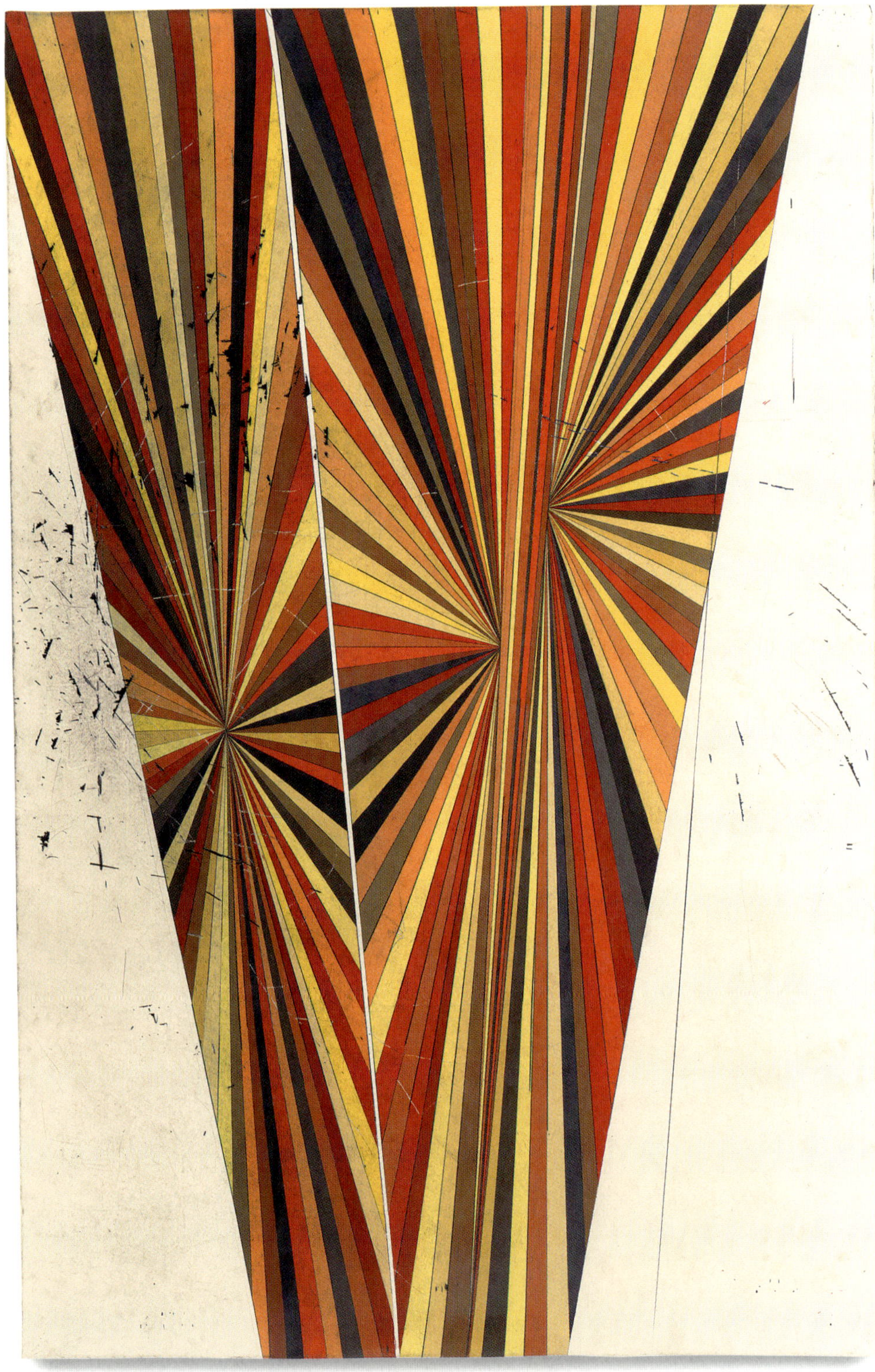

MARK GROTJAHN, UNTITLED (MULTI-RED 4 WINGS WHITE BACKGROUND), 2006, colored pencil on paper, 71 3/4 x 48" / OHNE TITEL (MEHRFACHES ROT 4 FLÜGEL WEISSER HINTERGRUND), Farbstift auf Papier, 182,3 x 122 cm.
(PHOTOS: BLUM & POE, LOS ANGELES)

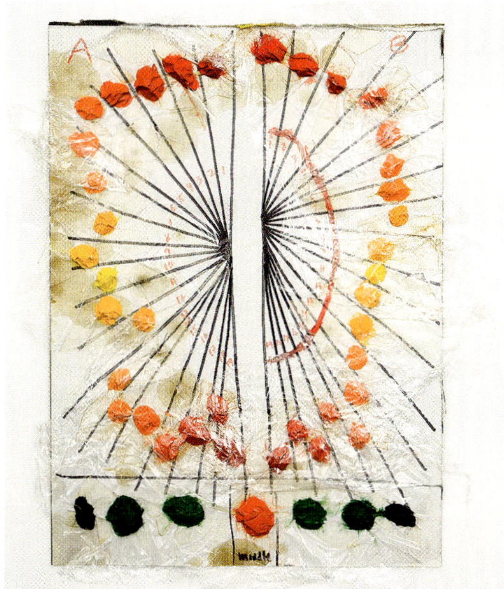

MARK GROTJAHN, palette record for TEQUILA SUNRISE, 2003 / Farbpalette.

work, these parallel worlds move out into his paintings as well, taking on a definitively different character. However, in the end it all comes back to the signs.

Last year Grotjahn morphed his butterflies together with his signs in a series of drawings commissioned from the University of Chicago. The resulting five drawings, UNTITLED (POKER SET CHICAGO, $10,000 SEED MONEY, 5 DAYS $40–80 TEXAS HOLD'EM, COMMERCE CASINO LOS ANGELES, and TOTAL LOSS $4,602), 2006, document a series of days in which he played poker with his commission money by graphically inscribing his winnings and losses into his butterflies (he lost more than he won in the end). It is this willingness to gamble, to play a set of different possible artistic permutations and combinations that have given so many critics trouble.

Some people have not been able to wrap their heads around the multiple artistic personas of Mark Grotjahn, pointing perplexedly to the seemingly paradoxical simultaneity in his work of the "mimetic" sign paintings and drawings, the "abstract" perspective and butterfly works, and the turgidly "expressive" faces, masks, and flowers that occupy the realm of the "figurative." The truth is that all of these works are simultaneously figurative and abstract, mimetic and expressive, systematic and idiosyncratic. Like Bochner and Smithson, Grotjahn manifests a playfulness in his work that belies an antipathy to systems and easy taxonomic categories while paradoxically mimicking those very systems. Like other early conceptual artists such as Douglas Huebler, there is a sense of humor making its way through the quasi-systematic analysis of the abstract form. "NO I.D., NO BEER." Is this a humorously cheap, handmade copy of a sign or a mimetic spatial displacement by transposition? Even these works manifest a unique personal semiology that investigates multiple permutations of the social conventions of space. Are we simply left with "vague disorders and contingencies" in Grotjahn's work? Yes and no. The center does not hold. Things do fall apart. Bochner and Smithson included an epigraph in their essay in the form of a quote from Pascal stating that "Nature is an infinite sphere, whose center is everywhere and whose circumference is nowhere." The same might be said of the work of Mark Grotjahn.

1) Mel Bochner and Robert Smithson, "The Domain of the Great Bear," *Art Voices* 5, no. 4, pp. 44–51 (Fall 1966) as reprinted in Jack Flam, ed., *Robert Smithson: The Collected Writings* (Berkeley and Los Angeles: University of California Press, 1996), p. 27.
2) As quoted in Gary Garrels, "Mark Grotjahn" in Laura Hoptman, ed., 54th *Carnegie International* (Pittsburgh: Carnegie Museum of Art, 2004), p. 154.

IM *Zentrum* DER *Unendlichkeit*

DOUGLAS FOGLE

«Borges spricht von einem Labyrinth, das eine unsichtbare, endlose gerade Linie ist. Die Architektur des Planetariums ist in ihrer überwältigenden Symmetrie noch labyrinthischer. Kreisrund, freistehend, fensterlos, macht sie sogar das Bewusstsein unsichtbar. Sie ist ein künstlerischer Begriff des Unbegreiflichen, der keiner äusseren Notwendigkeit gehorcht. Kanten verschwimmen, wo man versucht, einen Umriss zu erkennen. Die Gänge werden zu riesigen, endlosen Räumen; sie zu durchschreiten wird zu einer Reise durch das Weltall. Wo solche Erwartungen auftreten, gibt es keine Realität mehr. Nur noch vage Unordnung und Zufälle. Das Planetarium wird ebenso gross wie das Universum, das es ist. Verwirrt und benommen stösst man hier auf eine kosmische Sehnsucht. Schwindel ergreift einen, da man die flüchtigste Geste des Menschen betrachtet – die Heimat der Unendlichkeit. Über der Treppe ein Schild: ‹Solar System & Rest Rooms›.»[1)]

In ihrem Essay «The Domain of the Great Bear» (Das Reich des Grossen Bären) laden uns Mel Bochner und Robert Smithson zu einem analytischen Streifzug *(dérive)* durch das Hayden-Planetarium im Naturhistorischen Museum in New York ein. Von der Architektur des Gebäudes ausgehend, schreiten sie fort zur Interpretation der kinoartigen Präsentation der Himmelskonstellationen. Schliesslich kommentieren sie die künstlerischen Darstellungen der kosmischen Katastrophe, die der Kältetod unserer Sonne auslösen wird. Durch die Beschwörung der überwältigenden geologischen (oder in diesem Fall kosmischen) Zeiträume, der Entropie und des Endes der Geschichte gerät dies zu einem geradezu erdrückenden Smithson'schen Moment. Doch jedes Mal, wenn ich an diesen Text denke, erinnere ich mich nur noch an das Schild mit den Worten «SOLAR SYSTEM & RESTROOMS» (Sonnensystem & Toiletten), das im Essay als Graphik abgebildet ist, zusammen mit einem Wegweiser-Ideogramm, einer Hand, die uns den Weg zu unserem eigenen Schicksal weist, sei es kosmologischer oder urologischer Natur. Die prominente Platzierung innerhalb des Essays wirft die Frage auf, ob die Autoren uns verarschen wollen, indem sie das Erhabene durch das Pissoir in Schach halten. Ob er uns durch das Planetarium führt oder zu den sogenannten Monumenten von Passaic, New

DOUGLAS FOGLE ist Kurator für zeitgenössische Kunst im Carnegie Museum of Art in Pittsburgh und Kurator der «55. Carnegie International», 2008.

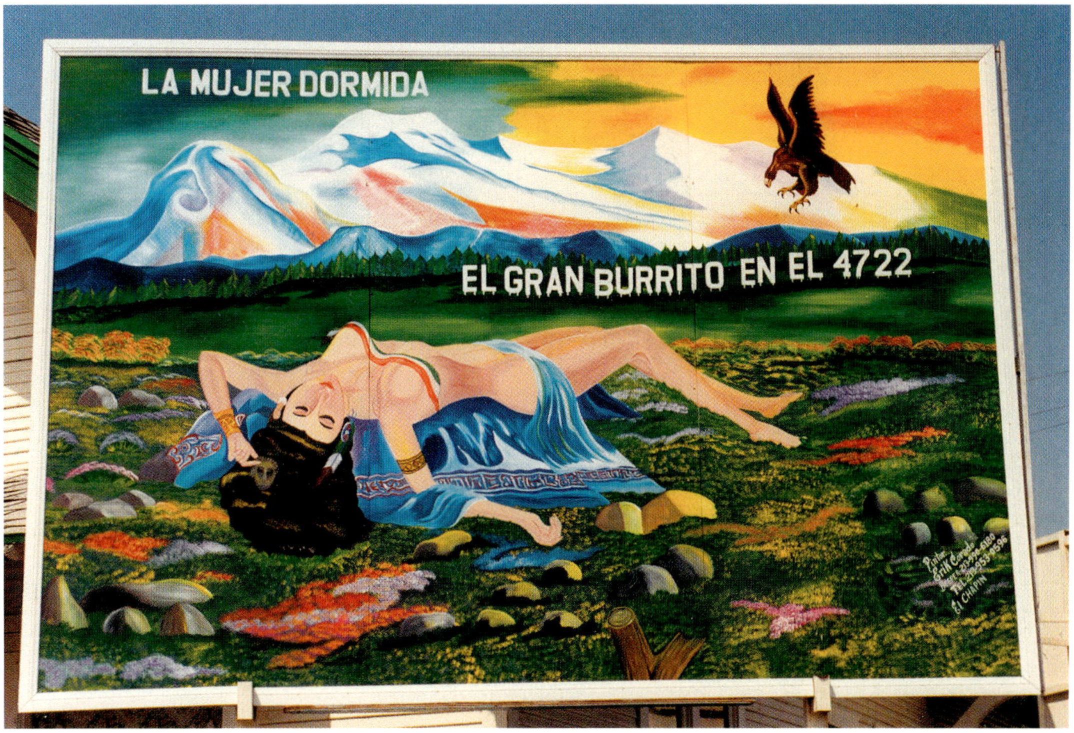

MARK GROTJAHN, EL GRAN BURRITO, 2002, *billboard* / *Reklametafel.* (PHOTO: BLUM & POE, LOS ANGELES)

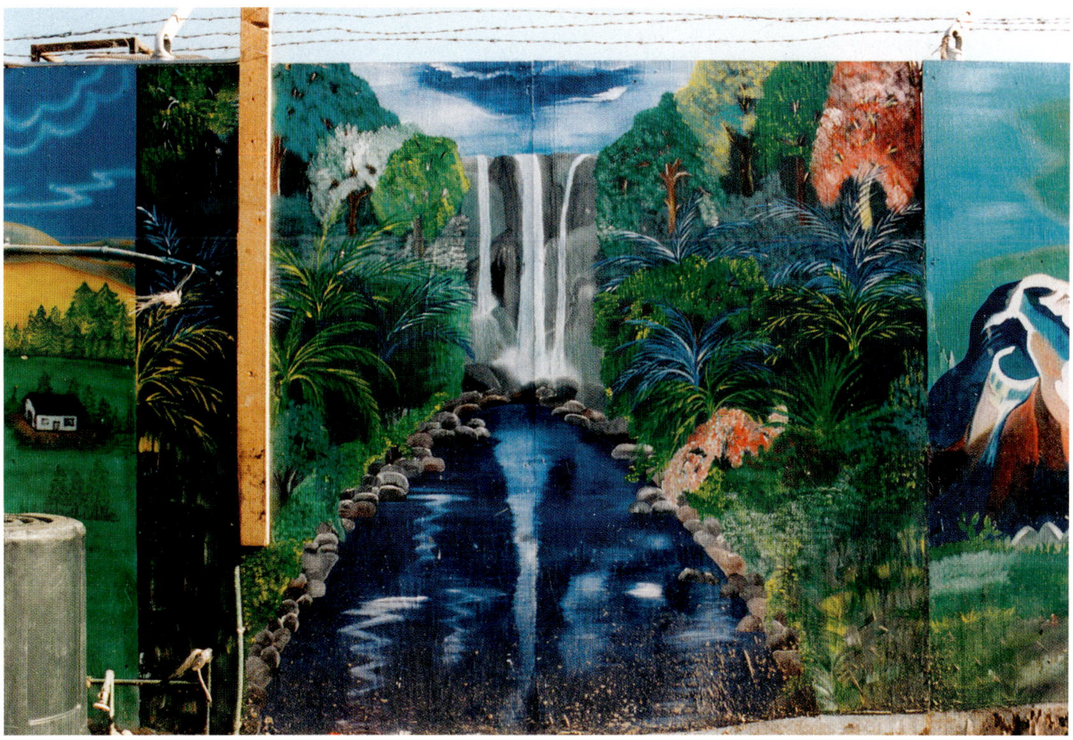

MARK GROTJAHN, EL GRAN BURRITO, 2002, *parking lot mural* / *Parkplatz-Mauerbild.* (PHOTO: BLUM & POE, LOS ANGELES)

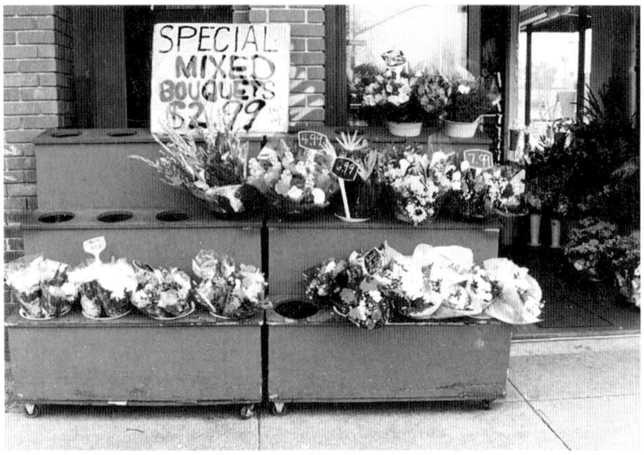

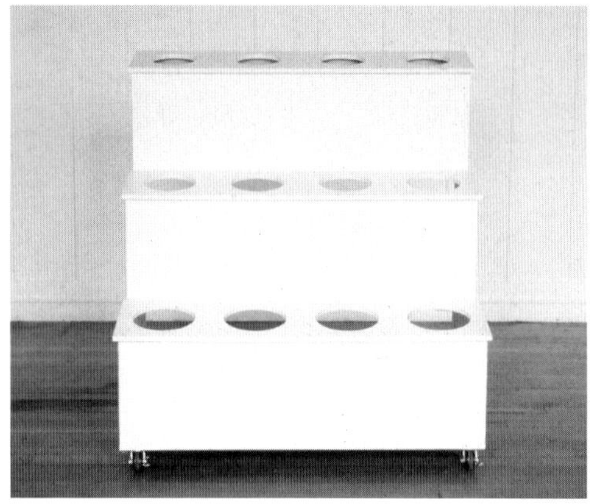

Jersey, Smithson bewegt sich immer auf dieser Grenzlinie zwischen Ernst und Absurdität, Unendlichem und Alltäglichem.

Dasselbe paradoxe Verhältnis zwischen dem Unendlichen und dem Banalen könnte uns auch den Zugang zu Mark Grotjahns Arbeiten erleichtern. Beim Betrachten seiner Zeichnungen und Bilder zeigt sich plötzlich eine ähnliche Atembewegung zwischen den Polen des Kosmischen und Alltäglichen, des Systemischen und Idiosynkratischen, des Rationalen und Absurden. All dies spielt sich auf einer Bühne ab, die von jenem Vertauschen und Verwischen von Abstraktem und Figürlichem bestimmt wird, das im sich laufend verlagernden Zentrum seiner Arbeit steht.

Grotjahns Karriere begann in der Bay Area von San Francisco und in Los Angeles Mitte der 90er Jahre. Er studierte Schilder, die sich gar nicht so sehr von dem bei Bochner und Smithson erwähnten unterscheiden. Er war zunehmend fasziniert von den spontan von Hand angefertigten Schildern der lokalen Supermärkte, Burrito-Imbiss-Stände und diversen Restaurants in der unmittelbaren Umgebung. In seinem SIGN EXCHANGE PROJECT (Schildertauschprojekt), das er bereits 1992 startete, machte Grotjahn den Ladenbesitzern jeweils das Angebot, Schilder, die er interessant fand, durch identische, handgemalte Repliken zu ersetzen. Sobald er seine Duplikate fertiggestellt hatte, brachte er sie in den Laden zurück und stellte die Originale in der Galerie als seine eigenen Kunstwerke aus. Viele dieser Arbeiten waren schlichte handschriftliche Notizen, welche die Haltung der Ladenbesitzer umrissen, wie etwa «NO I.D., NO BEER» oder «LEAVE ALL BAGS AT THE FRONT» («Ohne Ausweis kein Bier» beziehungsweise «Alle Taschen am Eingang deponieren»). Manchmal waren sie natürlich sehr viel komplexer und enthielten Texte wie «House 'Special' Soup with Rice $ 5» samt detaillierter Wiedergabe einer Schüssel dampfend heisser Suppe. Die Arbeiten waren einfache Duchamp'sche Gesten, die ein ums andere Mal die konzeptuelle und performative Basis seiner Arbeit bekräftigten. Doch sie waren auch etwas mehr. Die repetitive Nachahmung der endlichen Welt sollte Grotjahn seltsamerweise zur Erforschung des Unendlichen führen, indem er von der grösstmöglichen Plausibilität seiner mimetischen Bemühungen zur graphischen Erforschung des illusionistischen Raumes an sich überging.

Die Multiplikation der Alltagswelt, die Grotjahns SIGN REPLACEMENT PROJECT vollzog, fand eine andere Ausdrucksform, als er sich der Abstraktion zuzuwenden begann. In seiner ersten Ausstellung in der Blum & Poe Gallery in Santa Monica, 1998, zeigte der Künstler einige seiner Schilder-Arbeiten neben einer Reihe von Gemälden, die jeweils zwei oder drei widerstreitende Fluchtpunkte in unterschiedlicher Höhe aufwiesen; sie zeigten bunte rechtwinklige Figuren, die bis an ihre je eigene unabhängige Horizontlinie zurückreichten. Er begann diese Untersuchungen anhand von Zeichnungen, in denen er Farbstifte benützte, um etwas zu skizzieren, was auf den ersten Blick wie ein abstraktes Dreieckmuster aussieht. Doch während unsere Augen senk-

Left page / linke Seite:
Flower Stand / Blumenstand, 2002. *(PHOTOS: BLUM & POE, LOS ANGELES)*

MARK GROTJAHN, UNTITLED (FLOWER STAND), 1996,
plywood, latex paint, casters / OHNE TITEL (BLUMENSTAND),
Sperrholz, Latexfarbe, Rollen.

MARK GROTJAHN, UNTITLED, 2005,
oil on canvas, 58 x 48" /
OHNE TITEL, Öl auf Leinwand,
147,3 x 122 cm.
(PHOTO: ANTON KERN GALLERY, NEW YORK)

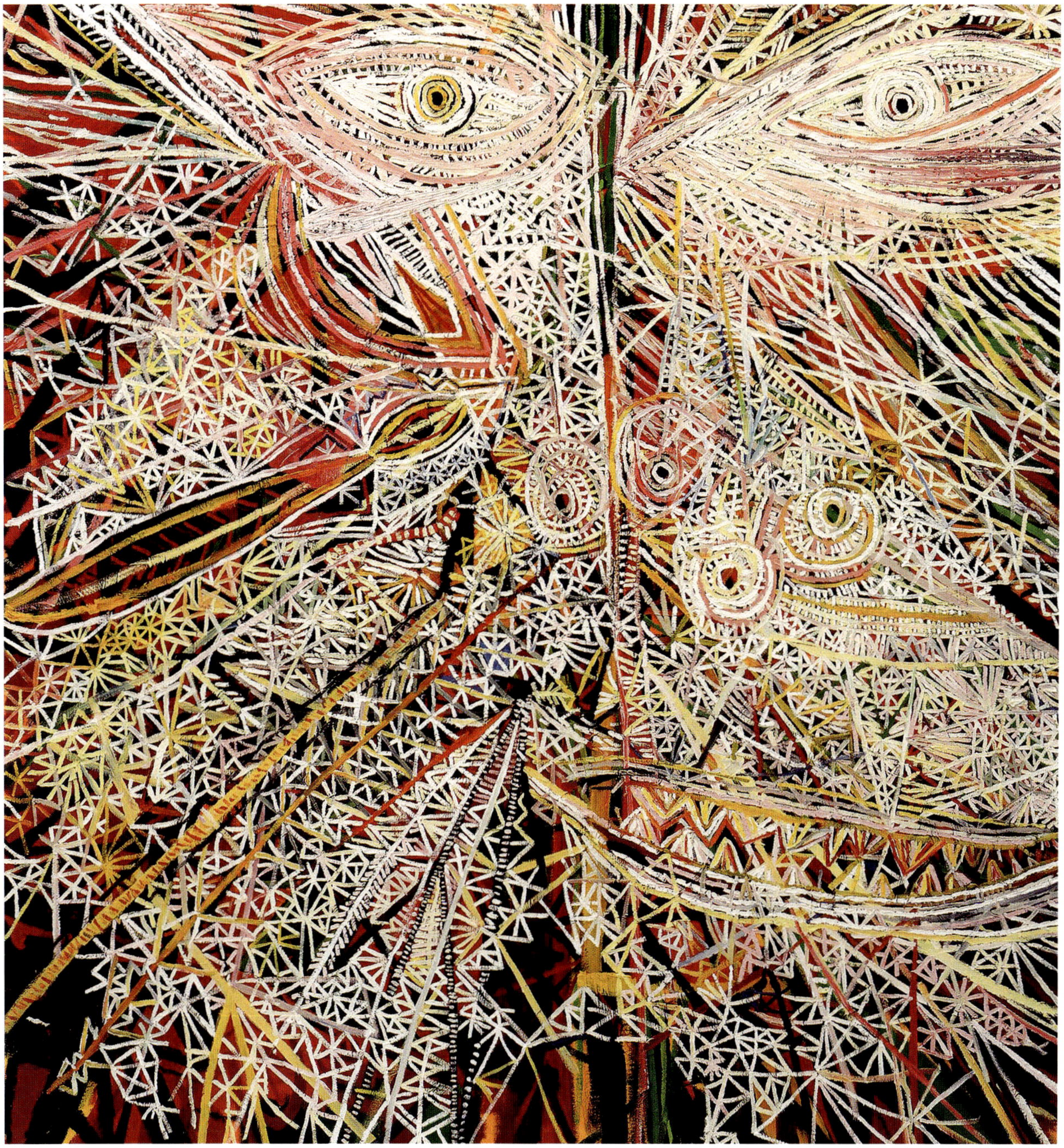

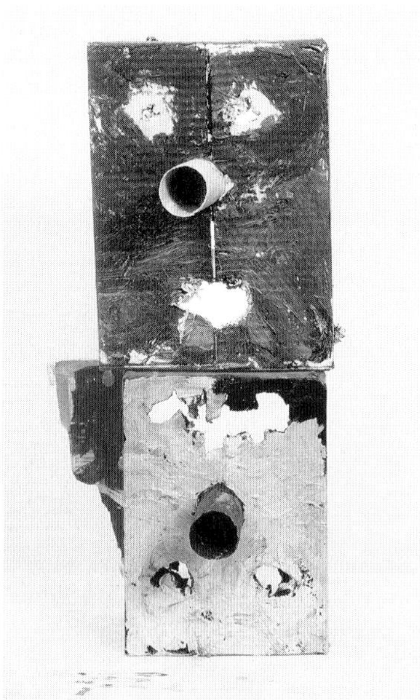

MARK GROTJAHN, MASKS, oil on cardboard / MASKEN, Öl auf Karton.
(PHOTO: BLUM & POE, LOS ANGELES)

recht über die Oberfläche wandern, beginnen wir einen Weg durch diese Struktur zu suchen, die fast wie die Bilderserie eines Filmstoryboards wirkt, bei dem jedes Bild zwei oder drei verschiedene Anfangseinstellungen einer unbekannten Landschaft zeigt. Es ist, als hätte John Ford einen russischen Konstruktivisten gebeten, für seinen Film *The Searchers (Der schwarze Falke)* in wenigen Strichen die Weiträumigkeit des Monument Valley festzuhalten.

Diese neue Art des Bildermachens lieferte Grotjahn, wie er selbst sagt, «eine gewisse graphische Form, an der ich festhalten konnte, um zu sehen, wie weit sie sich in diesem Rahmen forcieren liess».[2] Und er hielt tatsächlich an ihr fest, denn die anfänglichen Erkundungen des perspektivischen Raums führten zu einem beachtlichen Korpus «perspektivischer» Zeichnungen, wie der Künstler sie nennt, und in der Folge zu einem Werkkomplex, den er als seine «Schmetterlingszeichnungen und -bilder» bezeichnet. In beiden Fällen drehte Grotjahn die Bildachse jeweils um 90 Grad, vom horizontalen Format zum vertikalen, wobei er die Vielzahl der Fluchtpunkte beibehielt. Durch die nun senkrecht stehenden Horizontlinien wirken die Bilder wie nicht verankert und es entsteht eine Dynamik, welche die perspektivischen Räume laufend von einer Seite auf die andere kippen lässt. Es ist interessant, dass Grotjahn sich zur Verfälschung jenes Systems der Ein-Punkt-Perspektive der Renaissance entschlossen hat, das gern als hyperrationale visuelle Verkörperung des Zeitalters der Aufklärung dargestellt wird. Bezeichnenderweise gab es in der Renaissance eine ganze Reihe unterschiedlicher konkurrierender perspektivischer Systeme (einige sogar mit mehreren Fluchtpunkten), und nicht etwa nur dieses eine, durch Brunelleschi und Alberti populär gewordene lineare Ein-Punkt-System, das oft mit der Idee eines alles beherrschenden abendländischen Blicks in Verbindung gebracht wird. Noch interessanter ist jedoch Grotjahns unbewusste Entscheidung, die Idee der singulären Perspektive bewusst zu unterlaufen, indem er diese in den Zeichnungen verdoppelt oder multipliziert, ganz ähnlich, wie er früher Restaurantschilder mimetisch verdoppelt hat. Der extremste Ausdruck dieses Bruchs sind seine grossformatigen *Butterfly*-Zeichnungen; hier treibt er das rationale System der Linearperspektive und dessen innovative Erfindung der räumlichen Tiefenwirkung in einen kaleidoskopartigen räumlichen Krisenzustand.

Das vielleicht dramatischste Beispiel dieses visuellen Missklangs wird in einer Serie der grossen *Butterfly*-Zeichnungen sichtbar, die 2004 im Hammer Museum der University of California in Los Angeles (UCLA) ausgestellt war, UNTITLED (LARGE COLORED BUTTERFLY WHITE BACKGROUND 9 WINGS) – (Grosser bunter Schmetterling weisser Hintergrund 9 Flügel), 2004. Bei jeder dieser Arbeiten hat der Künstler ein striktes, aber dennoch seltsam aleatorisches Vorgehen gewählt. Nach dem Skizzieren einer Infrastruktur, bestehend aus einer Reihe nicht paralleler Linien, die sich annähernd vertikal über das Papier ziehen, griff sich der Künstler jeweils nach dem Zufallsprinzip einen Farbstift aus einer vorher bereitgestellten Palette. Indem er sich systematisch von links nach rechts und von unten nach oben vorarbeitete, verwendete Grotjahn diese Farben zur Erstellung seiner Schmetterlings-«Flügel». Manchmal sind es sechs Flügel, manchmal acht, neun oder zehn. Durch Scheuerstellen, teilweise Farbverluste und andere Verletzungsspuren lassen die Arbeiten auch eine Art Archäologie oder Geschichte erkennen. Das kommt daher, dass Grotjahn diese grösseren Zeichnungen als Unterlage für andere Arbeiten verwendet hat. So werden sie zu einer Art Palimpsest, der die Spuren seines eigenen Entstehungsprozesses trägt.

Werden diese Arbeiten nebeneinander präsentiert, ist ihre Wirkung absolut Schwindel erregend. Die Schmetterlinge, deren Körper die Fluchtpunkte der multiplen Perspektiven bilden, flattern buchstäblich und beinah filmartig über das Papier, während der Betrachter sich von einer Zeichnung zur nächsten bewegt. Mit ihrem Gerüst aus stabilisierenden, die einzelnen Raumsegmente begrenzenden Vertikalen erinnern sie an geometrische Fraktale oder auch an die bahnbrechenden Filmvorspann-Sequenzen des legendären Designers Saul Bass. Ich denke dabei insbesondere an den Vorspann zu Alfred Hitchcocks *North By Northwest (Der unsichtbare Dritte)*, wo ein abstraktes Liniennetz schliesslich in die Struktur der modernen Glasfassade übergeht, die in der ersten Einstellung des Films zu sehen ist. Wie in diesem Vorspann schweben Grotjahns Schmetterlinge steil an der Grenze zwischen abstrakter Geometrie und illusionistischem Raum und entwickeln eine Art graphisches Unbewusstes, das einen paradox systematischen Bruch mit der rationalen Ordnung darstellt. Am Ende sehen wir uns einer Reihe einmaliger Parallelwelten gegenüber. Obwohl die Zeichnung die Grundlage von Grotjahns Arbeit bildet, greifen diese Parallelwelten auch auf seine Malerei über und nehmen dort einen völlig anderen Charakter an. Zuletzt führt aber alles wieder auf die Schilder zurück.

Letztes Jahr hat Grotjahn in einer Serie von Zeichnungen, die im Auftrag der University of Chicago entstanden, seine Schmetterlinge mit den Schildern verschmelzen lassen. Die fünf Zeichnungen, UNTITLED, 2006, (POKER SET CHICAGO; $ 10'000 SEED MONEY; 5 DAYS $ 40–80 TEXAS HOLD'EM; COMMERCE CASINO LOS ANGELES; TOTAL LOSS $ 4602),[3] dokumentieren eine Reihe von Tagen, an denen er mit dem ihm für den Auftrag zur Verfügung gestellten Geld Poker spielte und die erzielten Gewinne und Verluste graphisch in seine Schmetterlingszeichnungen eintrug. Am Ende hatte er mehr verloren als gewonnen. Diese Bereitschaft zu spielen, eine Reihe verschiedener künstlerischer Verwandlungs- und Kombinationsmöglichkeiten durchzuspielen, hat vielen Kritikern Mühe bereitet.

Manche Leute waren nicht in der Lage, die multiplen Künstlerpersönlichkeiten von Mark Grotjahn zu verstehen, und kreideten ihm verwirrt die scheinbar paradoxe Gleichzeitigkeit seiner mimetischen Bilder und Zeichnungen von Schildern, seiner «abstrakten» Perspektiven und Schmetterlingsbilder, seiner schwülstig «expressiven», «figürlichen» Gesichter, Masken und Blumen an. In Wahrheit sind all diese Arbeiten zugleich figürlich und abstrakt, mimetisch und expressiv, systematisch und idiosynkratisch. Wie bei Bochner und Smithson stossen wir auch in Grotjahns Werk auf eine spielerische Leichtigkeit, die vorgibt sich allen Systemen und einfachen taxonomischen Kategorien zu verweigern, während sie paradoxerweise genau diese Systeme imitiert. Wie bei frühen Konzeptkünstlern, etwa Douglas Huebler, fliesst hier ein Sinn für Humor in die pseudosystematische Analyse der abstrakten Form mit ein. NO I.D., NO BEER, ist dies nur ein billiger Witz, die handgefertigte Kopie eines Schildes, oder eine mimetische Raumverschiebung mittels Transposition? Selbst diese Arbeiten sind Ausdruck einer einzigartigen persönlichen Semiotik, welche die veränderliche Vielfalt der gesellschaftlichen Raumordnungen untersucht. Bietet uns Grotjahns Werk am Ende nur «vage Unordnung und Zufälle»? Ja und nein. Das Zentrum hält nicht stand. Die Dinge fallen auseinander. Bochner und Smithson schicken ihrem Essay einen Satz Pascals voraus: «Die Natur ist eine unendliche Kugel, deren Mittelpunkt überall und deren Umfang nirgends ist.» Dasselbe könnte man von Mark Grotjahns Werk sagen.

(Übersetzung: Suzanne Schmidt)

1) Mel Bochner und Robert Smithson, «The Domain of the Great Bear», *Art Voices*, Jg. 5, Nr. 4 (Herbst 1966), S. 44–51, hier zit. nach *Robert Smithson, Gesammelte Schriften*, hg. v. Eva Schmidt und Kai Vöckler, Verlag der Buchhandlung Walther König, Köln 2000, S. 43.

2) Vgl. Gary Garrels, «Mark Grotjahn», in: *54th Carnegie International*, hg. v. Laura Hoptman (Carnegie Museum of Art, Pittsburgh 2004), S. 154.

3) OHNE TITEL, 2006 (Pokerset, Chicago; 10'000 $ Startkapital; 5 Tage 40–80 $ Texas hält sie; Wirtschaftskasino Los Angeles; Gesamtverlust 4'602 $).

MARK GROTJAHN, UNTITLED (BLUE PAINTING LIGHT TO DARK I), 2005, oil on linen, 75 x 49" / OHNE TITEL (BLAUES GEMÄLDE HELL BIS DUNKEL I), Öl auf Leinen, 190,5 x 124,5 cm. (PHOTO: ANTON KERN GALLERY, NEW YORK)

Within Blue

GARY GARRELS

Mark Grotjahn's most recent paintings to be publicly shown are a series of eleven large works of varying dimensions rendered in shades of shimmering blue.[1] Like all of Grotjahn's abstract paintings since 2001, these are vertical in orientation, with relatively thin bands of color (slightly shifting in width from top to bottom) dividing each painting in the center and bounding the left and right sides. Elongated triangular forms on both sides of the middle band create a pinwheel from (or with) two center points that do not perfectly meet. The tone of blue in each of the triangular forms changes progressively and consistently, but almost indiscernibly; as a clock's hand in reverse would move from noon to midnight, the blues at the beginning and end of a rotation meet at the top in distinct contrast. In earlier paintings, each triangular form maintained a distinct structure and tone, but in these new paintings the division between the forms is relatively indistinct; at times they almost melt into the overall rhythm of striated brushstrokes. Also, upon closer inspection, tiny specks of bright underlying ground color occasionally peek through the seams meeting between forms. Most strikingly, these glimpses of color also appear at the center of the canvas on either side of the central band where the tips of the triangular forms hesitatingly converge. Then, barely visible, the ground color emerges as a nervous, almost unnoticeable, fine band at the bottom of the canvas.

Overall, these paintings are elegant, sumptuous, and glamorous; they hold the wall boldly, with assuredness. Even in the roughness of the studio environment, where they were when

GARY GARRELS is Chief Curator and Deputy Director, Exhibitions and Public Programs, Hammer Museum, UCLA, Los Angeles.

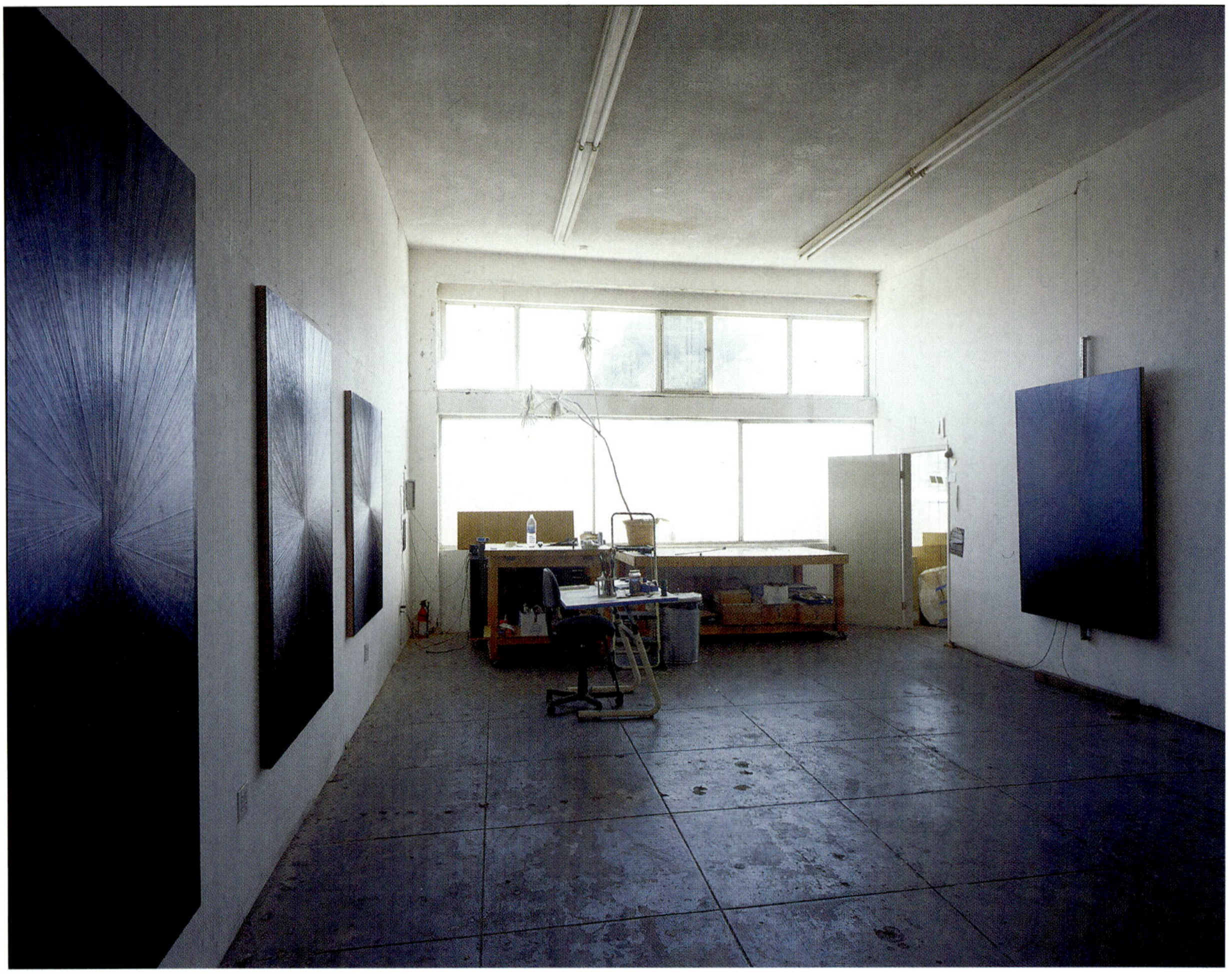

MARK GROTJAHN, studio views / Atelier Ansichten, 2007. (PHOTOS: ANTON KERN GALLERY, NEW YORK)

I first saw them, they gracefully invited my stare. Voluptuous, but at ease, each painting did not relinquish its overall sense of being a seamless whole, a thing, in other words, greater than the sum of its parts, even as careful inspection began to parse each painting's complex structure and reveal smaller nuances and details.

These works awaken an awareness of the obdurate, incommensurate, and, finally, inexplicable experience of abstract painting, a form forged almost a hundred years ago, which, while given up for dead at many points along the way, has remained. Yet, as Robert Ryman once remarked in a talk at the Dannheisser Foundation in downtown Manhattan in the late 1980s: abstract painting is still a young form, which is only beginning to be discovered and developed.

At some level, abstract painting is simple and basic. Paint, as a liquid, is applied to a canvas; it congeals, stiffens, hardens. Color and light, surface and texture, a relationship to plane and space are its basic attributes. A reproduction can never suffice nor convey the complexity and ambiguity of the work itself. The experience of looking at an abstract painting is distinct to the medium and form. It is a slow experience, apart from the relentless movement of contemporary life. It is an experience that remains remote for many because it is not like that which is more quotidian, more familiar.

My first such experience was standing in front of a group of Rothko paintings at the Phillips Collection in Washington, D.C., where they were hung in 1960 in a small upper gallery. Intimate and immediate, without barriers, without crowds, I had absolutely no language to describe their effect on me and was terribly uncertain as to what I had experienced. For months and years following, my mind would wander back to those paintings and try to decipher what had occurred. There was an entry into consciousness unknown to me before, a sense of heightened experience, of an acute sensation—like a sound or smell that penetrates and permeates one's being—but now through the eyes. Rothko's paintings had given a focus to my vision, and through this I'd gained a sense of physical being in the world, which was different from anything I had ever known. Now, more than thirty years later, I still find an extraordinary sense of discovery when looking at an abstract painting. The experience is undiminished, continuing to open, no less exhilarating than before. Only now, more nuanced, more differentiated, than that first time. I now go to gaze at an abstract painting—maybe a Rothko, a Ryman, a Marden—with intent. But the uncertainty of the experience, its evanescence and the inadequacy of language to retain or convey the experience even after so many years, remains just as piercing and elusive.

For me, the recent paintings of Mark Grotjahn retain and renew the tradition and potential of abstract painting. They have an intense physicality. The paint is thickly applied, luscious; the process of application, immediate, apparent; but the strokes are timelessly frozen. Their thousand edges bristle, catching light like a fractured prism, but with only white light. It is difficult for the eye to find a stopping point. With the slightest shift of the body, of the gaze, the glistening sheen of light instantaneously tips, slides, careens across the surface of the canvas, offset by deep, equally unstable, almost black, contrasts. Only near the center of the canvas, in the area where the two sets of points nearly meet, does the whitish gleam of light remain constant. Around and between these denials of color, the blue of the paint asserts its presence, but shifts in tone from the varying pigment content of the different segments. Thus, it is impossible to make a true photographic reproduction of the physicality of the paintings, and the experience of the paintings cannot be fully translated onto the printed page.

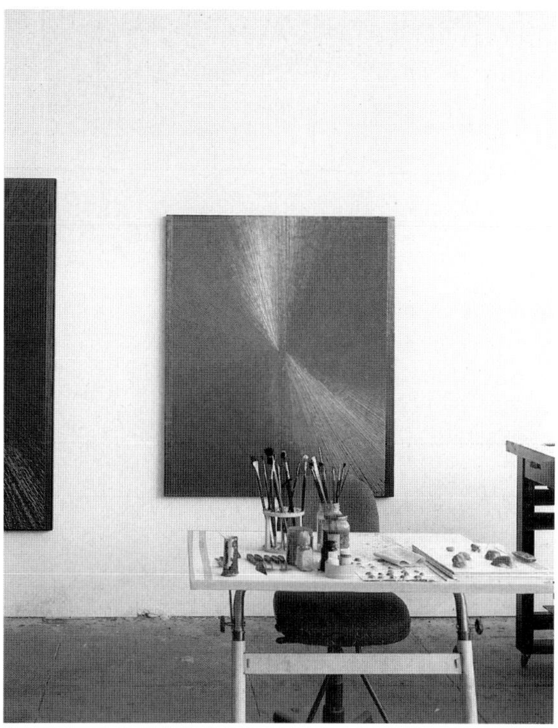

The composition of the paintings is likewise unstable. Initially appearing straightforward and nearly symmetrical, the structure of the paintings does not allow a stopping point for the eye. While the composure and calibrated interlocking of the various elements are classical in their initial serenity and confidence, the possibilities for shifts to occur in perception are endless, ceaseless. The bands and the chevrons jostle for control of the surface plane, like fractured tectonic plates, poised to rupture, to crack against each other. Each of these elements has been individually painted, but they are fused, so that the overall surface retains a physical unity, and the edges of the canvas reveal the thickness of the paint, without any backing off or diminishment. The dense paint at the edge becomes a peripheral line, not drawn but made, assertive but tender. The painted surface can be read like a skin, stretched across the canvas, vulnerable, with the slightest remnants of color bleeding out on the side edges, intimating a life, a physical presence under that surface.

The choice of the color blue for this series clearly is neither arbitrary nor unintentional. In the Renaissance, blue was the most difficult color to attain, the most precious, more expensive than gold, and therefore used for sacred subjects, becoming associated with the robes of Christ and especially the Virgin Mary. In our time, Yves Klein patented his own blue—lush, luminous, deep—both an allusion to the historic *sacred blue* of France and, sometimes embedded in sponges, conjuring a distilled, fathomless, primordial ocean. We associate blue with our two endless landscapes—the sea and the sky—and we know their color shifts are the result of constantly changing reflection and absorption of light. The moment of greatest and quickest passage of light is the dawn and the evening, with twilight ceding the most magical and mysterious transformations of vision. So with Grotjahn's new paintings come a *gravitas* of history, an allusion to the immensity of space, and the immediacy of intense and fleeting perception.

The scale of these works, along with their vertical orientation, suggests an anthropomorphic presence. In contrast to earlier paintings by Grotjahn, these are less based on geometric structure. A unity of surface, of brushstroke, has become all the more emphatic. They are suave. They glisten and gleam, confident in their assertive, but elusive, physicality. While they are dark and brooding, the play of light and the bits of revelatory underpainting evoke sumptuous pleasure, sensuality, and delight. They are straightforward, honest paintings, but with secrets hidden in reserve, they call out for another look, for further consideration. And in giving them such time and thought, one's own presence in the world becomes more palpable. One's own body feels more present. One becomes increasingly aware of one's own skin as an amazing, miraculous membrane between the hidden forces of life and the infinite world outside—liquids, muscles, memories, and hopes all mysteriously fused and fragile within its protection. These paintings, finally and simply, call forth for the knowledge of being alive to be celebrated.

1) Mark Grotjahn, "Blue Paintings, Light to Dark, One through Ten," Anton Kern Gallery, Jan. 19–Feb. 28, 2007.

MARK GROTJAHN, UNTITLED (WHITE BUTTERFLY RED BLUE M03G), 2003, oil on linen, 48 x 38" / OHNE TITEL (WEISSER SCHMETTERLING ROT BLAU M03G), Öl auf Leinwand, 122 x 96,5 cm. (PHOTO: ANTON KERN GALLERY, NEW YORK)

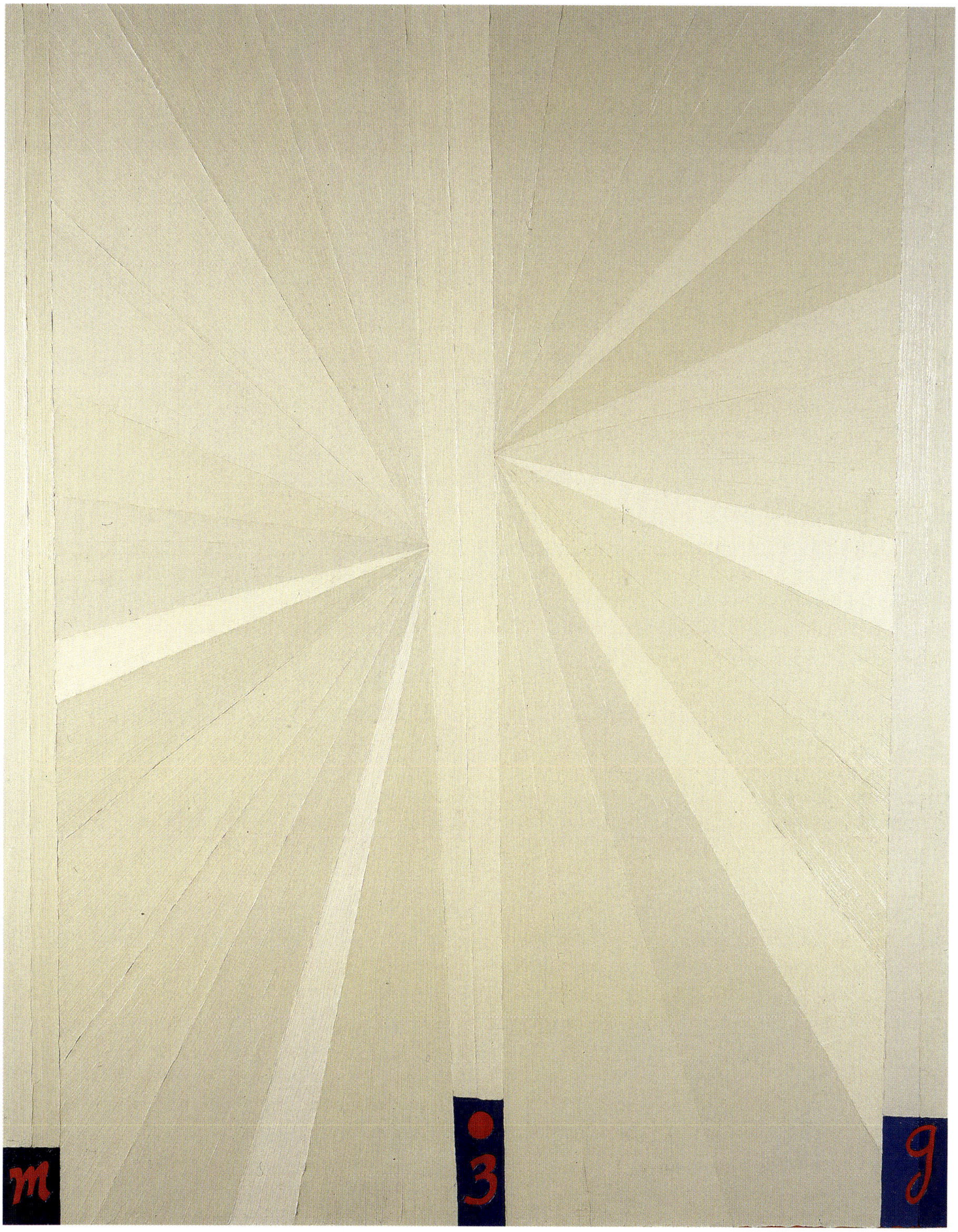
m
3
g

Im Innern Blau

GARY GARRELS

Mark Grotjahns jüngste Gemälde, die öffentlich zu sehen sein werden, stellen eine Folge von elf grossformatigen Arbeiten mit unterschiedlichen Massen in schimmernden Blautönen dar.[1] Wie alle abstrakten Gemälde Grotjahns seit 2001 sind sie vertikal orientiert. Relativ dünne (sich in der Breite von oben nach unten leicht verändernde) Farbstreifen teilen jedes Gemälde in der Mitte und begrenzen die linke und die rechte Seite. Längliche dreieckige Formen beiderseits der Mittelstreifen lassen ein Feuerrad mit zwei Ausgangs- oder Mittelpunkten entstehen, die nicht genau zusammentreffen. In beiden Dreiecksformen ändert sich der Blauton fortschreitend und konsistent, jedoch genauso wenig wahrnehmbar wie der Lauf des Uhrzeigers von Mittag bis Mitternacht – um zwölf, am Anfang und am Ende einer Rotation, treffen die Blautöne in deutlichem Kontrast aufeinander. In früheren Gemälden bewahrte jede Dreiecksform eine charakteristische Struktur und Tönung, doch in diesen neuen Gemälden ist die Trennung zwischen den Formen relativ undeutlich, manchmal verschmelzen sie fast im Gesamtrhythmus des gestrichelten Farbauftrags. Ausserdem lugen bei näherer Betrachtung bisweilen winzige Fleckchen heller Grundierfarbe durch die Nähte zwischen den Formen. Vor allem im Zentrum des Gemäldes fallen sie ins Auge, beiderseits des Mittelstreifens, wo die Spitzen der Dreiecksformen zaudernd aufeinander zulaufen. Und schliesslich tritt die Grundierfarbe am unteren Rand des Gemäldes hervor, als ein nervöser, kaum erkennbarer hauchdünner Streifen.

Alles in allem sind diese Gemälde elegant, prächtig und mondän; kühn und selbstbewusst beherrschen sie die Wand. Sogar in der Werkstattatmosphäre des Ateliers, wo ich sie zum ersten Mal sah, boten sie sich grosszügig meinem Blick an. Sinnlich, aber gelöst hielt jedes dieser Gemälde dem generellen Eindruck stand, ein nahtloses Ganzes, mit anderen Worten grösser als die Summe seiner Teile zu sein, selbst wenn die sorgfältige Inspektion, die Analyse der komplexen Struktur, kleinere Nuancen und Details freizulegen begann.

Diese Werke wecken ein Bewusstsein für das Hartnäckige, Inkommensurable und letzten Endes Unerklärliche der abstrakten Malerei, einer vor fast hundert Jahren geschaffenen Form, die sich, so oft sie auch schon totgesagt worden ist, nicht nur behauptet hat, sondern die, wie Robert Ryman einmal in den späten 80er Jahren in einer Diskussion in der Dann-

GARY GARRELS ist Chef-Kurator und Direktor des Ausstellungsprogramms des Hammer-Museums der UCLA in Los Angeles.

MARK GROTJAHN, UNTITLED (BLUE PAINTING LIGHT TO DARK VII), 2006, oil on linen, 60 x 50" / OHNE TITEL (BLAUES GEMÄLDE HELL BIS DUNKEL VII), Öl auf Leinen, 152,5 x 127 cm. (PHOTO: ANTON KERN GALLERY, NEW YORK)

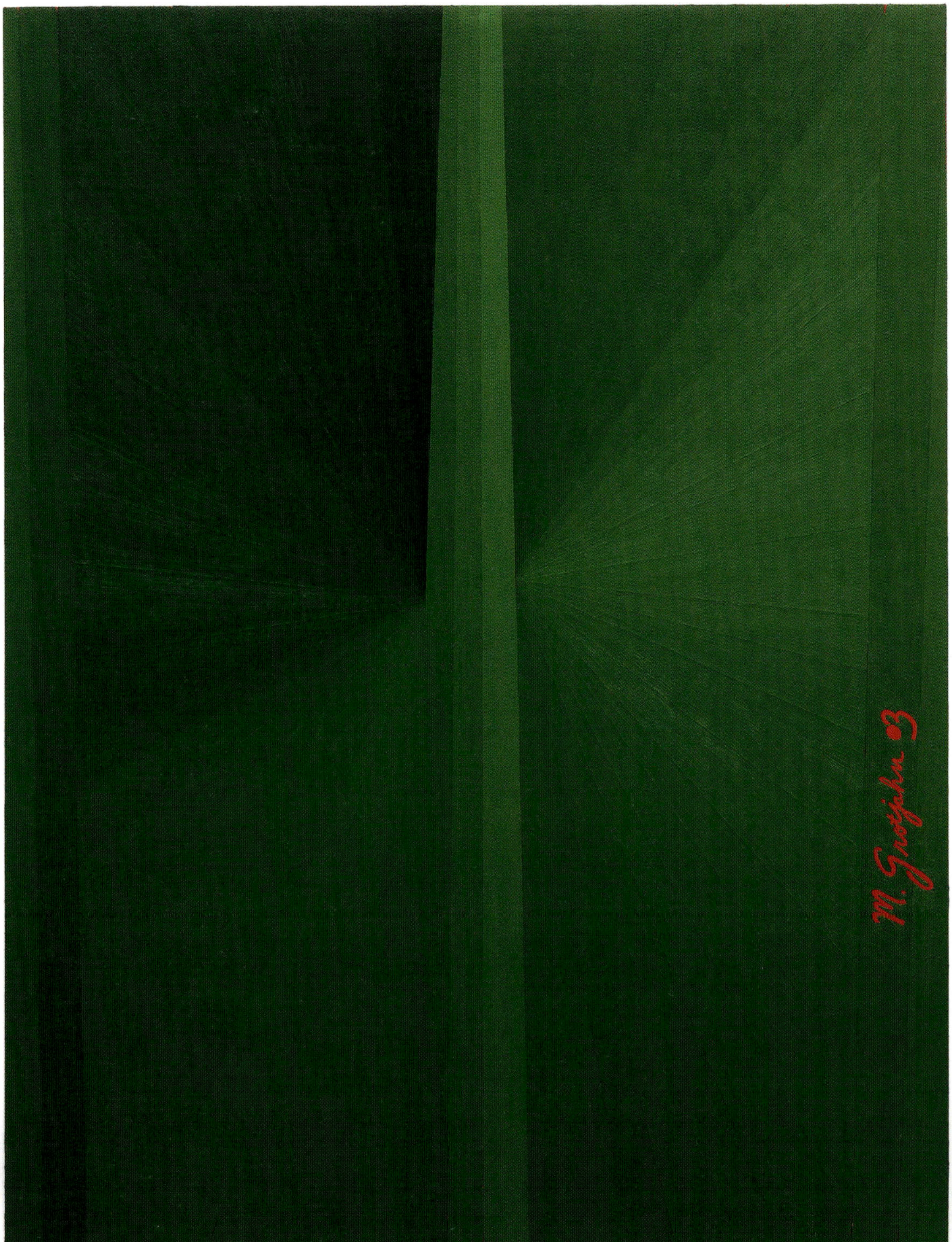
M. Grotjahn 03

heisser Foundation in Downtown Manhattan sagte, noch immer eine junge Form ist, die sich erst zu entwickeln und entdeckt zu werden beginnt.

Auf einer bestimmten Ebene ist die abstrakte Malerei einfach und elementar. Flüssige Farbe wird auf eine Leinwand aufgetragen; sie gerinnt, verfestigt sich, härtet. Farbe und Licht, Oberfläche und Textur, eine Beziehung zur Fläche und zum Raum, das sind ihre Grundattribute. Eine Reproduktion kann die Komplexität und Ambiguität des Originalwerks nie vermitteln, kann ihm nie Genüge tun. Die Betrachtung eines abstrakten Gemäldes ist nie losgelöst vom Medium und von der Form. Sie braucht ihre Zeit und setzt sich allein schon deshalb vom erbarmungslosen Tempo unserer Tage ab. Viele halten diese Betrachtungserfahrung von sich fern, weil sie den vertrauten Erfahrungen nicht entspricht.

Meine erste Erfahrung dieser Art machte ich 1974 vor einer Gruppe von Rothko-Gemälden in der Phillips Collection in Washington, D.C., wo sie in einem kleinen Raum im Obergeschoss hingen. Es war eine intime und unmittelbare Erfahrung, ohne Barrieren, ohne Menschenmengen, und ich hatte absolut keine Sprache, um die Wirkung, die diese Gemälde auf mich hatten, zu beschreiben, und ich wusste überhaupt nicht, was mir widerfahren war. In den folgenden Monaten und Jahren kehrte ich in Gedanken immer wieder zu diesen Gemälden zurück und versuchte zu enträtseln, was geschehen war. Es hatte einen Zugriff auf mein Bewusstsein gegeben, der mir vorher unbekannt gewesen war, eine gesteigerte Sinneserfahrung, eine heftige Empfindung, die einen – wie ein Geräusch oder ein Geruch, nur diesmal durch die Augen – durchdringt und nicht mehr loslassen will. Rothkos Gemälde hatten meinem Sehvermögen einen Fokus gegeben und mir damit zu einem körperlichen Daseinsbewusstsein verholfen, das ich so noch nie erfahren hatte. Noch heute, mehr als dreissig Jahre später, empfinde ich eine aussergewöhnliche Entdeckungsfreude, wenn ich ein abstraktes Gemälde betrachte. Die Sinneserfahrung ist noch genauso stark, genauso anregend, genauso offen für neue Eindrücke wie Jahre zuvor, nur ist sie heute nuancierter, differenzierter als bei diesem ersten Mal. Wenn ich heute ein abstraktes Gemälde – einen Rothko, einen Ryman, einen Marden – betrachte, dann mit Absicht. Doch die Unsicherheit – das Flüchtige dieser Sinneserfahrung und die Unzulänglichkeit der Sprache, sie festzuhalten oder weiterzugeben – ist so bohrend und schwer fassbar wie eh und je.

In meinen Augen bewahren und erneuern Mark Grotjahns Gemälde die Tradition und das Potenzial der abstrakten Malerei. Sie haben eine intensive materielle Präsenz. Die Farbe ist dick aufgetragen, satt, der Prozess des Farbauftrags unvermittelt, klar, doch die Pinselstriche sind zeitlos eingefroren. Ihre tausend Kanten fangen das Licht wie ein gebrochenes Prisma ein und strotzen vor weissem Licht. Das Auge kann kaum einen Rastpunkt finden. Mit der leichtesten Wendung des Körpers, des Blicks, huscht, gleitet, schwankt der glitzernde Lichtschein über die Oberfläche des Gemäldes, ausgeglichen von tiefen, genauso instabilen, fast schwarzen Kontrasten. Nur zur Mitte des Gemäldes hin, in dem Bereich, wo die beiden Punktmengen beinahe aufeinandertreffen, bleibt der weissliche Lichtschein konstant. Zwischen dieser Absage an die Farbe und um sie herum behauptet das Blau der aufgetragenen Farbe seine Präsenz, ändert sich jedoch mit dem wechselnden Pigmentinhalt der verschiedenen Segmente im Ton. Daher ist es unmöglich, die materielle Beschaffenheit dieser Gemälde wahrheitsgetreu zu reproduzieren, und keine photographische Reproduktion kann die unmittelbare Begegnung mit den Gemälden ersetzen.

Nicht weniger instabil ist die Komposition der Gemälde, deren Struktur macht auf den ersten Blick einen geradlinigen und fast symmetrischen Eindruck, doch dem Auge wird kein Halt gewährt. Die kalibriert ineinandergreifenden Elemente sind auf den ersten Blick von

MARK GROTJAHN, UNTITLED (GREEN BUTTERFLY M. GROTJAHN 03), 2003, oil on linen, 69 x 54" /
OHNE TITEL (GRÜNER SCHMETTERLING M. GROTJAHN 03), Öl auf Leinen, 175,2 x 137 cm. (PHOTO: BLUM & POE, LOS ANGELES)

einer selbstbewussten und beherrschten «klassischen» Gelassenheit, doch die Wahrnehmungsmöglichkeiten nehmen kein Ende, sind unerschöpflich. Wie auseinanderbrechende, sich aneinander reibende tektonische Platten wetteifern die Streifen und die Zickzackbänder um die Kontrolle über die Oberfläche. Alle diese Elemente sind einzeln gemalt, sie sind jedoch miteinander verschmolzen, sodass die Gesamtoberfläche eine physische Einheit bewahrt, und an den Rändern der Leinwand enthüllt sich die Dicke der Farbschicht, die dort weder abnimmt noch zurückweicht. Die dicht aufgetragene Farbe an den Rändern wird zu einer – nicht gezeichneten, sondern gestalteten, nachdrücklichen, aber zarten – Peripherielinie. Die gemalte Oberfläche kann wie eine über die Leinwand gespannte, verletzliche Haut betrachtet werden, an deren Seitenrändern winzigste Farbreste hervorbluten, die Leben, eine körperliche Präsenz unter dieser Oberfläche andeuten.

Die Wahl der Farbe Blau für diese Gemäldefolge ist offensichtlich weder willkürlich noch unabsichtlich getroffen worden. In der Renaissance war Blau die Farbe, die am schwierigsten zu beschaffen und deshalb besonders kostbar war, teurer als Gold. Blau wurde für sakrale Themen verwendet und mit den Gewändern Christi und insbesondere denen der Jungfrau Maria assoziiert. In unserer Zeit liess Yves Klein sein eigenes Blau patentieren, ein dichtes, leuchtendes, tiefes Blau – eine Anspielung auf das historische französische «heilige Blau» und gleichzeitig, zumal in seinen mit diesem Blau getränkten Schwämmen, die Beschwörung eines kristallklaren, unergründlichen Urozeans. Wir verbinden Blau mit den grenzenlosen Landschaftselementen, dem Himmel und dem Meer, und wir wissen, dass ihre wechselnden Farben auf die sich ständig ändernde Reflexion und Absorption des Lichts zurückzuführen sind. Am schnellsten ändert sich das Licht in der Morgen- und Abenddämmerung, den Tageszeiten, in denen das Zwielicht den magischsten und geheimnisvollsten Farbenspektakeln weicht. Grotjahns neue Gemälde sind somit von einer vielschichtigen Bedeutungstiefe; kunstgeschichtliche Aspekte werden ebenso angesprochen wie die Unermesslichkeit des Raums und die Unmittelbarkeit der intensiven und flüchtigen Wahrnehmung.

Die Dimensionen dieser Werke und ihre vertikale Orientierung suggerieren etwas Anthropomorphes. Während frühere Gemälde Grotjahns auf einer geometrischen Struktur beruhen, sind hier die Einheit der Oberfläche, der Pinselführung hervorgehoben. Diese Gemälde sind verbindlich. Sie glitzern und glänzen, ruhen in ihrer nachdrücklichen, aber ausweichenden Materialität. So finster und grüblerisch sie auch sind, das Spiel des Lichts und die Flecke zutage tretender Grundierfarbe rufen ein köstliches Vergnügen, Sinnlichkeit und Freude hervor. Es sind geradlinige, ehrliche Gemälde, die jedoch verborgene Geheimnisse bereithalten, um den Betrachter zu einem weiteren Blick, einer näheren Betrachtung aufzufordern. Und indem er ihnen Zeit und Überlegung widmet, gewinnt seine eigene Präsenz in der Welt an Fassbarkeit. Er nimmt seinen eigenen Körper intensiver wahr, wird sich seiner eigenen Haut als einer phantastischen, wundersamen Membrane zwischen den verborgenen Kräften des Lebens und der unendlichen Aussenwelt stärker bewusst. Flüssigkeiten, Muskeln, Erinnerungen und Hoffnungen – auf geheimnisvolle Weise sind alle diese fragilen Elemente innerhalb dieses Schutzmantels miteinander verschmolzen. Um es schlicht und einfach auf den Punkt zu bringen: Diese Gemälde feiern das Leben, indem sie uns des Lebens bewusst werden lassen.

(Übersetzung: Wolfgang Himmelberg)

1) Erstmals gezeigt in der Ausstellung: «Blue Paintings, Light to Dark, One through Ten», Anton Kern Gallery, 19. Jan.–28. Feb. 2007.

MARK GROTJAHN, UNTITLED (ORANGE BUTTERFLY GREEN M 2003 MG 03), oil on linen, 49 x 39" / OHNE TITEL (ORANGER SCHMETTERLING GRÜN M 2003 MG 03), Öl auf Leinen, 124,5 x 99 cm. (PHOTO: ANTON KERN GALLERY, NEW YORK)

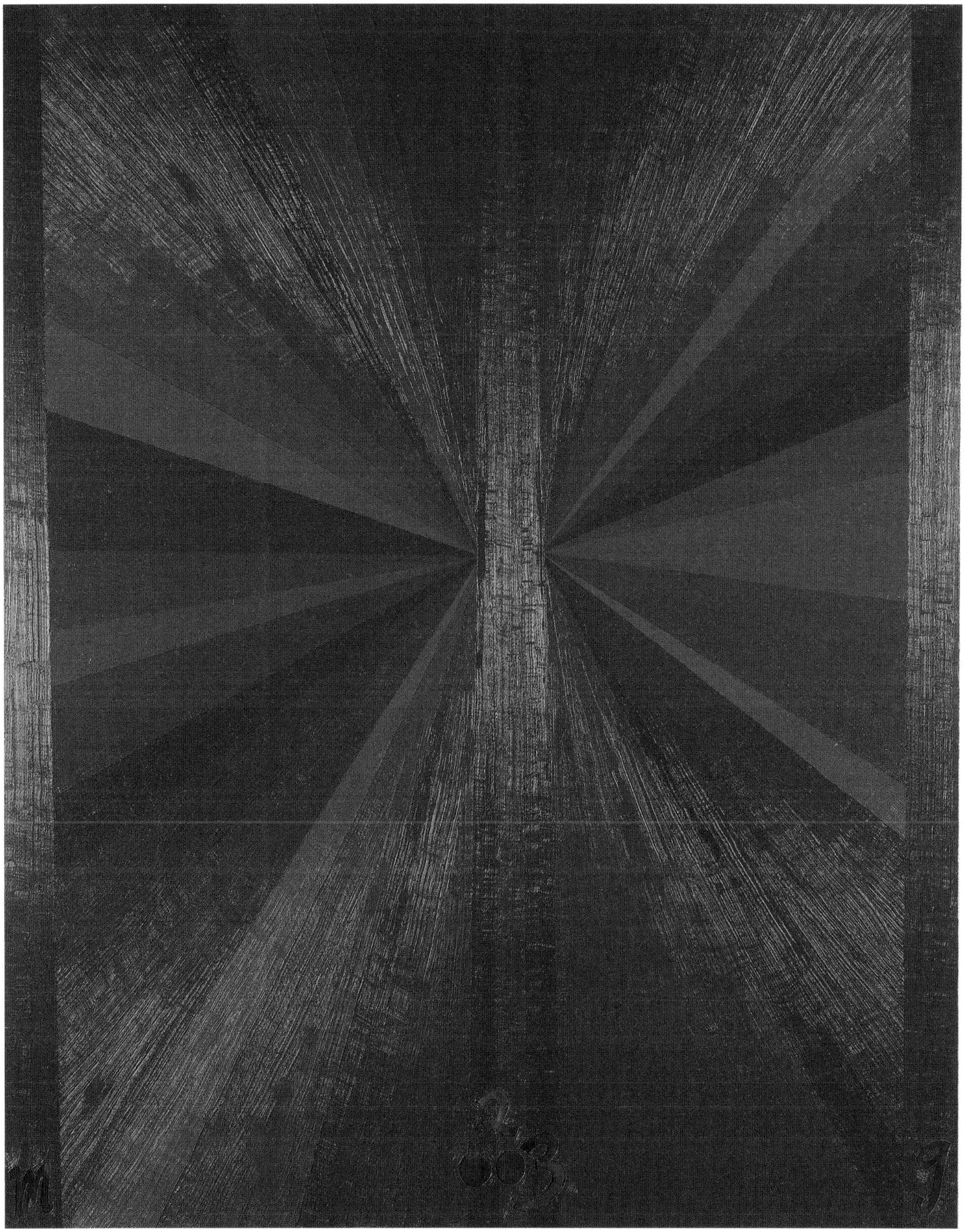

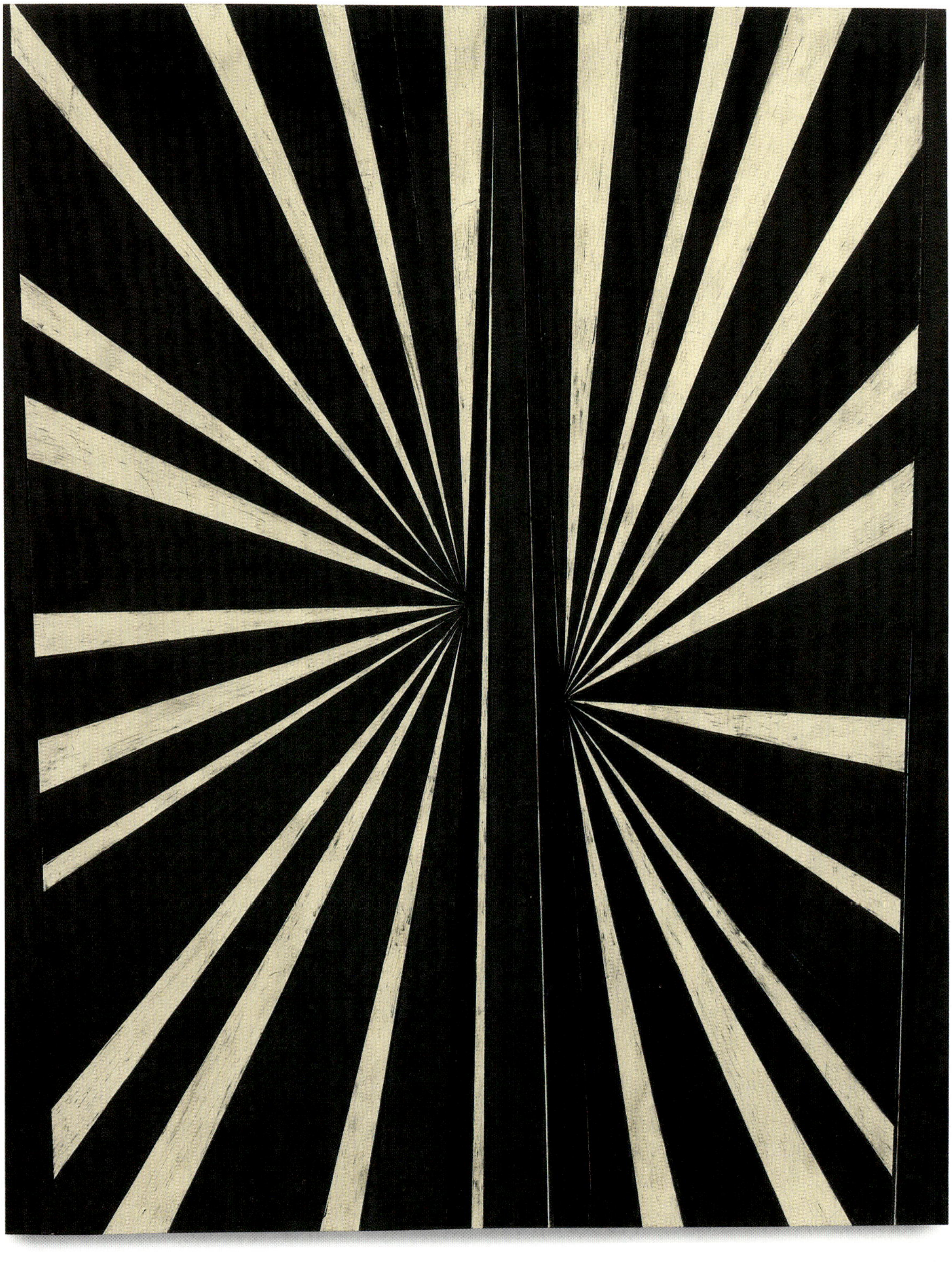

MARK GROTJAHN, UNTITLED (BLACK AND CREAM BUTTERFLY 501), 2004, pastel on paper, 24 x 19" / OHNE TITEL (SCHWARZ- UND CREMEFARBENER SCHMETTERLING 501), Pastell auf Papier, 61 x 48,2 cm. (PHOTO: BLUM & POE, LOS ANGELES)

HANS RUDOLF REUST

SPLITTING im AUGENSTERN

I.

Mit feinsten Flügelschlägen öffnen die *Butterflies* den Sog in perspektivische Tiefen. Ein scharfer Schnitt durch die Mitte erinnert uns daran, dass sich auch diese gemalte oder gezeichnete Raumillusion in der Fläche entfaltet, Strich um Strich, strahlenförmig ausgezogen. Die in den Untertiteln genannte Metapher des Schmetterlings beschreibt bei Mark Grotjahn nicht nur eine filigrane, annähernd symmetrisch konstruierte Form, sondern auch eine Flugbewegung: ruckartiges Flattern in abrupt wechselnde Höhen, ein Ausfliegen in verschiedene Richtungen und plötzliches Innehalten. In seinen Zeichnungen und Malereien setzt sich dieser unverkennbare Rhythmus über mehrere Arbeiten hin fort. Die Ausstellungswand mit den *Dancing Black Butterflies* wird zum Fries einer Performance im Flug.

Diese sequentielle Dynamik der sichtbaren äussersten Bildschicht, die nicht selten figurative Elemente in tieferen Malschichten oder Gesichter auf der Rückseite einer Zeichnung verbirgt, nimmt die Dynamik der Abstraktion als Prozess auf: *abstrahere*, das Wegziehen oder Überlagern von figürlichen Einzelheiten. Auch wenn sich die *Butterflies* schliesslich in viele bunte oder nahezu monochrome, spitze Farbfelder auffächern, bleiben sie stark von ihrer geometrischen Lineatur bestimmt. Kompositorisch sind sie mit ihren geneigten Mittelsenkrechten oder

HANS RUDOLF REUST ist Kurator und Dozent an der Hochschule der Künste, Bern.

spitzwinklig sich kreuzenden Diagonalen und einem ausgeprägten Hochformat den Bildern El Grecos verwandt: der VERKÜNDIGUNG (1570) aus der Sammlung des Prado zum Beispiel, die den Kopf der leuchtenden Taube leicht exzentrisch zum Schnittpunkt der Diagonalen setzt, wie einen Flucht- und Wendepunkt des Geschehens. Während sich der Flügel des Erzengels im Dreieck rechts von der Bildmitte öffnet, bleibt die dreieckige Wolkensphäre über Maria zur Linken leer. Diese Lücke erst schafft die entscheidende Spannung. So sind es auch bei Mark Grotjahn wesentlich die stilleren, flächigen Partien, die im Zusammenspiel die Wirkung der perspektivischen Fluchten erhöhen. Wie bei El Greco geraten sich kreuzende Wahrnehmungsströme in Bewegung. Die Modulation des einbrechenden Lichts aus der Tiefe und aus wechselnden Richtungen steigert die pulsierende Bewegung der Geometrie. Unser Blick kann flügelschlagend über Flächen und gekrümmte Räume gleiten. Doch selbst dort, wo er auf ein Zentrum hin gelenkt wird, kommt er nicht zur Ruhe. Der Schnitt, der zwei leicht voneinander abweichende Fluchtpunkte trennt, als ginge er mitten durch einen imaginären Schnittpunkt aller Fluchtlinien, prägt sich ein wie ein *Zip*, der unverhofft ins Stocken gerät und die werdende Verbindung wieder sprengt. Der Wunsch zur Zentrierung wird aufgenommen und zugleich zerstreut. Denn wo die Fluchtlinien in einer feinen Spitze aufeinandertreffen, entstehen Sog und Katapult für den forschenden Blick, ein opartiges Flimmern bis hin zum Taumel des Sehens.

II.

Das in der Renaissance entwickelte Verfahren der Zentralperspektive entsprach dem statischen Selbstverständnis eines solitären bürgerlichen Individuums. Die Erfahrung von Raum in der Fläche, durch die geometrische Konstruktion eines eindeutig festgelegten Blickpunkts, wurde prägend für eine kompakte Verfassung des Subjekts. Bei Mark Grotjahn wird diese paradigmatische Raumerfahrung nicht aufgehoben, eher wie in einem Palmblatt aufgefächert, vervielfacht und an Ort oszillierend bewegt, als würde es im Wind leisen Schwingungen ausgesetzt. Das Spiel mit Perspektiven wird zu einem höchst eigentümlichen Moment der Konzentration und der Dezentrierung zugleich. Die Erfahrung von Subjektivität ist nicht überwunden, jedoch transformiert und dynamisiert. Mit den *Butterflies* bewegen wir uns in zwei Dimensionen auf den *Tausend Plateaus* von Gilles Deleuze und Felix Guattari: «Wir sprechen nur noch von Mannigfaltigkeiten, Linien, Schichten und Segmentaritäten, von Fluchtlinien und Intensitäten, von maschinellen Gefügen und ihren verschiedenen Typen, von organlosen Körpern und ihrem Aufbau, ihrer Selektion, von der Konsistenzebene und den jeweiligen Masseinheiten.»[1]

Vertikal begrenzende Randleisten oder horizontale Schnitte unterstützen die sequenzielle Dynamik der Wahrnehmung. Sie erinnern an die Ränder von Filmrollen oder trennen aufeinanderfolgende Stills. Mit der Reihung von Bildern im Bild unterstützt Mark Grotjahn jene «Deterritorialisierung»[2] des Sehens, die seine Zeichnungen und Malereien dem identifizierenden Zugriff entzieht. An den flimmernden Punkten trifft das Splitting den Augenstern selbst, der sich noch als Zentrum der Wahrnehmung behaupten möchte. «Subjekt» zu sein, ist nicht mehr eine Erfahrung von einem definierten Punkt aus, sondern eine permanente Bewegung.

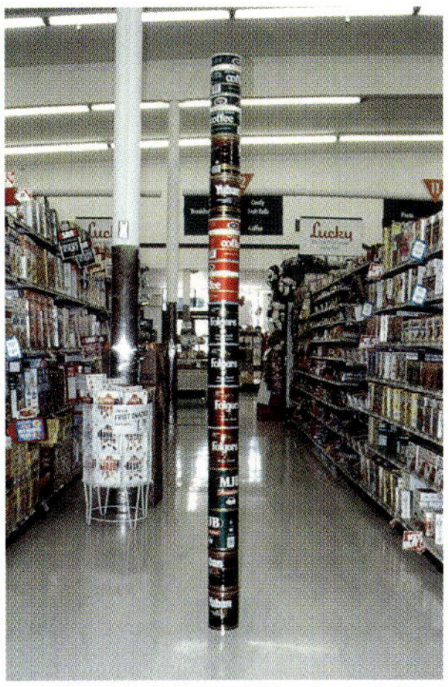

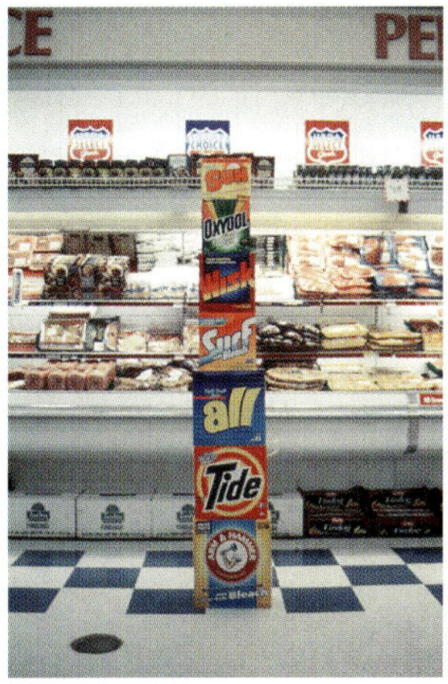

Left / links:
MARK GROTJAHN, LUCKY, 1994,
performance view in supermarket, Berkley, CA /
GLÜCK GEHABT, Performance in einem Supermarkt.
(PHOTO: BLUM & POE, LOS ANGELES)

Right / rechts:
MARK GROTJAHN, SURF AND TURF, 1994,
performance view, Berkley, CA / Performance.
(PHOTO: BLUM & POE, LOS ANGELES)

III.

Kaum bekannt sind Grotjahns frühe Performances. Durch verschiedene Aktionen, die er Ende der 80er und anfangs der 90er Jahre während seiner Studienzeit in Berkeley durchführte, wurde die Grundlage für einen befreiten Umgang mit Abstraktion gelegt. Schliesslich waren abstrakte Formen im Nachspiel von Achtundsechzig an der Akademie noch verrufen als bedeutungslos und damit apolitisch. Mit *Sign Exchanges*, minutiös gemalten Kopien von Schildern und Schriften aus kleinen Shops und Imbissbuden, die er wieder in ihren ursprünglichen Kontext einfügte, konnten die Möglichkeiten einer effektiven Massenkommunikation durch Malerei ausgelotet werden. Mitten in den schmalen Rayons von kleinen Shops wurden spontan Kaffeedosen oder Waschmittelpackungen zu Säulen und Skulpturen aufgeschichtet, um die Reaktionen der Kunden unmittelbar zu erfahren. HOMAGE TO BOURBON (1989) zeigt den Maler, wie er sich mit einer Rasierklinge die Brust ritzt und dann mit einem Bügeleisen, von Frauenhand geführt, gepflegt wird – eine ironisch gebrochene, leicht surreale Whisky-Variante zu den harten Selbstverletzungen Chris Burdens. In mehrstündigen Pokerrunden ging es nicht zuletzt um die Verbindung von Kalkül und Intuition im Umgang mit Risiko. Die Aktionen und anschliessend der Betrieb einer Galerie in Los Angeles dringen in die Tiefe des sozialen Raumes vor, der auch später in den bewegten Perspektivkonstruktionen der *Butterflies* mitzudenken bleibt.

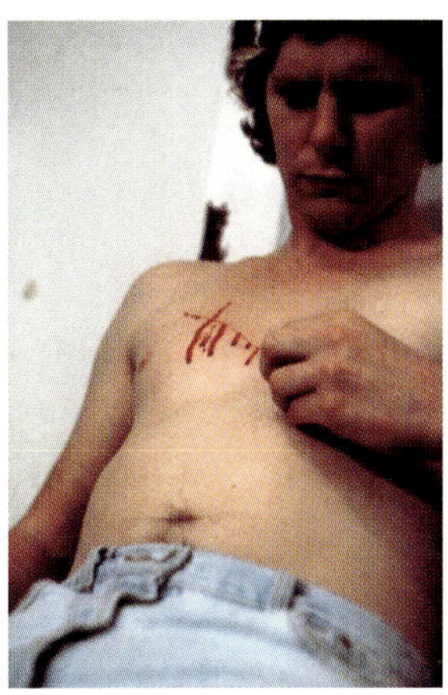

MARK GROTJAHN, HOMAGE TO BOURBON, 1989,
performance. (PHOTO: BLUM & POE, LOS ANGELES)

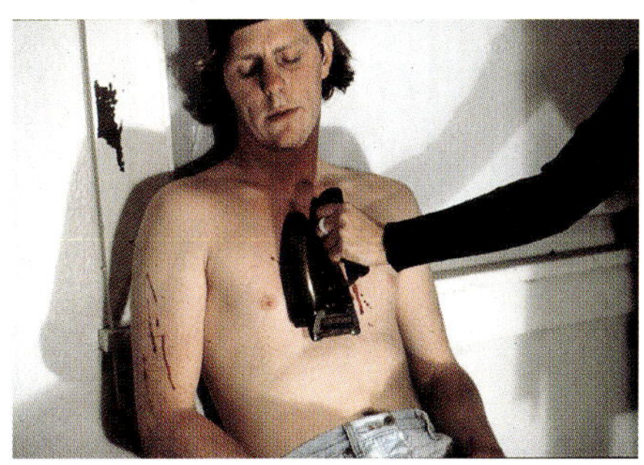

IV.

«Wie auch immer, ein Gesicht ist seltsam, es ist ein System *Weisse Wand – Schwarzes Loch.* Ein grossflächiges Gesicht mit weissen Wangen, ein kreideweisses Gesicht, in das die Augen wie schwarze Löcher hineingeschnitten sind.»[3] UNTITLED (FACE 2) ak#3165 (2004) erscheint wie das Schwarzweissnegativ dieses Systems. Es ist die picassoeske Maske von UNTITLED (BUTTERFLY) ak#3129 (2004). Die im finsteren Grund mit weissen Strichen weit geöffneten Augen – Fluchtpunkte und Quellen des Sehens – werden von expressiv einstürzenden oder ausbrechenden Sehstrahlen wie mit Fluchtlinien umspielt. «Auch wenn die Malerei abstrakt wird, entdeckt sie immer wieder nur ein schwarzes Loch und eine weisse Wand, die grosse Komposition von weisser Leinwand und schwarzem Schlitz. Ein Zerreissen, aber auch eine Dehnung der Leinwand entlang der Fluchtlinie, durch einen Fluchtpunkt, eine Diagonale, durch Messerschnitte.»[4]

Dieses in Kreissegmente geteilte Gesicht erinnert daran, dass sich selbst in den abstrakten Strahlenformationen jene «Selbstbeobachtung beim Sehen»[5] einstellt, die Bice Curiger in ihrer Einleitung des Katalogs zu «Expanded Eye» anspricht: «Die Zeichnung bietet sich als ideales Mittel der direkten Denkverlängerung beim Sehen und der Wahrnehmungsrecherche an.»[6] Und was sehen wir, wenn wir uns beim Betrachten der gemalten oder gezeichneten *Butterflies* zuschauen? Dehnungen, Krümmungen und ein Zersplittern des tastenden Blicks, bis wir beginnen, sprunghaft mit dem linearen Verlauf des Sehens umzugehen. Die pastos aufgetragene Farbhaut der *Butterflies* mag auf den ersten Blick wie verschlossen erscheinen. Bei näherem Hinsehen allerdings zeigt sich die gefurchte Oberfläche gebrochen wie ein loses Gefüge aus einzelnen Feldern, und dies nicht nur an den Stellen, wo Initialen und Jahreszahlen wie archäologische Freilegungen deutlich hervortreten. In den Zeichnungen schliesslich finden sich feinste Einsprengsel, die auf tiefere Schichten und eine prekärere Konsistenz des Bildgrundes hindeuten.

Mitten in Malerei und Zeichnung schauen wir durch Duchamps sich drehendes Fahrrad. Dabei gerät der Augenstern ins Flackern, als könnte er sein eigenes Licht aus kosmischer Entfernung empfangen. «Eine Reise an Ort und Stelle, das ist der Name aller Intensitäten. (...) Reisen unterscheiden sich weder durch die objektive Qualität von Orten noch durch die messbare Quantität der Bewegung noch durch irgendetwas, das nur im Geiste stattfindet, sondern durch die Art der Verräumlichung, durch die Art, im Raum zu sein oder wie der Raum zu sein.»[7] Die Dimension der Bilder Mark Grotjahns bemisst sich nicht nach ihrem Format, sondern durch den unausgeloteten Moment zwischen Flügelschlägen, der den *Butterflies* einen eigenen Ort an den abstrakten Rändern der jüngsten narrativen Malerei erschliesst.

1) Gilles Deleuze / Felix Guattari, *Tausend Plateaus*, Berlin, Merve, 1992, S. 13.
2) Ebenda, S. 236.
3) Ebenda, S. 230.
4) Ebenda, S. 237.
5) Bice Curiger, «Sehen – entgrenzt und verflüssigt», in: *The Expanded Eye*, Kat. Kunsthaus Zürich, Ostfildern Hatje Cantz, 2006, S. 18.
6) Ebenda, S. 21.
7) Deleuze / Guattari, *Tausend Plateaus*, S. 668.

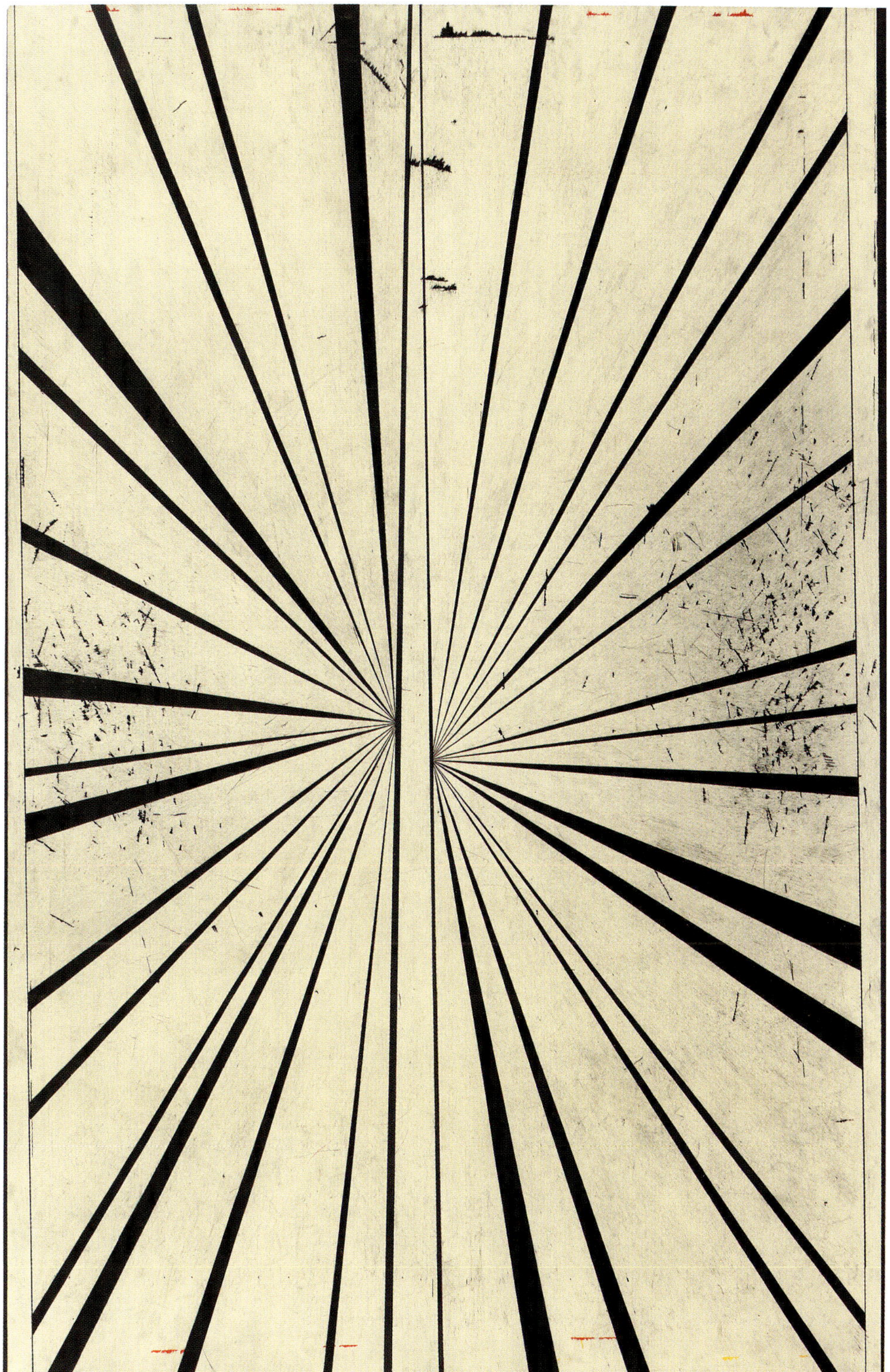

MARK GROTJAHN, *UNTITLED (BLACK AND CREAM BUTTERFLY LARGE TALL SKINNY ZEBRA)*, 2005, *colored pencil on paper*, 71 3/4 x 47 3/4" / *OHNE TITEL (SCHWARZ- UND CREMEFARBENER SCHMETTERLING GROSSES MAGERES ZEBRA)*, *Farbstift auf Papier*, 182,3 x 121,2 cm. (PHOTO: BLUM & POE, LOS ANGELES)

HANS RUDOLF REUST

SPLITTING IMPACTS the EYE

I.

It takes but the gentlest beating of their wings for the *Butterflies* to pull us into perspectival depths. A sharp cut down the middle reminds us that even this painted or drawn illusion of space unfolds on a plane, radiating from a center, line by line. Mark Grotjahn's metaphoric butterflies in his subtitles describe not only a *filigree*, near-symmetrically constructed shape, but also the movement of flight: fitfully fluttering at abruptly changing altitudes, taking off in different directions, and coming to a sudden halt. In Grotjahn's drawings and paintings, this unmistakable rhythm continues across several works. His *Dancing Black Butterflies*, displayed across the length of a wall, become a frieze that shows a performance in flight.

In the sequential dynamic of the topmost visual layer—often concealing deeper layers of figurative elements or faces on the back of a drawing—another dynamic resonates, that of abstraction in progress: *abstrahere* (Latin for the removal or overlayering of figurative details). Although the *Butterflies* fan out into many colorful or near monochromatic, tapered fields of color, they are still strictly governed by their geometric delineation. In composition, they show an affinity with El Greco's pictures, as demonstrated by the diagonals slanting down the middle and intersecting at acute angles, and the preference for tall

HANS RUDOLF REUST is a curator and teacher at the University of Art, Bern, Switzerland.

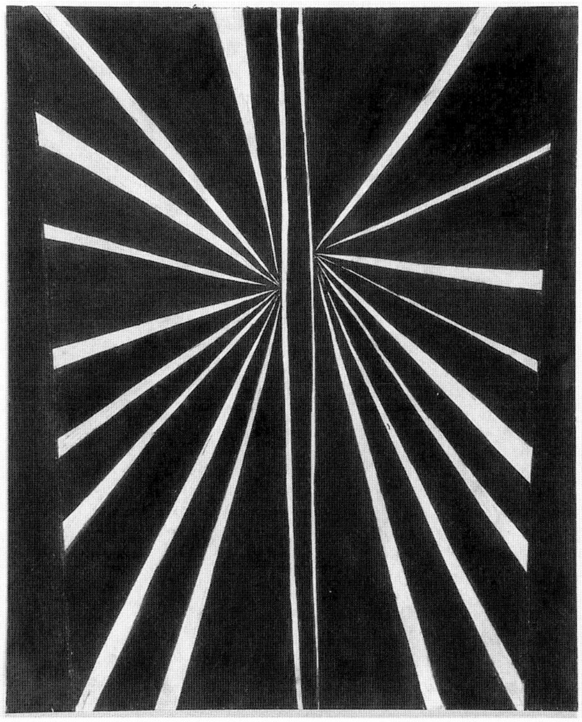

MARK GROTJAHN, UNTITLED (BUTTERFLY), 2004, colored pencil on paper, 17 x 14"/ OHNE TITEL (SCHMETTERLING), Farbstift auf Papier, 43,2 x 35,5 cm. (PHOTOS: ANTON KERN GALLERY, NEW YORK)

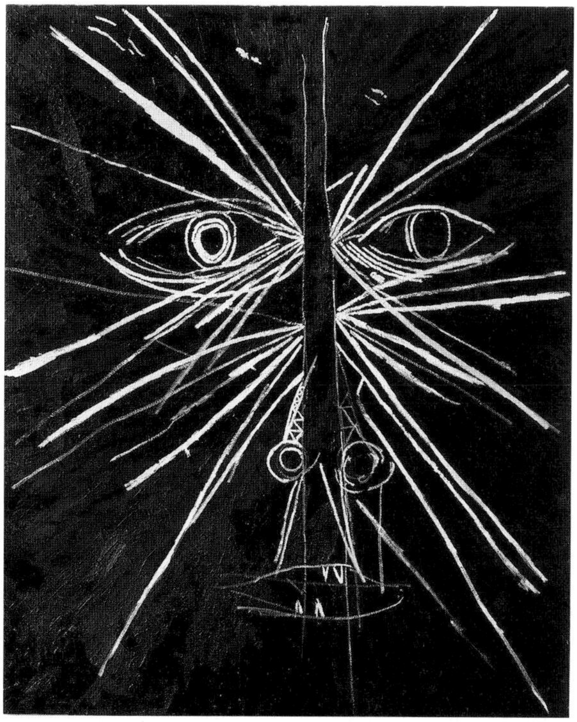

MARK GROTJAHN, FACE 2, 2004, oil on linen 60 x 50" / GESICHT 2, Öl auf Leinen, 152,4 x 127 cm.

formats. In the Prado's ANNUNCIATION (1570), for example, the head of the luminous dove, placed slightly off-center, forms the meeting point of intersecting diagonals, as if to mark the vanishing and turning point of the event. The archangel's wings open up in the triangle to the right of center, while, to the left, the cloudy sphere above the Virgin Mary remains empty. It is here, in this empty space, that the tension of the whole resides.

Similarly, in Grotjahn's work, the play of the less agitated, flatter areas essentially heightens the effect of the one-point perspective. As in El Greco's painting, the composition shows flowing, intersecting currents of perception The modulation of light as it breaks the surface, coming from the depths and from different directions, amplifies the pulsating movement of the geometry. Our fluttering gaze glides across surfaces and curved spaces. But even where it is guided toward a center, it does not come to contemplative rest. The line dividing two slightly off-kilter vanishing points, as if it were cutting straight through an imaginary point where all the lines intersect, is like one of Barnett Newman's *zips* that has suddenly run into a snag obstructing the emerging connection. The attempt to establish a center is instantly undermined, for, when the lines converge on a single point, they exert a pull and become a catapult for the probing gaze, shimmering like Op art and turning vision into vertigo.

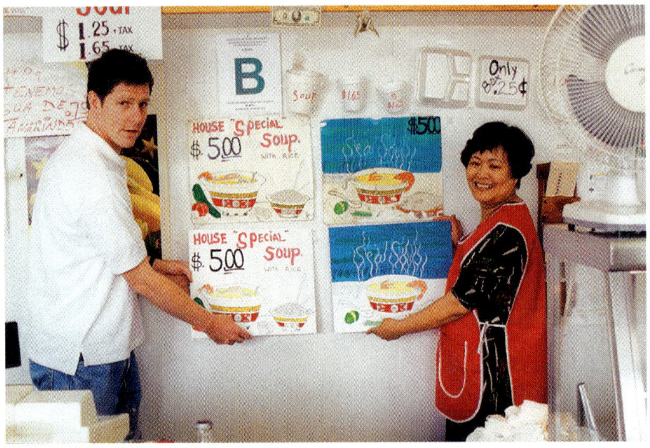

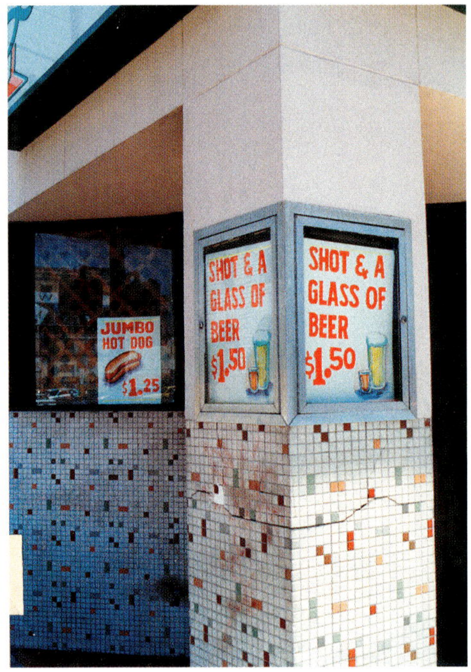

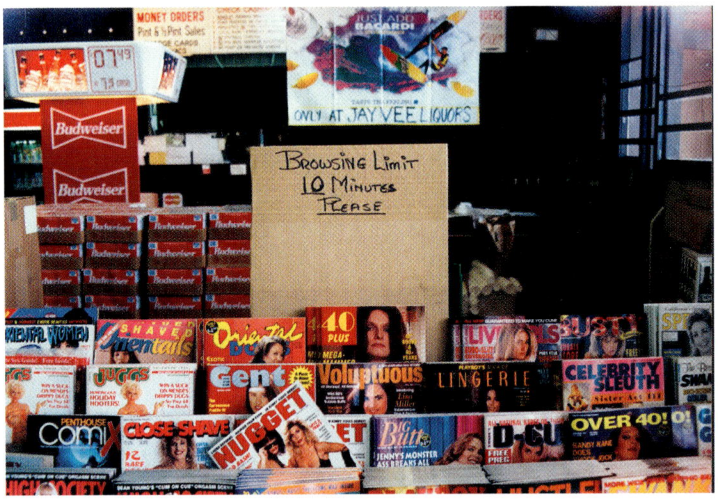

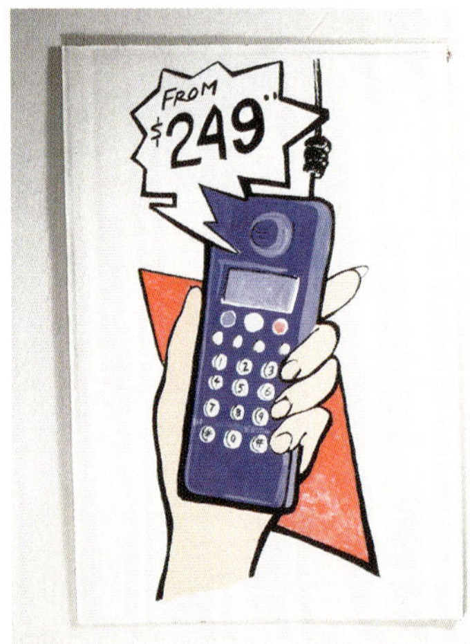

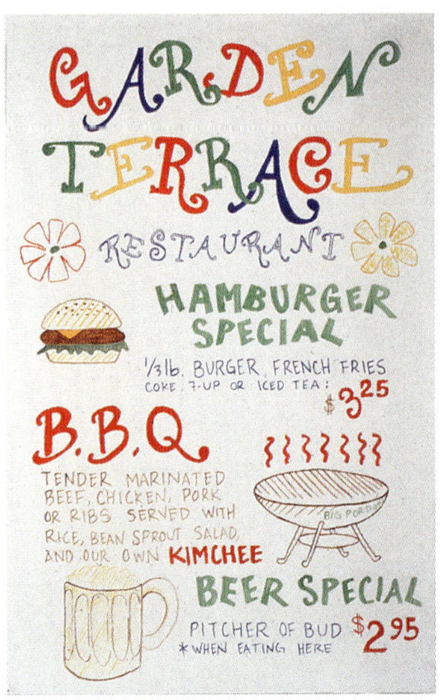

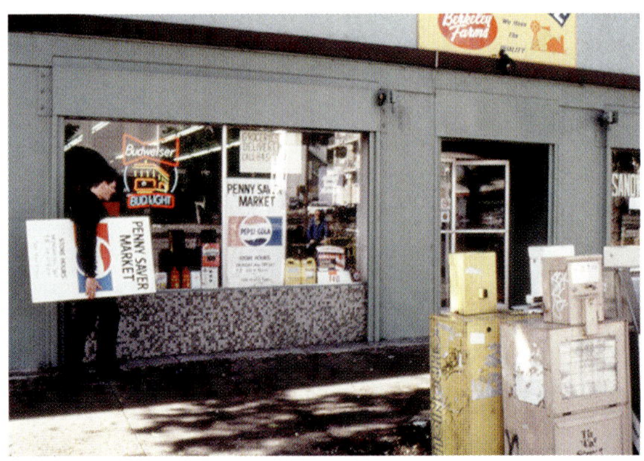

MARK GROTJAHN,
SIGN EXCHANGE PROJECT, since 1992 /
SCHILDERTAUSCH-PROJEKT.
(ALL PHOTOS: BLUM & POE, LOS ANGELES)

II.

One-point perspective, a device developed in the Renaissance, mirrors the static vantage point of the solitary, bourgeois individual. The ability to render depth on a two-dimensional plane through the geometrical construction of a strictly defined, single perspective was seminal to compacting the setting of the subject. Grotjahn does not cancel out this paradigmatic experience of space but instead opens it up, multiplying and setting it in motion until it oscillates like the leaf of a palm tree in a gentle breeze. The play of perspective becomes an extremely idiosyncratic moment of simultaneous concentration and decentralization. The experience of subjectivity has not been overcome, but it has been transformed and energized. Along with the *Butterflies*, we move in two dimensions on Deleuze and Guattari's *Thousand Plateaus*: "All we talk about are multiplicities, lines, strata and segmentarities, lines of flight and intensities, machinic assemblages and their various types, bodies without organs and their construction and selection, the plane of consistency, and in each case the units of measure."[1]

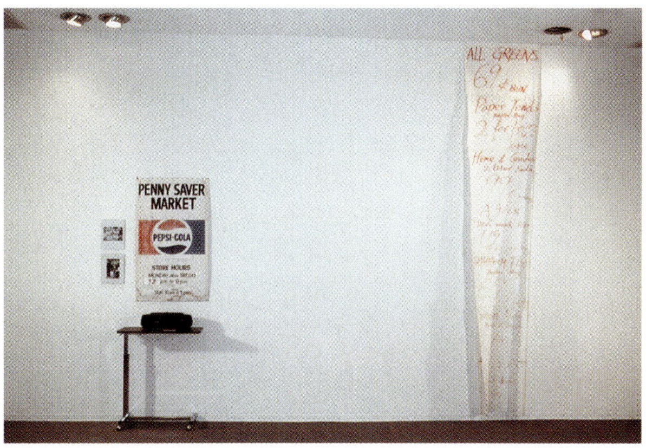

Vertically delimiting margins or horizontal cuts reinforce the sequential dynamics of perception; one is reminded of the margins along film stock and between each frame. By lining up pictures within a picture, Grotjahn underscores the "deterritorialization"[2] of seeing, through which his drawings and paintings escape the pigeonhole of identification. Where the shimmering points converge, a splitting impacts the eye that still seeks to assert itself as the tool of perception. Being the "subject" is no longer the experience of an "I" with a fixed point, but rather one of permanent movement.

III.

Grotjahn's early performances are not well known. Various actions carried out at the end of the 1980s and early 1990s while he was still a student in Berkeley provided the foundation for his uninhibited approach to abstraction. Let us not forget that in the wake of 1968 abstract forms were still decried for failing to convey meaning and therefore being apolitical. In his *Sign Exchanges*, meticulously painted recreations of lettered signs from little shops and snack bars, which he placed in their original context, Grotjahn probed the potential of effective mass communication through painting. In the midst of narrow rows of stores, he spontaneously piled up cans of coffee or detergent, making columns and sculptures to see how customers would react. HOMAGE TO BOURBON (1989) shows the painter incising his chest with a razor blade and then having it treated (i.e. ironed) by a woman's hands—an ironic, slightly surreal, whisky-induced variation on Chris Burden's harsh self-mutilations. The hours he spent playing poker were ultimately a study of the balance between calculation and intuition in dealing with risk. These actions and the subsequent operation of a gallery in Los Angeles penetrated the depths of the social arena, activities that continue to resonate in the high-spirited constructions of perspective in the *Butterflies*.

IV.

"Oddly enough, it is the face: the *white wall/black hole* system. A broad face with white cheeks, a chalk face with eyes cut in for a black hole."[3] UNTITLED (FACE 2), ak#3165 (2004) is the black-and-white negative of this system; it is the Picassoesque mask of UNTITLED (BUTTERFLY), ak#3129 (2004). Expressively collapsing or escaping rays of vision flutter like vanishing lines around the white lines that are wide-open eyes—vanishing points and sources of vision—buried in the gloomy ground. "Even when painting becomes abstract, all it does is rediscover the black hole and white wall, the great composition of the white canvas and black slash. Tearing, but also stretching of the canvas along an axis of escape (*fuite*), at a vanishing point (*point de fuite*), along a diagonal, by a knife slice...."[4]

This face, divided into the segments of a circle, reminds us that "self-observation in the act of vision"[5] is possible even in abstract formations of rays. In the introductory essay to her exhibition, *The Expanded Eye,* Bice Curiger further remarks that "[d]rawing is an ideal medium with which to research perception, and to directly prolong thoughts while seeing."[6] And what do we see when we observe ourselves looking at the painted or drawn *Butterflies*? It is our probing gaze, twisted and turned and splintered, until disjunction undermines the linear course of seeing. At first sight, the impasto layer of paint may give the *Butterflies* a shuttered look, but on closer inspection the furrowed skin proves to be a loose fabric of individual patches, which appear not only where initials and years clearly surface like the finds of an archaeological digging. Even in the drawings, there are subtle traces that tell of deeper layers and the precarious consistency of the pictorial ground.

In the midst of this painting and drawing we peer through the spokes of Duchamp's revolving bicycle wheel and, suddenly, there is a flickering in the eye as if it were the receptor of its own light from outer space. "Voyage in place: that is the name of all intensities.... In short, what distinguishes the two kinds of voyages is neither a measurable quantity of movement, nor something that would be only in the mind, but the mode of spatialization, the manner of being in space, of being for space."[7] The dimensions of Grotjahn's pictures cannot be measured by their size but only by that uncharted space between the beats of the wings, where a home is mapped out for the *Butterflies* on the abstract margins of the latest narrative painting.

(Translation: Catherine Schelbert)

1) Gilles Deleuze/Felix Guattari, *A Thousand Plateaus: Capitalism and Schizophrenia,* transl. by Brian Massumi (Minneapolis: University of Minnesota Press, 1987). This edition: London: Athlone Press Ltd., 2004, p. 5.
2) Ibid., p. 191.
3) Ibid., p. 186.
4) Ibid., pp. 191–92.
5) Bice Curiger, "The Expanded Eye: Stalking the Unseen," *The Expanded Eye,* exh. cat., Kunsthaus Zürich (Ostfildern: Hatje Cantz, 2006), p. 17.
6) Ibid., p. 20.
7) Deleuze/Guattari (see note 1), p. 532.

MARK GROTJAHN, UNTITLED (BUTTERFLY FACE), 2003, oil on cardboard, 20 x 16" /
OHNE TITEL (SCHMETTERLINGS-GESICHT), Öl auf Karton, 50,8 x 40,6 cm. (PHOTO: ANTON KERN GALLERY, NEW YORK)

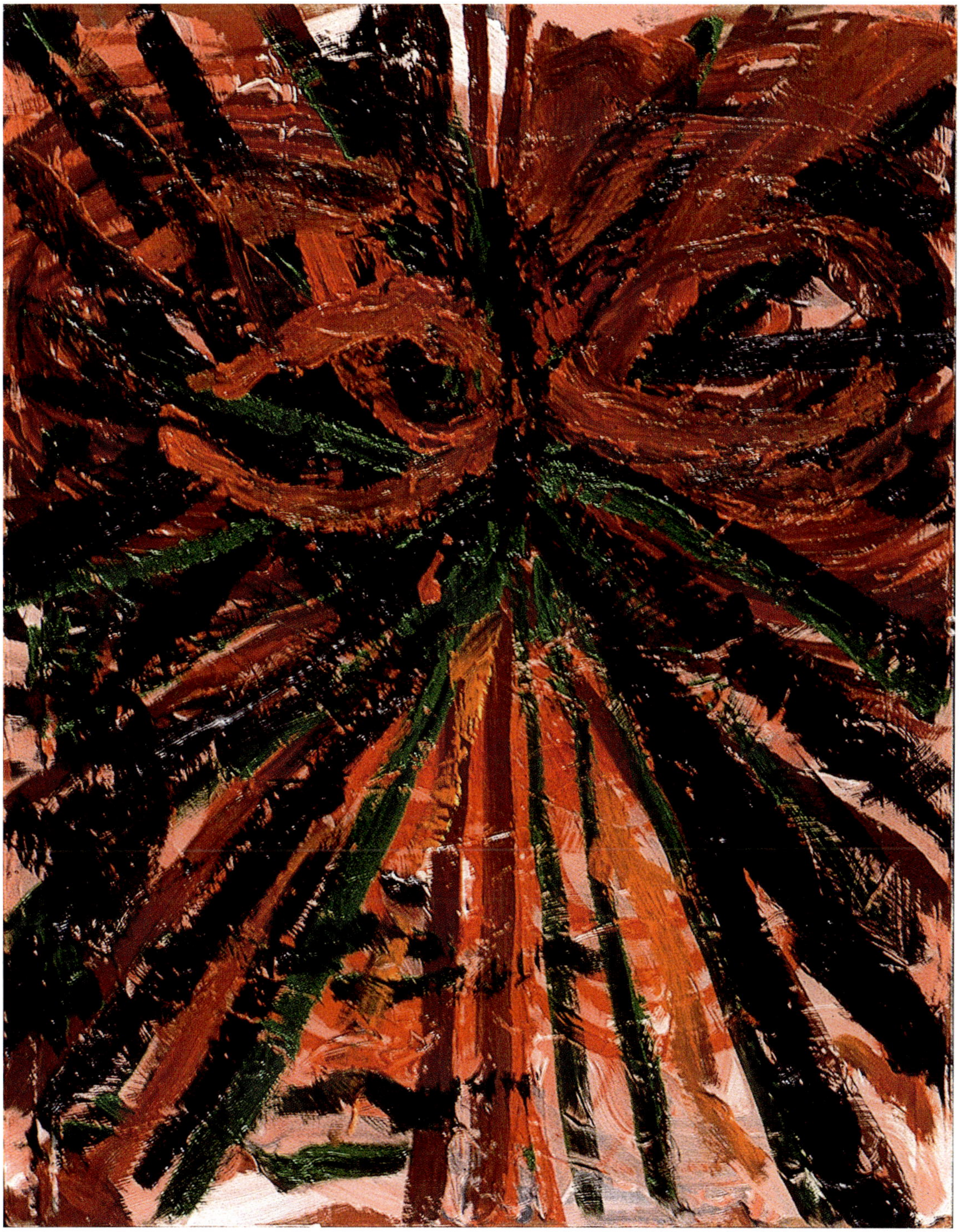

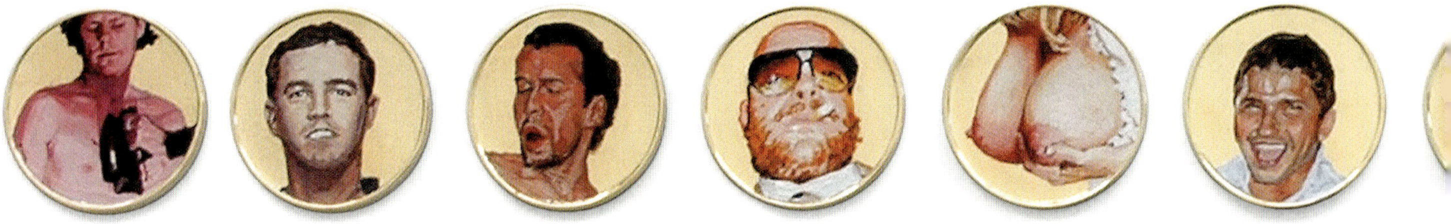

EDITION FOR PARKETT 80

MARK GROTJAHN

SPINNER WINNER, 2007

Hand-painted coin in gold and silver, $1^{1}/_{2}$ x $^{1}/_{8}$", each unique, plexiglas case.

Edition of 13 / VII in 18 carat gold, engraved and numbered on reverse.
Edition of 30 / X in sterling silver, engraved and numbered on reverse.

While playing Hold'Em, Omaha, Stud and other, poker players can use the Spinner Winner as a card guard to secure their cards during play. When not actively looking at their hand cards, players must place them face down on the table in front of their chips. Positioning the coin over the cards protects them from being accidentally exposed, fouled or folded.

[This card guard spinner has a small nipple on the bottom that allows it to be spun like a top.]

Handbemalte Münze in Gold und Silber, 3,9 x 0,3 cm, Unikate, Plexiglas-Behälter.

Auflage 13 / VII, in 18 Karat Gold, graviert und nummeriert.
Auflage 30 / X in Sterling-Silber, graviert und nummeriert.

Hold'Em, Omaha, Stud bei diesen und anderen Poker-Spielen schützt der Spinner Winner die Karten. Wenn nicht aktiv gespielt wird, müssen die Karten – nah bei den Chips – auf den Tisch gelegt werden. Die Münze beschwert die Karten und schützt vor zufälligem Offenlegen oder Betrug.

(Der Spinner hat einen kleinen Nippel auf der Rückseite, dank ihm dreht er sich wie ein Kreisel.)

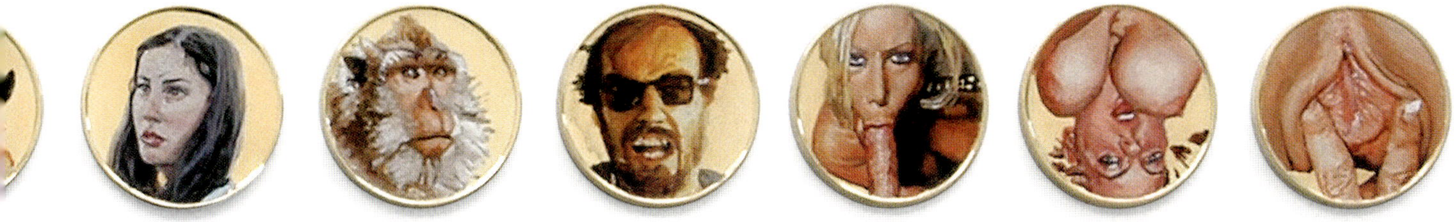

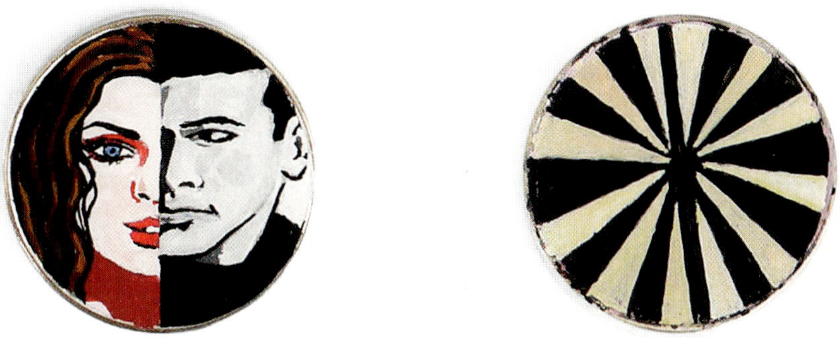

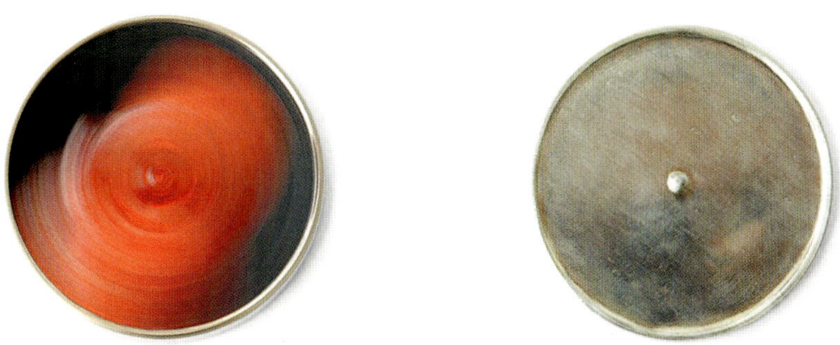

Ian Kiaer

CHRISTIAN RATTEMEYER

LANDSCAPE AND MODEL

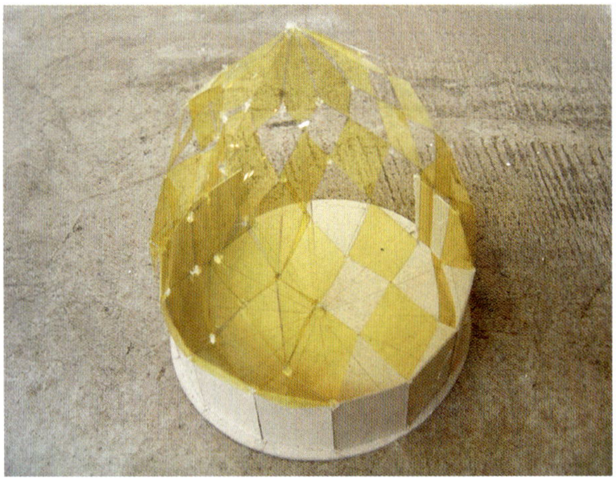

IAN KIAER, GREY CLOTH PROJECT: GLASHAUS (house of glass), 2005, detail / PROJEKT GRAUES TUCH, GLASHAUS. (ALL PHOTOS: COURTESY OF THE ARTIST, TANYA BONAKDAR GALLERY, NEW YORK and ALISON JACQUES GALLERY, LONDON)

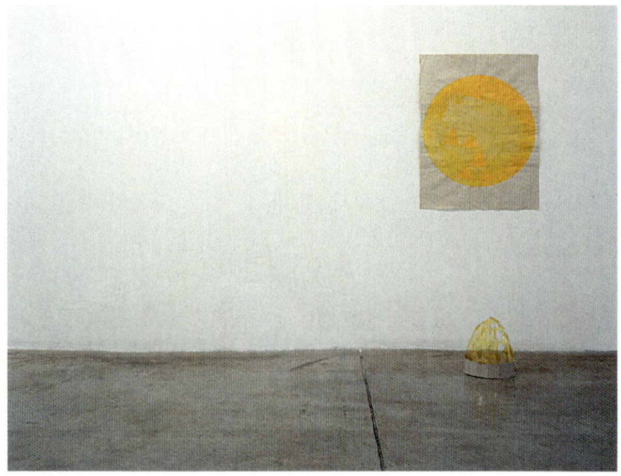

IAN KIAER, GREY CLOTH PROJECT: GLASHAUS (house of glass), 2005, work on paper, cardboard, colored acrylic sheeting / PROJEKT GRAUES TUCH: GLASHAUS, Arbeit auf Papier, Karton, farbige Acryl-Abdeckfolie.

One of the most subtle but striking works at the European biennial Manifesta 3, hosted in 2000 by the Slovenian capital, Ljubljana, was an installation of a small block of foam set in a corner on a three-legged stool. It was topped by an even smaller cardboard cube, vaguely suggesting an architectural model, and flanked by a significantly larger block of foam, about the same height as the stool. Above the ensemble almost in the corner hung a watercolor of a scene by Pieter Brueghel the Elder (c. 1525–1569), or more precisely, a detail from one of Brueghel's works showing a windmill on a rock. BRUEGEL PROJECT/CASA MALAPARTE (1999) by London-based artist Ian Kiaer links the isolated placement of Curzio Malaparte's famous villa overlooking a cliff on the coast of Capri with an isolated windmill taken from the background of a Brueghel painting. Architecture and its context in relation to isolated placement as well as the history of landscape painting are inscribed in one of Kiaer's earliest mature works with astonishing poetic economy.

Kiaer often draws from the history of landscape painting and from models of utopian and radical architecture, revealing ways in which they impact on the paradigms of aesthetic contemplation. Vision—the changing models of seeing and being seen, and the underlying philosophical and ideological models of self-imagining and control—could be said to permeate all of Kiaer's work, subtly informing his

CHRISTIAN RATTEMEYER is Associate Curator, Department of Drawings at the Museum of Modern Art in New York.

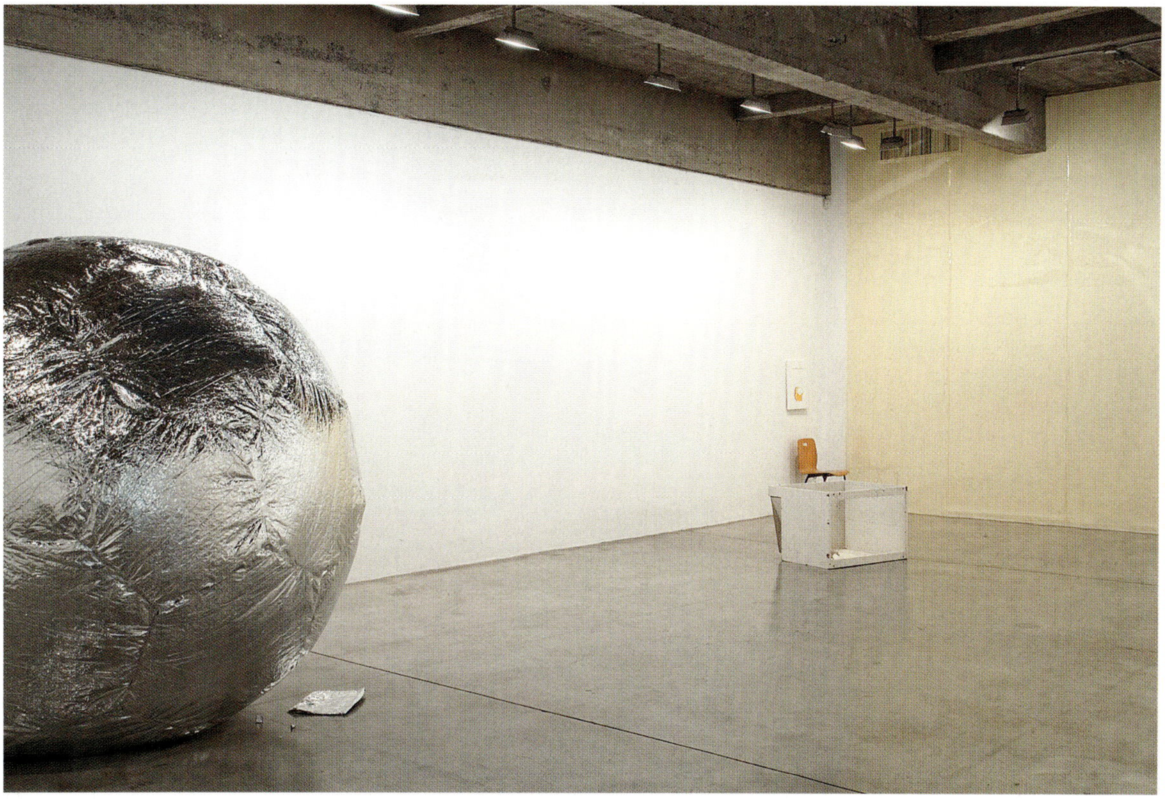

IAN KIAER, installation view Tanya Bonakdar Gallery, 2007, from left to right, BRUEGEL PROJECT: SURVIVAL BALLOON, 2007, BRUEGEL PROJECT: YELLOW FILM, 2007 / Installationsansicht, von links nach rechts, BRUEGEL PROJEKT: ÜBERLEBENS-BALLON, BRUEGEL PROJEKT: GELBER FILM.

choice of subject matter and installation. The view from above is a constitutive factor in our experience of landscape painting and the architectural model. In both cases, the aerial view is traditionally associated with a sense of completeness, an implied position of totality, and hence an all-knowing and all-seeing perspective shared by the divine creator, the painter, the architect—and the viewer.

The history of the aerial view is closely allied with the development of "landscape" as an aesthetic category, which led to a theoretical and perceptual paradigm shift, liberating man from the yoke of nature and, in turn, remaking nature as an aesthetic subject of contemplation. In his classic 1962 essay on the origins of the aesthetic category of landscape, Joachim Ritter traces the slow unhinging of the reflection of nature from a unified, philosophical and religious context to one of free aesthetic experience.[1)] Ritter's argument begins with Petrarch's first ascent of Mont Ventoux—a radical, failed attempt to inscribe nature into philosophy—and culminates in Friedrich Schiller's reflections on aesthetic education in *On the Aesthetic Education of Man* (1793), where nature, as a cultivated and subordinated landscape, serves as a contemplative arena for free citizens. When Petrarch made his famous ascent of April 26, 1336, for no other reason than his "wish to see what so great an elevation had to offer,"[2)] he launched a conception of nature as "landscape" that radically redefined the contemplative relationship between man and his environs. That conception led to a new form of philosophical knowledge, based on the perception of

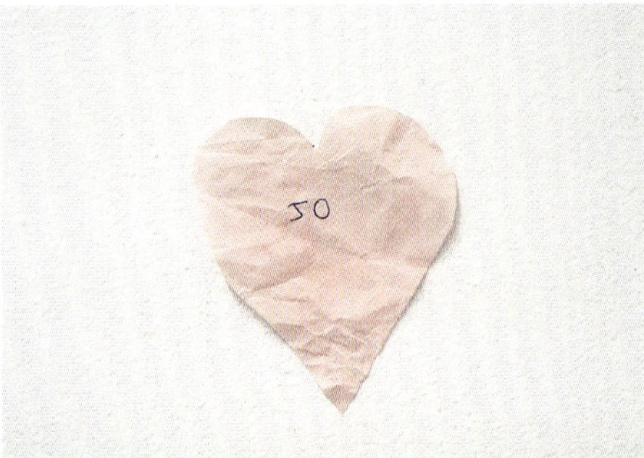

IAN KIAER, BRUEGEL PROJECT: FOND, 2007, detail / BRUEGEL PROJEKT: LIEBEVOLL, Detail.

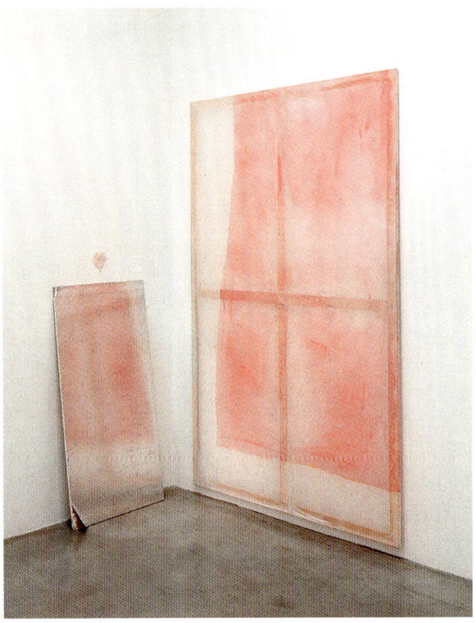

IAN KIAER, BRUEGEL PROJECT: FOND, 2007, acrylic on linen, foil, plaster board, tissue, dimensions variable / BRUEGEL PROJEKT: LIEBEVOLL, Acryl auf Leinen, Folie, Gipsplatte, Gewebe, Masse variabel.

actual experience. The aesthetic experience of landscape not only replaced philosophical reasoning as a form of knowledge of the world, but also subsequently challenged the scientific exegesis of the visible world as the mere "study of nature." In conjunction with a new theory of aesthetics that acquired currency around 1800, Schiller considered the contemplation of nature as landscape (and society's relationship to it) an important indicator of the existence of freedom. Schiller argued that only free citizens—inhabitants of culture, not nature—are able to subject landscape to purposes of visual pleasure and contemplation. The history of landscape painting follows a similar trajectory. When Joachim Patinir defined landscape painting in the 1520s, the aerial view encompassed the entire visible world, villages and fields, seas and mountains, always with a church in the center. Brueghel updated Patinir's cosmology in his kaleidoscopic scenographies that show simultaneous events, as in Icarus' fall and the plowing of a field in the foreground in LANDSCAPE WITH THE FALL OF ICARUS (c. 1558). Brueghel's work caused the first cracks in the *globus mundi* which was later to shatter into all the thousands of pieces of individual experience.

Since his participation at Manifesta 3, Kiaer has produced a series of very precise yet open-ended installations that often take as a starting point architectural utopian proposals and projects: MOSHE SAFDIE PROJECT/SILVER (2001), ENDLESS THEATRE PROJECT (2003), ENDLESS HOUSE PROJECT (2004), and THE GREY CLOTH (2005). All of these installations bring together diverse elements such as small-scale volumes evocative of architectural models, spheres reminiscent of globes or planets, discrete sculptural elements like a bed frame, cupboard, and overhead projector, and a number of extremely simple, almost monochromatic watercolors and drawings that barely reference the different landscape paintings they are based upon. And in all of them, references to the changing modalities of vision and perception—and a highly articulated sensibility to the extreme changes in scale that these modalities engender—abound. Kiaer's installation ENDLESS THEATRE PROJECT takes as a starting point two theater designs: the plans and drawings for Claude-Nicolas Ledoux's Théâtre de Besançon (1778–1784), which involved a radical shift from the viewing boxes of conventional eighteenth-century theater design to uninterrupted, curved amphitheater-like seating; and Friedrich Kiesler's project for a *Raumbühne* (space stage), in which the audience would surround the stage in a full circle. Organized into a series of clustered arrangements—not unlike *tableaux vivants*, if you will—the elements of the installation invoke different aspects and conventions of viewing. One grouping unites different elements by their black color scheme: the found objects of an office swivel chair and a small desktop, the slightly uneven rubber sphere of a soccer ball bladder, a smaller section of a plastic sphere, and an ink drawing of a bird perched on a spherical fruit or blossom, hovering over a curved ground underneath, which echoes the curved horizon of terrain seen from far away. Another grouping consists of a pale watercolor of Ledoux's *Project for an Agricultural Lodge* (1775), a floor assemblage of four square white polystyrene panels with the inside corners trimmed to reveal the negative silhouette of a circle, and a white ping-pong ball casually positioned near the wall. The third, and largest, arrangement is structured around a small architectural model of a semi-circular amphitheater and includes an assemblage of several sheets of asphalt cut out to silhouette the plan of Ledoux's auditorium, a small, simple model of the theater's volume, also constructed of asphalt and tucked in the corner of the room, and an ink-on-canvas drawing after Jean-Antoine Watteau's LES CHARMES DE LA VIE (The Music Party, c. 1718). From the latter, he isolated the background and single cello leaning against a chair, but removed all protagonists and architectural surroundings. Watteau's leisurely concert in the park serves as a model for a different kind of spectacle, where observation is as much a matter of being seen. Again, Kiaer merges and confronts two modalities of perception: the fragmented and self-absorbed view that is paradoxically part of an absolutist politics and the reclaimed, unobstructed overview, now part of an early bourgeois ideology of enlightenment.

Most recently, for a solo exhibition at Tanya Bonakdar Gallery in New York in 2007, Kiaer drew on another work by Brueghel, THE RETURN OF THE HERD (1565). Brueghel's scene shows shepherds bringing home a herd of cattle, densely crowded into the left foreground of the work, while a dramatic and expansive vista reveals mountains and a valley stream, forests, fields, and an ominous stormy sky. For THE BRUEGEL PROJECT (2007), Kiaer created a series of installations that take on details of Brueghel's composition: a canvas showing the original source image (in pale grey and yellow) with a hole cut into it where one peasant appears; a single white cow in the foreground of a painting that reappears as a small sculpture perched on a semi-circular mound, set on a round wooden disc and, again, peeking out of a found kitchen cabinet set in the middle of a room. The sense of impending doom is translated into a large silver sphere made of shiny insulation plastic hovering over an aggregation of tiny cubes made of the same material: a celestial body that at once seems to protect and threaten a village.

Brueghel's radical pictorial language, based on the equivalence of landscape, villages, and bystanders in depicting an historical event instead of focusing on a central scene, serves as a model for Kiaer's dramatic shifts in perspective, scale, and narrative. Landscape and model, seen close up and from afar at the same time, convey the radical discontinuity between the all-encompassing overview and the complete fragmentation of experience: a contingency of being in the world. These fundamentally modern conditions of perception—individuality, fragmentation, contingency, and self-implication—are the result of a long history of negotiating one's role within the larger natural world. Kiaer's sustained focus on the role landscape played in the shaping of aesthetic contemplation and on the models of visuality its history has engendered, reminds us of the purpose aesthetics once fulfilled: to glimpse one's own freedom in the visual pleasure the world provides and to understand one's contingency vis-à-vis its might.

1) Joachim Ritter, "Landschaft. Zur Funktion des Ästhetischen in der modernen Gesellschaft," *Subjektivität* (Frankfurt/Main: Suhrkamp Verlag, 1967), pp. 141–164.

2) James Harvey Robinson, ed. and trans., "Petrarch: The Ascent of Mount Ventoux. To Dionisio da Borgo San Sepolcro" in *Petrarch: The First Modern Scholar and Man of Letters* (New York: G.P. Putnam, 1898), pp. 307–320, p. 308.

Ian Kiaer

CHRISTIAN RATTEMEYER

LANDSCHAFT UND MODELL

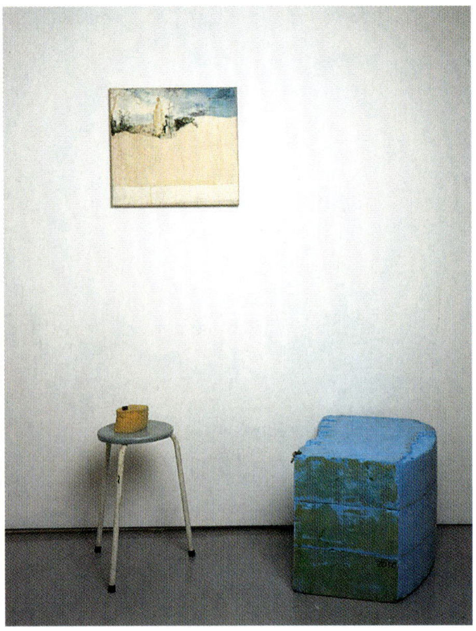

IAN KIAER, BRUEGEL PROJECT: CASA MALAPARTE, 1999, acrylic on calico, balsa wood, cardboard, foam, mixed media, dimensions variable / Acryl auf Kaliko, Balsaholz, Karton, Schaum, verschiedene Materialien, Masse variabel.

Eine der subtilsten und bemerkenswertesten Arbeiten der Biennale Manifesta 3 (2000) in Ljubljana war eine Installation aus einem kleinen Schaumstoffblock, der in einer Raumecke auf einem dreibeinigen Hocker platziert war und auf dem sich ein noch kleinerer Kartonwürfel befand (welcher vage an ein Miniatur-Architekturmodell erinnerte). Daneben befand sich ein deutlich grösserer Schaumstoffblock von ungefähr der Höhe des Hockers. Oberhalb des Ensembles an der Wand hing ein Aquarell nach einer Szene Pieter Breughel des Älteren (ca. 1525–1569), genauer ein Detail aus einem von Breughels Werken, das eine Windmühle auf einem Berg zeigt. BRUEGEL PROJECT/CASA MALAPARTE (1999) des in London lebenden Künstlers Ian Kiaer schliesst die isolierte Platzierung von Curzio Malapartes berühmter gleichnamiger Villa auf einem Kliff in Capri mit einer frei stehenden Windmühle, die im Hintergrund des Breughel-Gemäldes zu sehen ist, kurz.

CHRISTIAN RATTEMEYER ist Kurator in der Zeichnungsabteilung des Museum of Modern Art in New York.

Kiaers Arbeiten beziehen sich oft auf die Geschichte der Landschaftsmalerei und auf utopische und radikale Architekturmodelle und legen Verbindungen frei, die deren Einfluss auf die Paradigmen ästhetischer Betrachtung zeigen. Die Frage der Wahrnehmung – die wechselnden Modelle des Sehens und Gesehenwerdens und die diesen zugrunde liegenden philosophischen und ideologischen Modelle der Selbstwahrnehmung und Kontrolle – durchdringt sämtliche Arbeiten Kiaers und beeinflusst seine Themenwahl und deren Darstellung. Landschaftsmalerei und Architekturmodell finden einen gemeinsamen (visuellen) Bezug im Konzept des Luftbildes – der Vogelschau. Der Blick von oben ist ein konstitutiver Bestandteil für die Erfahrung von Landschaft und Modell, diese Aufsicht steht traditionellerweise für ein Gefühl der Vollständigkeit, eine Position der Totale, der allwissenden und allsehenden Perspektive, die von Gott, dem Maler, dem Architekten – und letztlich dem Betrachter – eingenommen wird.

Eine massgebliche Bedingung für die Geschichte der Vogelschau ist das Verständnis für die Entwicklung der «Landschaft» als ästhetische Kategorie, die einen theoretischen und wahrnehmungsgeschichtlichen Paradigmenwechsel beinhaltet, bei dem sich

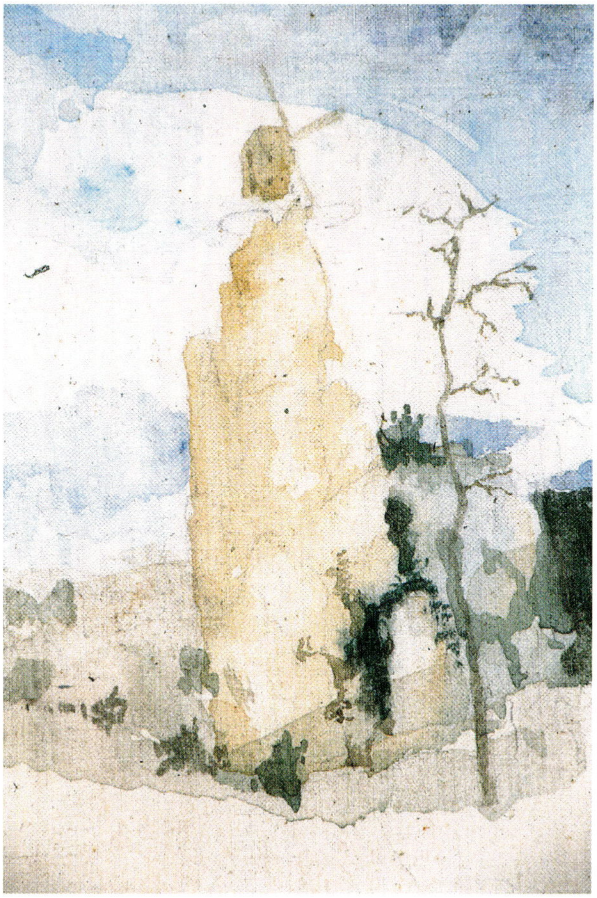 

IAN KIAER, BRUEGEL PROJECT: CASA MALAPARTE, 1999, details.

der Mensch vom Joch der Natur befreit und diese in der Folge als ästhetisches Objekt einer kontemplativen Betrachtung wahrnimmt. In seinem klassischen Essay über die Anfänge der Kategorie «Landschaft» (1962) folgt Joachim Ritter der langsamen Befreiung der Naturbetrachtung aus einem vereinheitlichten philosophisch-theologischen Kontext hin zu einer unabhängigen ästhetischen Erfahrung.[1] Ritter verfolgt seine These anhand von Petrarcas Erstbesteigung des Mont Ventoux – einem radikalen, gescheiterten Versuch der Einschreibung von Natur in die Philosophie – bis zur Synthese (jedenfalls im Rahmen seines Arguments) in Friedrich Schillers *Über die ästhetische Erziehung des Menschen* (1793). Darin dient die Natur – kultiviert und als Landschaft unterworfen – als Schauplatz der Kontemplation freier Bürger. Petrarcas berühmter Aufstieg, «einzig getrieben von der Begierde, die ungewöhnliche Höhe eines Ortes in unmittelbarer Anschauung kennenzulernen»,[2] eröffnete eine Vorstellung der Natur als «Landschaft», welche das kontemplative Verhältnis zwischen dem Menschen und seiner Umgebung radikal veränderte. Mit Petrarca – für ihn noch unfasslich – begann die Geschichte der Natur als Land-

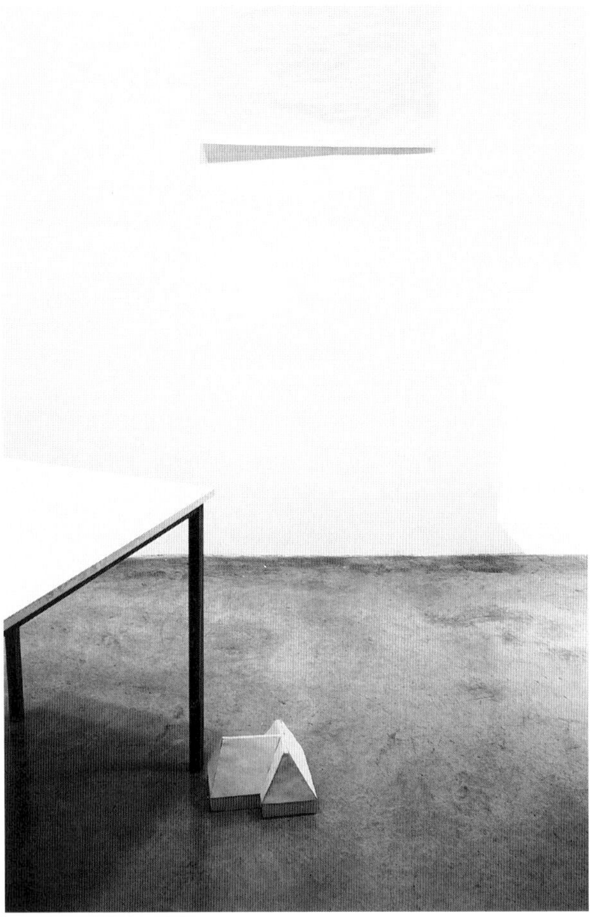

IAN KIAER, BRUEGEL PROJECT: HUT, 2007, projector, formica table, paper, cardboard, acrylic on paper, dimensions variable / BRUEGEL PROJEKT: HÜTTE, Projektor, Formica-Tisch, Papier, Karton, Acryl auf Papier, Masse variabel.

schaft und damit eine neue Form philosophischen Wissens: eines Wissens, das auf der Wahrnehmung gelebter Erfahrung basiert. Die ästhetische Landschaftserfahrung ersetzte nicht nur die philosophische Erkenntnis als eine Form des Wissens von der Welt, sondern positionierte sich zudem gegen die wissenschaftliche Exegese der sichtbaren Welt als blosser «Naturkunde». Um 1800, während eine Theorie der Ästhetik formuliert wurde, erachtete Schiller die Naturbetrachtung der Landschaft (und das Verhältnis der Gesellschaft zu ihr) als wichtigen Faktor für die Erkenntnis der Freiheit; Schiller erklärte, dass nur freie Bürger – Bewohner der Kultur, nicht der Natur – im Stande seien, die Landschaft dem Zweck der visuellen Freude und Betrachtung zu unterstellen. Die Geschichte der Landschaftsmalerei folgt einem ähnlichen Pfad; um 1520, als Joachim Patinir massgeblich zur Entwicklung der Landschaftsmalerei beitrug, umfasste der Blick von oben noch die gesamte sichtbare Welt, mit Dörfern, Feldern, Meeren, Bergen und einer Kirche im Mittelpunkt. Breughels Arbeiten erweiterten Patinirs Kosmologie um eine kaleidoskopische Anordnung, bei der die Gleichzeitigkeit der Ereignisse – Ikarus' Fall und das Mähen der Felder – in LANDSCHAFT MIT FALL DES IKARUS (ca. 1558) dem *Globus Mundi* erste Risse zufügen, welcher später in die tausend Scherben der individuellen Erfahrung zerschellen wird.

Seit seiner Teilnahme an der Manifesta 3 hat Kiaer eine Reihe präziser und zugleich offener Installationen geschaffen, die oft utopische, architektonische Projekte zum Ausgangspunkt haben: MOSHE SAFDIE PROJECT/SILVER (2001), ENDLESS THEATRE PROJECT (2003), ENDLESS HOUSE PROJECT (2004) und THE GREY CLOTH (2005). All diese Installationen vereinen diverse Elemente: kleinformatige Volumen, die Architekturmodelle beschwören, Kugeln die an Planeten oder Globen erinnern, einzelne skulpturale Elemente wie Bettgestelle, Schränke, einen

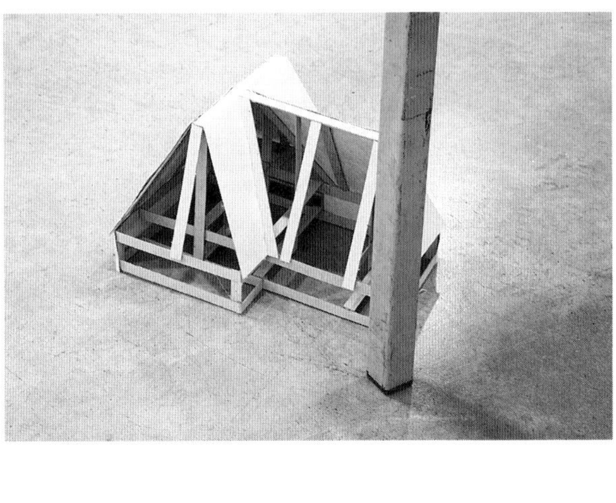

IAN KIAER, BRUEGEL PROJECT: HUT, 2007, detail / BRUEGEL PROJEKT, HÜTTE.

Projektor und eine Reihe sehr einfacher, beinahe monochromer Aquarelle und Zeichnungen, die gerade noch an die verschiedenen Landschaftsmalereien erinnern, denen sie entstammen. Sämtliche Installationen beziehen sich auf die wechselnden Formen des Sehens und der Wahrnehmung und zeugen von der differenzierten Sensibilität, mit der Kiaer auf die diesen Formen inhärenten Massstabsveränderungen reagiert. Seine Installation ENDLESS THEATRE PROJECT hat zwei Entwürfe für Theaterbauten als Ausgangspunkt: Die Pläne und Entwürfe von Claude-Nicolas Ledoux' Théâtre de Besançon (1784), einen zu seiner Zeit radikalen Entwurf für ein ununterbrochenes, als Amphitheater entworfenes Auditorium, welches in direktem Gegensatz zu den Logen konventioneller barocker Theater stand; und Friedrich Kieslers Projekt für ein *Endloses Theater,* bei dem die Betrachter die Bühne kreisförmig umringen. Kiaer gliederte die Installation als Serie arrangierter Gruppierungen, *Tableaux Vivants* nicht unähnlich, welche unterschiedliche Aspekte und Konventionen der Betrachtung evozieren. Eine Gruppierung vereint unterschiedliche Fundstücke, die durch ein schwarzes Farbschema verbunden sind: Einen Bürostuhl und eine kleine Tischplatte, die verformte Gummikugel eines Fussballs, ein kleines Kugelsegment aus Plastik, und die Tuschezeichnung eines Vogels, der auf einer kreisförmigen Frucht oder Blüte hockt und über einem geschwungenen Grund schwebt, der an den Horizont eines fernen Terrains erinnert. Eine weitere Gruppierung besteht aus einem bleichen Aquarell von Ledoux' kugelförmigem *Projekt für eine landwirtschaftliche Hütte* (1775), einer Bodenskulptur aus vier weissen Polystyren-Paneelen, deren Ecken so beschnitten sind, dass sie eine negative Kreissilhouette bilden, und einem weissen Tischtennisball, der etwas nachlässig nahe der Wand liegt. Ein drittes und grösstes Arrangement ist um ein kleines Architekturmodell eines halbkreisförmigen, gestuften Amphitheaters gruppiert und umfasst eine Assemblage aus mehreren Lagen Asphalt, die den Grundriss von Ledoux' Auditorium wiedergeben, sowie ein kleines, einfaches Modell der ungefähren Raummasse des Theaters, welches ebenso aus Asphalt konstruiert ist und etwas abseits in einer Ecke des Raumes steht. Eine Tuschezeichnung auf Leinwand, die auf Jean-Antoine Watteaus LES CHARMES DE LA VIE (ca. 1718) basiert und nur noch den Hintergrund und ein einzelnes, an einen Stuhl lehnendes Cello zeigt – sämtliche Protagonisten und Gebäude wurden entfernt –, vervollständigt die Installation. Watteaus entspanntes Konzert im Park dient als Modell für eine andere Form des Spektakels, bei dem die Betrachtung massgeblich von Gesehenwerden bestimmt ist. Kiaer bringt erneut zwei Modalitäten der Wahrnehmung zusammen: Die fragmentierte und selbstverliebte Betrachtung, die paradoxerweise Sinnbild einer absolutistischen Politik ist, und die zurückgewonnene ungehinderte Übersicht, die hier als Abbild für eine frühe bürgerliche Ideologie der Aufklärung steht.

In einer Einzelausstellung in der Galerie Tanya Bonakdar in New York im Jahr 2007 bezog sich Kiaer ein weiteres Mal auf ein Werk Breughels, dem Gemälde HEIMKEHR DER HERDE (HERBST) (1565).

IAN KIAER, GREY CLOTH PROJECT: GLÄSERNE KETTE (chain of glass), 2005, detail.

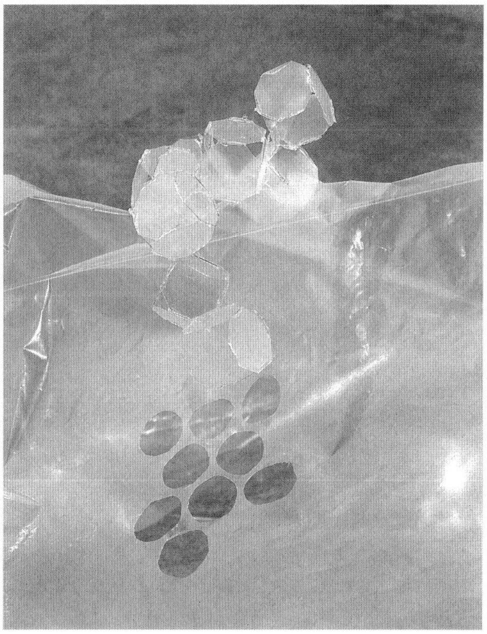

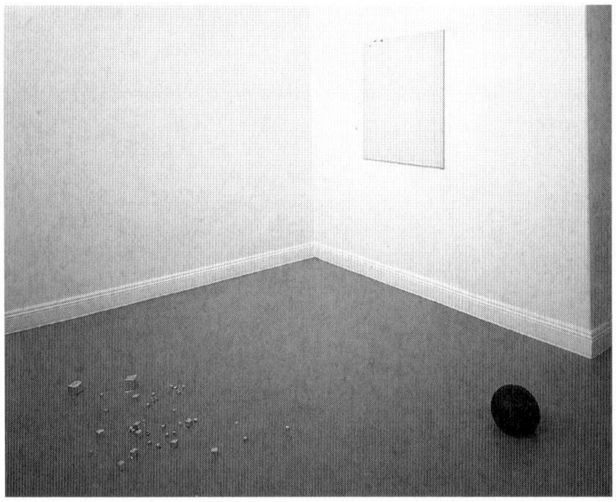

IAN KIAER, ENDLESS HOUSE PROJECT: BIRDS, 2004, rubber football bladder, foil, pencil, watercolor and acrylic on canvas, emulsion on hardboard / PROJEKT ENDLOSES HAUS: VÖGEL, Fussballblase, Folie, Bleistift, Wasserfarbe und Acryl auf Leinwand, Emulsion auf Hartfaserplatte.

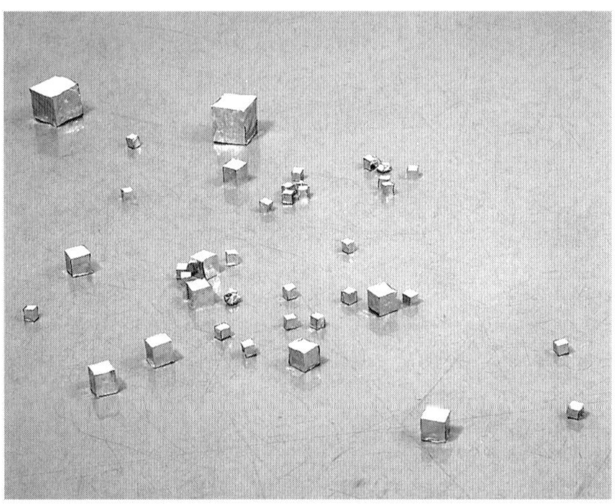

IAN KIAER, ENDLESS HOUSE PROJECT: BIRDS, 2004, detail.

Breughels Szene zeigt Hirten bei der Heimkehr einer Rinderherde, die dicht an den linken Bildvordergrund gedrängt ist, während die Bildmitte von einer dramatischen Aussicht bestimmt wird, die Berge, einen Flusslauf, Felder und einen bedrohlichen Himmel zeigt. Für THE BRUEGEL PROJECT (2007) schuf Kiaer eine Serie von Installationen, die einzelne Details von Breughels Komposition aufgreifen: Eine Leinwand zeigt das Ausgangsbild in fahlem Grau und Gelb mit einem Loch an der Stelle, wo sich die Bauern befinden; eine vereinzelte weisse Kuh im Vordergrund des Bildes erscheint als kleine Skulptur, die auf einem halbkreisförmigen Hügel auf einer runden Tischplatte hockt, und ein weiteres Mal als Tierskulptur aus einem Küchenschrank in der Mitte der Galerie herausschaut; der Eindruck drohender Gefahr findet Ausdruck in einer raumhohen silbernen Kugel aus spiegelnder Plastikisolierung, die über einigen kleinen, aus demselben Material gefertigten Würfeln schwebt: eine Himmelskugel, die das Dorf beschützt und bedroht.

Breughels radikale Bildsprache – sein Verzicht auf ein zentrales Motiv zugunsten einer gleichzeitigen Betrachtung historischer Ereignisse und Szenerien bestehend aus Landschaften, Dörfern und Statisten – dient als Modell für die dramatischen Wechsel von Perspektive, Massstab und Narration in Kiaers Arbeiten. Landschaft und Modell, zugleich aus nächster Nähe und weiter Ferne betrachtet, vermitteln die radikale Diskontinuität zwischen dem allumfassenden Überblick und der kompletten Fragmentierung der Erfahrung – einer Möglichkeit des In-der-Welt-Seins. Diese fundamental modernen Wahrnehmungsbedingungen – Individualität, Fragmentierung, Ausgeliefertsein und Selbstbestimmung – sind das Resultat einer langen Verhandlungsgeschichte der eigenen Rolle innerhalb einer umfassenden Naturwelt. Kiaers nachhaltiger Fokus auf die Rolle der Landschaft bei der Formung einer neuen Kategorie ästhetischer Kontemplation und die Geschichte der veränderten Wahrnehmungsmodelle erinnert uns an den Auftrag, den die Ästhetik einst erfüllte: die eigene Freiheit im Genuss am Sichtbaren der Welt zu erkennen und die eigene Bedingtheit angesichts ihrer Macht zu begreifen.

1) Joachim Ritter, «Landschaft. Zur Funktion des Ästhetischen in der modernen Gesellschaft», *Subjektivität* (Frankfurt/Main: Suhrkamp Verlag, 1967), S. 141–164.
2) Francesco Petrarca: «Die Besteigung des Mount Ventoux. Brief an Diogini da Borgo San Sepolcro», *Petrarca: Dichtungen, Briefe, Schriften* (Frankfurt/Main: Fischer, 1956), S. 80ff.

«LES INFOS DU PARADIS»

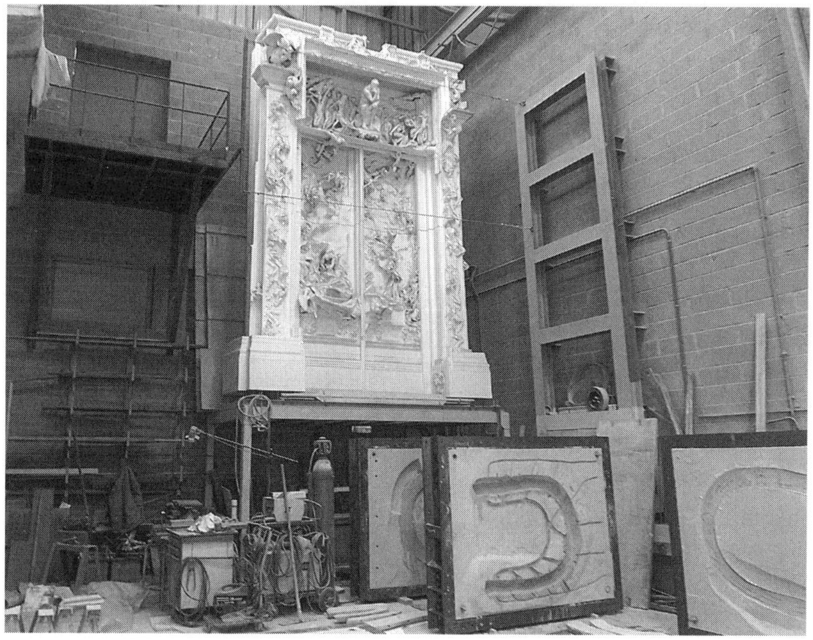

Plaster model for three bronze Gates, Coubertin Foundry / Das Gipsmodell in der Giesserei Coubertin, Grundlage für drei Bronzetore.
(PHOTO: SASCHA RENNER, MARCH 2007)

SASCHA RENNER

Die Rückseite des Höllentors

Sind denn die Kathedralen vollendet?

– Rodin[1)]

Das HÖLLENTOR hat zwei grosse Füsse, auf denen es gehen kann, behauptete Per Kirkeby.[2)] Er hatte recht. Dieses hier ist – Trapp! Trapp! – auf seinen Säulenstümpfen zwei Meter nach vorn gerückt. Sechzig Jahre lang stand es mit dem Rücken direkt zur Wand – so wie auch alle anderen TORE in Philadelphia, Paris, Tokio, Stanford, Shizuoka und Seoul.[3)] Unverändert, seit es Emil Georg Bührle von der Giesserei Rudier in Paris für das Kunsthaus Zürich erworben hat. Wollte es mehr sein als ein blosses Schmuckportal? Ein Körper im Raum, ein dreidimensionales Bild, eine vielansichtige Skulptur? Der Blick geht jetzt rundum, ungehindert und frei, wie es ihm gefällt. Und so kam es, dass mir das Tor sein lange gehütetes Geheimnis offenbarte. Ein eigentliches Drama, das nur sieht, wer sich hinter das TOR stellt.

Der rückseitige Anblick quält Auge und Verstand: Die sorgfältig modulierte Illusion wahrhaftiger Leiber zerfällt hier in einer stürmischen Tektonik voller Brüche und Beulen. Tränen fliessen aus nierenförmigen Abszessen und zeichnen rostrote Spuren. Ausbauchungen der Bronze lassen an die warzige Haut eines Insekts denken,

SASCHA RENNER ist Kunsthistoriker und schreibt für den *Züritipp* des *Tages-Anzeigers* über Kunst.

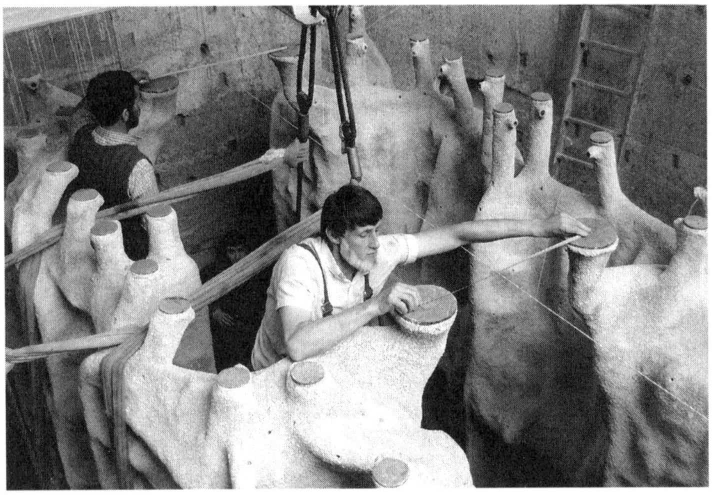

Encased wax model of the two halves of the Gate for Shizuoka, with feeds for pouring and ventilation, in preparation for melting out the wax / Das ummantelte Wachsmodell der beiden Hälften des Tors von Shizuoka, mit Einguss- und Entlüftungskanälen, wird zum Ausschmelzen vorbereitet.

(PHOTO: JEAN DUBOS, FONDERIE DE COUBERTIN, 1992)

Schrauben und Bolzen an den berstenden Kessel einer Lokomotive. In diesem wogenden Auf und Ab erahnt man Menschliches – Ungeborenes, im Grab Gefangenes. Niemals aber fügt es sich zu einem Ganzen. Es sind Strukturen, die an das Archetypische rühren – so wie die Ascheleiber von Pompeji, denen jede Eigenheit genommen ist. UGOLINO, DER FALLENDE, DIE KNIENDE FAUNIN: Hier hinten verliert sich ihre Gestalt. So als hätte ein Bilderstürmer sie ausgemerzt.

Es ist eine eigentümliche, unentrinnbare Anziehung, die dieses Drama auf mich ausübt, seit ich es zum ersten Mal gesehen habe. Die rohe, wuchtige Stofflichkeit, die Bändigung des Metalls durch die Hand des Giessers, die Macht der Suggestion – all das entfaltet einen Bann, der die Kraft des ausformulierten Bildes weit übertrifft. Und auch wenn Rodin dieses rückseitige Drama zu Lebzeiten nicht zu Gesicht bekam, so stand es seiner grossen Vision doch am nächsten. Denn der Künstler haderte zeitlebens mit der barocken Fülle seines TORS. Als er das Gipsmodell im Jahr 1900 erstmals ausstellte, hatte er das gesamte Figurenarsenal daraus entfernt.[4)] Es blieb einzig der bewegte Untergrund zurück – die Essenz. Später wurde diese radikale Umarbeitung ignoriert. Doch in der Rückseite ist sie erhalten geblieben: als jene erschütternde, symbolistische Landschaft, die der Vorstellung alle Freiheit lässt.

Ich entschliesse mich, die Anatomie dieses in jeder Hinsicht masslosen Werks – 6,8 Meter Höhe, 227 Figuren, acht Tonnen Bronze – zu ergründen. Wie sollte es möglich sein, ein derart komplex ineinander getriebenes Ensemble aus auskragenden Figuren und Relieftafeln abzuformen? Welcher Ofen wäre gross genug, um das Wachs aus der Gussform auszuschmelzen? Und vor allem: Welche Finger wären heute noch versiert genug, um an Eugène Rudiers Meisterschaft heranzukommen? An die Fertigkeiten jenes Mannes also, der unbestritten als der beste «Maître fondeur» des letzten Jahrhunderts gilt. Dem Maillol, Renoir, Bourdelle, Moore, Arp und Giacometti blind vertrauten. Und den Rodin so sehr schätzte, dass kein anderer Giesser mehr Hand an seine Modelle legen durfte.

Der Legende nach soll Rudier eifersüchtig darüber gewacht haben, dass keiner seiner Mitbewerber ihn übertraf. Vor seinem Tod 1952 verfügte er deshalb, dass seine Archive verbrannt und sämtliche Gussformen zerschlagen würden. Sogar sein Lieblingspferd soll er mit ins Grab genommen haben. Spärlich sind daher die Indizien im Hinblick auf das Zürcher HÖLLENTOR. Doch weiss man, dass es nicht für Zürich bestimmt war. Arno Breker, der prominenteste Bildhauer des NS-Regimes, bestellte es 1942 im Auftrag des Deutschen Reichs. Es sollte dereinst das Führermuseum in Linz schmücken.[5)] Breker lebte mehrere Jahre in Paris und verkehrte in den Kreisen um Delaunay, Brancusi und Man Ray. Doch ergab er sich später rückhaltlos den Nationalsozialisten und förderte nurmehr diejenigen Künstler, die im Sinne der Machthaber arbeiteten. Obwohl sich Rodin dem idealisierenden Akademismus stets widersetzt hatte, liess sich sein Stil für die neue deutsche Kunst vereinnahmen.

Als die Bestellung nach dem Krieg hinfällig wurde, sandte Rudier das herrenlose Tor an das Kunsthaus Zürich. Dort wurde es in einer Ausstellung unter dem Titel «Bronze und Bleigüsse nach Skulpturen von Antoine Bourdelle, Aristide Maillol und Auguste Rodin. Zwanzig Werke von drei Künstlern» gezeigt.[6] Rudier spekulierte wohl, hier einen neuen Käufer zu finden. Eine Hoffnung, die sich dank dem Industriellen Emil Georg Bührle erfüllte.

Nach Rudiers Tod wagte sich während fünfunddreissig Jahren keiner mehr an Rodins Hauptwerk heran. Auch Georges Rudier nicht, Eugènes in Ungnade gefallener Neffe, der dessen Giesserei auf Drängen des Musée Rodin in Paris übernahm und weiterführte. Niemand verfügte über die Erfahrungen und Ausstattung, die ein Projekt dieser Grössenordnung voraussetzt. Es war ein Unbekannter – ein junger Giesser namens Jean Dubos –, der das Unmögliche versuchte und nicht davor zurückschreckte, in die mächtigen Fussstapfen Rudiers zu treten – oder diesen gar zu übertreffen. Im Café du Musée in Paris, wenige Schritte vom Musée Rodin entfernt, sitzt er mir nun gegenüber. Ein Bart, nicht mehr schwarz und noch nicht weiss, umrahmt ein sanftmütiges Gesicht. Ein Lächeln spielt über seinen Zügen, als er von damals erzählt.

«Wie alle andern konnten wir auf kein Vorwissen zurückgreifen. Wir experimentierten, versuchten und verwarfen. Es war die Hölle. Aber Rodins Hauptwerk zu giessen, ist für jede Werkstätte ein Traum.» Die eigentliche Herausforderung bestand darin, einen Guss aus möglichst wenigen Einzelteilen aufzubauen. Denn jedes zusätzliche Element schwächt die Statik der schwergewichtigen Konstruktion und bedingt ein aufwändiges Verschweissen und Ziselieren der Nahtstellen – eine Verfälschung der Hand des Künstlers. Dubos ersann deshalb, das TOR horizontal zu halbieren und in zwei Teilen in einem Mal zu giessen. Ein Projekt, das verwegen genug war, um den grossen Rudier postum herauszufordern – dieser musste seine TORE aus rund 30 Einzelplatten montieren. «Wir wussten: So könnten wir grösstmögliche Werktreue, Stabilität und Dauerhaftigkeit erzielen. Dafür mussten wir zuerst den grössten Ofen ganz Frankreichs bauen.»

Dieser Ofen, eine alchemistische Brutkammer enormen Ausmasses, ist das Ziel meiner Reise. Die RER bringt mich nach Saint-Rémy les Chevreuse, der Heimat der Giesserei Coubertin, eine Dreiviertelstunde von Paris.[7] Winternackte Linden säumen eine lichte Allee. An deren Ende erhebt sich ein fürstliches Barockschloss, der Art nach ein Sommerpalais, über kegelförmigem Nadelgehölz. Unter freiem Himmel stehen zahllose Gussformen aus hautfarbenem Fiberglas, eine neben der anderen – Homunculi, die unter der wärmenden Frühlingssonne zu reifen scheinen. De Gaulle und Thomas Jefferson sind da, das Versailler Reiterstandbild von Louis XIV und die springenden Delfine aus dem Neptun-Brunnen von Lille. Über allem liegt ein animistischer Zauber. Würde sich Pygmalions Traum ein zweites Mal erfüllen, es geschähe mit Bestimmtheit hier.

Die Aktivitäten der Giesserei – Restauration, Bronzeguss und Patinierung – konzentrieren sich auf drei Gebäude. Im geräumigsten stehen Töpfe und Pfannen wie in einer Grossküche bereit. Skulpturen in unterschiedli-

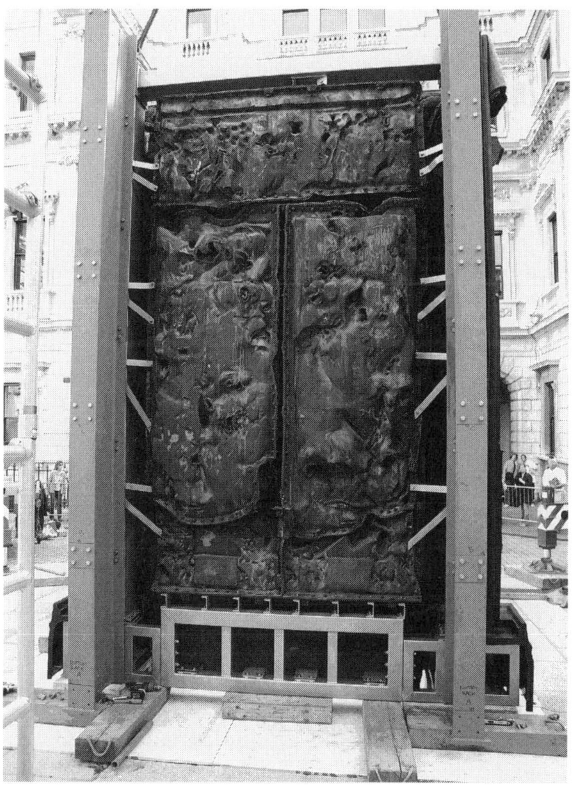

Reverse side of the renovated Gate in Zürich, reinforced with a rustproof steel structure / Rückseite des renovierten Zürcher Höllentors, verstärkt mit einer Tragstruktur aus rostfreiem Stahl. (PHOTO: KUNSTHAUS ZÜRICH, 2006)

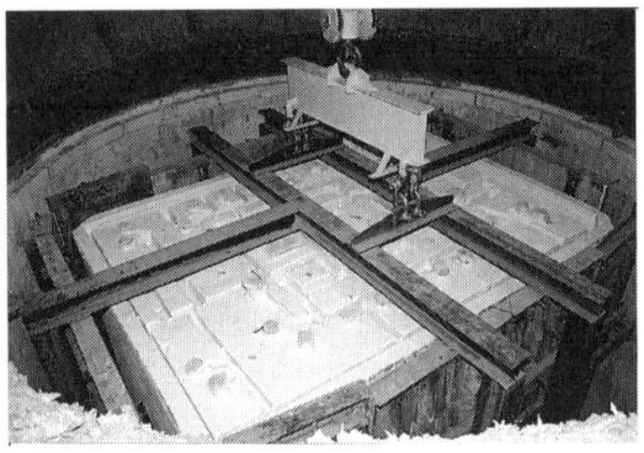

Model of the Shizuoka Gate embedded in fireclay in the furnace, prior to melting out the wax / Das in feuerfeste Schamotte eingebettete Modell des Tors von Shizuoka im Rund des Ofens, bereit zum Ausschmelzen des Wachses.

chen Fertigungsphasen reihen sich zu langen Spalieren. Unter den geübten Händen von 15 Arbeitern werden Negativformen aus Silikon erstellt, dunkles Wachs erwärmt und Anschnitte montiert. Dann, eine Türschwelle weiter, öffnet sich die Decke zu einem weiten Bühnenraum. Auf halber Raumhöhe schwebt dort, einer ätherischen Erscheinung gleich, ein weisses Gipsmodell – das Muttertor. Der Code, der sich beliebig oft vervielfältigen lässt.[8] Reine Struktur ohne Masse. Seine plastische Fülle dominiert die Fabrikhalle wie ein mittelalterlicher Kirchenaltar. Drei Bronzeklone, Stanford, Shizuoka und Seoul, hat dieses Gipsmodell des HÖLLENTOR hervorgebracht. Die Arbeiter haben es nach dem originalen Gips im Musée d'Orsay in Paris abgeformt.

Daneben öffnet sich im Boden ein kreisrunder Schacht von fünf Metern Durchmesser. Es ist der Ofen, in dem die Schöpfung Gestalt annimmt. Eingeheizt wird er nur alle vier bis fünf Jahre – dann, wenn eine Bestellung ein Volumen dieser Grösse verlangt. Die Spezialanfertigung erlaubt es, beide Hälften des Tors zeitgleich zu verarbeiten: Durch sanftes Erwärmen wird zunächst das Wachs ausgeschmolzen und die Form gebrannt. Dann dauert es blosse 55 Sekunden, bis acht Tonnen Metall durch das Kanalsystem in die Gussform eingeflossen sind – der eigentliche Moment der Zeugung. Eineinhalb Jahre Vorbereitung liegen bis dahin hinter den Giessern. Ein weiteres Jahr nehmen später das Assemblieren, Ziselieren und Patinieren in Anspruch. Sämtliche grösseren, weit auskragenden Figuren – UGOLINO, FUGIT AMOR oder der Torso der ADELE – werden zuvor einzeln abgeformt und später mit Hilfe von Schweissgerät und Bolzen in die beiden Hauptelemente eingepasst. Was die Giesserei einmal verlassen hat, soll nicht wieder zurückkommen.

Das Zürcher HÖLLENTOR lässt dies alles ungerührt, als ich ihm tags darauf davon erzähle. Es steht auf zwei grossen Füssen und blickt auf den Heimplatz. Sein Drama, denkt es vielleicht, ist noch lange nicht zu Ende erzählt.

1) Judith Cladel, Rodin. *Sa vie glorieuse. Sa vie inconnue*, Grasset, Paris 1936, S. 126.
2) Per Kirkeby, *Rodin, La porte de l'enfer*, Gachnang & Springer, Bern, Berlin 1985, S. 5.
3) Sämtliche Bronzegüsse des HÖLLENTORS entstanden postum und basieren auf einer Rekonstruktion der Fassung vor 1900. Es existieren weltweit sieben: Philadelphia, Rodin Museum (1926–28); Paris, Musée Rodin (1926–28); Tokio, National Museum of Western Art (1930–1933); Zürich, Kunsthaus Zürich (1942–47); Stanford, Iris & B. Gerald Cantor Center for Visual Arts at Stanford University (geliefert 1981); Shizuoka, Shizuoka Prefectural Art Museum, Japan (geliefert 1992); Seoul, Rodin Gallery (geliefert 1996). Die ersten vier Güsse tragen den Stempel der Giesserei Alexis Rudier, Paris (Eugène führte den Namen seines Vaters weiter), und wurden im Sandformverfahren hergestellt. Alle weiteren entstanden im Wachsausschmelzverfahren in der Giesserei Coubertin, Saint-Rémy les Chevreuse.
4) Antoinette Le Normand-Romain, «Das Höllentor – ein Schmelztiegel», in: *Rodin* (Royal Academy of Arts, London, Kunsthaus Zürich), Hatje-Cantz, Ostfildern-Ruit, 2007, S. 60f.
Siehe auch: Antoinette Le Normand-Romain, *Rodin. Das Höllentor*, Musée Rodin, Paris 2002, S. 27ff.
5) Elisabeth Lebon, *Dictionnaire des fondeurs de bronze d'art, France, 1890–1950*, Marjon Editions, Elancourt, Perth, Australien, 2003.
6) Die Ausstellung dauerte vom 9. Juni bis zum 23. November 1947. Archiv Kunsthaus Zürich. Ich danke Christian Klemm für die Auskunft.
7) www.coubertin.fr Die Fondation de Coubertin widmet sich der Erhaltung und Weitergabe des Kunsthandwerks und versteht sich als «Arbeiteruniversität». Sie empfängt jährlich rund 22 Gesellen für eine stipendierte Weiterbildung. Die Stiftung umfasst die Ateliers Saint-Jacques (Schlosserei, Schreinerei, Bildhauerei) und seit 1963 eine Kunstgiesserei.
8) Nach französischem Recht werden Auflagen von zwölf ediert. Alle weiteren Güsse gelten nicht als Originale, sondern als Kopien, unabhängig von ihrer Entstehungszeit.

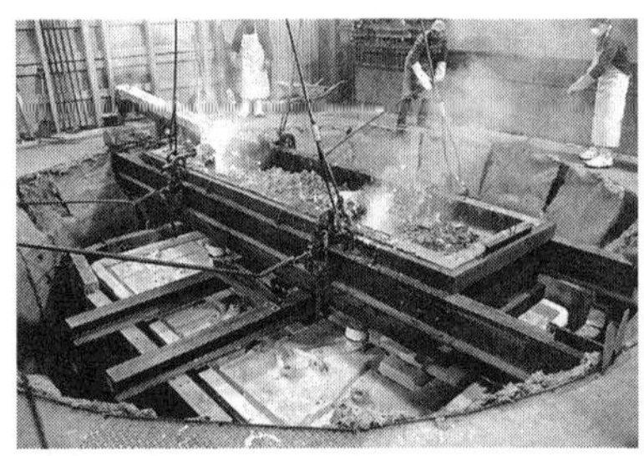

Just prior to pouring, 8 tons of bronze pour through the feeds into the two molds / Unmittelbar vor dem Giessen, acht Tonnen Bronze strömen über die Einflusskanäle in die beiden Gussformen. (PHOTOS: JEAN DUBOS, FONDERIE DE COUBERTIN, 1992)

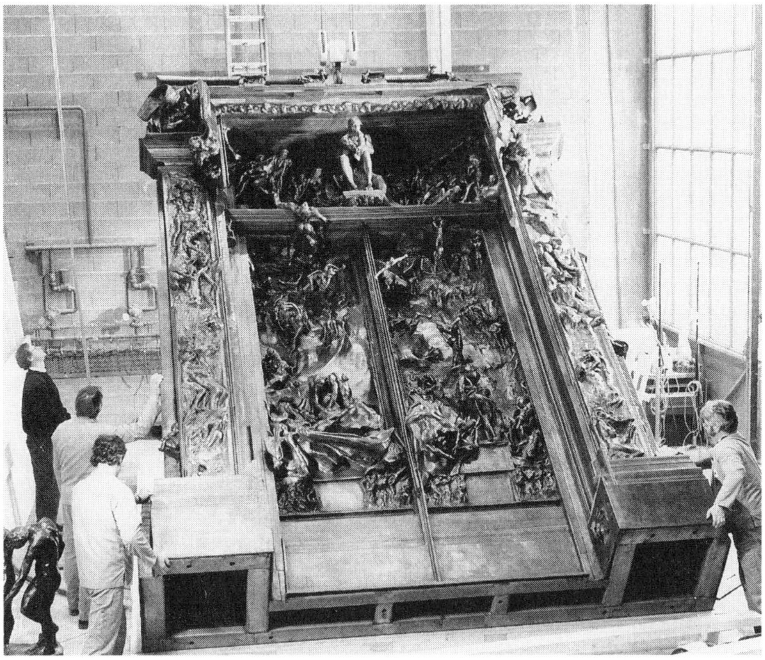

Just before completion, the two halves are joined, the protruding elements inserted / Kurz vor seiner Vollendung, die beiden Hälften sind zusammengefügt, die auskragenden Figuren eingepasst. (PHOTO: JEAN DUBOS, FONDERIE DE COUBERTIN, 1992)

The Other Side of the Gates of Hell

SASCHA RENNER

But are the cathedrals finished?
– Rodin[1)]

Per Kirkeby claims that the GATES OF HELL has two big feet to walk on.[2)] He is right. The one here in Zurich has moved forward six feet—thump! thump!—on the stubs of its columns. It spent sixty years backed up against a wall, just like the other GATES in Philadelphia, Paris, Tokyo, Stanford, Shizuoka, and Seoul.[3)] It hadn't budged an inch since Emil Georg Bührle purchased it from the Rudier Foundry in Paris for the Kunsthaus Zürich. Did it want to be more than a purely decorative portal? A body in space, a three-dimensional image, a sculpture with multi-viewing angles? The gaze can now do what it's always wanted to do: go all the way around, unobstructed. Which is how the GATES revealed its well-kept secret to me. A real drama that unfolds only if you stand in back of it.

The view of the other side plagues vision and reason: the carefully modulated illusion of lifelike bodies collapses into turbulent tectonics full of breaks and bumps. Tears flow out of kidney-shaped abscesses, leaving behind trails of rusty red. Bronze excrescences evoke the warty shell of an insect; screws and bolts conjure the exploding firebox of a locomotive. Roiling undulations hint at the unborn, at beings imprisoned in the grave. But never does anything coalesce into a whole. These are structures that graze the archetypical, like the ashen bodies of Pompeii, deprived of all individuality. UGOLINO, THE MAN FALLING, THE FAUN KNEELING: they lose their shape back here. As if an iconoclast had wiped them out.

This drama has exerted a curiously compelling attraction ever since I first saw the other side of the GATES. The raw bulk of its materiality, the metal tamed by the caster's hand, the power of suggestion—all of this casts a spell whose impact is even greater than the power of the articulated image. And though Rodin never saw this drama in his lifetime, it is intimately related to his grand vision, for he spent his life struggling with the Baroque fullness of his masterpiece. When he first exhibited the plaster model in the year 1900, he had removed the entire arsenal of figures.[4)] All that remained was the agitated background—the essence. Later this radical reworking was ignored, but it has survived on the back of the GATES, a stirring, symbolist landscape that gives the imagination free rein. I

SASCHA RENNER lives in Zürich; he is an art historian and writes about art for *Züritipp*.

decided to study the anatomy of this flagrantly immoderate work: over 22 feet tall, with 227 figures cast in eight tons of bronze. How was it possible to cast such a complex, convoluted ensemble of protruding figures and panels in relief? What furnace was big enough to melt the wax in the mold? And above all: are there any fingers skilled enough today that could compete with Eugène Rudier's mastery? With the skills of a man who is the greatest, uncontested *maître fondeur* of the last century. Who was blindly trusted by Maillol, Renoir, Bourdelle, Moore, Arp, and Giacometti. And so unconditionally appreciated by Rodin that no other caster was allowed to touch the great sculptor's work.

Legend has it that Rudier jealously guarded his secrets to ensure that none of his competitors would ever "outcast" him. Before his death in 1952, he had his entire archive burned and all of his molds shattered. Supposedly he even took his favorite horse along with him into the grave. As a result, there is precious little information about the Zürich GATES OF HELL. We do know that it was not originally intended for Zürich. Arno Breker, the most famous sculptor of the Nazi regime, commissioned it for the Deutsche Reich in 1942. It was to embellish the Führer's museum in Linz.[5] Breker had lived in Paris for several years, moving in the same circles as Delaunay, Brancusi, and Man Ray, but he later gave his unqualified allegiance to the National Socialists and promoted only those artists who towed the line. Although Rodin had always been an enemy of idealizing academism, his style was eminently suited to the ideals of the new German art. After the war, however, the commissioned piece lost its client and Rudier sent the orphaned GATES to the Kunsthaus Zürich for presentation in an exhibition titled "Bronze and Lead Casts of Sculptures by Antoine Bourdelle, Aristide Maillol, and Auguste Rodin. Twenty Works by Three Artists."[6] Rudier may also have speculated on finding a new buyer, a speculation that paid off thanks to the industrialist Emil Georg Bührle.

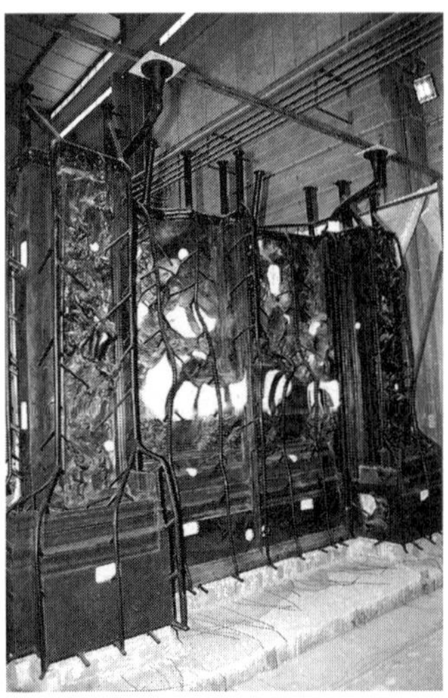

The mold is removed from the bronze cast; the feeds are still visible / Der Bronzeguss ist vom Formstoff befreit, noch sind die Einflusskanäle sichtbar. (PHOTO: JEAN DUBOS, FONDERIE DE COUBERTIN, 1992)

After Rudier passed away, no one dared to touch Rodin's key work for thirty-five years—not even Georges Rudier, Eugène's bête noir nephew, who bowed to the pressure of the Musée Rodin in Paris and took over his uncle's foundry. No one had the experience and equipment to tackle a project of such magnitude. It was a young unknown caster, Jean Dubos, who attempted the impossible, unintimidated by the idea of following in the footsteps of the mighty master Rudier—or even surpassing him. He is sitting across from me in the Café du Musée, a few feet away from Musée Rodin in Paris. A beard, no longer black and not yet white, frames his kindly face. A smile plays around his lips as he talks about the past.

"Like everybody else, we had nothing to fall back on. We experimented, we learned through trial and error. It was hell. But casting Rodin's masterpiece is a dream for any foundry." The actual challenge consisted of building a mold with as few parts as possible, because the more parts you have, the more you weaken the structure of the massively heavy whole. It also means complicated welding and chasing the seams—a distortion of the artist's hand. Dubos therefore came up with the idea of cutting the GATES in half horizontally and pouring the whole thing at once, in two parts. A project audacious enough to challenge Rudier posthumously, for he had been compelled to assemble his GATES out of some 30 separate panels. "We knew that was the only way to achieve stability, durability, and maximum faithfulness to the work. And to do so, we first had to build the biggest furnace in France."

This furnace, an alchemistic incubator of vast dimensions, is the object of my journey. The RER train takes me to Saint-Rémy les Chevreuse, home of the Coubertin Foundry and three-quarters of an hour away from Paris.[7] Denuded, wintry linden trees line an airy avenue. At the end of the avenue, a princely Baroque palace—it looks like a summer residence—rises above spherically pruned conifers. Countless molds of skin-colored fiberglass are standing outdoors, side by side—homunculi that seem to be ripening

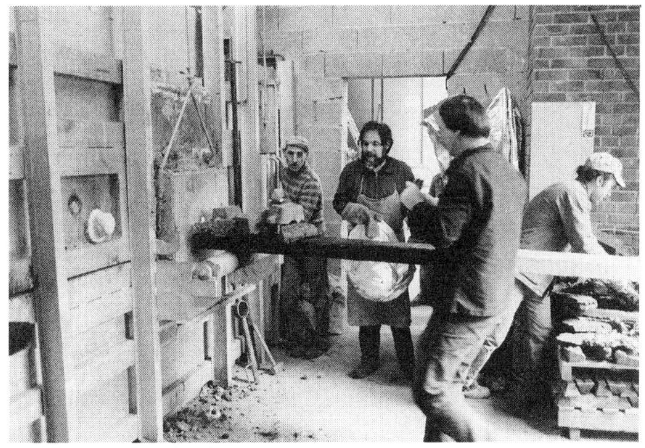

Shortly before pouring, the bronze is melted in the furnace / Kurz vor dem Guss, die Bronze wird im Schmelzofen verflüssigt. (PHOTO: JEAN DUBOS, FONDERIE DE COUBERTIN, 1992)

under the warm springtime sun. De Gaulle and Thomas Jefferson are there along with the Versaille statue of Louis XIV on horseback and the leaping dolphins from the Neptune fountain in Lille. Everything seems to lie under an animistic spell. If Pygmalion's dream were to come true a second time, it would certainly be here.

The work of the foundry—restoration, bronze casting, and patination—is concentrated in three buildings. The most spacious one contains pots and pans, as if in a professional kitchen. Sculptures in various stages of completion are lined up like a guard of honor. The skilled hands of 15 artisans produce the silicon negatives, warm the dark wax, and mount the sections. Then, through another threshold, the room opens up onto a wide stage. Suspended halfway down from the ceiling, like an ethereal apparition, hangs a white plaster model—the mother gate. The code, that can be multiplied ad libitum.[8] Pure structure with no mass. Its sculptural opulence dominates the factory bay like a medieval altar. This plaster model of the GATES OF HELL has brought forth three bronze clones, for Stanford, Shizuoka, and Seoul, cast by the team after the plaster original at the Musée d'Orsay in Paris.

Next to it, there is a hole in the floor, a circular shaft 16.5 feet in diameter. It is the furnace in which the artist's creation takes shape. It is heated only every four to five years, when a work of such volume is commissioned. Thanks to the customized construction of the furnace, both halves of the GATES can be processed simultaneously. The wax that has been pressed into the mold is heated and melts away leaving a void into which eight tons of molten metal are poured—a step that takes a mere 55 seconds. This is the actual moment of conception: it has been preceded by one-and-a-half years of preparation and will be followed by another year of assembly, chasing, and patination. All of the large, protruding figures—UGOLINO, FUGIT AMOR, or the torso of ADELE—must first be separately cast and later welded and bolted into the two main elements. Anything that leaves the foundry should leave it for good.

When I tell the GATES OF HELL in Zürich all about it the following day, the sculpture remains quite indifferent. It stands on two large feet, facing the Heimplatz, possibly thinking that the drama it portrays is still a far cry from reaching a conclusion.

(Translation: Catherine Schelbert)

1) Judith Cladel, *Rodin. Sa vie glorieuse. Sa vie inconnue* (Paris: Grasset, 1936), p. 126.
2) Per Kirkeby, *Rodin, La porte de l'enfer* (Bern/Berlin: Gachnang & Springer, 1985), p. 5.
3) All of the bronze casts of the GATES OF HELL were produced posthumously and are based on a reconstruction of the version made before 1900. There are seven worldwide: Philadelphia, Rodin Museum (1926–28); Paris, Musée Rodin (1926–28); Tokyo, National Museum of Western Art (1930–1933); Zürich, Kunsthaus Zürich (1942–47); Stanford, Iris & B. Gerald Cantor Center for Visual Arts at Stanford University (delivered in 1981); Shizuoka, Shizuoka Prefectural Art Museum, Japan (delivered in 1992); and Seoul, Rodin Gallery (delivered in 1996). The first four bear the stamp of the Alexis Rudier Foundry, Paris (Eugène did not change the name of his father's foundry), and are sand castings. All the rest are lost wax castings made at the Coubertin Foundry, Saint-Rémy les Chevreuse.
4) Antoinette Le Normand-Romain, "Das Höllentor – ein Schmelztiegel" in: *Rodin*, Royal Academy of Arts, London; Kunsthaus Zürich (Ostfildern-Ruit: Hatje-Cantz, 2007), pp. 60f.
See also: Antoinette Le Normand-Romain, *Rodin. Das Höllentor* (Paris: Musée Rodin, 2002), pp. 27ff.
5) Elisabeth Lebon, *Dictionnaire des fondeurs de bronze d'art: France, 1890–1950* (Perth, Australia: Marjon Editions, 2003).
6) The exhibition ran from June 9 to November 23, 1947. Archive Kunsthaus Zürich. I am indebted to Christian Klemm for this information.
7) www.coubertin.fr The Fondation de Coubertin is an "artisanal university," dedicated to preserving and passing on the craft. Some 22 apprentices are accepted annually on scholarship. The Foundation operates the Saint-Jacques Studios (metalworking, carpentry, sculpture) and, since 1963, an art foundry.
8) French law restricts editions to 12 exemplars. Additional castings do not classify as originals but are considered copies, regardless of when they were produced.

CUMULUS

From America

IN EVERY EDITION OF PARKETT, TWO CUMULUS CLOUDS, ONE FROM AMERICA, THE OTHER FROM EUROPE, FLOAT OUT TO AN INTERESTED PUBLIC. THEY CONVEY INDIVIDUAL OPINIONS, ASSESSMENTS, AND MEMORABLE ENCOUNTERS—AS ENTIRELY PERSONAL PRESENTATIONS OF PROFESSIONAL ISSUES.

LYNN CRAWFORD

PUZZLING OUT DETROIT

If, as Vladimir Nabokov says, curiosity is insubordination in its purest form, what does it mean that people are less curious than opinionated about Detroit?[1] Views of the city tend to be strong, and categorized: Great (sports, music, proximity to Canada, big-hearted people, historic architecture); Bad (crime, cars, car companies, decay, poverty, new architecture). Neither view is entirely untrue. At the same time, neither expresses a real sense of Detroit, its sprawling metro region, the intricate and bizarre relationship between the city and its suburbs, the scope of cultural activity, or the significance of the Museum of Contemporary Art Detroit (MOCAD), opening there.

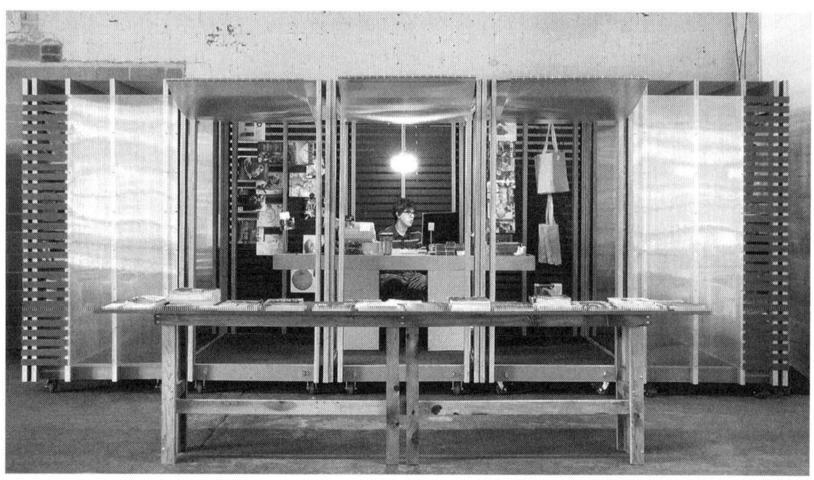

MOCAD bookstore / Buchhandlung, design: Steven Mankouche, Abigail Murray.
(ALL PHOTOS: MOCAD, DETROIT)

LYNN CRAWFORD is a fiction writer. She edits MOCAD's cultural arts journal, *Detroit:*.

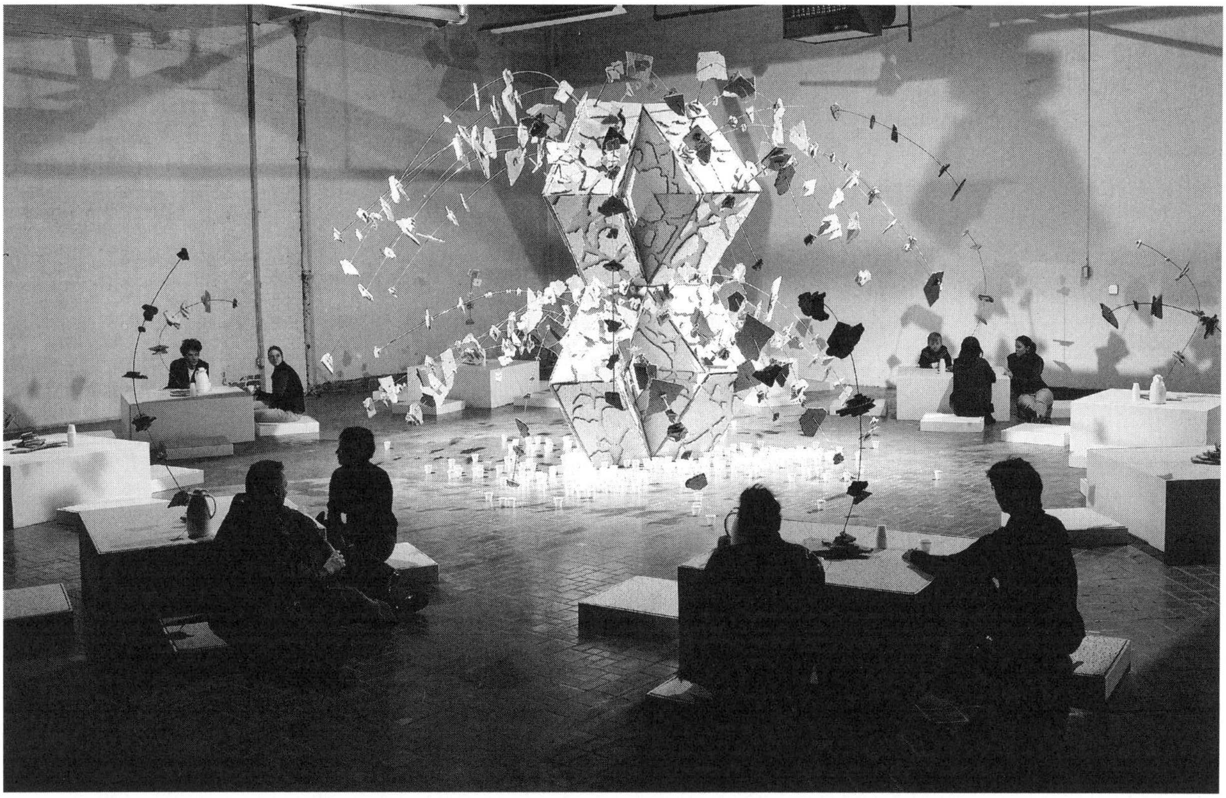

NARI WARD, WHITE FLIGHT TEA BAR, 2006, ceiling tiles, green tea, tables, seats, Styrofoam cups, thermoses / TEE BAR WEISSE FLUCHT, Deckenplatten, Grüntee, Tische, Sitze, Styropor-Becher, Thermoskannen.

MOCAD occupies a twenty-one thousand square-foot former auto dealership, which stood empty for decades. The space has been described as raw, battered, cavernous, vagrant, generous, spare. The museum opened on a shoestring budget to large crowds, in October 2006, with a skeletal staff, a dedicated group of volunteers, the art critic and historian Marsha Miro volunteering as acting director, and the stated mission: bring contemporary art consistently to the city. Its initial exhibitions and programming (particularly its music series) have been strong. Interdisciplinary art is being imported, shown, viewed, and is—perhaps above all—generating discussion around the specific issues facing the Detroit cultural community: diffusion and isolation.

Thanks to the auto industry, urban and suburban planning, spontaneous and reckless development, Detroit is deeply segregated, and not only along the lines of race and class. Consider its cultural scene. Pockets of remarkable activity percolate; some intersect, many others do not. Goings-on are diverse and, while often parallel, occur in locations so widely spread out that discovering them can require serious, if not aggressive, inquisition. An apt analogy is Georges Perec's depiction of the art of jigsaw-puzzling. Until a puzzler tracks down that master piece, that link between the other ones on the table, there is a condition of dispersion.[2)]

The area faces another problem: lack of steady global dialogue. While Detroit art institutions and galleries host well-attended contemporary art exhibitions and lectures (Coco Fusco, Roman Signer, Iñigo Manglano-Ovalle, Dana Schutz, Cai Guo-Qiang, Fred Wilson, to name a few), the fascination is not mutual. Very few international art figures, in fact very few people at all, express interest in the city or take time exploring its streets, venues, nooks, fields, crannies. The artist Ingo Vetter, who came to Detroit as part of

MOCAD'S second show, "Shrinking Cities," described feeling like "a visitor to a city that knows no tourism."[3] Such absence of outside attention contributes to a sense of disconnect with the contemporary art world.

MOCAD is located in downtown Detroit, in a section of the city undergoing regeneration called Midtown. I use the word regeneration cautiously; there is no getting around Detroit's impoverished conditions. It has alarmingly high death rates, especially for young men, a significant homeless population, and a lack of real infrastructure, such as solidly funded schools, dependable transportation, and grocery stores. Its future remains uncertain and is dependent on some flow of suburban investment. While Detroit is one of the poorest cities in the country, some of its suburbs are among the wealthiest.

Even in MOCAD's earliest stages there was never a discussion of it existing outside of the city. It is the Detroit supporters, wherever they live and work, who have been essential in establishing its existence. Most of the museum's funding comes from local private donations (by individuals living in the suburbs but with businesses in the city or at least dependent on it), and while there is no single donor guaranteeing the museum's future, private donations have insured its funding up through its second year, and allowed it to hire a full-time director (this position is yet to be filled). The museum is working with different foundations toward attaining longer-term financing.

It is hard to get a sense of MOCAD and its place in the Detroit landscape without understanding some geography. The museum is on Woodward Avenue, just blocks from numerous vital arts institutions: The Detroit Institute of Art (DIA), whose blockbuster shows like "Camille Claudel and Rodin: Fateful Encounter" and shows on Ansel Adams and Annie Leibovitz were extremely well attended, not to mention its renowned Diego Rivera murals. Also nearby: Charles H. Wright Museum of African American History, Wayne State University, College for Creative Studies, Detroit Symphony Orchestra, the esteemed George N'Namdi Gallery, whose focus is abstract African American art, and the Contemporary Art Institute of Detroit (CAID). A few miles east is the Heidelberg Project, several blocks of sculpture and polka-dot covered houses (structures previously slated for demolition by the city). Woodward continues twenty-five miles north out of the city into Oakland County, through Ferndale (the location of many galleries), into wealthy suburbs such as Bloomfield Hills, the site of Cranbrook Art School and Museum. Detroit's basketball team, The Pistons, play at The Palace in Auburn Hills, a suburb even further north while the city's other three major sports teams—football, baseball, hockey—play in stadiums downtown. There is no efficient public transportation between the suburbs and the city.

MOCAD'S first exhibition, "Meditations in an Emergency," curated by Klaus Kertess, was a stunning success in large part because Kertess and some of the artists in the show developed a relationship with Detroit and spent time exploring it. Three of the artists incorporated elements of the city in their work. John Pylypchuk used found materials in portions of his pieces. Nari Ward replicated an outdoor sculpture by the artist Jack Ward (no relation) noting the beginning of the influential 1967 black rebellion. Barry McGee tagged numerous sites and sprayed the word AMAZE along the south outside museum wall. Kertess deftly linked elements of Detroit with a broader landscape in his catalogue essay: "Emergency might not have come to mind were I curating an exhibition in anoth-

JENNIFER BOLANDE, UNTITLED TOWERS, 1999, fiberglas, aluminum, lights / TÜRME OHNE TITEL, Fiberglas, Aluminium, Lampen.

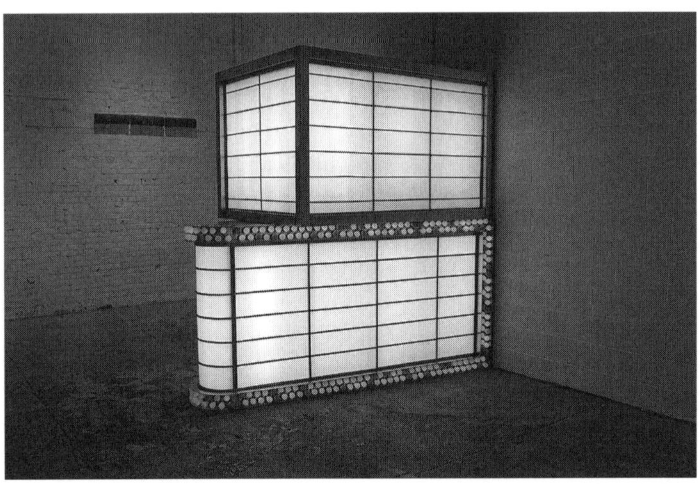

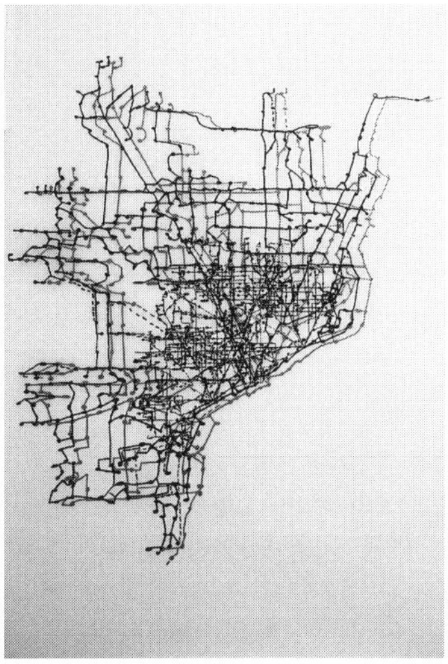

KATHLEEN LEWIS, CHOCOLATE CITY, VANILLA SUBURBS, 2007 / SCHOKOLADEN-STADT, VANILLE-VORORTE.

er city, but the emergencies I had in mind are nonetheless global and not strictly Detroit-centric."[4)]

The second exhibition, "Shrinking Cities," responded to Detroit's conditions even more than the first. This three-year (2002–2005) cultural-art initiative of Germany's General Cultural Foundation began in Berlin; it was in the works before MOCAD even opened. The project examines what it calls "urban shrinkage" in selected international cities: Detroit, Manchester, Liverpool, Ivanoa, Halle, and Leipzig. The exhibition makes the point that while cities shrink they can also grow (though not always in ways immediately apparent), particularly if the superstructure recognizes and responds to such development. "Shrinking Cities" appeared jointly at MOCAD and, underscoring the distance and interdependence between city and suburb, at Cranbrook Art Museum. On weekends a bus traveled between the two.

MOCAD's third exhibition, "Stuff," consisted of works from the collection of Burt Aaron, based in Detroit and Ann Arbor. This has provided, so far, the grandest vision of what is happening in the current world of art. "Stuff" included seventy-three artists (among them: Santiago Cucullu, Fernanda Gomes, William J. O'Brien and Dike Blair). A large percentage of the work was made in the last decade. Themes within the show (imbalance, fluid units of time, location and identity, shifting points of space, calcified positions of power) parallel much of what occurs in Detroit. The appearance of such jarring works within the walls of an emerging museum at this particular point in Detroit's history endowed the presentation with a novel sort of resonance.

The fourth exhibition, "Words Fail Me," slated for fall 2007 and organized by Matthew Higgs, considers various uses and manifestations of language in contemporary art. Higgs plans to have a strong theatrical component in the staging (i.e. installation, lighting) of the work. Among the artists he will include: Martin Creed, Siobhan Liddell, Jack Pierson, Annelise Coste, and Kay Rosen. There is already much discussion around this fourth exhibition and speculation about the ways high profile curators, visiting from New York (i.e. Higgs and Kertess), will compare with one another when it comes to viewing Detroit, MOCAD, and organizing shows there.

A notable historic art moment for Detroit that took place in an inner city neighborhood was The Cass Corridor, during the previously mentioned 1967 rebellion. Artists responded to the confluence of violence, rupture, and ensuing white flight by making things characterized by a strong sense of physicality. Their works were structurally complex, visually raw, and had an intentional lack of refinement. Frequently, objects found on the streets (board, nails, glass, wire) were woven into their constructions. Ellen Phelan, Ann Mikolowski, Jim Chatelain, Michael Luchs, and Gordon Newton are among those to emerge from this movement.

The late Sam Wagstaff, curator of Modern and Contemporary Art at the DIA from 1969–1972, was a significant presence during this time, as he nurtured the talent he saw brewing in Detroit studios. Such involvement was crucial in establishing the work's presence in Detroit and elsewhere. In this sense, Wagstaff functioned as Perec's vital puzzle piece, a force able to harness activity in the cityscape and integrate it into a wider arena. We can understand MOCAD—newly operating as a hub, linking up various scenes and institutions in and around the city—as a project continuing, and updating, what Wagstaff began.

So what would that insubordinate project be now? Cultivate curiosity from within and about Detroit in ways that will launch the neglected city into a global arena that generates forms of engagement, dialogue, and exchange.

1) Azar Nafisi, *Reading Lolita in Tehran* (New York: Random House, 2004), p. 41.
2) Georges Perec, *Life: A User's Manual*, transl. by David Bellos (Boston: David R. Godine, 1987). This theme runs throughout the novel.
3) Ingo Vetter, *Detroit i.e. Infrastructure* (Detroit: MOCAD, 2006), p. 20. (Note, this is a different publication from *Detroit:*. It appeared once and grew into *Detroit:*.
4) Klaus Kertess, *Meditations in an Emergency*, exh. cat. (Detroit: MOCAD, 2006), p. 16.

DETROIT ALS PUZZLE

LYNN CRAWFORD

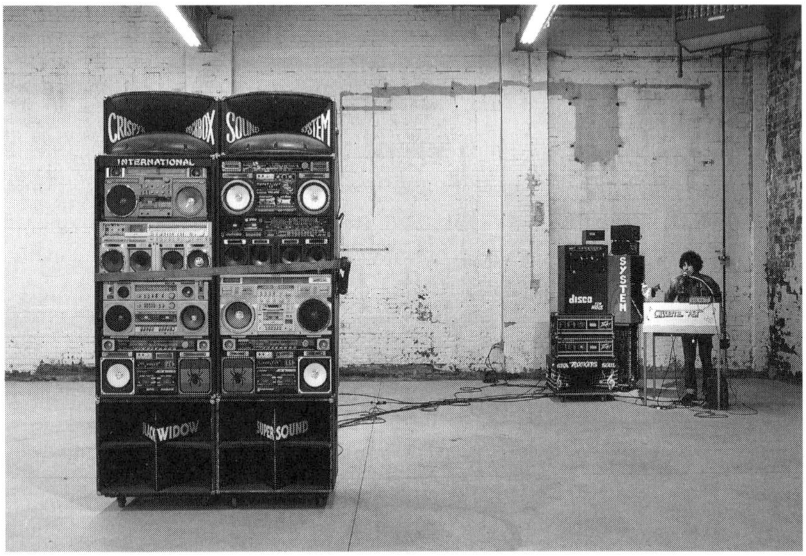

CHRISTOPHER FACHINI, THE ROCK BOX SOUND SYSTEM PLAYS THE MENTAL MACHINE, 2006, boom boxes, cassette tapes, speakers, ratchet straps, wood / DAS ROCK BOX SOUND SYSTEM SPIELT DIE MENTALE MASCHINE, Ghettoblaster, Tonbänder, Lautsprecher, Zurrgurte, Holz.

Wenn Neugier, wie Vladimir Nabokov meint, Ungehorsam in seiner reinsten Form ist,[1)] wie ist es dann zu verstehen, dass die Leute nicht so neugierig auf Detroit sind, sondern vielmehr in ihren Vorurteilen verharren? Man hat meist eine ausgesprochen kategorische Meinung über die Stadt, hält sie entweder für wunderbar (Sport, Musik, die Nähe zu Kanada, grossherzige Menschen, historische Architektur) oder furchtbar (Kriminalität, Autos, Automobilindustrie, Niedergang, Armut, neue Architektur). Beide Sichtweisen sind zwar nicht ganz falsch, lassen aber kein wirkliches Gespür für Detroit erkennen, für deren sich unaufhaltsam ausbreitenden Grossraum, für das bizarre Verhältnis zwischen der Stadt und deren Vororten, für die Bandbreite des kulturellen Geschehens oder für die Bedeutung des dort kürzlich eröffneten Museum of Contemporary Art Detroit (MOCAD).

Das MOCAD ist in einem ehemaligen Autohaus mit knapp 2000 m^2 Grundfläche untergebracht, das jahrzehntelang leer stand. Rau, abgenutzt, höh-lenartig, ausufernd, grosszügig, schlicht: Das sind einige der Vokabeln, mit denen die Räumlichkeiten beschrieben worden sind. Im Oktober 2006 machte das Museum mit minimalem Etat, rudimentärem Mitarbeiterstab, einer engagierten Freiwilligentruppe, der ehrenamtlich als Direktorin fungierenden Kunstkritikerin und -historikerin Marsha Miro und dem ausdrücklichen Auftrag, konsequent zeitgenössische Kunst in die Stadt zu holen, seine Pforten auf und lockt seither scharenweise Besucher an. Seine ersten Ausstellungen und Veranstaltungsprogramme überzeugten. Kunst wird über die Gattungsgrenzen hinweg gezeigt, besichtigt und regt, was vielleicht am wichtigsten ist, Diskussionen zu bestimmten Problemen an, die besonders das kulturelle Leben Detroits betreffen, nämlich Zersplitterung und Isolation.

Der Automobilindustrie, der Stadt- und Vorstadtplanung sowie unbedachten und rücksichtslosen städtebaulichen Projekten ist es zu verdanken, dass durch Detroit tiefe Graben verlau-

LYNN CRAWFORD ist Schriftstellerin und Redakteurin der vom MOCAD herausgegebenen Kulturzeitschrift *Detroit:*.

fen, und zwar nicht nur entlang Rassen- und Klassengrenzen. Nehmen wir die Kulturszene. Es gibt einige Stätten, an denen sich eine bemerkenswerte kulturelle Tätigkeit entfaltet; zwischen manchen dieser Brennpunkte bestehen Verbindungen, zwischen vielen anderen aber nicht. Die Aktivitäten sind vielfältig und finden, obwohl häufig parallel, an derart weit verstreuten Orten statt, dass es unter Umständen ernsthafter, wenn nicht gar aggressiver Nachforschungen bedarf, um sie zu finden. Eine treffende Analogie ist Georges Perecs Darstellung des Puzzlespiels, bei dem so lange ein Zustand des Verstreutseins, der Zersplitterung herrscht, bis der Spieler jenes eine entscheidende Teil ausfindig macht, das die übrigen Puzzleteile miteinander verbindet.[2]

Der Region setzt noch ein weiteres Problem zu, nämlich das Fehlen eines beständigen globalen Dialogs. Detroiter Kunsteinrichtungen und Galerien veranstalten zwar gut besuchte Ausstellungen und Vorträge zur Gegenwartskunst (Coco Fusco, Roman Signer, Iñigo Manglana-Ovalle, Dana Schutz, Cai Guo-Qiang, Fred Wilson, um nur einige zu nennen), die Faszination ist aber nicht gegenseitig. Nur sehr wenige Vertreter der internationalen Kunstszene, ja nur sehr wenige Menschen überhaupt interessieren sich für die Stadt oder nehmen sich die Zeit, deren Strassen, Veranstaltungsorte, Plätze und Winkel auszukundschaften. Der Künstler Ingo Vetter, der im Rahmen der zweiten Ausstellung des MOCAD, «Shrinking Cities» (Schrumpfende Städte), nach Detroit kam, bezeichnete seinen Aufenthalt als den eines «Besuchers in einer Stadt, die keinen Tourismus kennt».[3] Dieses Fehlen einer von aussen kommenden Aufmerksamkeit verstärkt das Gefühl des Abgekoppeltseins von der zeitgenössischen Kunstszene.

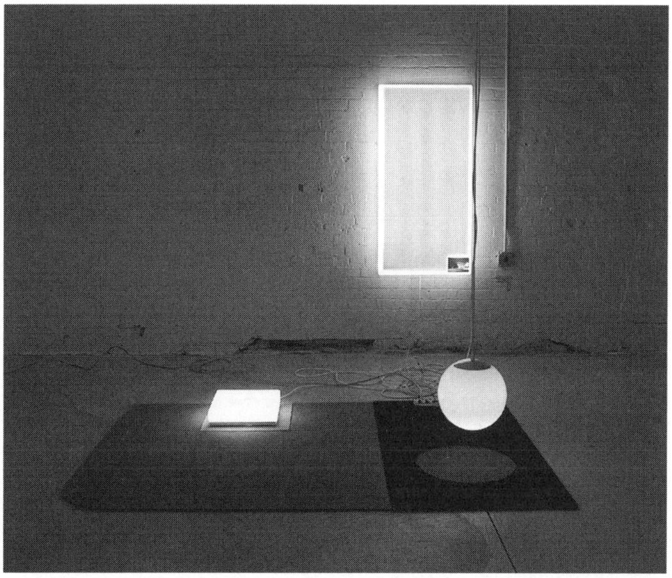

DIKE BLAIR, THE MELTING SNOW IS ODORLESS, 1997-98, flourescent lights, carpets, duratrans / SCHMELZENDER SCHNEE IST GERUCHLOS, fluoreszierende Lampen, Teppiche, Lichtkasten.

Das MOCAD befindet sich in Downtown Detroit, in einem Teil der Stadt namens Midtown, der zurzeit eine gewisse Revitalisierung erfährt. Ich verwende das Wort Revitalisierung mit Vorsicht, denn an der Verarmung Detroits führt kein Weg vorbei. Die Sterblichkeitsziffer ist alarmierend, besonders bei jungen Männern, die Zahl der Obdachlosen ist hoch und es fehlt eine richtige Infrastruktur im Sinne von hinreichend finanzierten Schulen, verlässlichen öffentlichen Verkehrsmitteln und Lebensmittelgeschäften. Die Zukunft der Stadt bleibt ungewiss und abhängig von einem gewissen Investitionsfluss aus den Vororten. Während Detroit selbst eine der ärmsten Städte des Landes ist, zählen einige ihrer Vororte zu den reichsten. Nicht einmal in den ersten Planungsstadien des MOCAD wurde jemals die Möglichkeit erörtert, das Museum ausserhalb der Stadt anzusiedeln. Es sind die Förderer Detroits, wo auch immer sie wohnen und arbeiten, die entscheidend dazu beigetragen haben, das Museum auf die Beine zu stellen. Finanziert wird das Museum überwiegend durch private Spenden von Personen, die in den Vororten wohnen, aber in der Stadt ihre Firma haben oder zumindest irgendwie auf die Stadt angewiesen sind. Einen einzelnen Stifter, der die Zukunft des Museums garantiert, gibt es nicht, trotzdem ist inzwischen dank privater Spenden die Finanzierung des Museums bis zum Ende des zweiten Betriebsjahres gesichert und eine ganztägige Direktorenstelle konnte eingerichtet werden (die allerdings noch nicht besetzt ist). Das Museum arbeitet gemeinsam mit

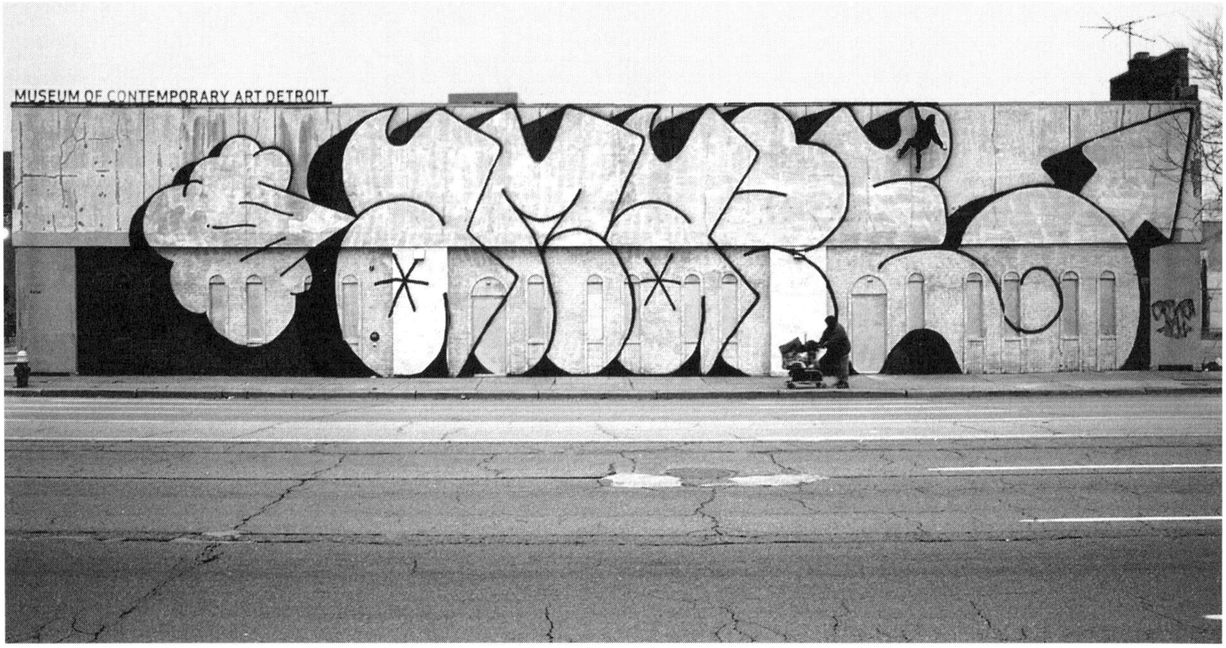

MOCAD facade, spray paint by / Graffiti-Bemalung von Barry McGee.

verschiedenen Stiftungen auf die Realisierung einer längerfristigen Finanzierung hin.

Es ist schwer, sich ein Bild vom MOCAD und seiner Lage in der Detroiter Landschaft zu machen, ohne sich ein wenig in der Geographie auszukennen. Das Museum ist an der Woodward Avenue gelegen, wo es nur wenige Strassen von einer Reihe wichtiger Kunst- und Kultureinrichtungen entfernt ist, allen voran dem Detroit Institute of Art (DIA), das mit populären Ausstellungen wie «Camille Claudel and Rodin: Fateful Encounter», «Ansel Adams» und «Annie Leibovitz: American Music», ganz zu schweigen von seinen berühmten Wandmalereien von Diego Rivera, Besuchererfolge erzielt. Ebenfalls in der Nähe befinden sich die Wayne State University, das College for Creative Studies, das Detroit Symphony Orchestra, die renommierte George N'Namdi Gallery, die sich auf abstrakte afrikanisch-amerikanische Kunst spezialisiert, und das Contemporary Art Institute of Detroit (CAID). Einige Kilometer weiter östlich stösst man auf das Heidelberg Project, mehrere Häuserblocks, deren Gebäude (die zuvor von der Stadt zum Abriss vorgesehen waren) mit Skulpturen und Farbtupfen überzogen sind. Woodward Avenue führt knapp vierzig Kilometer weit nach Norden, aus der Stadt hinaus in das Oakland County, durch Ferndale (wo sich zahlreiche Kunstgalerien befinden) in die wohlhabenden Vororte wie Bloomfield Hills, wo die Cranbrook Art School and Museum ihren Standort hat. Die Heimspiele der Pistons, Detroits Profibasketballmannschaft, werden in The Palace in Auburn Hills, einem noch weiter nördlich gelegenen Vorort, ausgetragen (die drei übrigen Profisportmannschaften der Stadt, die in der nationalen Football-, Baseball- beziehungweise Eishockeyliga vertreten sind, spielen in Stadien in Downtown Detroit). Zwischen den Vororten und der Stadt gibt es keine gut funktionierenden öffentlichen Verkehrsverbindungen.

Die erste Ausstellung des MOCAD, die von Klaus Kertess kuratierte Schau «Meditations in an Emergency» (Reflexionen in einem Notfall), war ein umwerfender Erfolg, hauptsächlich weil Kertess und einige der in der Ausstellung vertretenen Künstler sich Zeit nahmen die Stadt zu erkunden und eine Beziehung zu Detroit entwickelten. Drei der Künstler bezogen Elemente der Stadt in ihre Arbeiten ein. John Pylypchuk verwendete vorgefundenes Material. Nari Ward gestaltete eine im Freien aufgestellte Plastik des (nicht mit ihr verwandten) Künstlers Jack Ward nach und nahm damit Bezug auf die Anfänge des folgenreichen Schwarzenaufstandes von 1967. Barry McGee brachte an zahlreichen Stellen seine Graffititags an und sprayte das Wort AMAZE (Erstaunen) quer über die südliche Aussenmauer des Museums. Kertess verband in seinem Katalogbeitrag auf geschickte Weise Elemente von Detroit mit einer übergreifenden Urbanität: «Das Wort Notfall hätte sich vielleicht nicht aufgedrängt, würde ich eine Ausstellung in einer anderen Stadt organisieren, die Nöte, die ich im Sinn hatte, sind aber trotzdem global und nicht im engeren Sinn Detroit-spezifisch.»[4)]

Die zweite Ausstellung, «Shrinking Cities», setzte sich sogar in noch stärkerem Masse mit den spezifischen Detroiter Verhältnissen auseinander. Sie ging zurück auf das in Berlin inizierte Projekt «Schrumpfende Städte» (2002–2006) der Kulturstiftung des Bundes. Das Projekt befasst sich mit sogenannten Schrumpfungserscheinungen in verschiedenen Städten der Welt: Detroit, Manchester und Liverpool, Ivanoa, sowie Halle und Leipzig. Die Ausstellung vertritt die These, dass Städte, wenn sie schrumpfen, gleichzeitig auch wachsen können (allerdings in einer Art und Weise, die nicht immer gleich offenkundig sein muss), insbesondere wenn der Überbau eine derartige Entwicklung erkennt und darauf reagiert. In Detroit verteilte sich die Schau «Shrinking Cities» auf zwei Ausstellungsstätten, das MOCAD und das Cranbrook Art Museum, und unterstrich so die Distanz und gegenseitige Abhängigkeit zwischen Stadt und Vororten. An den Wochenenden gab es eine Busverbindung zwischen den beiden Stätten.

MOCADs dritte Ausstellung trug den Titel «Stuff» und umfasste Werke aus der Sammlung des in Detroit und Ann Arbor lebenden Sammlers Burt Aaron. Sie bot das bislang eindrucksvollste Bild des gegenwärtigen Kunstgeschehens. In der Ausstellung waren 73 Künstler vertreten, darunter Santiago Cucullo, Fernanda Gomes, William J. O'Brien, Dike Blair. Ein Grossteil der Werke stammte aus den vergangenen zehn Jahren, und die Themen, die sie ansprachen (Ungleichgewicht, Zersplitterung von Zeit, Ort und Identität, räumliche Verschiebungen, verkrustete Machtpositionen), bildeten eine weitreichende Parallele zu dem, was in Detroit vor sich geht. Die Tatsache, dass solch irritierende Werke gerade zu diesem Zeitpunkt in einem aufstrebenden Museum in Detroit zu sehen waren, verlieh der Ausstellung eine besondere Resonanz.

Die vierte Ausstellung, eine von Matthew Higgs kuratierte Schau mit dem Titel «Words Fail Me» (Mir fehlen die Worte), ist für den Herbst 2007 vorgesehen und wird sich um die verschiedenartigen Verwendungs- und Erscheinungsweisen von Sprache in der Kunst der Gegenwart drehen. Die Inszenierung der Werke soll nach Higgs' Vorstellung eine stark theatralische Komponente haben (Installation, Beleuchtung). Zu den Künstlern, die vertreten sein werden, zählen unter anderem Martin Creed, Siobhan Liddell, Jack Pierson, Annelise Coste und Kay Rosen. Über diese vierte Ausstellung wird bereits ausgiebig diskutiert, und man fragt sich nicht zuletzt, wie namhafte Gastkuratoren aus New

FERNANDO GOMES, UNTITLED, 2001 (hanging) and CORNER PIECE, 2001, detail / OHNE TITEL (hängend) und ECKSTÜCK, Detail.

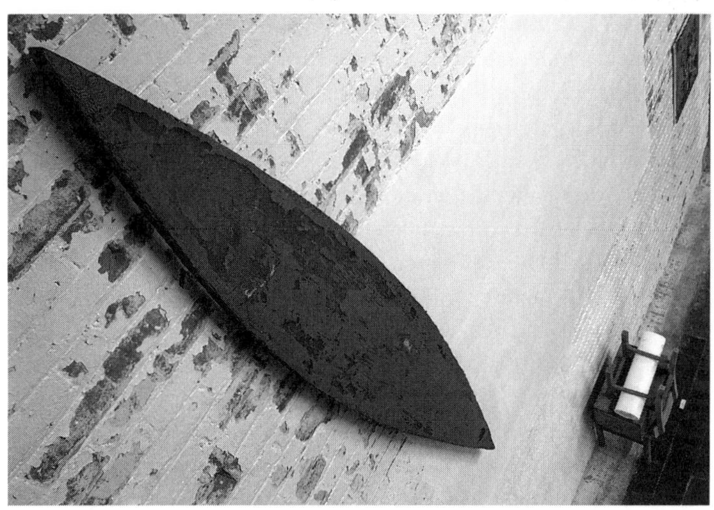

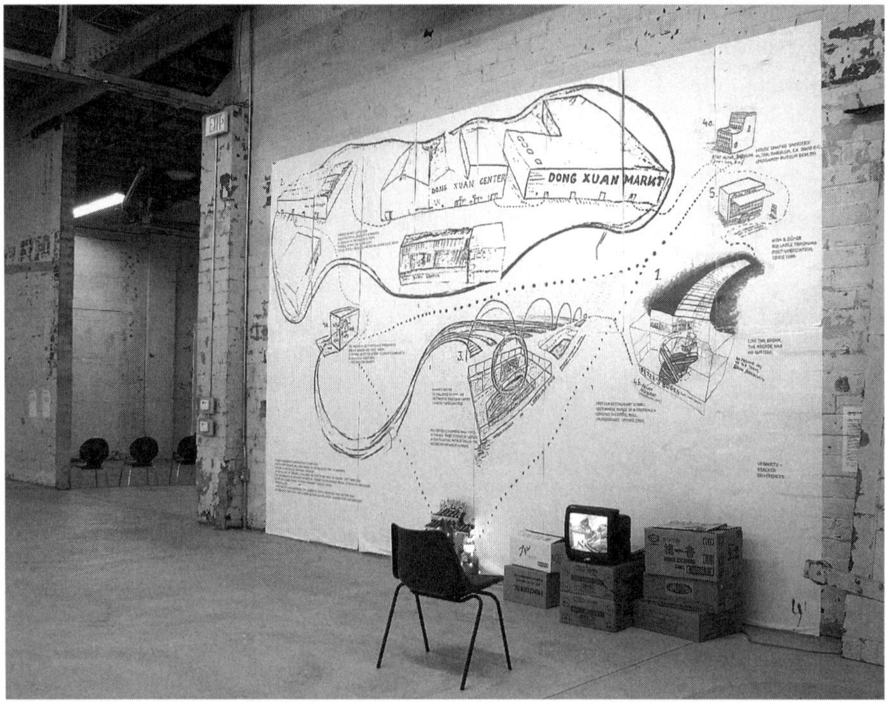

CHRISTOPH SCHAFTER, HOANG'S BISTRO, 2005,
installation view / Installationsansicht.

York (Higgs und Kertess) sich in ihrem Bild von Detroit, des MOCAD und der Organisation von Ausstellungen unterscheiden werden.

Ein künstlerisches Ereignis von historischer Bedeutung für Detroit war der sogenannte Cass Corridor, der während des bereits erwähnten Aufstandes im Jahr 1967 in einem Wohnviertel in der Innenstadt realisiert wurde. Künstler reagierten auf die Gewalt und die Kluft, die sich damals auftat und die Flucht der weissen Bevölkerung zur Folge hatte, indem sie Arbeiten von nachdrücklicher Materialität schufen. Ihre Werke waren vom Aufbau her komplex, wirkten aber grob und verzichteten bewusst auf Verfeinerung. Oft wurden auf der Strasse gefundene Gegenstände (Bretter, Nägel, Glas, Draht) in ihre Konstruktionen eingebaut. Ellen Phelan, Ann Mikolowski, Jim Chatelain, Michael Luchs und Gordon Newton zählen zu den Künstlern, die aus dieser Bewegung hervorgegangen sind.

Der verstorbene Sam Wagstaff, von 1969 bis 1972 Kurator am DIA für moderne und zeitgenössische Kunst, war während dieser Zeit eine wichtige Figur, weil er das Talent erkannte, das in den Ateliers von Detroit gärte, und es konsequent nährte. Ein derartiges Engagement war unabdingbar, um den Arbeiten in Detroit und andernorts Präsenz zu verschaffen. In diesem Sinn fungierte Wagstaff wie das entscheidende Puzzleteil Perecs: eine Kraft, die das, was in der Stadt geschah, zu nutzen und in einen breiteren öffentlichen Rahmen zu stellen vermochte. Das MOCAD, das jetzt als neuer Brennpunkt verschiedene Szenen und Einrichtungen in der Stadt und im Grossraum Detroit miteinander verknüpft, kann als ein Projekt verstanden werden, das das von Wagstaff Begonnene weiterführt.

Worin also bestünde dieses – aufsässige – Projekt heute? Darin, die Neugier von innen her zu wecken, und zwar dergestalt, dass die vernachlässigte Stadt in eine globale Arena katapultiert würde, die zu Formen der Aufmerksamkeit, des Dialogs und des Austauschs führt.

(Übersetzung: Bram Opstelten)

1) Azar Nafisi, *Lolita lesen in Teheran*, DVA, München 2005, S. 35.
2) Georges Perec, *Das Leben. Gebrauchsanweisung*, Rowohlt, Reinbek bei Hamburg 1991; das Puzzlespiel ist ein Leitmotiv des Romans.
3) Ingo Vetter, *Detroit i.e. Infrastructure*, MOCAD, Detroit 2006, S. 20 (diese Publikation erschien nur einmal und war nicht Teil der aus ihr hervorgegangenen Publikationsreihe *Detroit:*).
4) Klaus Kertess, *Meditations in an Emergency*, Ausst.-Kat., MOCAD, Detroit 2006, S. 16.

CUMULUS

Aus Europa

IN JEDER AUSGABE VON PARKETT PEILT EINE CUMULUS-WOLKE AUS AMERIKA UND EINE AUS EUROPA DIE INTERESSIERTEN KUNSTFREUNDE AN. SIE TRÄGT PERSÖNLICHE RÜCKBLICKE, BEURTEILUNGEN UND DENKWÜRDIGE BEGEGNUNGEN MIT SICH – ALS JEWEILS GANZ EIGENE DARSTELLUNG EINER BERUFLICHEN AUSEINANDERSETZUNG.

DIE RUMÄNEN DES CABARET VOLTAIRE

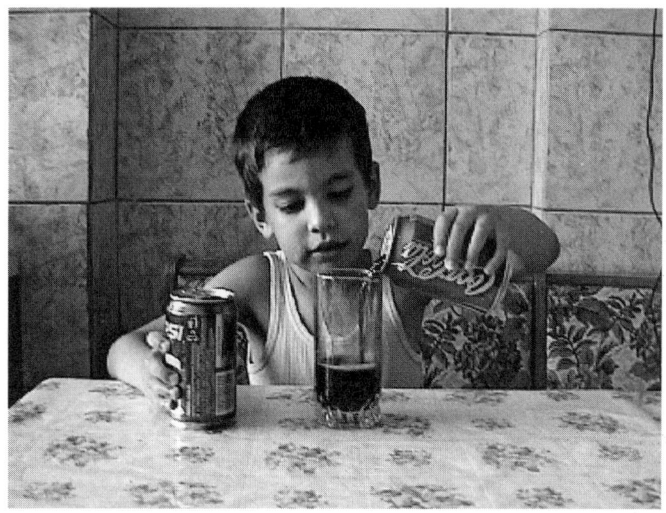

CIPRIAN MURESAN, CHOOSE... / WÄHLE..., 2005, video.
(PHOTO: CIPRIAN MURESAN)

ADRIAN NOTZ

Alles beginnt mit einem Anruf aus der Bundeshauptstadt. Die rumänische Botschaft in Bern kündigt den Besuch des rumänischen Botschafters und des rumänischen Kulturministers im Cabaret Voltaire an. Beim Besuch dieser «orientalisch aussehenden Deputation von zwei Männlein»[1] stellt sich heraus, dass es der Stellvertreter des Botschafters und der Kulturattaché der Botschaft sind, die mir offenbaren, dass es eine rumänische Avantgarde gibt und dass einige Hauptdarsteller des Cabaret Voltaire, Tristan Tzara und Marcel Janco, Rumänen waren. Worauf mich der rumänische Botschafter nach Bukarest schickt, um dort die rumänischen Wurzeln des Cabaret zu ziehen. Ich hoffe zudem, nicht nur rumänische Knollengewächse in den Feldern der akademischen Literaten auszugraben, sondern auch zeitgenössische Künstler für das Cabaret Voltaire zu gewinnen. In Bukarest zeigt mir der Präsident des «Institut de la Recherche de l'Avant-garde Roumaine et Européenne» die frisch entdeckten, ge-

---

ADRIAN NOTZ ist Co-Direktor des Cabaret Voltaire und lebt in Zürich.

heimen Schätze der rumänischen Avantgarde. Wegen seines spärlichen Französisch erfahre ich in dieser Ausgrabungsstätte leider nicht mehr über die Schätze als «très important» und «fuorta furmos» (rumänisch für «sehr schön»). In der gleichen Grube begegne ich einer Künstlerin, die Schachfiguren auf eine Kopie der Mona Lisa klebt, welche ich auf einem Jahrmarkt der Eitelkeiten präsentieren könnte, jedoch nicht im «hochgelehrten Institut» des Cabaret Voltaire.[2]

Bei einem zweiten Versuch nehme ich die Namen Calin Dan und Matei Bejenaru und vor allem das frisch erschienene Buch *Dada East, The Romanians of Cabaret Voltaire*[3] des schwedischen Gelehrten Tom Sandqvist mit, um neue Rumänen für das Cabaret Voltaire zu finden. Calin Dan sehe ich bei einer Konferenz, an der auch Iosif Kiraly teilnimmt. Früher haben sie als Künstlerduo subREAL mit

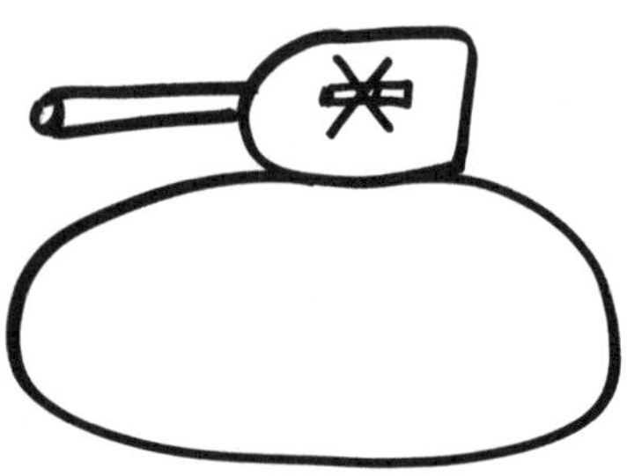

DAN PERJOVSCHI, NO SMOKING TANK / NICHT-RAUCHER-PANZER, 2006.
(PHOTOS: GREGOR PODNAR GALLERY, LUBLIJANA/BERLIN)

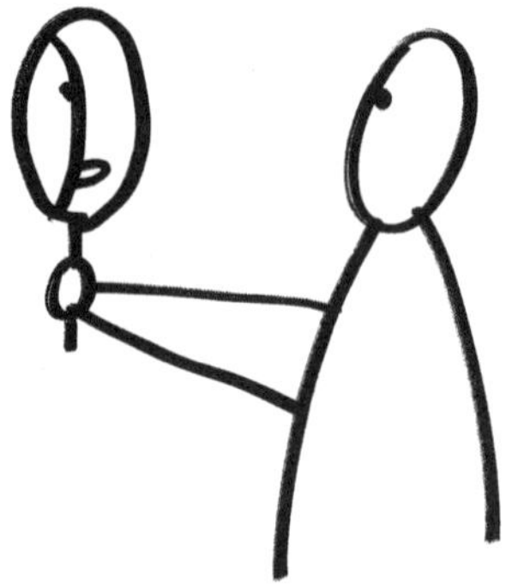

DAN PERJOVSCHI, DADA, 2006.

ihren Experimenten gegen «die Agonie und den Todestaumel der Zeit» gekämpft.[4] Noch bevor ich mit einem der beiden sprechen kann, nimmt mich Matei Bejenaru nach Iasi mit, wo er mit viel Ehrgeiz eine Biennale namens Periferic organisiert. Als Künstler hausiert Bejenaru gegenwärtig mit einer Bedienungsanleitung für Flüchtlinge mit den besten Wegen, um von Rumänien nach England zu gelangen. Diese hat er aus eigenen Erfahrungen und Berichten von Flüchtlingen zusammengestellt. Bejenaru's «Flucht aus der Zeit»[5] ist derart fortgeschritten, dass ich ihm kein Asyl in der Schweiz geben kann, «deren Gastfreundschaft über alles zu schätzen ist, und im Ästhetischen kommt's auf die Norm an.»[6]

Über Bejenaru gelange ich zum ersten Rumänen des Cabaret Voltaire: Dan Perjovschi. Er hat in Iasi den oberen Stock eines türkischen Bades mit seinem BIG ROMANIAN GRAFFITI gefüllt. Die charakteristischen, mit wenigen Strichen ausgeführten Zeichnungen sind eine unmittelbare Auseinandersetzung mit dem Ort. In sie verwoben sind Schlagzeilen und Klatsch aus den Medien und literarische Anspielungen; kommentiert werden politische Ereignisse, soziale Konflikte und Machtverhältnisse ebenso wie der Kunstbetrieb und massenmediale Kontrollmechanismen. Ein Rumäne, den ich unbedingt im Cabaret Voltaire haben muss.

Perjovschi erzählt mir im Besonderen von der Arbeit mit seiner Frau Lia Perjovschi, die das CAA / CAA (Center of Art Analysis / Contemporary Art Archive) gegründet hat. Beide sind vehemente Gegner des MNAC (Nationalmuseum für zeitgenössische Kunst), welches sich im Volkspalast befindet, den Ceauçescu während seines Regimes von den Rumänen bauen liess. Vereinfacht gesagt, richtet sich ihr Protest gegen die noch immer bestehenden kommunistischen Machtstrukturen, welche sich in der Ein-

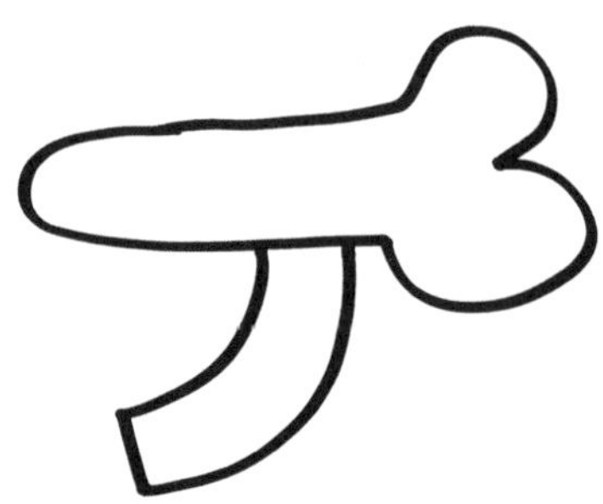

DAN PERJOVSCHI, DICK GUN / SCHWANZ-PISTOLE, 2006.

richtung eines zeitgenössischen Museums in einem solchen Gebäude manifestieren.

Das CAA von Lia Perjovschi ist nicht der Ort eines Abenteurers, denn «Der Abenteurer ist immer Dilettant...», sondern der eines Neugierigen, eines Dandys, da «auch er die Gefahr aufsucht, aber nicht mit ihr dilettiert. [...] Was ihn von einem Erlebnis zum anderen führt, ist nicht seine Laune, sondern die Konsequenz eines Gedankens und die Logik der geistigen Tatsachen.»[7] Der Gedanke, dass ein Vakuum gefüllt werden muss, welches in Schulen entsteht, in denen Kunstgeschichte bei Picasso aufhört, führte dazu, dass Lia Perjovschi während rund fünfzehn Jahren alle Materialien zur Postmoderne und zeitgenössischen Kunst, die sie finden konnte, gesammelt hat, wie Einladungskarten, Photos von Museen, Eintrittskarten, Handouts und Kataloge. Um dieser Unmenge an geistigen Tatsachen eine Logik zu verleihen, zeichnet sie Mindmaps und Timelines auf, die unter Begriffen wie «Ideologie» oder «Performance» stehen.

Dan Perjovschi erzählt mir auch von anderen rumänischen Künstlern, die er fürs Cabaret anheuern würde, wie Mircea Cantor, Ciprian Muresan und Cristi Pogacean, die alle an der Kunstakademie in Cluj studiert haben. Mircea Cantor wollen wir in Paris treffen.

In Ciprian Muresans Arbeit RHINOCEROS lesen Kinder Eugen Ionesco's *Rhinocéros* szenisch auf Rumänisch, wodurch die kindliche Logik, die in *Rhinocéros* die Dialoge bestimmt, wunderbar in Erscheinung tritt. Gleichzeitig wird der Inhalt durch die falsche Betonung der Sätze – weil die Kinder sehr oft nicht ganz verstehen, was sie lesen, oder sich auch einfach nicht dafür interessieren – teilweise entleert und beinahe zu Versen ohne Worte dekonstruiert. Gänzlich ohne Worte ist Muresans Video CHOOSE..., welches seinen Sohn zeigt, der vor einem Glas, einer Dose Coca-Cola und einer Dose Pepsi-Cola sitzt. Er leert zuerst ein bisschen Pepsi ins Glas, dann ein bisschen Cola und trinkt schliesslich alles in einem Schluck. Fertig, mit schelmischem Charme werden globale Wirtschaftskonflikte und territorial Marketingkämpfe egalisiert.

Cristi Pogacean's wohl bekannteste Arbeit ist der Teppich THE ABDUCTION FROM SERAGLIO. Der Titel bezieht sich direkt auf Mozarts Oper *Die Entführung aus dem Serail.* Der industriell geknüpfte Teppich ist von einer Qualität, wie man sie auf vielen Märkten findet, und zeigt vier rumänische Journalisten, die im Irak entführt wurden. Ähnlich einer Seifenoper, war diese Entführung von einem in Syrien lebenden rumänischen Geschäftsmann

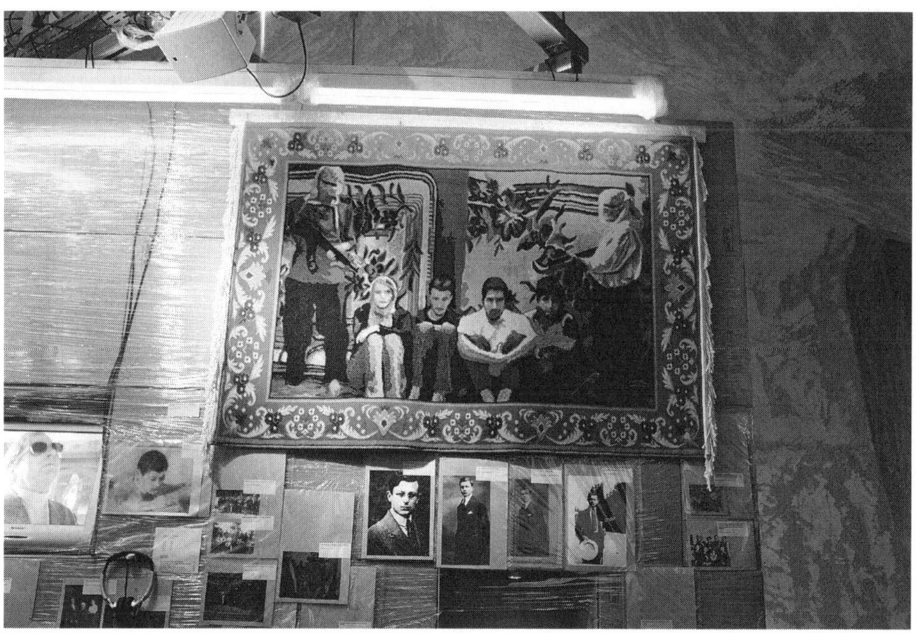

CRISTI POGACEAN, THE ABDUCTION FROM THE SERAGLIO, 2005, installation view / DIE ENTFÜHRUNG AUS DEM SERAIL, Installationsansicht. (PHOTO: MARTIN STOLLENWERK)

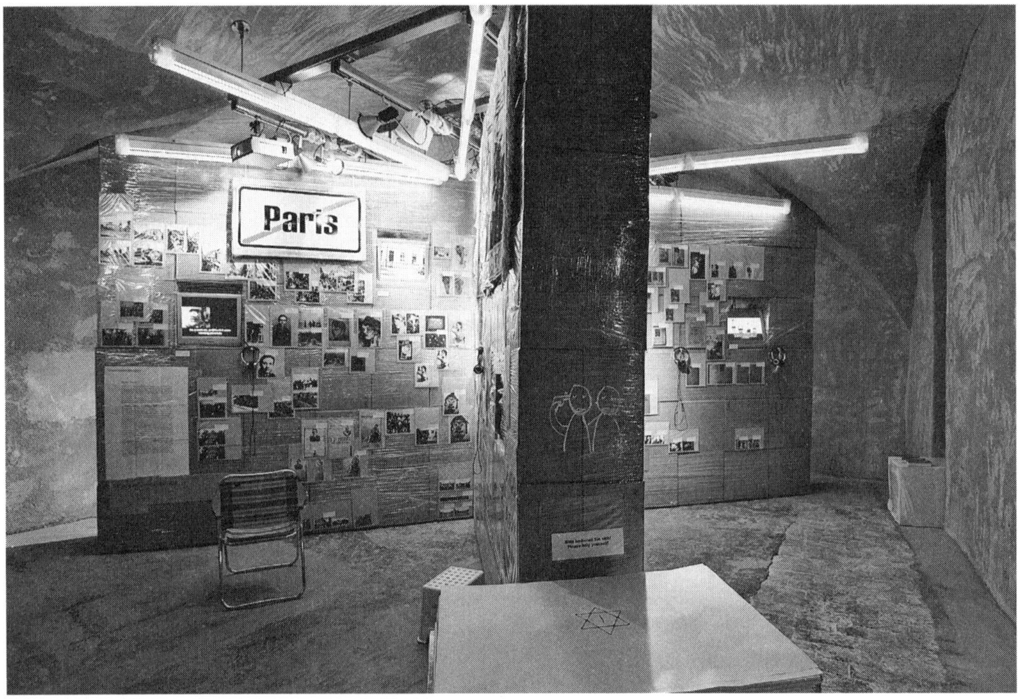

"Dada East? The Romanians of Cabaret Voltaire," 2006, exhibition view / Ausstellungsansicht. (PHOTO: MARTIN STOLLENWERK)

inszeniert worden, angeblich um Geld zu waschen. Pogacean greift dies brillant auf und transportiert die Geschehnisse in eine Welt aus *Tausendundeiner Nacht.* Eine Arbeit von ebenso starker symbolischer Kraft ist das Medaillon BREAKING HEARTS, das anstelle zweier Herzhälften, von denen man eine der Geliebten geben kann, die territorialen Umrisse von Rumänien und der Republik Moldavien zeigt. Die Trennung der beiden Staaten wird von Pogacean zur Sehnsucht zweier Geliebter «versüsst».

An der Eröffnung der zweiten Bucharest Biennale entdecke ich eine Arbeit von Sebastian Moldovan, die direkt an die historischen Wurzeln der Rumänen des Cabaret Voltaire anknüpft. THE PARIS besteht aus einer Strassentafel, auf der der Name «Paris» durchgestrichen ist, ein Hinweis, dass Paris verlassen wird oder hier nicht mehr Paris ist. Moldovan platzierte die Tafel an verschiedenen Orten in Bukarest, die in den 10er und 20er Jahren Bukarest als das «kleine Paris des Balkans» zelebrierten. Diese Orte haben ihren Glanz verloren, sind nur noch eine ferne, melancholische Erinnerung an eine glorreiche Zeit.

Vom «kleinen Paris» zum Original, wo ich im Café des Palais de Tokyo Mircea Cantor und Dan Perjovschi treffe. Cantor gibt sich sehr skeptisch beim Vorschlag, ihn als Rumänen ins Cabaret Voltaire einzuladen. Er verabscheue diese nationalistisch etikettierten Projekte zutiefst. Trotzdem erzählt er mir von einer Videoarbeit, TRIBUTE (Huldigung) von 2004, einer Annäherung an einen Eiffelturm von 50 m Höhe, der sich in Slobozia ausserhalb Bukarests befindet. Der Mini-Eiffelturm wurde von Ilie Alexandru, einem rumänischen Geschäftsmann, errichtet, der auch die Southfork Ranch aus der bekannten Fernsehserie «Dallas» nachbauen liess. Cantor partizipiert schliesslich mit dem Poster eines Davidsterns aus Doppelkopfzündhölzern am Cabaret Voltaire.

Wir sprechen in Paris auch über Arbeiten, die sich direkt mit dem Kommunismus beschäftigten, wie Harun Farocki und Andrej Ujica's VIDEOGRAMME EINER REVOLUTION (1989), das tief bewegend die Rolle des Fernsehens während der Revolution und des Sturzes Ceauçescus' analysiert.

Viel spielerischer und experimenteller wagte sich Ion Grigorescu noch während des Regimes 1978 an Ceauçescu heran und filmte einen DIALOG MIT DEM KAMERADEN CEAUÇESCU. In diesem Film spielt Grigorescu gleichzeitig sich selbst und Ceauçescu und spricht mit ihm über den Kommunismus. Die Positionen gehen dabei hin und her und manchmal scheint der Künstler der vehementere, kritischere und radikalere Kommunist als Ceauçescu. Auf diese Eigenart angesprochen, erzählt mir Grigorescu später in Bukarest, dass es ein Gespräch zwischen Amateuren des Kommunismus gewesen sei. Der Film ist jedoch ohne Ton und der Text, den sie sprechen, läuft unlesbar über den Bildschirm.

Das *Grande Finale* dieser Suche nach den Rumänen des Cabaret Voltaire habe ich schliesslich in Venedig erfahren, wo Mihnea Mircan im rumänischen Pavillon unter dem Titel «Low Budget Monuments» die Frage stellt, ob Monumente, losgelöst von Glorifikation, Gedenken und losgelöst von rhetorischen Überladungen, welche die Historie belasten, noch immer Monumente sind. Die Künstler Victor Man, Cristi Pogacean und das Künstlerpaar Mona Vatamanu und Florin Tudor beschäftigen sich mit verschiedenen Lesarten von Monumentalität. Vatamanu und Tudor analysieren die Geschichte und das Gedächtnis von Orten, Plätzen und Gebäuden *in situ*. Im Pavillon zeigen sie die Arbeit VACARESTI. Das Vacaresti-Kloster, erbaut im 18. Jahrhundert, wurde wie viele andere religiöse Gebäude 1985 von den Kommunisten zerstört. In der Videoperformance sieht man, wie Tudor mit Schnur und Pflöcken im gefrorenen Brachland umhergeht und in einer beschwörenden Weise versucht, den Grundriss des Klosters als ephemeres Mahnmal wiederherzustellen.

Ich sage, um einen vorläufigen Schluss zu finden: Das Ziehen der Wurzeln in den Feldern der akademischen Literaten der rumänischen Avantgarde führte zu sehr fruchtbaren Einblicken in die zeitgenössische rumänische Kunst.

Das Cabaret Voltaire wurde am 5. Februar 1916 an der Spiegelgasse 1 in Zürich von Hugo Ball begründet. Es ist der Geburtsort von Dada. Die Dadaisten waren bis am 14. Juli 1916 in Zürich, danach wurde Dada global. Am 1. Oktober 2004 wurde das Cabaret Voltaire als zeitgenössischer Kulturort wiedereröffnet. Die Ausstellung «Dada East? The Romanians of Cabaret Voltaire» fand vom 21. September 2006–24. Februar 2007 im Cabaret Voltaire statt. Am 29. September 2007 wird sie in der Färgfabriken in Stockholm und am 1. Februar 2008 in der Nationalgalerie Zacheta in Warschau eröffnet.

1) Hugo Ball beschreibt in *Flucht aus der Zeit* die Ankunft von Tristan Tzara, Marcel Janco und Georges Janco am 5. Februar 1916, siehe *Dada Zürich*, Reclam, Ditzingen, S. 7.
2) Richard Huelsenbecks Beschreibung des Cabaret Voltaire in seiner «Erklärung», vorgetragen im Cabaret Voltaire im Frühjahr 1916, siehe *Dada Zürich*, Reclam, Ditzingen, S. 29.
3) Tom Sandqvist, *Dada East, The Romanians of Cabaret Voltaire* (Cambridge: MIT Press, 2006).
4) Hugo Ball, Flucht aus der Zeit, in: Karl Riha, Waltraud Wende-Hohenberger (Hg.), *Dada Zürich*, Reclam, Ditzingen, S. 17.
5) Hugo Ball, *Flucht aus der Zeit*, erstmals 1925 erschienen.
6) Aus dem «Eröffnungsmanifest» des ersten Dada-Abends, Zürich, 14. Juli 1916, in: *Dada Zürich*, Reclam, Ditzingen, S. 30.
7) Hugo Ball, *Die Flucht aus der Zeit*, Limmat, Zürich 1992, S. 48.

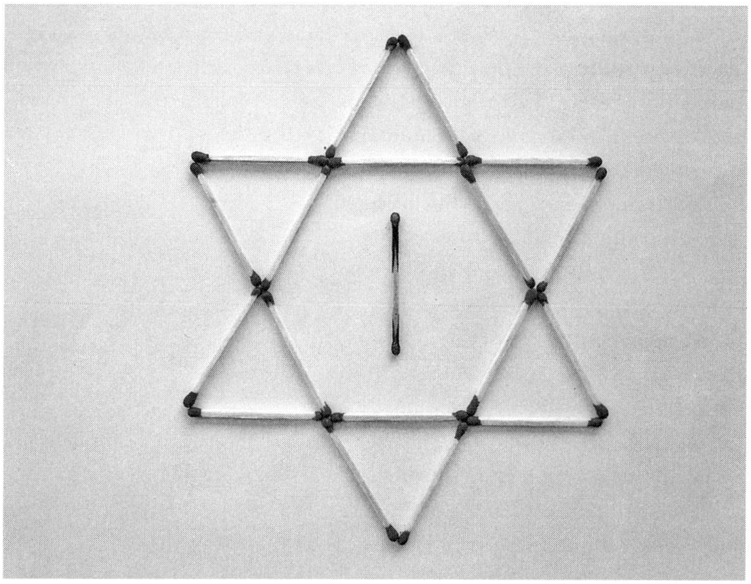

MIRCEA CANTOR, poster with double-head matches / Plakat mit Doppelkopf Zündhölzern. (PHOTO: MARTIN STOLLENWERK)

THE ROMANIANS IN CABARET VOLTAIRE

ADRIAN NOTZ

It all begins with a call from a capital. The Romanian embassy in Bern announces that the Romanian ambassador and the Romanian minister of culture will attend a performance of Cabaret Voltaire. The "oriental-looking deputation of [two] little men"[1] turns out to be the ambassador's deputy and the cultural attaché of the embassy. They inform me that there is a Romanian avant-garde and Romanians were among the leading characters of Cabaret Voltaire, namely Tristan Tzara and Marcel Janco. Whereupon the Romanian ambassador sends me to Bucharest to pull up the Romanian roots of the Cabaret. Not only do I hope to dig up Romanian tubers in the fields of literary academia but also to find contemporary artists for Cabaret Voltaire. In Bucharest, the president of the "Institut de la Recherche de l'Avantgarde Roumaine et Européenne" shows me the recently discovered secret treasures of his country's avant-garde. Unfortunately, his knowledge of French being rather limited, I learned only that the finds from the diggings are *très important* and *fuorta furmos* (Romanian for 'very beautiful'). In the same site I encounter an artist gluing chess figures on a copy of the Mona Lisa, which I could present at a Vanity Fair but not at the "extremely intellectual institute" of Cabaret Voltaire.[2]

On my second attempt to find new Romanians for Cabaret Voltaire, I come equipped with the names of Calin Dan, Matei Bejenaru, and above all the brand-new publication *Dada East, The Romanians of Cabaret Voltaire*[3] by the Swedish scholar Tom Sandqvist. I see Calin Dan at a conference in which Iosif Kiraly is also participating. When they conducted experiments as the artist duo subREAL, they used to fight "against the agony and the death throes of this age."[4] Before I can even speak to them, Matei Bejenaru spirits me away to Iasi, where he is organizing an ambitious biennial that goes by the name of Periferic. Bejenaru's latest art project consists of instructions for refugees that provide the best escape routes from Romania to England. Bejenaru's "Flight out of Time"[5] is so advanced that I cannot offer him asylum in Switzerland, "whose hospitality deserves unqualified appreciation, and where, aesthetically speaking, all depends on the norm."[6]

Through Bejenaru, I encounter the first Romanian of Cabaret Voltaire: Dan Perjovschi. He has covered the second floor of the Turkish bath in Iasi with his BIG ROMANIAN GRAFFITI. The drawings, typically executed with just a

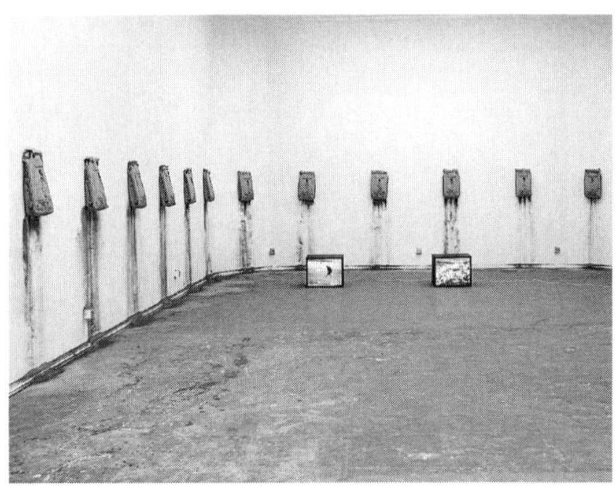

MONA VATAMANU and FLORIN TUDOR, DUST, 2007, installation view Venice Biennale / STAUB, Installationsansicht.

ADRIAN NOTZ is co-director of Cabaret Voltaire and lives in Zürich.

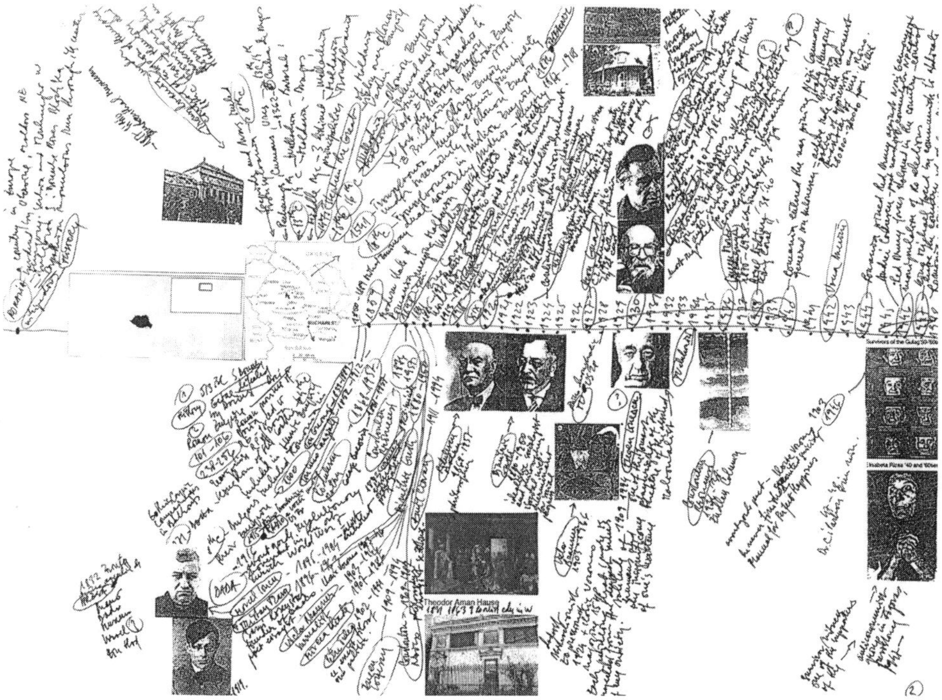

Lia Perjovschi, TIMELINES ON ROMANIAN CULTURE, since 1999 / ZEITLINIEN DER RUMÄNISCHEN KULTUR. (PHOTO: LIA PERJOVSCHI)

few lines, are a direct reaction to the location. Headlines and gossip from the press are interwoven with literary allusions; their subject matter ranges from political events, social conflict and power politics to the art trade and the control mechanisms of the mass media. This Romanian is a must for Cabaret Voltaire.

Perjovschi tells me a great deal about the work of his wife Lia Perjovschi, founder of the CAA / CAA (Center of Art Analysis / Contemporary Art Archive). They both vehemently oppose the MNAC (National Museum of Contemporary Art), which is located in the People's Palace that Ceauçescu had built by the Romanians when he was in power. In simplified terms, their protest is directed against Communist power structures that are still operative and made manifest in the decision to install a museum of contemporary art in such a building.

Lia Perjovschi's CAA has no room for adventurers because "[t]he adventurer is always a dilettante." Instead it is the home of "the inquisitive man, the dandy. He too seeks out danger, but he does not dabble in it... He is led from one experience to another not by his mood, but by the consistency of ideas and the logic of intellectual facts."[7] The desire to fill the vacuum created in schools where art history ends with Picasso motivated Lia Perjovschi to spend some 15 years collecting all the materials she could find on postmodern and contemporary art, including invitations, photographs of museums, admission tickets, handouts, and catalogues. To inform her vast hoards of intellectual facts with some kind of logic, she draws mindmaps and timelines classified by such concepts as "ideology" and "performance."

Dan Perjovschi tells me about other Romanian artists who might also be recruited for the Cabaret, like Mircea Cantor, Ciprian Muresan and Cristi Pogacean, all former students of the art academy in Cluj. We plan to meet Mircea Cantor in Paris.

In Ciprian Muresan's work, RHINOCEROS, Romanian children read and act out Eugen Ionesco's *Rhinocéros*, thereby beautifully underscoring the childish logic that governs the dialogues in Ionesco's story. At times the emphasis is slightly off because the children may not understand what they are reading or are, quite simply, not interested, so that the content goes awry and is essentially deconstructed, becoming verses without words. In his video CHOOSE..., Muresan goes a step further and does without words altogether. The video shows his son sitting in front of a glass and a can each

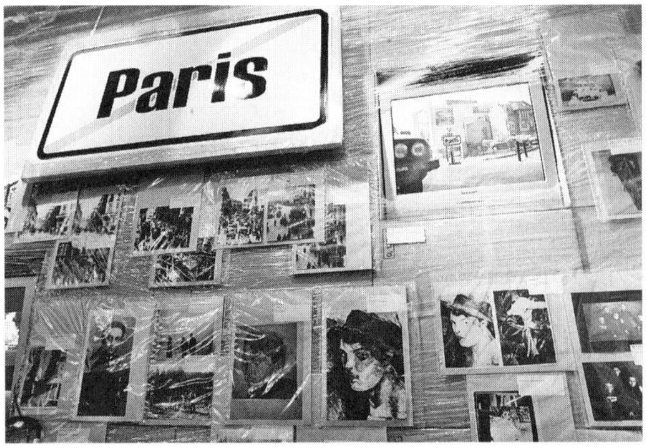

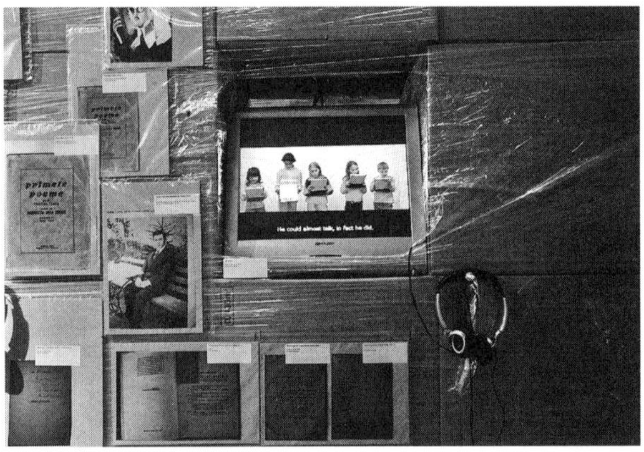

SEBASTIAN MOLDOVAN, THE PARIS, 2005–2006, installation view. *(PHOTO: MARTIN STOLLENWERK)*

CIPRIAN MURESAN, RHINOCEROS, 2006, video. *(PHOTO: MARTIN STOLLENWERK)*

of Coca-Cola and Pepsi-Cola. First he pours a little bit of Pepsi into the glass, then a little bit of Coke, and then he drinks it all in one swallow. That's it. With whimsical charm and a single swallow, the artist has resolved the entire panoply of global economic conflict and territorial competition.

Cristi Pogacean is probably best known for his carpet THE ABDUCTION FROM SERAGLIO, a title taken from Mozart's opera. The quality of the industrially knotted carpet is like all of those on sale in local markets and it portrays four Romanian journalists who were kidnapped in Iraq. With soap- opera aplomb, a Romanian businessman living in Syria staged the kidnapping, purportedly to launder money. Pogacean makes brilliant use of the saga, placing the events in the setting of *The Arabian Nights.* Of equally impressive symbolic impact is the medallion BREAKING HEARTS: instead of a heart in two halves, one of which is meant to be given to a beloved, the two parts of the medallion show the contours of Romania and the Republic of Moldavia. Pogacean invests the separation of the two states with the saccharine yearning of two lovers.

At the opening of the second Bucharest Biennial, I discover a work by Sebastian Moldovan, which is directly related to the historical roots of the Romanians in Cabaret Voltaire. THE PARIS consists of a street sign, with a diagonal line crossing out the word "Paris," indicating that the city has been left behind or is no longer there. Moldovan installed the sign in various places in Bucharest, known in the 1910s and 1920s as the "little Paris of the Balkans." The glamour of these places has faded and they are now little more than triste reminders of a distant, once glorious past.

Having traveled from "little Paris" to its namesake, I meet Mircea Cantor and Dan Perjovschi at the café in the Palais de Tokyo. Cantor reacts with considerable skepticism to the idea of being invited to Cabaret Voltaire as a Romanian. He detests projects with a nationalist label and proceeds to tell me about a video work, TRIBUTE (2004), which portrays an Eiffel Tower in Slobozia outside of Bucharest. The mini Eiffel Tower, 165 feet tall, was erected by Ilie Alexandru, a Romanian businessman, who also had a replica built of Southfork Ranch from the *Dallas* TV series. Cantor finally decides to contribute a poster to Cabaret Voltaire, showing a Star of David made of double-tipped matches.

In Paris we talk about works that dealt directly with Communism, like Harun Farocki and Andrej Ujica's VIDEOGRAMME EINER REVOLUTION (1989, Videograms of a Revolution), a profoundly moving analysis of the role played by television during the revolution and subsequent fall of Ceauçescu. Ion Grigorescu takes a much more playful and experimental approach in his DIALOG MIT DEM KAMERADEN

CEAUÇESCU, filmed in 1978 when Ceauçescu was still in power. Grigorescu's filmed dialogue on Communism shows the artist playing both himself and the Romanian leader, Ceauçescu. As they take different stands, batting their ideas back and forth, Grigorescu appears at times to be an even more impassioned, critical and radical Communist than Ceauçescu. Later, when I asked him about it in Bucharest, Grigorescu tells me that it was a conversation between Communist amateurs. However, the film has no soundtrack and the words of the prot-agonists, scrolling across the screen, are illegible.

The Grande Finale of my search for the Romanians in Cabaret Voltaire is mounted in the Romanian pavilion in Venice, where Mihnea Mircan has installed his "Low Budget Monuments" in order to find out if monuments are still monuments when they are deprived of the glorification, memorial pomp, and rhetorical hyperbole that burden history. The artists Victor Man, Cristi Pogacean, and Mona Vatamanu/Florin Tudor also inquire into various interpretations of monumentality. Vatamanu and Tudor analyze the history and the memory of places, squares, and buildings *in situ*. Their work VACARESTI is on view in the pavilion. The Vacaresti Monastery, built in the 18th century, is one of the many religious buildings that were destroyed by the Communists in 1985. In the video performance, we are struck by the urgency of Tudor's efforts, as he trudges through arid, frozen terrain with rope and stakes, trying to map out the ground plan of the monastery as an ephemeral monument.

My conclusion, for the moment, is that pulling up the roots of the Romanian avant-garde in the fields of literary academia has led to extremely fruitful insights into contemporary Romanian art.

(Translation: Catherine Schelbert)

The Cabaret Voltaire was founded by Hugo Ball on 5 February 1916, on Spiegelgasse 1 in Zürich. This is the birthplace of Dada. The Dadaists were in Zürich until 14 July 1916, after which Dada went global. On 1 October 2004, Cabaret Voltaire was reopened as a venue for contemporary culture. The exhibition "Dada East? The Romanians of Cabaret Voltaire" ran from 21 September 2006 to 24 February 2007 at Cabaret Voltaire. On 29 September 2007, the exhibition will open in the Färgfabriken in Stockholm and on 1 February 2008 in the Zacheta National Gallery in Warsaw.

DAN PERJOVSCHI, exhibition view "Dessin Fondu", Cabaret Voltaire, 2006 / Ausstellungsansicht. (PHOTO: MARTIN STOLLENWERK)

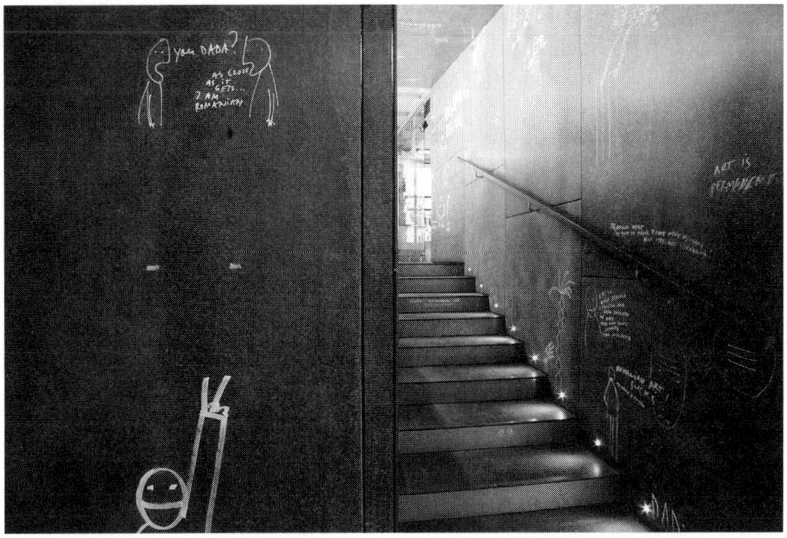

1) Hugo Ball describes the arrival of Tristan Tzara, Marcel Janco, and Georges Janco on 5 February 1916 in *Hugo Ball, Flight Out Of Time. A Dada Diary*, transl. by Anne Raimes (Berkeley and Los Angeles, California: University of California Press, 1996), p. 50.
2) Richard Huelsenbeck's description of Cabaret Voltaire in his "Erklärung," presented at Cabaret Voltaire in spring 1916. See Karl Riha, Waltraud Wende-Hohenberger, eds., *Dada Zürich* (Ditzingen: Reclam, 1992), p. 29.
3) Tom Sandqvist, *Dada East, The Romanians of Cabaret Voltaire* (Cambridge: MIT Press, 2006).
4) Hugo Ball (see note 1), p. 66.
5) See note 1.
6) From the "Eröffnungsmanifest," the manifesto that launched the first Dada evening in Zürich, 14 July 1916 in *Dada Zürich* (see note 2), p. 30.
7) Hugo Ball (see note 1), p. 30.

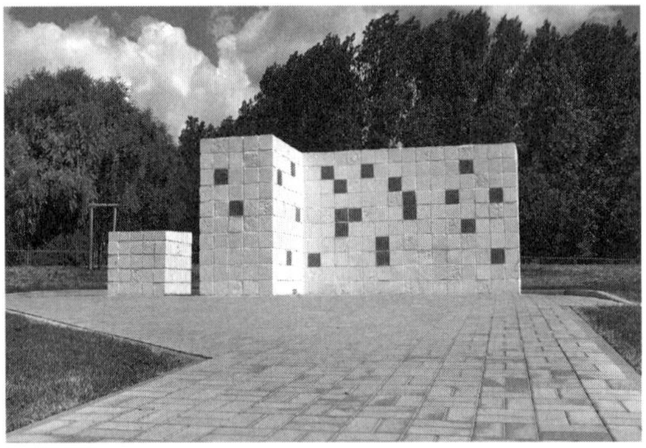

WHITEWASHING THE PAST: THE RESTORATION OF MEMORY

JACK SAL, WHITE/WASH II, 2003, concrete blocks, lead sheets / WEISS/WASCH II, Beton-Bausteine, Bleiplatten. (ALL PHOTOS: JACK SAL)

JAN T. GROSS / JACK SAL

In 2005, New York artist Jack Sal created a permanent public sculpture in the town of Kielce, Poland—a government sponsored memorial to Poland's most infamous episode of post-war violence against Jews. Sal's minimalist grid of stacked blocks whitewashed with lime commemorates the horrific incident that occurred in 1946 when inexplicably a mob of Kielce's local residents gathered and killed forty-two Jews. For this issue of Parkett, Jack Sal sat down to talk with the historian Jan T. Gross about a monument designed to simultaneously deteriorate and to be preserved through a specified form of interactive remembrance.

JAN T. GROSS is Norman B. Tomlinson '16 and '48 Professor of War and Society at Princeton University.

JACK SAL is an artist living in New York and Italy. His work has been the subject of one man and group exhibitions at the Museum Ludwig, Cologne, The Museum of Modern Art, New York, Galleria Civica d'Arte Moderna, Milan, and Museo Archeologico Nazionale, Spoleto, Italy.

Jack Sal: I thought we could have a dialogue about Kielce, Poland; about the idea of a monument, of a pogrom, of remembrance, of memory in art.

Jan T. Gross: So what was your concept exactly? And process?

JS: In all of my work I first go to a place and learn something about its history—the story, the material, the physical aspects—so that I'm not just bringing something on my back to a site, but actually using the source materials from the site to create a context.

JG: So what brought you to Kielce of all places?

JS: I was invited to do an exhibition in the museum. It was only after my first trip there that I discovered the story of the pogrom. I then began to investigate the life of the very progressive urban, not Hasidic, Jewish population before the War. Jewish industries—Jews came for the first time in large numbers only after the Russian partition of the nineteenth century.

JG: Which industries were Jewish?

JS: The making of building materials, like concrete blocks... And the first non-religious book publisher there was

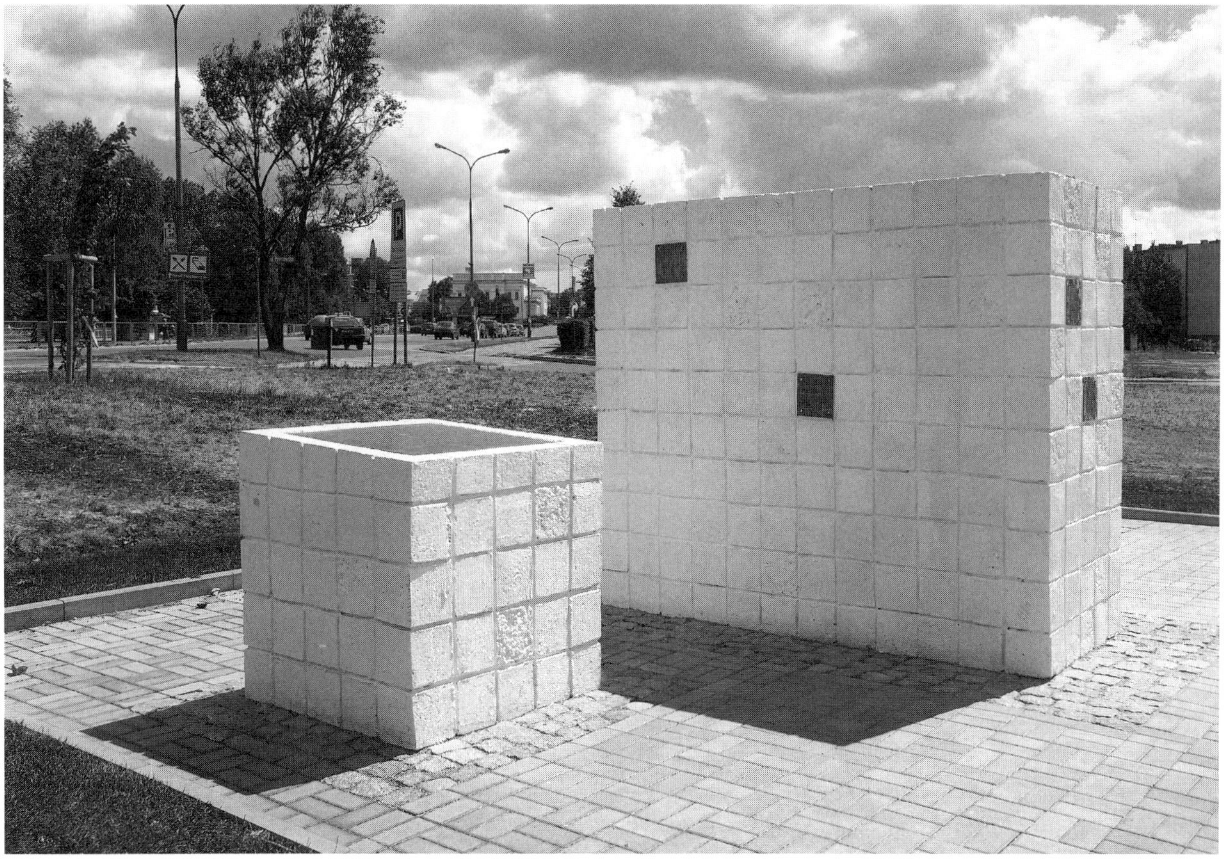

JACK SAL, WHITE/WASH II, 2003 / WEISS/WASCH II.

Jewish. Jewish shoe manufacturers and furniture makers started the industries that Kielce became famous for. And the most significant for me was the fact that Kielce was home to a natural limestone quarry, which was owned by two Jewish families. The Polish word for lime became synonymous with the name of this company.
JG: And you use this lime in your work, right?
JS: Yes. I used it in my first project there entitled WHITE/WASH (2003). Then I decided to use it again in the Kielce monument, which is covered in lime.
JG: And what did the lime symbolize?
JS: First of all, the cleansing of houses; the repainting of all of their surfaces with lime, which is common practice every spring. Secondly, and more depressingly, lime is placed on dead bodies when they need to be disposed in mass graves.
JG: And lime burns, right?
JS: Yes, lime, in its active form, also burns and irritates the skin.
JG: Would you say that your work is more about Jewish life in Kielce or about Jewish death there?
JS: It certainly is about death. The monument WHITE/WASH II (2006) is situated so that its site is at the junctures of Planty Street, the ghost of the ghetto wall, and the street leading to the city's main synagogue. This placement evokes the footprint of the Jewish community, phases of tragic history, and more predominantly the pogrom where the catastrophe occurred.
JG: And so what really happened at this pogrom?

JS: On July 4, 1946, a rumor began to circulate that a Jewish family had kidnapped a Christian child and held him in a cellar overnight. The rumor soon grew becoming even more distorted and anti-Semitic, saying that the small Jewish community was in need of the blood of Christians in order to make matzos (Jewish unleavened bread), and that to get this blood they were performing ritual killings. Then the father of the missing boy along with neighbors and the police went to 7 Planty Street, home to the town's Jews. A police officer ordered the Jews to give up their weapons and the militia either shot or beat them to death. Forty-two deaths occurred and it prompted Polish Jews—once the largest Jewish community in Europe—to flee in droves.

JG: So it was a very pivotal event.

JS: Keep in mind, this was just after they had survived the Holocaust, so it's not as if they were going to dismiss it as an isolated incident. In the following three months around 70,000 Jews left Poland.

JG: Is this the first such work that you have created?

JS: I made another work in 2000 entitled RE/PLACE outside the apartment in Munich, Germany, where my parents, who were Holocaust survivors, lived after the war. The work consists of a bronze slab set in the paving stones of Max-Weber-Platz.

JG: Was your project in Munich contested?

JS: No, it was commissioned by the city of Munich, by the arts commission, not the historical commission. To create a historical monument about the Holocaust or the Second World War in Germany, you have to go to the federal government; it cannot be done at the city or state level.

JG: And how was this piece different from your monument in Kielce?

JS: There was a crucial difference: I made the Munich piece to be situated in the ground because when I spoke in Germany about this time in history, about my parents and their experience, people would automatically look down at the ground.

JG: I see.

JS: So instead of creating a traditional monument on a pedestal, I decided to make something with a downward quality. Max-Weber-Platz is a very busy intersection, and people walk right over the bronze without even noticing it.

JG: How, then, do they discover the piece?

JS: On a nearby column I placed plaques about the project including reproductions of my parents' documents, such as my father's release certificate from Dachau.

JG: What were the reactions about your monument in Kielce after it was made? Was there resistance or vandalism?

JS: There was one act of vandalism. Somebody wrote something anti-Semitic. But it was quickly removed.

JG: And I suppose it was whitewashed.

JS: Yes. It was whitewashed right over with the lime coating. The only other reaction has been the discussion taking place regarding the monument's deterioration. It's bleeding lime from the snow and the rain, as I had anticipated.

JG: This is actually part of the concept, right?

JS: Yes. Some people think that this is a problem because they don't like the way it looks. But really it raises the issue of the necessity to maintain it, to attend to it, which is what I was after... I'd like to ask you a question, Jan. How did you first arrive in Kielce and get involved in it as a topic after your first book, *Neighbors: The Destruction of the Jewish Community in Jedwabne, Poland?*

JG: Kielce is a story that sits like a thorn in the minds of all the Polish popula-

JACK SAL, WHITE/WASH II, 2003, detail / WEISS/WASCH II, Detail.

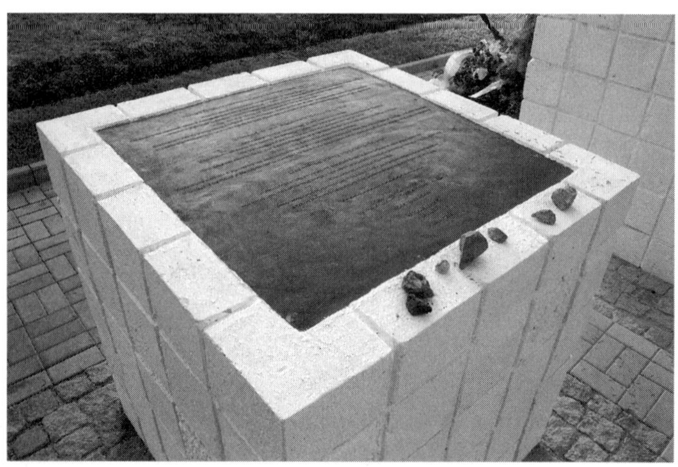

JACK SAL, WHITE/WASH II, 2003, detail / WEISS/WASCH II, Detail.

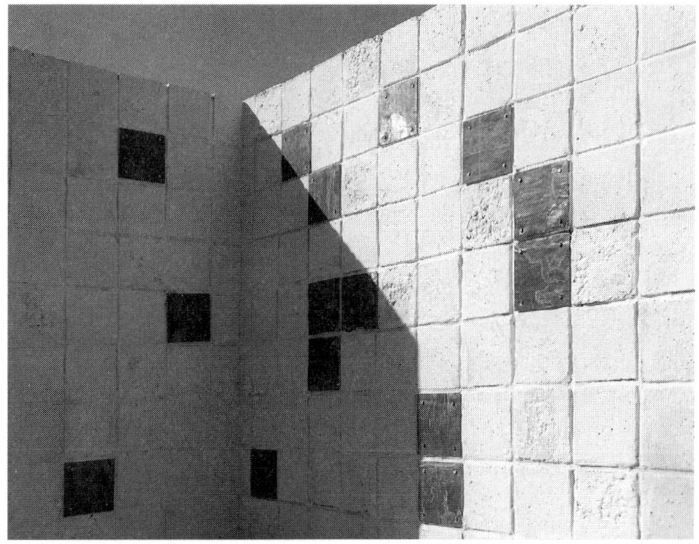

tion. So it's very easy to be reminded of it. From *Neighbors* it was a very natural step. How was anti-Semitism among the Polish population possible in the context of atrocities perpetrated against the Jews by the Nazis, who were also mortal enemies of the Poles? And how did it evolve during and after a war in such a way that it could not be concealed by the argument about what the Germans did or didn't do? The pogrom in Kielce took place after the war, when there were no more Germans in Poland. In Kielce people often claim that the incident was a provocation of the secret police or even of the Soviet secret police. So again, there is a kind of distancing or denial. As if to say, "It's not about us."

JS: In Germany, people often talk about this collective guilt. But in Poland no one talks about either collective guilt or collective responsibility. There seems, in this sense, to be a detachment from history.

JG: There were actually three different villages where the whole Jewish community was killed by their Polish neighbors in a similar way. In other words, you had hundreds of thousands of Polish people, who knew very well what had happened and were willing to accept that thousands of Jewish people had just vanished.

JS: And there's still absolute denial about this.

JG: Well, it somehow never became part of the historical narrative—and not because every historian who writes about this period is an anti-Semite, although that's what some people have said. It did not come to the surface to a large extent as a result of genuine puzzlement.

JS: Why do you think this is?

JG: Even though people knew that there were victims killed by locals, the scale of these murders is something that people have just not been able to internalize.

JS: At the dedication ceremony for my monument, the foreign minister of Poland asked me if I had some relationship to Poland. I explained that my mother was born in Poland and that members of her family had been murdered. The foreign minister was quick to point out, rather defensively, that they had not been killed by the Polish Army. I said, no matter who it was, whether Polish soldiers or Polish neighbors, they were killed in their hometown.

JG: But I can see that she was very quick to try and separate this idea of Polish responsibility from responsibility in general.

JS: And that's the thing, the Italian art historian, Marinella Caputo, wrote to me when she saw my monument and pointed out that the word *Monumento* includes both warning and...

JG: ...remembrance, yes.

JS: I thought that was a wonderful concept, of a monument being both a warning and remembrance. Remembrance involves responsibility.

JG: Remembrance also refers to the whitewashing of the piece with lime—not allowing the memory to deteriorate, but keeping it fresh in the mind.

JS: Yes. It's important that the monument remain fresh and white. It is made in such a way that people from the town have to show up to re-apply the white lime every year.

JG: This is your hope—that the people who live in the town will just come out and do this on their own?

JS: Well this is actually the agreement we made.

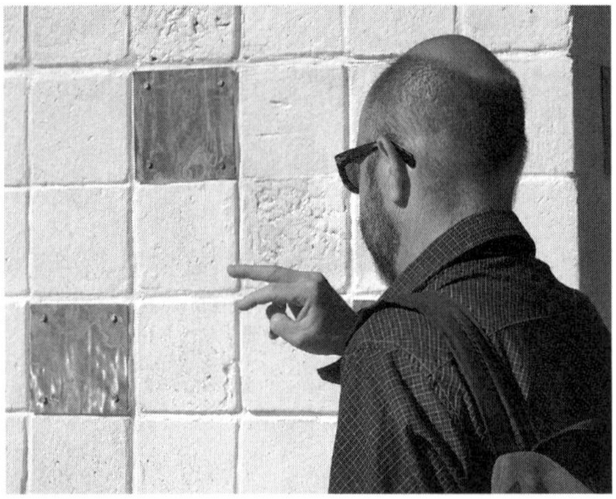

JACK SAL in Kielce.

GELÖSCHTE VERGANGENHEIT – ERINNERTE GESCHICHTE

JAN T. GROSS / JACK SAL

2005 schuf der New Yorker Künstler Jack Sal eine Skulptur für die polnische Stadt Kielce, ein von der Regierung finanziertes Mahnmal für das schlimmste gegen Juden gerichtete Gewaltverbrechen in Polen nach dem Krieg. Seine minimalistisch anmutenden, kalkgetünchten Gebilde aus mauerartig aufgeschichteten Bausteinen erinnern an die schrecklichen Ereignisse, die sich in dieser polnischen Stadt zutrugen, als sich unerklärlicherweise einige ihrer Einwohner zusammenrotteten und zweiundvierzig Juden umbrachten. Jack Sal hat sich für Parkett mit dem Historiker Jan T. Gross zusammengesetzt, um über sein Denkmal zu sprechen, das bewusst so gestaltet ist, dass es mit der Zeit verwittert und durch eine spezifisch vereinbarte Form interaktiver Erinnerungsarbeit erhalten werden muss.

Jack Sal: Ich hab mir gedacht, wir könnten über Kielce in Polen sprechen; über die Idee eines Mahnmals, über ein Pogrom, über das Erinnern, über das Gedächtnis in der Kunst.

Jan T. Gross: Wie genau sah dein Konzept aus? Und dein Vorgehen?

JS: Für meine Arbeit suche ich den entsprechenden Ort jeweils immer zuerst auf, um etwas über seine Geschichte in Erfahrung zu bringen – über das Vorgefallene, den Stoff, die physischen Aspekte –, damit ich nicht einfach etwas Persönliches mitbringe und hineintrage, sondern mich bei der Erarbeitung des Kontextes wirklich auf das Quellenmaterial vor Ort stütze.

JG: Was hat dich denn ausgerechnet auf Kielce gebracht?

JS: Ich war eingeladen, im Museum auszustellen. Auf die Geschichte mit dem Pogrom bin ich erst nach meinem ersten Besuch in der Stadt gestossen. Darauf begann ich das Leben ihrer sehr fortschrittlichen, urbanen, nicht chassidischen, jüdischen Bevölkerung vor dem Krieg zu studieren. Das jüdische Gewerbe – die Juden kamen erst nach der russischen Teilung im 19. Jahrhundert.

JG: Was für Gewerbezweige waren das?

JS: Die Produktion von handgefertigten Baumaterialien wie Betonbausteine; auch der erste Verleger nicht religiöser Bücher der Stadt war Jude; und jüdische Schuhfabrikanten und Möbelhersteller haben die Industriezweige begründet, für die Kielce später be-

---

JAN T. GROSS ist «Norman B. Tomlinson '16 und '48 Professor of War and Society» an der historischen Fakultät der Princeton University. Er ist der Autor von *Nachbarn: Der Mord an den Juden von Jedwabne* (Beck, München 2001) und *Fear: Anti-Semitism in Poland after Auschwitz: An Essay in Historical Interpretation* (Princeton University Press/Random House, New York 2006).

JACK SAL ist Künstler. Er lebt in New York und Italien. Seine Werke waren unter anderem in folgenden Museen ausgestellt: Museum Ludwig, Köln; Museum of Modern Art, New York; Galleria Civica d'Arte Moderna und Museo Archeologico Nazionale, Spoleto.

rühmt werden sollte. Am bedeutsamsten erschien mir aber die Tatsache, dass es in Kielce auch einen Kalksteinbruch gab, der zwei jüdischen Familien gehörte. Das polnische Wort für Kalk ist zum Synonym für diese Firma geworden.

JG: Und diesen Kalk verwendest du in deiner Arbeit, oder?

JS: Ja. Ich habe ihn in meinem ersten Projekt mit dem Titel WHITE/WASH (2003) verwendet. Danach beschloss ich ihn auch für das Denkmal in Kielce zu verwenden, das mit Kalk getüncht ist.

JG: Und wofür steht der Kalk?

JS: Vor allem für das Reinigen von Häusern; für den frischen Kalkanstrich, den im Frühjahr jeweils alle Wände erhalten. Zweitens, und das ist etwas düsterer, wird Kalk über Leichen geschüttet, die in Massengräbern beigesetzt werden.

JG: Und Kalk brennt, oder?

JS: Ja, Kalk in ungelöschter Form brennt und reizt die Haut.

JG: Würdest du sagen, dass deine Arbeit mehr vom Leben der Juden in Kielce handelt oder von ihrem Tod?

JS: Natürlich geht es dabei um den Tod. Der Standort des Mahnmals WHITE WASH II (2006) ist so gewählt, dass sich dort die Linien der Planty-Strasse, der einstigen Ghettomauer und der Strasse, die zur Hauptsynagoge der Stadt führt, kreuzen. Diese Standortwahl soll auf die Spuren der jüdischen Gemeinde verweisen, auf die Phasen einer tragischen Geschichte, und vor allem auf das Pogrom, den Ort, wo es zur Katastrophe kam.

JG: Was ist denn wirklich passiert bei diesem Pogrom?

JS: Am 4. Juli 1946 kam das Gerücht auf, dass eine jüdische Familie ein christliches Kind entführt und über Nacht in einem Keller gefangen gehalten habe. Das Gerücht verbreitete sich rasch und nahm immer abstrusere und antisemitischere Formen an, sodass es schliesslich hiess, die kleine jüdische Gemeinde in Kielce bräuchte das Blut von Christen, um Matzen herzustellen (ungesäuertes Brot), und würde zu diesem Zweck Ritualmorde durchführen. Darauf zog der Vater des Knaben zusammen mit einigen Nachbarn und der Polizei zu dem von Juden bewohnten Haus an der Planty-Strasse Nr. 7. Ein Polizist forderte die Juden auf, ihre Waffen abzugeben, und die Miliz erschoss oder erschlug sie. Es gab zweiundvierzig Tote, was die polnischen Juden, einst die grösste jüdische Gemeinde Europas, in Scharen zur Flucht aus Polen veranlasste.

JG: Also war es ein Schlüsselereignis.

JS: Man muss bedenken, dass die Juden eben erst knapp dem Holocaust entronnen waren, und dies daher unmöglich als einmaligen Ausrutscher abtun konnten. Im Gegenteil, es führte zu einer Massenauswanderung. In den folgenden drei Monaten verliessen etwa 70 000 Juden Polen.

JG: Ist das dein erstes Werk dieser Art?

JS: Ich habe im Jahr 2000 schon RE/PLACE geschaffen, vor der Wohnung in München, welche meine Eltern, die den Holocaust überlebt hatten, nach dem Krieg bewohnten. Es besteht aus einer Bronzeplatte im Kopfsteinpflaster des Max-Weber-Platzes.

JG: War das Projekt in München umstritten?

JS: Nein, es entstand im Auftrag der Stadt, im Auftrag der Kunstkommission, nicht der historischen Kommission. Um in Deutschland ein Denkmal für den Holocaust oder den Zweiten Weltkrieg aufzustellen, muss man an die Bundesregierung gelangen; auf kommunaler oder auf Ebene der Bundesländer ist dies nicht gestattet.

JG: Und inwiefern unterscheidet sich dieses Werk vom Mahnmal in Kielce?

JS: Es gibt einen entscheidenden Unterschied: Ich verlegte das Werk in München auf den Boden, weil die Menschen in Deutschland, wenn ich über diese Zeit sprach – über meine Eltern

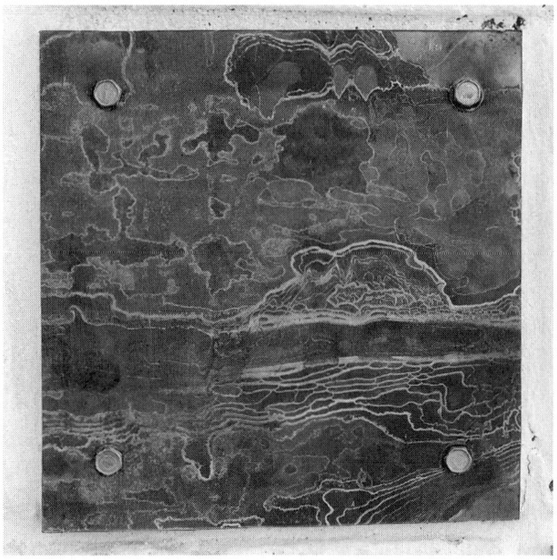

JACK SAL, WHITE/WASH II, 2003, lead sheet / WEISS/WASCH II, Bleiplatte.

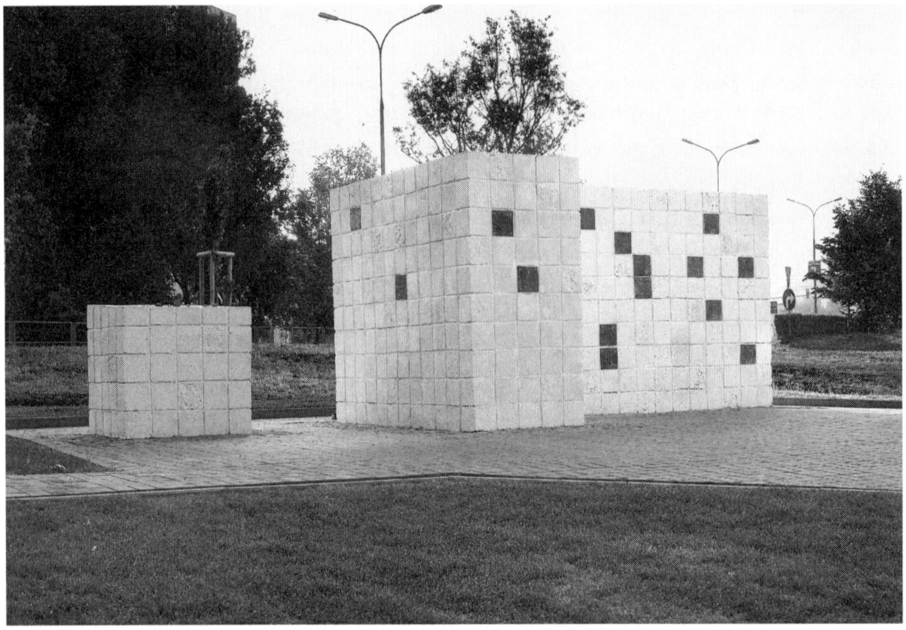

JACK SAL, WHITE/WASH II, 2003, concrete blocks, lead sheets / WEISS/WASCH II, Beton-Bausteine, Bleiplatten.

und was ihnen widerfahren –, unweigerlich zu Boden schauten.

JG: Aha.

JS: Deshalb beschloss ich, etwas zu machen, das dieses Nach-unten-Blicken aufnahm, statt ein herkömmliches Denkmal auf einem Sockel zu errichten. Der Max-Weber-Platz ist eine sehr belebte Kreuzung und die Leute gehen einfach über die Bronzeplatte, ohne sie überhaupt zu bemerken oder zu wissen, worum es sich handelt.

JG: Wie werden sie denn auf die Arbeit aufmerksam?

JS: Ich habe in der Nähe an einer Säule einige Tafeln mit Informationen zum Projekt angebracht, auch Kopien von Dokumenten meiner Eltern, etwa den Entlassungsschein meines Vaters aus Dachau.

JG: Und wie waren die Reaktionen auf dein Mahnmal in Kielce, nachdem es stand? Gab es Widerstände oder Vandalismus?

JS: Es gab einen vandalistischen Akt. Jemand schrieb etwas Antisemitisches. Aber das wurde rasch entfernt.

JG: Und ich nehme an, es wurde frisch getüncht?

JS: Einfach mit weisser Kalktünche überstrichen. Die einzige sonstige Reaktion war die Diskussion über die Verwitterungserscheinungen; das Ausblühen durch Schnee und Regen, wie vorgesehen.

JG: Das gehört aber mit zum Konzept, oder?

JS: Ja. Manche Leute halten das für ein Problem, weil ihnen der Anblick nicht gefällt. Aber dadurch drängt sich die Notwendigkeit auf, es zu pflegen, ihm die gebührende Aufmerksamkeit zu schenken, und das ist, worum es mir eigentlich ging.

JG: Weil es in der Natur des Materials liegt?

JS: Ja, die Ausführung ist so, dass die Kalktünche elastisch wird. Aber trotzdem muss sie alljährlich erneuert werden. Ich möchte dich etwas fragen, Jan. Wie bist du selbst zum ersten Mal nach Kielce gekommen und hast dich mit diesem Thema zu befassen begonnen, nach deinem ersten Buch, *Nachbarn: Der Mord an den Juden von Jedwabne?*

JG: Kielce ist eine Geschichte, die wie ein Dorn im Fleisch der gesamten polnischen Bevölkerung sitzt. Deshalb kann man von überall her sehr leicht darauf kommen. Nach *Nachbarn* war es ein ganz natürlicher Schritt. Wie war Antisemitismus in der polnischen Bevölkerung überhaupt möglich vor dem Hintergrund der Ungeheuerlichkeiten, welche die Juden von den Nazis erleiden mussten, die ja auch die Todfeinde der Polen waren? Aber das Pogrom fand nach dem Krieg statt, als die Deutschen nicht mehr in Polen waren. Überhaupt, wie konnte er während und nach dem Krieg solche Formen annehmen, dass man sich nicht mehr hinter dem Argument, die Deutschen hätten dies oder das getan, verstecken konnte? Das Pogrom in Kielce findet nach dem Krieg statt, als es keine Deutschen mehr in Polen gab. In Kielce behaupten die Leute gern, der Zwischenfall sei von der Geheimpolizei oder gar von der sowietischen Geheimpolizei provoziert worden. Also distanziert man sich wiederum irgendwie oder verleugnet es. Als wollte man sagen: «Damit haben wir nichts zu tun.»

JS: In Deutschland sprechen die Menschen oft über diese kollektive Schuld. Aber in Polen spricht niemand über kollektive Schuld oder kollektive Verantwortung. Man scheint sich in diesem Punkt von der Geschichte zu distanzieren.

JG: Es waren drei Dörfer, in denen alle jüdischen Einwohner von ihren polnischen Nachbarn umgebracht wurden. An etlichen anderen Orten wurden grössere Gruppen von Juden durch ortsansässige Polen ermordet. Mit anderen Worten, es gab Hunderttausende von Polen, die ganz genau wussten, was vorgefallen war, und die bereit waren, zu akzeptieren, dass Tausende von Juden einfach verschwunden waren.

JS: Und noch immer wird das komplett verleugnet.

JG: Nun, es wurde irgendwie nie wirklich Teil der Geschichte, die man sich erzählt, und zwar nicht, weil jeder Historiker, der über diese Zeit schreibt, ein Antisemit wäre, obwohl das einige Leute behauptet haben. Zu einem guten Teil kam es nie an die Oberfläche, weil darüber echte Verwirrung herrscht.

JS: Warum glaubst du, dass das so ist?

JG: Obwohl die Leute wussten, dass es Opfer gab, die von Einheimischen ermordet wurden, waren die Leute einfach nicht in der Lage, sich die Grössenordnung dieser Verbrechen wirklich bewusst zu machen.

JS: Bei der Einweihung meines Mahnmals fragte mich die polnische Aussenministerin, ob ich eine Beziehung zu Polen hätte. Ich erklärte ihr, dass meine Mutter in Polen zur Welt gekommen sei und dass Teile ihrer Familie in Polen umgebracht worden seien. Die Aussenministerin unterstrich sofort ziemlich abwehrend, dass sie aber nicht von der polnischen Armee getötet worden seien. Ich sagte, nun, sie wurden in ihrem Wohnort umgebracht, entweder von polnischen Soldaten oder von polnischen Nachbarn.

JG: Aber das verstehe ich. Sie wollte sofort diese Vorstellung von der Schuld Polens von der allgemeinen Schuld unterschieden wissen.

JS: Und das ist es genau, die italienische Kunsthistorikerin, Marinella Caputo, schrieb mir, nachdem sie das Mahnmal gesehen hatte, und verwies darauf, dass das Wort Mahnmal sowohl eine Warnung beinhalte, als auch …

JG: ein Erinnern, ja.

JS: Mir gefiel dieser Gedanke sehr, dass ein Mahnmal sowohl eine Warnung als auch eine Erinnerung ist. Erinnerung bedeutet auch Verantwortung.

JG: Die Erinnerung verweist auch wieder auf das Weisstünchen der Arbeit mit Kalk, das nicht zulässt, dass die Erinnerung verkümmert, sondern dafür sorgt, dass sie immer frisch im Gedächtnis bleibt.

JS: Ja. Es ist wichtig, dass das Mahnmal frisch und weiss bleibt. Es ist so beschaffen, dass die Leute aus der Stadt jedes Jahr antreten und die weisse Tünche erneuern müssen.

JG: Das hoffst du tatsächlich, dass die Leute, die in der Stadt leben, unaufgefordert herkommen und dies tun?

JS: So lautet jedenfalls die Vereinbarung, die wir getroffen haben.

(Übersetzung: Suzanne Schmidt)

JACK SAL, WHITE/WASH II, 2003, commemorial tablet / WEISS/WASCH II, Gedenktafel.

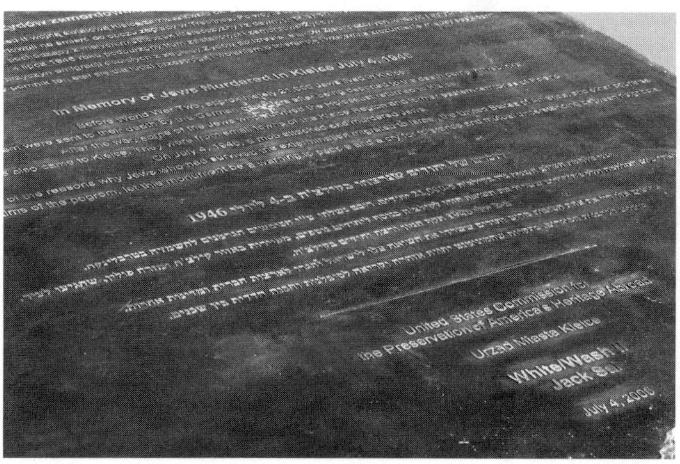

COMPLETE YOUR PARKETT LIBRARY
VERVOLLSTÄNDIGEN SIE IHRE PARKETT-BIBLIOTHEK

OUT OF PRINT / VERGRIFFEN: **NO. 1** ENZO CUCCHI, **2** SIGMAR POLKE, **3** MARTIN DISLER, **4** MERET OPPENHEIM, **5** ERIC FISCHL, **6** JANNIS KOUNELLIS, **7** BRICE MARDEN, **8** MARKUS RAETZ, **9** FRANCESCO CLEMENTE, **10** BRUCE NAUMAN, **12** ANDY WARHOL, **13** REBECCA HORN, **16** ROBERT WILSON, **17** FISCHLI/WEISS, **18** ED RUSCHA, **19** JEFF KOONS, MARTIN KIPPENBERGER, **20** TIM ROLLINS&K.O.S., **22** CHRISTIAN BOLTANSKI, JEFF WALL, **24** ALIGHIERO BOETT **25** KATHARINA FRITSCH, **26** GÜNTHER FÖRG, PHILIP TAAFFE, JAMES TURRELL, **27** LOUISE BOURGEOIS, ROBERT GOBER, **29** CINDY SHERMAN, JOHN BALDESSARI, **30** SIGMAR POLKE, **31** DAVID HAMMONS, MIKE KELLEY, **33** ROSEMARIE TROCKEL, CHRISTOPHER WOOL, **35** GERHARD RICHTER, **36** STEFAN BALKENHOL, SOPHIE CAL **37** CHARLES RAY, FRANZ WEST, **38** ROSS BLECKNER, MARLENE DUMAS, **39** FELIX GONZALEZ-TORRES, WOLFGANG LAIB, **45** MATTHEW BARNEY, SARAH LUCAS, ROMAN SIGN

For out-of-print issues you can register your name and address with Parkett and you will be notified, if your issue(s) become(s) available on the secondary market / Für vergriffene Bände nimmt der Verlag gerne Ihren Suchauftrag entgegen und macht Ihnen bei allfälliger Verfügbarkeit im Handel ein Angebot.

COLLABORATIONS

PARKETT – 20 YEARS OF ARTISTS' COLLABORATIONS
MIRJAM VARADINIS, ED.
KUNSTHAUS ZÜRICH
"A RARE BEHIND-THE-SCENES LOOK AT ONE OF THE ART WOLRD'S MOST RESPECTED ART MAGAZINES"
(D.A.P., NEW YORK)
248 PAGES, 22 COLOR PAGES, 1 COLOR POSTER
248 SEITEN, DAVON 22 IN FARBE 1 FARBPOSTER
€ 32 / USA: **$ 39** / **CHF 45**
PLUS POSTAGE / ZZGL. VERSANDKOSTEN

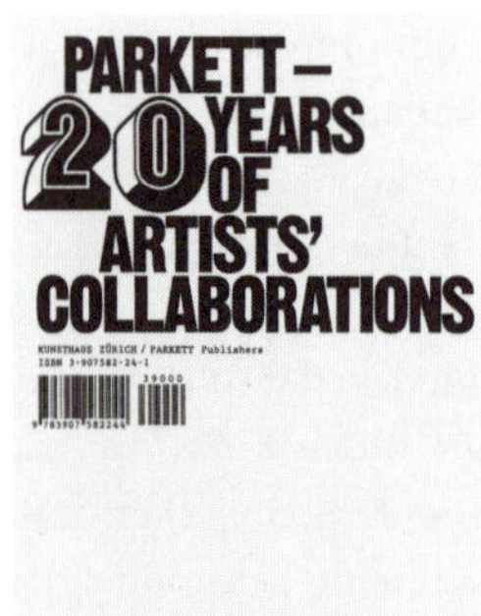

ISBN 3-907582-24-1

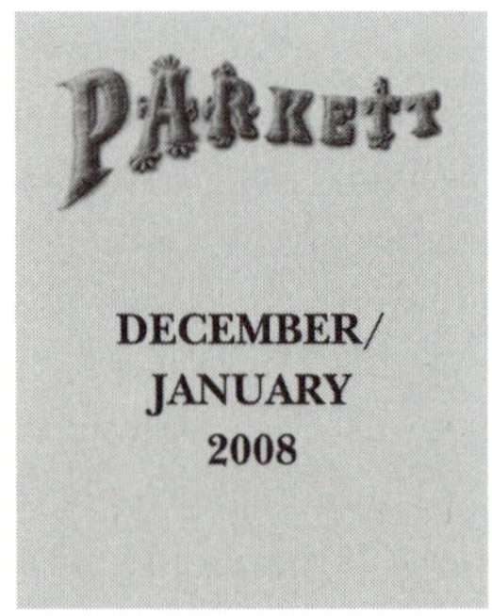

No. 81 - ISBN 978-3-907582-41-1

AI WEIWEI
COSIMA VON BONIN
CHRISTIAN JANKOWSKI

ALLORA & CALZADILLA
DOMINIQUE GONZALEZ-FOERSTER
MARK GROTJAHN
FALGUIÈRES, McKEE & MANSOOR, WALKER
BIRNBAUM, PARRENO, ECHEVERRÍA
FOGLE, GARRELS, REUST
INSERT: **RYAN GANDER**
REXER: **JOANNE GREENBAUM**
DICKHOFF: **MARCEL BROODTHAERS**
RATTEMEYER: **KIAER**
LES INFOS: SASCHA RENNER
CUMULUS AMERICA: LYNN CRAWFORD
CUMULUS EUROPA: ADRIAN NOTZ
BALKON: JACK SAL

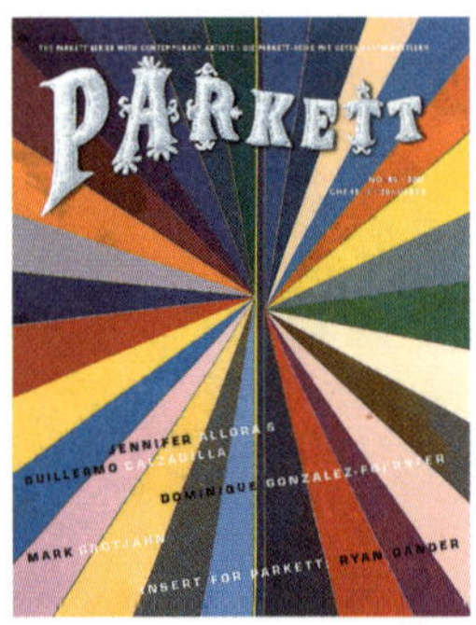

No. 80 - ISBN 978-3-907582-40-4

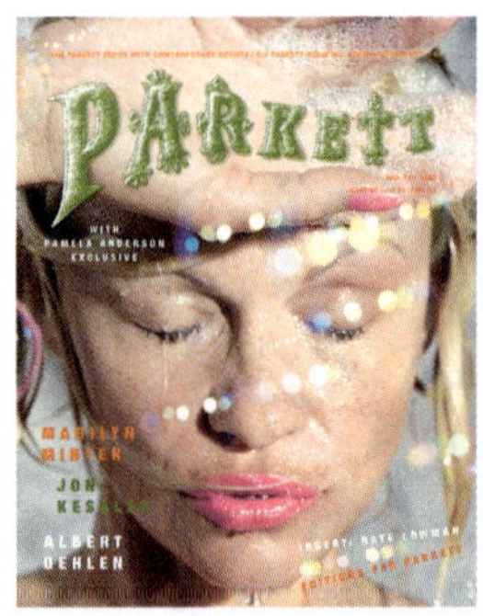

No. 79 - ISBN 978-3-907582-39-8

ALBERT OEHLEN
JON KESSLER
MARILYN MINTER
O'BRIEN, KELSEY
WAXMAN, LEE, STERLING
SCOTT, RABINOWITZ, SIEGEL
INSERT: **NATE LOWMAN**
BONAVENTURA: **MARK WALLINGER**
GODFREY: **SPENCER FINCH**
LACHMAYER: **GELITIN**
CUMULUS AMERICA: GABRIELA RANGEL
CUMULUS EUROPA: MARC-OLIVIER WAHLER

REBECCA WARREN
OLAF NICOLAI
ERNESTO NETO
BROWN, HERBERT, LAMPERT
PÉCOIL, ESCHE, VON DER HEIDEN
URSPRUNG, HERKENHOFF, HASEGAWA
INSERT: **ANNE COLLIER**
ZOLGHADR: **ANDRO WEKUA**
SCHOR: **CINDY SHERMAN**
ORDEN: **ERWIN WURM**
PERLOFF: **VITO ACCONCI**
CUMULUS AMERICA: KATE FOWLE
CUMULUS EUROPA: SIMON GRANT

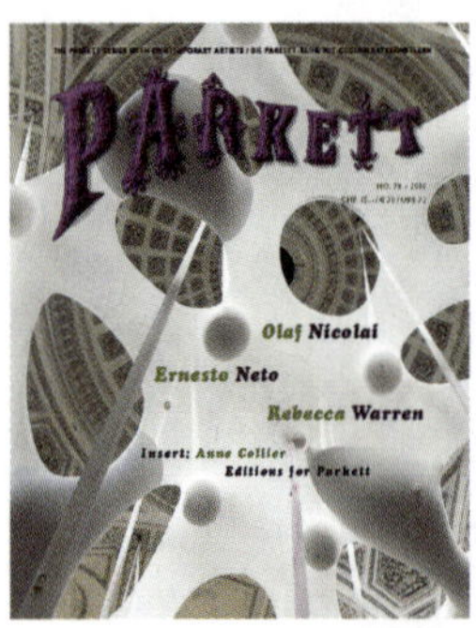

No. 78 - ISBN 978-3-907582-38-1

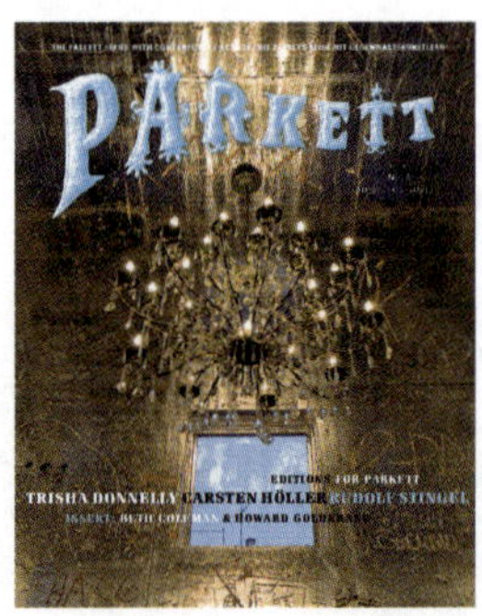

No. 77 - ISBN 3-907582-37-3

CARSTEN HÖLLER
TRISHA DONNELLY
RUDOLF STINGEL
MORGAN, ALLEN, MOUFFE
HOPTMAN, HAINLEY, RUF
RABINOWITZ, HEISER, BONAMI
INSERT: **BETH COLEMAN, HOWARD GOLDKRAND**
RISALITI: **GRAZIA TODERI**
MAC GIOLLA LÉITH: **GERARD BYRNE**
SPINELLI: **ERIK STEINBRECHER**
RATTEMEYER: **CHRISTOPHER WILLI**
LES INFOS: CHRISTOPH BIGNENS
CUMULUS AMERICA: ALI SUBOTNICK
CUMULUS EUROPA: TIRDAD ZOLGHADR

JULIE MEHRETU
YANG FUDONG
LUCY MCKENZIE
ZUCKERMAN, ABANI, SCHUPPLI
BECCARIA, HASEGAWA, WEI
MULHOLLAND, GRAW, SIMPSON
INSERT: **STEVEN SHEARER**
SMITH: **ROBERT MACPHERSON**
KAISER: **JOHANNA BILLING**
BURTON: **RACHEL HARRISON**
PÉCOIL: **OLIVIER MOSSET**
LES INFOS: **HANS RUDOLF REUST**
CUMULUS EUROPA: MATTHIAS HALDEMANN
CUMULUS AMERICA: BILL ARNING
BALKON: MARK WELZEL

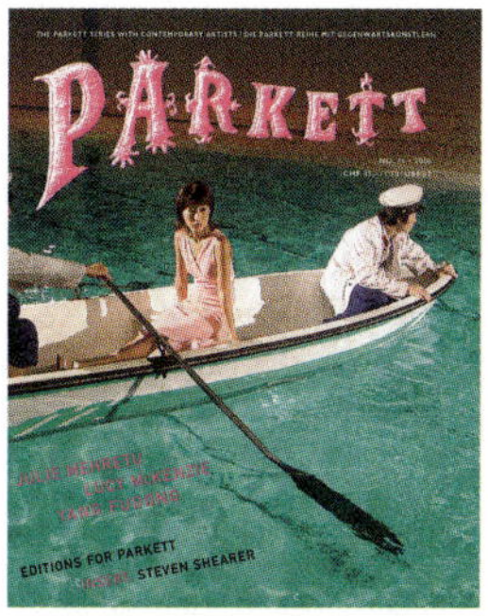

No. 76 - ISBN 3-907582-36-5

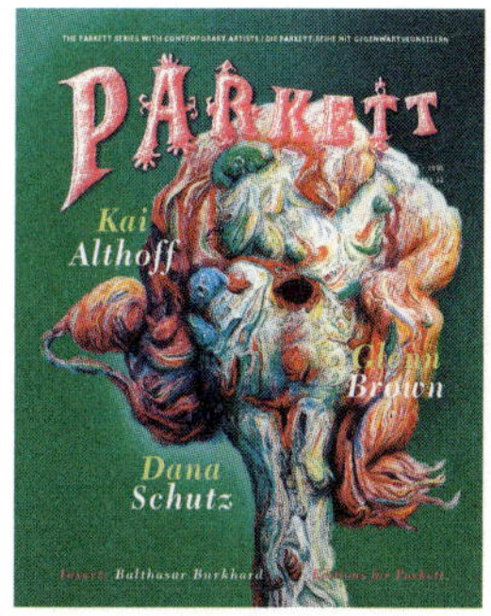

No. 75 - ISBN 3-907582-35-7

DANA SCHUTZ
KAI ALTHOFF
GLENN BROWN
WITTNEVEN, AVGIKOS, SHOLIS
KANTOR, LOERS, KOERNER VON GUSTORF
HIGGIE, SMITH, HEISER
INSERT: **BALTHASAR BURKHARD**
FALLOWELL: **GRAYSON PERRY**
AFFENTRANGER-KIRCHRATH:
RÉMY MARKOWITSCH
LOBEL: **STURTEVANT**
BAUMANN: **SETH PRICE**
CUMULUS OVERSEAS: RACHEL KENT
CUMULUS EUROPA: GIANFRANCO MARANIELLO

RICHARD SERRA
BERNARD FRIZE
KATHARINA GROSSE
FOSTER, NESIN, VISCHER, BAKER
SIEGEL & MATTICK, KANTOR, FALGUIERES
VOLK, OBRIST, KURZMEYER
BRIELMAIER: **WANGECHI MUTU**
SHAW: **JOCKUM NORDSTRÖM**
THOMPSON: **JEREMY DELLER**
BOOGERD: **LUCY MCKENZIE**
VEGH: **COREY MCCORKLE**
LES INFOS: NERI ON TRISHA BROWN
CUMULUS AMERICA: LARRY RINDER
CUMULUS EUROPA: CHRISTY LANGE

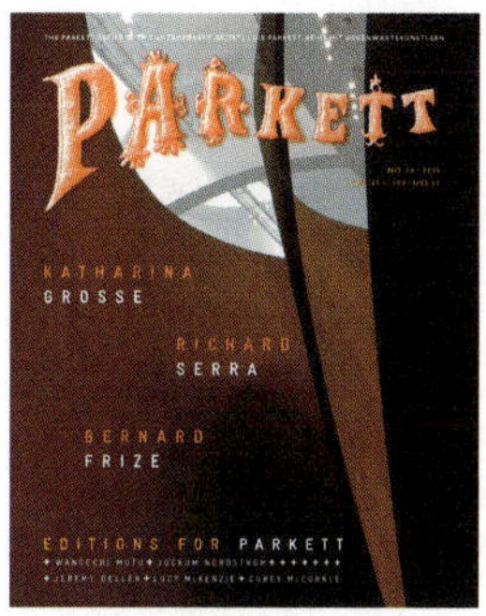

No. 74 - ISBN 3-907582-34-9

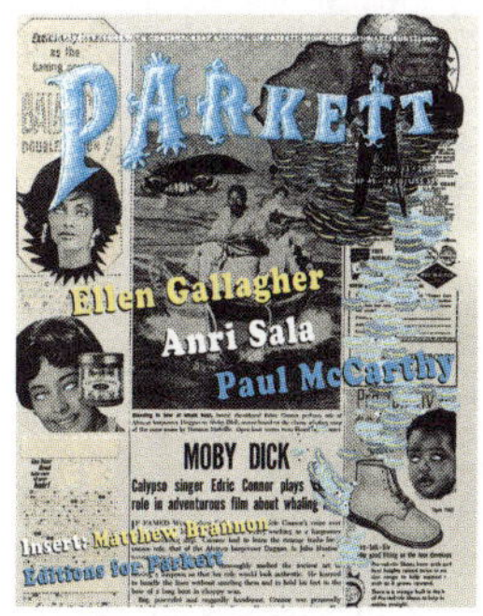

No. 73 - ISBN 3-907582-33-0

ELLEN GALLAGHER
ANRI SALA
PAUL McCARTHY
CLIFF, OKRI, NICHOLS GOODEVE
GODFREY, COOKE, VERWOERT
RELYEA, SIGLER & McCARTHY
INSERT: **MATTHEW BRANNON**
A. ROSENBERG: **JASON DODGE**
R. GOLDBERG: **TANIA BRUGUERA**
T. BEZZOLA: **HARALD SZEEMANN**
CUMULUS AMERICA: DEBRA SINGER
CUMULUS EUROPA: NATAŠA PETREŠIN
BALKON: F. STROUN ON **STEVEN PARRINO**

MONICA BONVICINI
URS FISCHER
RICHARD PRINCE
REBENTISCH, LERUP, HEISER
RICHARDSON, RUF, WEISSMAN
BLAIR, FOGLE, GINGERAS, PÉCOIL
INSERT: **LOREDANA SPERINI**
A. FRANKE: **MATTHEW BUCKINGHAM**
D. KURJAKOVIC: **SILVIE DEFRAOUI**
M. GLÖDE: **CHRISTIAN JANKOWSKI**
CUMULUS: S. SMITH, H. R. REUST
YEARS OF PARKETT: ESSAY BY BORIS GROYS
ARTISTS' PAGES, SPECIAL COLLABORATION:
ALEX KATZ IN CONVERSATION WITH
ENA SWANSEA & BRUCE HAINLEY

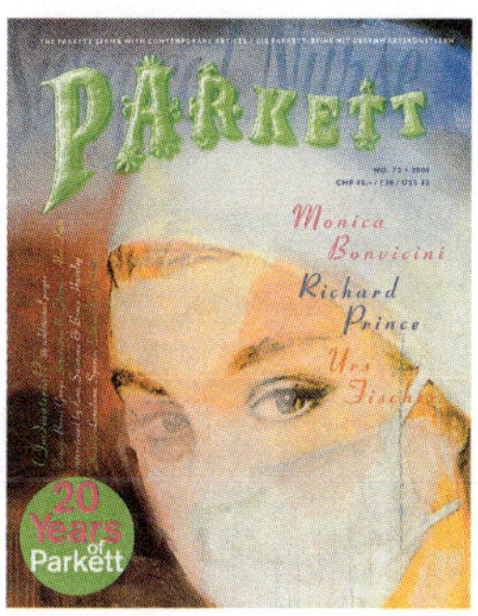

No. 72 - ISBN 3-907582-32-2

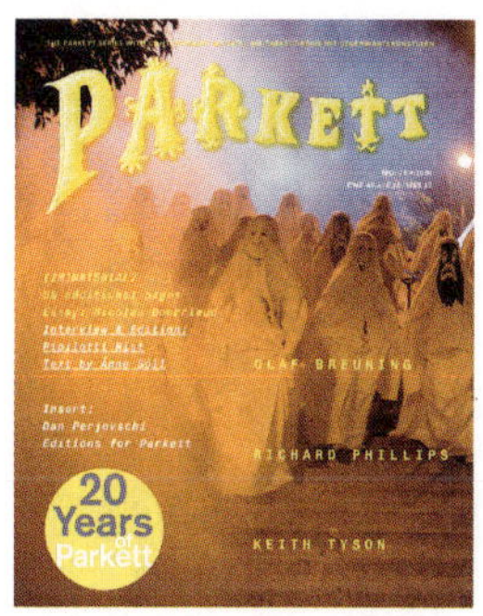

No. 71 - ISBN 3-907582-31-4

OLAF BREUNING
RICHARD PHILLIPS
KEITH TYSON
WAHLER, RODRIGUEZ, JETZER
DIEDERICHSEN, KOETHER, RATTEMEYER
ARCHER, WAGNER/TYSON, REUST
INSERT: **DAN PERJOVSCHI**
V. KATZ: **KIKI SMITH**, M. NICOL: **WALTER PFEIFFER**, F. McKEE: **FIONA BANNER**
CUMULUS: P. BIANCHI, W. BAERWALDT
BALKON: KLAUS THEWELEIT
20 YEARS OF PARKETT: ESSAY BY NICOLAS BOURRIAUD; ARTISTS' PAGES; SPECIAL COLLABORATION: **PIPILOTTI RIST**
ÄNNE SÖLL; CONVERSATION / GESPRÄCH

CHRISTIAN MARCLAY
WILHELM SASNAL
GILLIAN WEARING
SHERBURNE, SCHAFFNER, VERGNE
DAILEY, SZYMCZYK, JANSEN; CAMERON
BURN, WEARING/RABINOWITZ
INSERT: **NIC HESS**
GREG HILTY: **REBECCA WARREN**
D. VAN DEN BOOGERD: **AERNAUT MIK**
LES INFOS: C. WOOD ON **MARK LECKEY**
CUMULUS: C. THEA, G. SCHOR
BALKON: TINEKE REIJNDERS
20 YEARS OF PARKETT: ESSAY BY
JOHANNA BURTON, ARTISTS' PAGES
SPECIAL COLLABORATION: **FRANZ WEST**

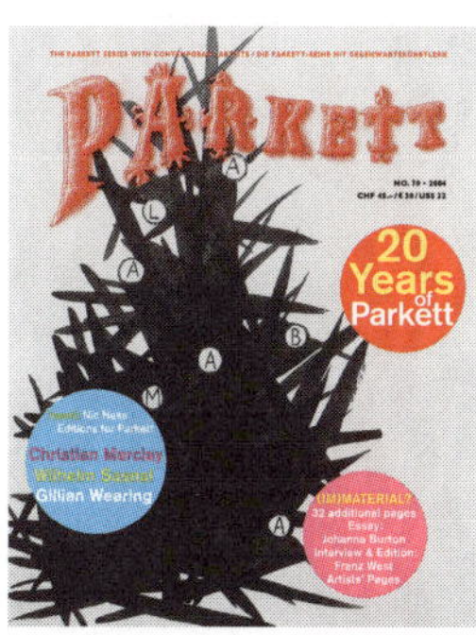

No. 70 - ISBN 3-907582-20-9

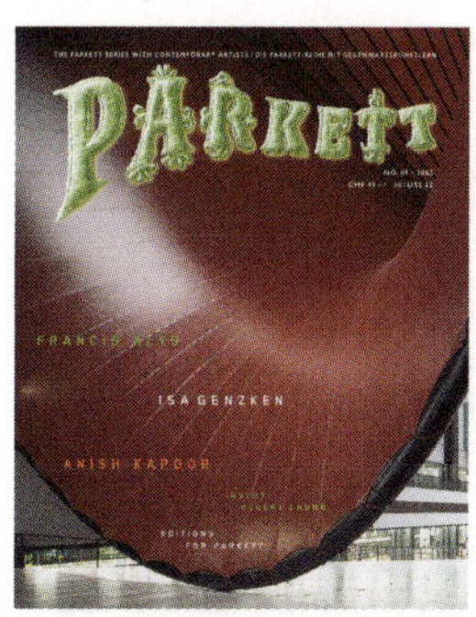

No. 69 - ISBN 3-907582-19-5

FRANCIS ALŸS
ISA GENZKEN
ANISH KAPOOR
SCOTT, ANTON, STORR, HEISER
LEE, KRAJEWSKI, BRYSON
FORSTER, WARNER
INSERT: **ROBERT CRUMB**
KAISER: **AMELIE VON WULFFEN**
COMER: **SWETLANA HEGER**
INQUIRY: CONSENSUS/KONSENS
CUMULUS AMERICA: J. PEARSON
CUMULUS EUROPE: E. TRONCY
BALKON: SERGIO RISALITI

FRANZ ACKERMANN
EIJA-LIISA AHTILA
DAN GRAHAM
FOGLE, DECTER, STANGE, ILES, ELFVING
KOCH, GUAGNINI/SCHNEIDER, MACDONALD
DI BARTOLOMEO, ROSENBERG MILLER
INSERT: **JONATHAN MONK**
D. KURJAKOVIC: **BOJAN SARCEVIC**
H. U. OBRIST: **BERNARD FRIZE**
G. JANSEN: **DIRK SKREBER**
LES INFOS: J. MURPHY
CUMULUS: C. RABINOWITZ, J. HOFFMANN
BALKON: HANS RUDOLF REUST

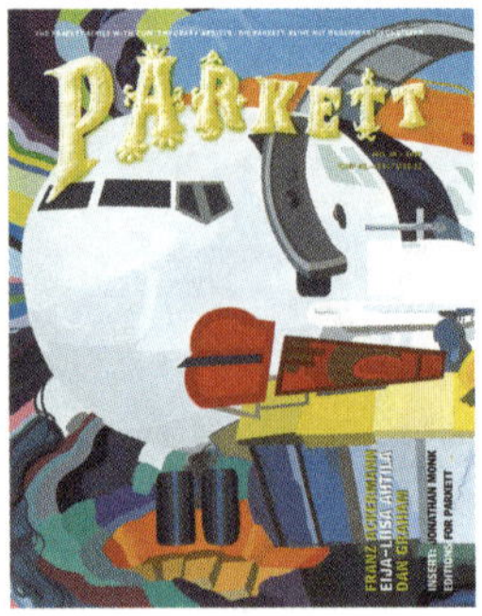

No. 68 - ISBN 3-907582-18-7

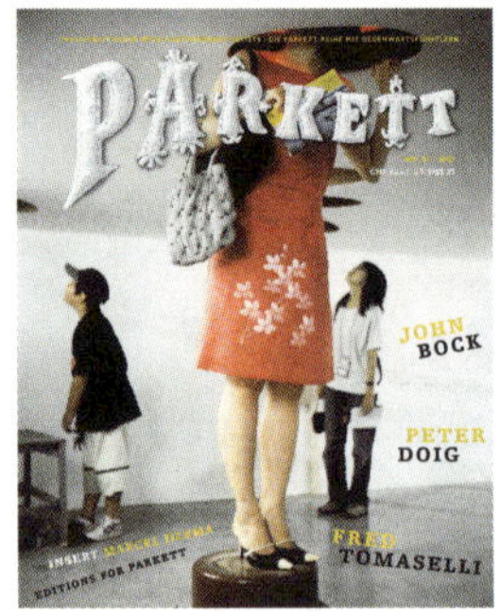

No. 67 - ISBN 3-907582-17-9

JOHN BOCK
PETER DOIG
FRED TOMASELLI
HOFFMANN, BIRNBAUM, AVGIKOS
BONAVENTURA, FUCHS, RUF
CAMERON, RONDEAU, PINCHBECK
INSERT: **MARCEL DZAMA**
T. SELVARATNAM: **SIMON STARLING**
S. OMLIN: **HANNE DARBOVEN**
VISCHER/HERZOG: SCHAULAGER BASEL
LES INFOS: H. BÖHME ON **WANG FU**
CUMULUS: FIRSTENBERG, KERSTING
BALKON: DANIELE MUSCIONICO

ANGELA BULLOCH
DANIEL BUREN
PIERRE HUYGHE
REBENTISCH, WILSON, PRINZHORN
RORIMER, GINGERAS, BUREN/HUYGHE
MILLAR, OBRIST, HOBBS
T. NICHOLS GOODEVE/G. BRUNO
E. DIMENDBERG: **ALLAN SEKULA**
LES INFOS: ROBERTO OHRT ON
MONICA BONVICINI
CUMULUS AMERICA: NATO THOMPSON
CUMULUS EUROPA: GREG HILTY

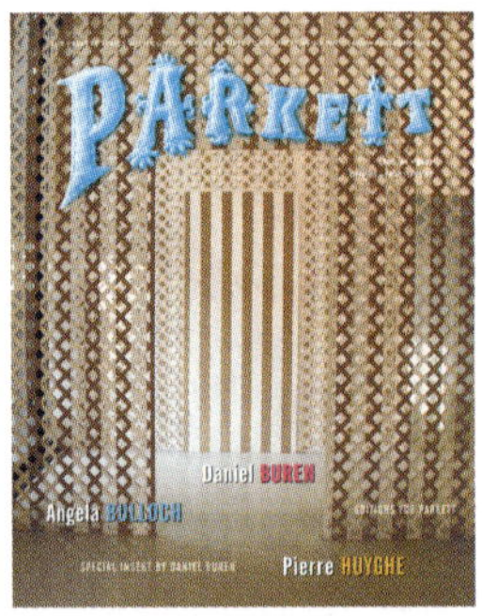

No. 66 - ISBN 3-907582-16-0

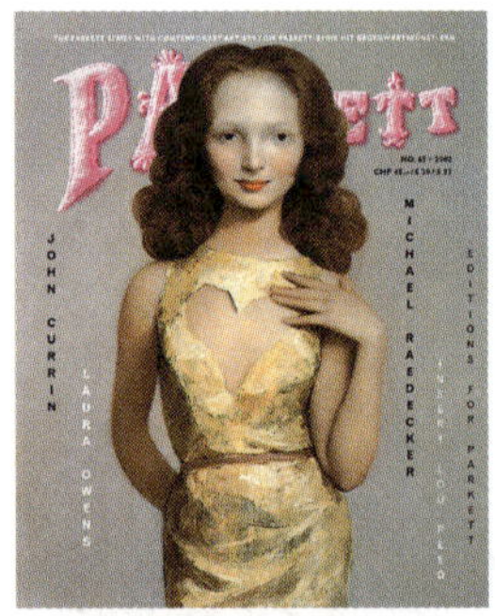

No. 65 - ISBN 3-907582-15-2

JOHN CURRIN
LAURA OWENS
MICHAEL RAEDECKER
SEWARD, VAN DE WALLE, BERG
FERGUSON, THOMSON, WEISSMAN
VERSCHAFFEL, MYERS, EGGERS
INSERT: **LOU REED**
KURT W. FORSTER: **JEFF WALL**
STORR: **DIETER ROTH & D. IANNONE**
K. BITTERLI: **HUBBARD/BIRCHLER**
LES INFOS: CHRISTINA VÉGH
CUMULUS: O. WESTPHALEN, T. HAHN
BALKON: SHEENA WAGSTAFF

OLAFUR ELIASSON
TOM FRIEDMAN
RODNEY GRAHAM
BLOM, MORGAN, CAMERON, MATSUI
WATERS/FRIEDMAN, COOKE, HALE
INSERT: **AMY SILLMAN**
VÉRONIQUE D'AUZAC:
XAVIER VEILHAN
INTERVIEW:
A.M. HOMES: **CHRIS VERENE**
HAKAN NILSSON: **ANNIKA LARSSON**
INQUIRY/UMFRAGE:
LEARNING FROM "DOCUMENTA"

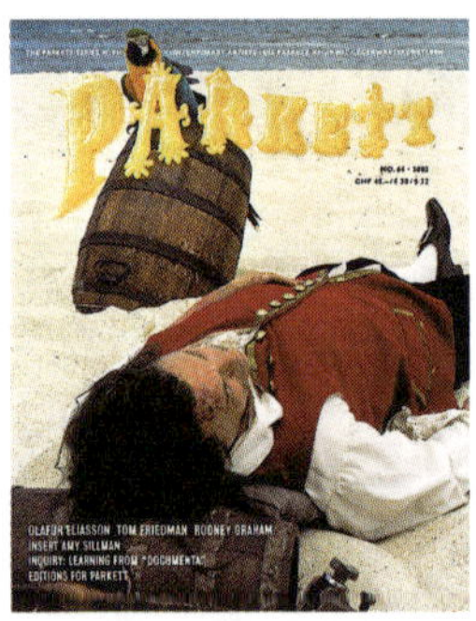

No. 64 - ISBN 3-907582-14-4

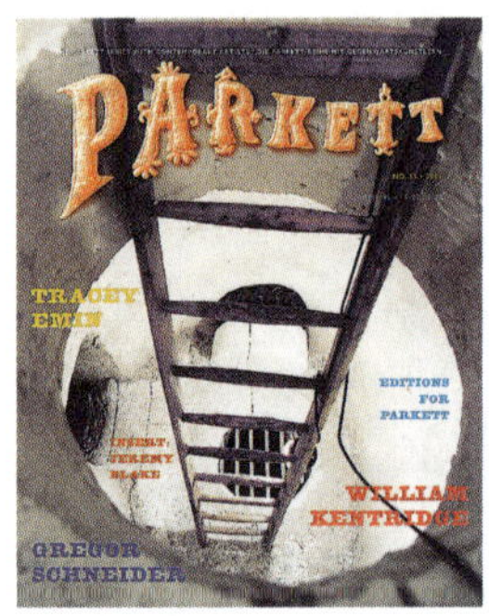

No. 63 - ISBN 3-907582-13-6

TRACEY EMIN
WILLIAM KENTRIDGE
GREGOR SCHNEIDER
BARBER, MUIR, PREECE
GUNNING, STEWART, GOLDBERG
PUVOGEL, LOOCK
INSERT: **JEREMY BLAKE**
CLAUDIA SPINELLI: **FABRICE GYGI**
RAINER FUCHS: **KATHARINA GROSSE**
ADRIAN DANNATT: **THE THREE**
CUMULUS: CHRISTIAN RATTEMEYER
DANIEL BIRNBAUM
BALKON: MICHAEL OPPITZ

JOHN WESLEY
TACITA DEAN
THOMAS DEMAND
MILLAR, CARABELL, SCHWARZ
NORDEN, KÖNIG/STOCKEBRAND
HAINLEY, SEARLE, RUBY, HEISER
INSERT: **G. STEINER & J. LENZLINGER**
PHILIP URSPRUNG: **ALLAN KAPROW**
RUSSELL FERGUSON: **GLEN WILSON**
EDWARD A. SCHEER: **MIKE PARR**
LES INFOS: DAVID GREENBERG
CUMULUS: G. CARMINE, S. DIETZ

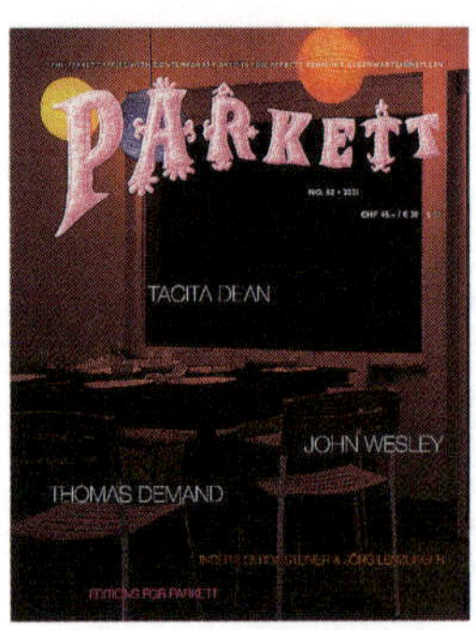

No. 62 - ISBN 3-907582-12-8

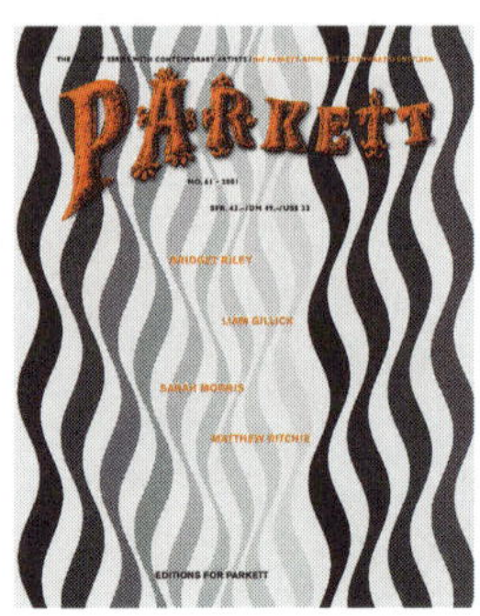

No. 61 - ISBN 3-907582-11-X

BRIDGET RILEY
LIAM GILLICK
SARAH MORRIS
MATTHEW RITCHIE
KUDIELKA, HICKEY
GILLICK, STEMMRICH, WOLLEN
NICHOLS GOODEVE, KLEIN
PRINZHORN, RABINOWITZ
GALISON/JONES, MARCUS
ELISABETH KLEY: **PAUL LINCOLN**
CUMULUS: O. ENWEZOR, M. WARNER
BALKON: STELLA ROLLIG

CHUCK CLOSE
DIANA THATER
LUC TUYMANS
PROSE, CLOSE/PEYTON, SHIFF
CLOSE/CURIGER, ARRHENIUS
HASLINGER, GILBERT-ROLFE
HOPTMAN, MOSQUERA, REUST
INSERT: **SHIRANA SHAHBAZI**
GREG HILTY: **JEREMY DELLER**
HOWARD SINGERMAN: **DAVID BUNN**
LES INFOS: T. DE DUVE—INTERVIEW
CUMULUS: F. WARD, H. U. RECK

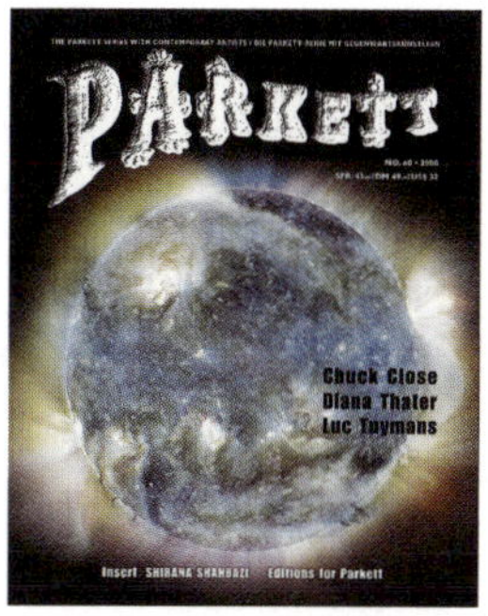

No. 60 - ISBN 3-907582-10-1

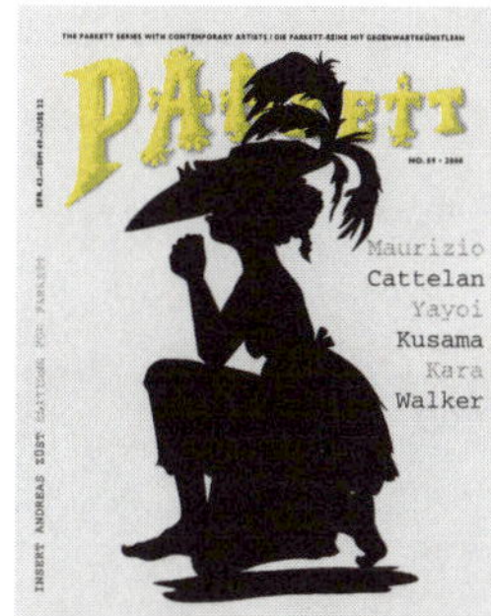

No. 59 - ISBN 3-907582-09-8

MAURIZIO CATTELAN
YAYOI KUSAMA
KARA WALKER
BOURRIAUD, GINGERAS, BONAMI
PANHANS-BÜHLER, MATSUI, POLLOCK
DUBOIS SHAW, JANUS, WALKER
INSERT: **ANDREAS ZÜST**
VINCENT KATZ
E. BRONFEN: **ANNETTE MESSAGER**
JAN AVGIKOS: **ANNA GASKELL**
LES INFOS: ALI SUBOTNICK
CUMULUS: M. ROWELL, L. FÖLDENYI
BALKON: MICHELLE NICOL

JAMES ROSENQUIST
SYLVIE FLEURY
JASON RHOADES
RUSSELL, KOONS/ROSENQUIST
HULTEN, FELIX, GLENN, LOBEL
DANNATT, RUF, KOETHER, FERGUSON
ORTH, SCHEIDEMANN/HERMANN
INSERT: **HENRY BOND**
G. WILLIAMS: **JANE & LOUISE WILSON**
S. ZIZEK, PAUL D. MILLER & CHRIS OFILI
LES INFOS: ANNA HELWING
CUMULUS: D. ROBBINS, H. TEERLINCK
BALKON: KNUT EBELING

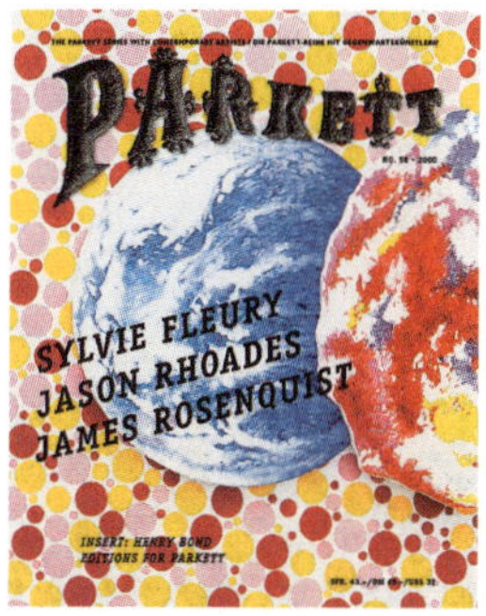

No. 58 - ISBN 3-907582-08-X

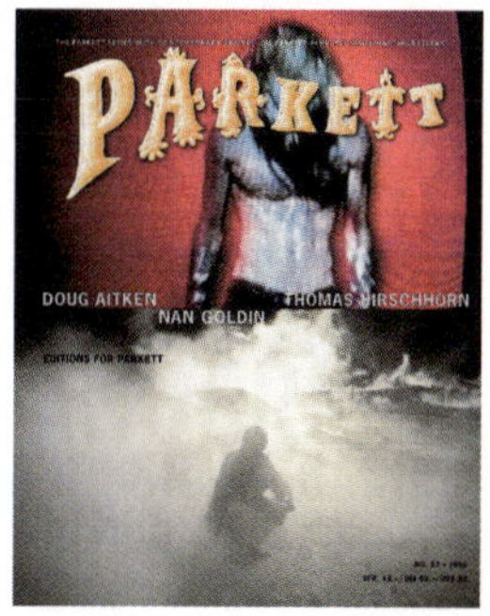

No. 57 - ISBN 3-907582-07-1

DOUG AITKEN
NAN GOLDIN
THOMAS HIRSCHHORN
ROBERTS, BONAMI, VAN ASSCHE
LEBOVICI, DANTO, LIEBMANN
FRIIS-HANSEN, HAKERT, EISENBERG
FLECK, GINGERAS, VERGNE, STEINWEG
D. GREENBERG: **DONALD BAECHLER**
ANDREA KROKSNES: **LOUISE LAWLER**
LIONEL BOVIER: **JOHN MILLER**
LES INFOS: RUDOLF SCHMITZ
CUMULUS: H.U. OBRIST, C. BUTLER
BALKON: J. STEINER/ANNELISE COSTE

ELLSWORTH KELLY
VANESSA BEECROFT
JORGE PARDO
KELLEIN, FER, MAURER, RIMANELLI
BRYSON, TAZZI, SEWARD, AVGIKOS
FERGUSON, VÉGH, VAN WINKEL
FRANGENBERG, BUSH
GREG HILTY: **CERITH WYN EVANS**
THOMAS Y. LEVIN: **CHRISTIAN MARCLAY**
LYNNE COOKE: **DIANA THATER**
LES INFOS: DIANE LEWIS
CUMULUS: A. DANNATT, P. NEDOMA

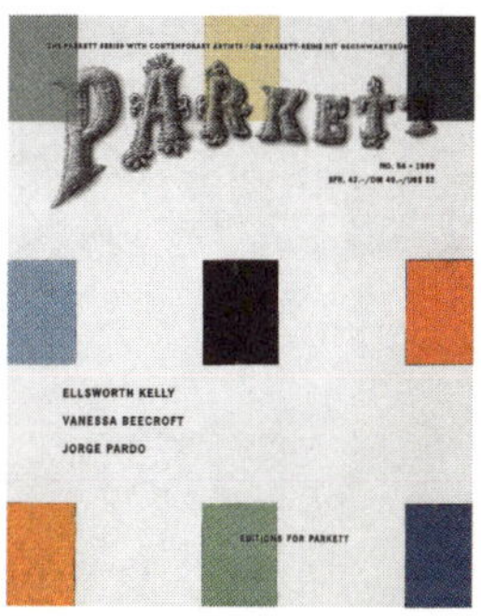

No. 56 - ISBN 3-907582-06-3

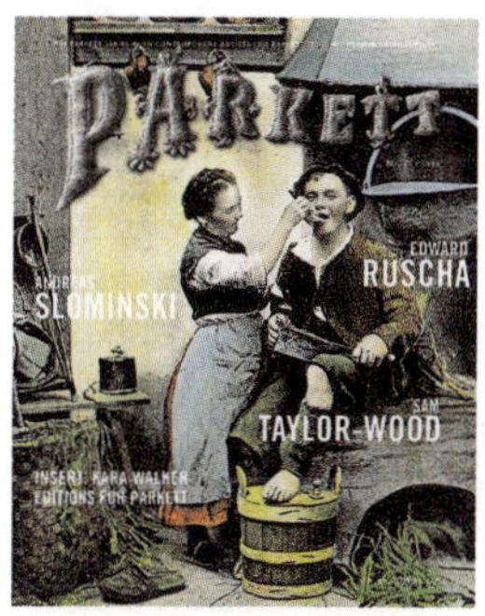

No. 55 - ISBN 3-907582-05-5

EDWARD RUSCHA
ANDREAS SLOMINSKI
SAM TAYLOR-WOOD
PERRONE, HIGGIE, SINGERMAN
SCHENKER, SCANLAN, SPECTOR, FREY
HEYNEN, GROYS/FUNCKE/HOFFMANN
BRONFEN, BONAMI, LAJER-BURCHARTH
INSERT: **KARA WALKER**
BORIS GROYS: **PAVEL PEPPERSTEIN**
RUDOLF SCHMITZ: **ALEXANDER KLUGE**
BEATRIX RUF: **EIJA-LIISA AHTILA**
CUMULUS: M. NICOL, S. ROLNIK

RONI HORN
MARIKO MORI
BEAT STREULI
SCHORR, GUNNARSSON, GOROVOY, LEWIS
SPECTOR, BRYSON, NAKAZAWA, NICHOLS
GOODEVE, STALS, DANTO, AMANO, SMITH
INSERT: **MATTHEW RITCHIE**
VINCENT KATZ: **ALEX KATZ**
H. BREDEKAMP: **STEPHAN VON HUENE**
PAUL D. MILLER: **SHIRIN NESHAT**
LES INFOS:
OKWUI ENWEZOR & WILLIAM KENTRIDGE
CUMULUS: VALÉRIA PICCOLI, MARIA LIND

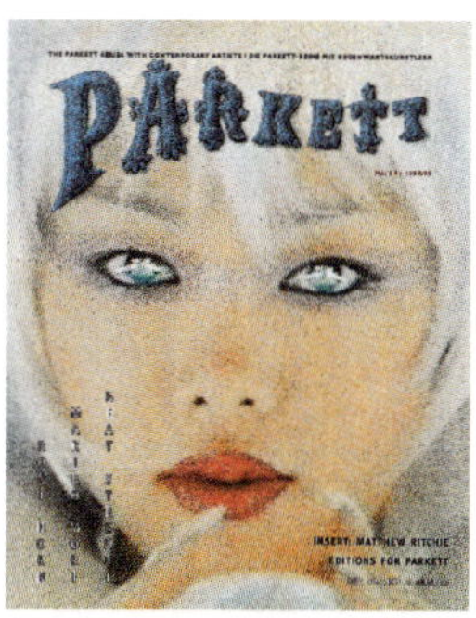

No. 54 - ISBN 3-907582-04-7

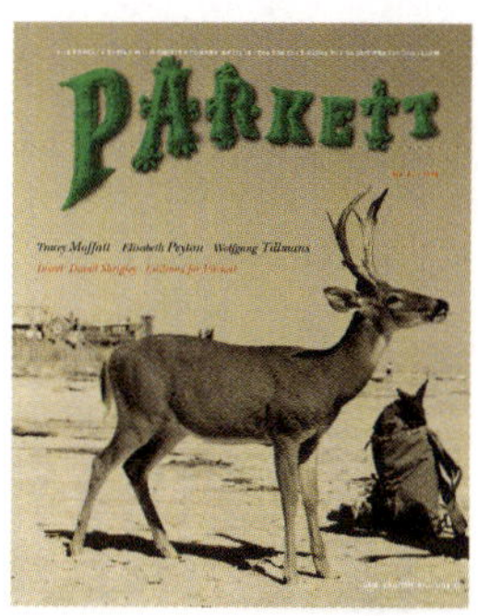

No. 53 - ISBN 3-907582-03-9

TRACEY MOFFATT
ELIZABETH PEYTON
WOLFGANG TILLMANS
MARTIN, LAJER-BURCHARTH, RIMANELLI
PILGRIM, URSPRUNG, LIEBMANN, MATSUI
WAKEFIELD, BUDNEY, NESBITT, ZIEGLER
INSERT: **DAVID SHRIGLEY**
C. BERNARD: **JOHAN GRIMONPREZ**
BERNARD MARCADÉ: **ROBERT GOBER**
LES INFOS DE L'ENFER: V. LIEBERMANN
CUMULUS: BLESSING, AUPETITALLOT
BALKON: STEINER/MAGNAGUAGNO

KAREN KILIMNIK
MALCOLM MORLEY
UGO RONDINONE
SCHORR, BÜRGI, JUNCOSA
MORLEY, LEBENSZTEJN, BONAMI
VERWOERT, HOPTMAN
INSERT: **THOMAS BAYRLE**
ED WHITE: **JEAN MICHEL OTHONIEL**
NEVILLE WAKEFIELD: **RICHARD SERRA**
GILDA WILLIAMS: **GILLIAN WEARING**
R. GRESKOVIC: **MERCE CUNNINGHAM**
CUMULUS: WALKER, KURZMEYER
BALKON: CECILIA VICUÑA

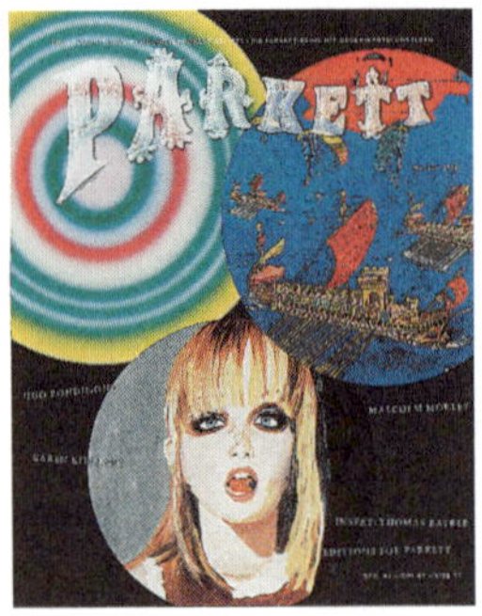

No. 52 - **ISBN 3-907582-02-0**

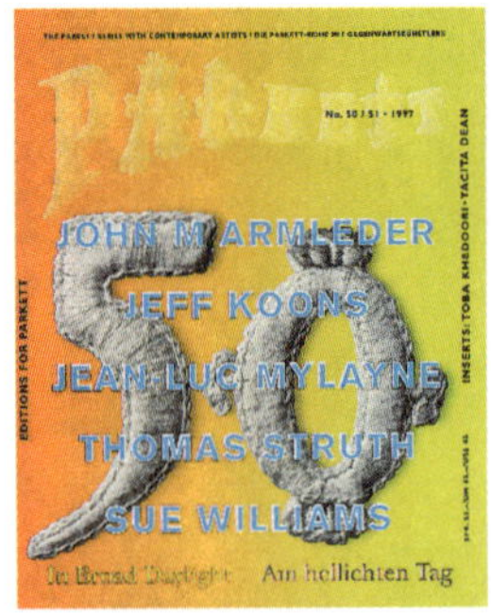

50/51 - **ISBN 3-907582-00-4**

JOHN M ARMLEDER, JEFF KOONS
JEAN-LUC MYLAYNE
THOMAS STRUTH, SUE WILLIAMS
DI PIETRANTONIO, BOVIER, MUNIZ
SEWARD, LOERS, NICHOLS GOODEVE
COOKE, DION, ARNAUDET, MYLAYNE
CURIGER, LINGWOOD,OKUTSU, BRYSON
SCHJELDAHL, NESBIT, DANNATT, CAMHI
INSERTS: **TOBA KHEDOORI, TACITA DEAN**
ONFRAY: **H. RIGAUD**, NICOL: **SAM SAMORE**
MURPHY, VAN DER WALLE, STEINER
KURT W. FORSTER: **FRANK GEHRY**
CUMULUS: COLEMAN, BIRNBAUM

LAURIE ANDERSON
DOUGLAS GORDON
JEFF WALL
FLOOD, BEZZOLA, FERGUSON
GILLICK/GORDON, BRYSON
PONTBRIAND, SCHORR, ANDERSON
BURCKHARDT, BUDNEY
INSERT: **SILVIA BÄCHLI**
COLIN DE LAND: **JOHN WATERS**
ROBERT STORR: **SEYDOU KEITA**
D. SALVIONI: **CLEGG & GUTTMANN**
CUMULUS: KITTELMANN, MEYER

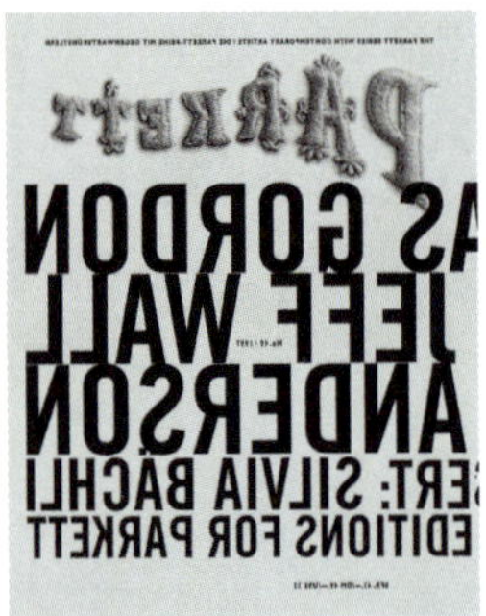

No. 49 - **ISBN 3-907509-99-4**

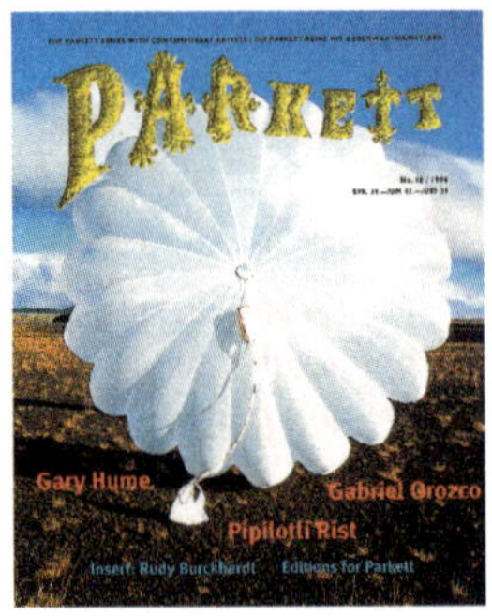

No. 48 - **ISBN 3-907509-98-6**

GARY HUME
GABRIEL OROZCO
PIPILOTTI RIST
BOVIER, MUIR, FOGLE, BONAMI
DE ZEGHER, SPECTOR, URSPRUNG
BABIAS, COLOMBO, ANDERSON
INSERT: **RUDY BURCKHARDT**
V. KATZ: **RUDY BURCKHARDT**
MARK VAN DER WALLE:
CHARLES LONG & STEREOLAB
FAYE HIRSCH: **BRUCE CONNER**
CH. DOSWALD: **IAN ANÜLL**
CUMULUS: LEGGAT, SCHNEIDER

TONY OURSLER
RAYMOND PETTIBON
THOMAS SCHÜTTE
COOKE, RICHARD, NERI
LEWIS, GROYS, ALS, RUGOFF
GOODEVE, SEARLE, MARI, REUST
WAKEFIELD, LOOCK, JANUS
INSERT: **ZOE LEONARD & CHERYL DUNYE**
JURI STEINER: **EMMA KUNZ**
M. WECHSLER: **CHRISTOPH RÜTIMANN**
SUSAN MORGAN: **DIANE ARBUS**
CUMULUS: PRINCENTHAL, BOVIER/CHERIX

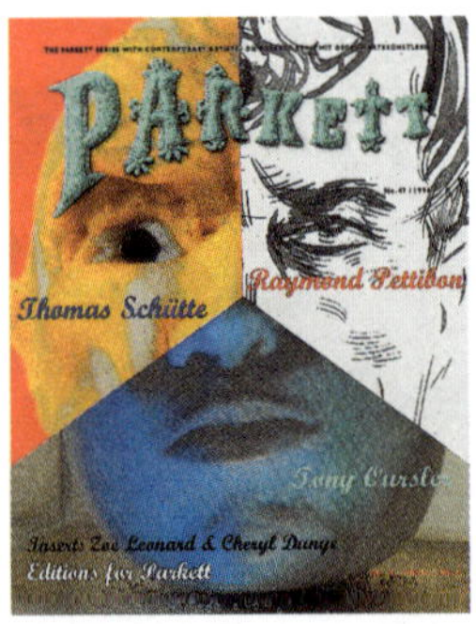

No. 47 - **ISBN 3-907509-97-8**

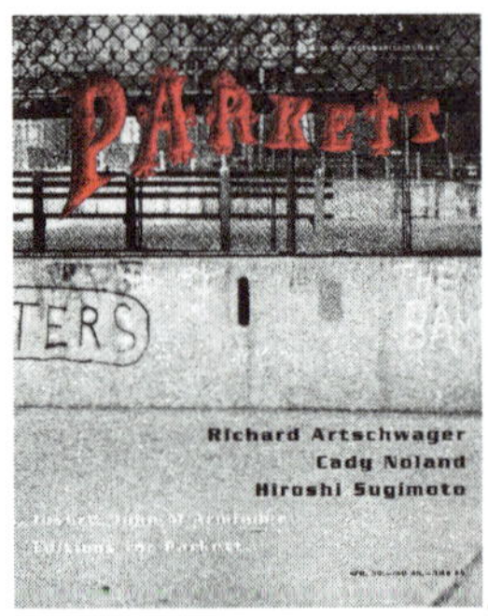

No. 46 - **ISBN 3-907509-96-X**

RICHARD ARTSCHWAGER
CADY NOLAND
HIROSHI SUGIMOTO
DEITCHER, SCHAFFNER, FORSTER
MUNIZ, ARMSTRONG, RELYEA
BOGDAN, GOODEVE, NICKAS
BRYSON, RUGOFF, DENSON
INSERT: **JOHN M ARMLEDER**
ROLAND WÄSPE: **ERWIN WURM**
D. BIRNBAUM: **ÖYVIND FAHLSTRÖM**
LES INFOS DU PARADIS: ROBERT FLECK
CUMULUS: MILLER, VETTESE
BALKON: MARTIN HELLER

VIJA CELMINS
ANDREAS GURSKY
RIRKRIT TIRAVANIJA
PRINCENTHAL, LEWIS, SILVERTHORNE
SHIFF, CRIQUI, BURCKHARDT, WAKEFIELD
SCHORR, MELO, GILLICK, FLOOD, STEINER
INSERT: **HANS DANUSER**
LES INFOS: LIAM GILLICK /DOUGLAS GORDON
LYNNE COOKE, DAVID DEITCHER
DANIEL KURJAKOVIC: **MARIE JOSÉ BURKI**
NAN GOLDIN: **PETER HUJAR**
NOEMI SMOLIK: **ANDREAS SLOMINSKI**
JASON SIMON: **MARK DION**
LUK LAMBRECHT: **MARK LUYTEN**

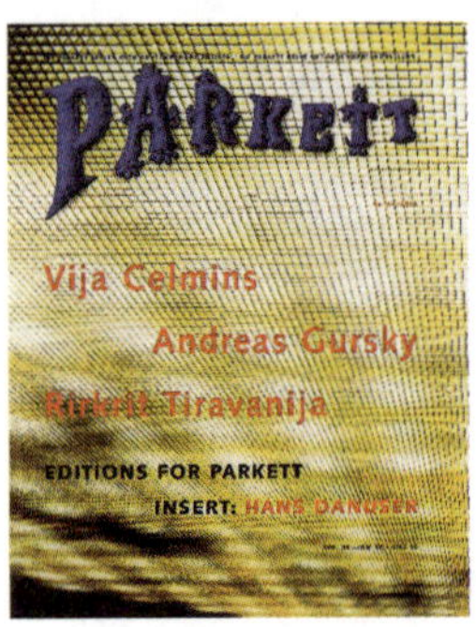

No. 44 - **ISBN 3-907509-94-3**

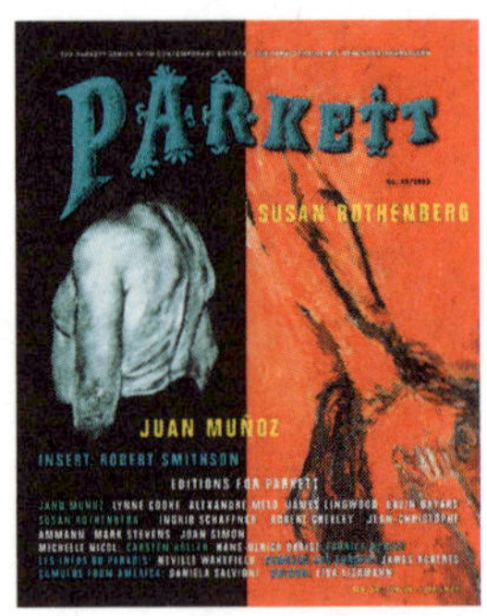

No. 43 - **ISBN 3-907509-93-5**

JUAN MUÑOZ
SUSAN ROTHENBERG
LYNNE COOKE, ALEXANDRE MELO
JAMES LINGWOOD, GAVIN BRYARS
ROBERT CREELEY, INGRID SCHAFFNER
JEAN-CHRISTOPHE AMMANN
MARK STEVENS, JOAN SIMON
INSERT: **ROBERT SMITHSON**
NEVILLE WAKEFIELD
MICHELLE NICOL: **CARSTEN HÖLLER**
H.U. OBRIST: **FABRICE HYBERT**

Each volume of PARKETT is created in collaboration with artists, who contribute an original work specially made for the readers of PARKETT. The works are available in a signed and numbered Special Edition. Prices are subject to change. Postage is not included.

EDITIONS FOR PARKETT

Jeder PARKETT-Band entsteht in Collaboration mit Künstlern, die eigens für die Leser von PARKETT Originalbeiträge gestalten. Diese Vorzugsausgaben sind als nummerierte und signierte Editionen erhältlich. Preisänderungen vorbehalten. Versandkosten und MwSt. (Schweiz) nicht inbegriffen.

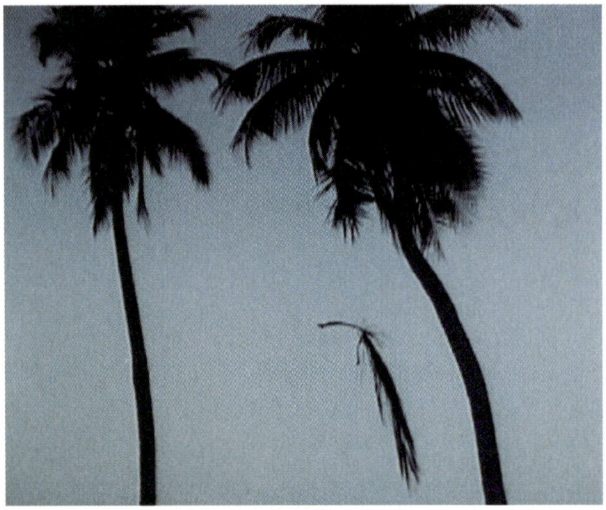

PARKETT 80

JENNIFER ALLORA & GUILLERMO CALZADILLA

DEADLINE, 2007

DVD from 16 mm color film, 3 min.
Signed and numbered certificate.
Edition of 28 / XVI
$ 2400 / € 1800

16-mm-Farbfilm auf DVD, 3 Min.
Signiertes und nummeriertes Zertifikat.
Auflage 28 / XVI
CHF 2800 / € 1800

POETICS AND POLITICS: MUTUALLY EXCLUSIVE NO LONGER.
FOR ONCE THE FORMER HOLDS THE LATTER IN THRALL.

DIE PALMEN VOR DEM FENSTER DER EINEN, STEHEN FÜR DAS FERNWEH DER ANDEREN.

PARKETT 80

DOMINIQUE GONZALEZ-FOERSTER

CALENDARIO 2020, 2007

Calendar for 12 months in 12 years
(January 2008–December 2020)
14 prints, including 2 by Philippe Parreno, color silkscreen on Munken 350 g/m^2, Paper size 16 ½ x 19" each,
Image size: 11 ½ x 16 ¾", bound.
Printed by Atelier Lorenz Boegli, Zurich.
Edition of 45 / XX, numbered and signed.
$ 2400 / € 1800

Kalender für 12 Monate in 12 Jahren
(Januar 2008–Dezember 2020)
14 Farbsiebdrucke, davon 2 von Philippe Parreno, auf Munken 350 g/m^2, Papierformat je 42 x 46,6 cm,
Bildformat 28,6 x 42,6 cm, geheftet.
Gedruckt von Atelier Lorenz Boegli, Zürich.
Auflage 45 / XX, nummeriert und signiert.
CHF 2800 / € 1800

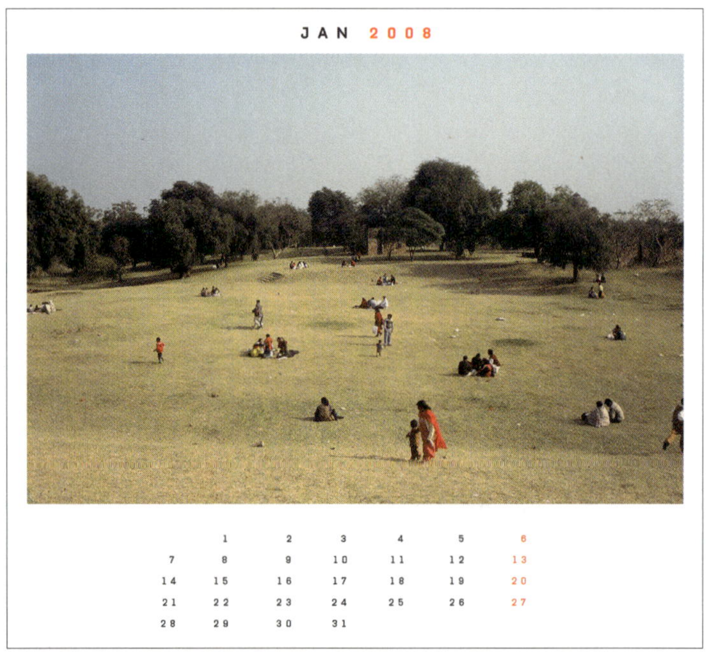

A CALENDAR IN FOUR DIMENSIONS, WHERE THE SPACE OF A YEAR FILLS THE TIME OF ONE MONTH.

NUR EIN MONAT WIRD ÜBER JEDES JAHR EMPORGEHOBEN, EILEN WIR AUF DIESEN ZEIT-INSELN IN DIE ZUKUNFT – ODER LASSEN UNS TREIBEN IN BEFREIENDER LEERE?

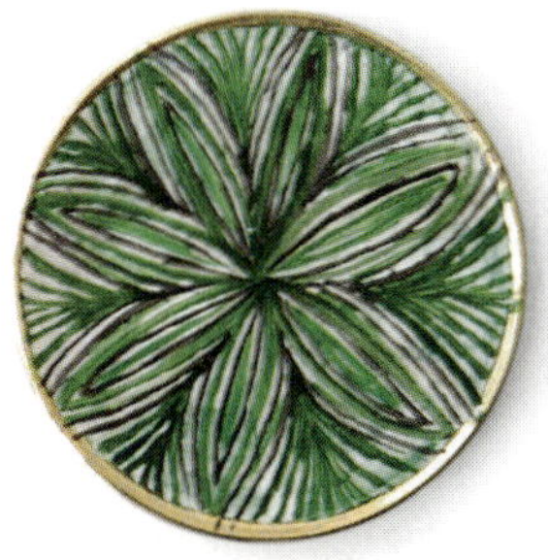

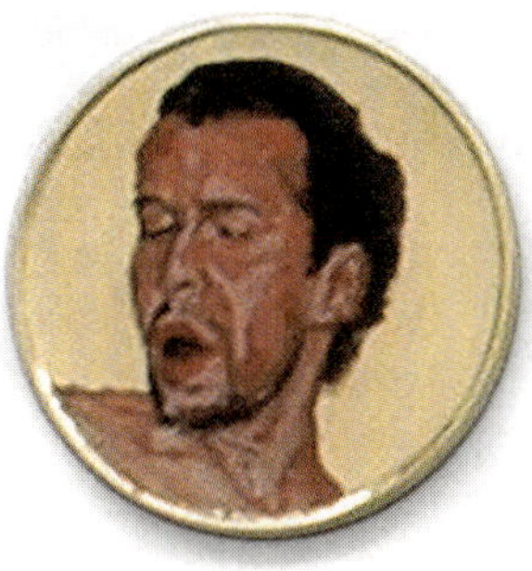

PARKETT 80

MARK GROTJAHN

SPINNER WINNER, 2007

Hand-painted coin in gold and silver, 1 1/2 x 1/8", each unique, plexiglas case.
Edition of 13 / VII in 18 carat gold, engraved and numbered on reverse.
Edition of 30 / X in sterling silver, engraved and numbered on reverse.
While playing Hold'Em, Omaha, Stud and other, poker players can use the Spinner Winner as a card guard to secure their cards during play. When not actively looking at their hand cards, players must place them face down on the table in front of their chips. Positioning the coin over the cards protects them from being accidentally exposed, fouled or folded. This card guard spinner has a small nipple on the bottom that allows it to be spun like a top.
Gold: $ 5000 / € 3500
Silver: $ 1500 / € 1100

Handbemalte Münze in Gold und Silber, 3,9 x 0,3 cm, Unikate, Plexiglas-Behälter.
Auflage 13 / VII, in 18 Karat Gold, graviert und nummeriert.
Auflage 30 / X in Sterling-Silber, graviert und nummeriert.
Hold'Em, Omaha, Stud bei diesen und anderen Poker-Spielen schützt der Spinner Winner die Karten. Wenn nicht aktiv gespielt wird, müssen die Karten – nah bei den Chips – auf den Tisch gelegt werden. Die Münze beschwert die Karten und schützt vor zufälligem Offenlegen oder Betrug. Der Spinner hat einen kleinen Nippel auf der Rückseite, dank ihm dreht er sich wie ein Kreisel.
Gold: CHF 6000 / € 3500
Silber: CHF 1800 / € 1100

PARKETT

ARTISTS' MONOGRAPHS & EDITIONS / KÜNSTLERMONOGRAPHIEN & EDITIONEN

FOR AVAILABILITY SEE NEXT PAGE / LIEFERBARKEIT SIEHE FOLGENDE SEITE

Franz Ackermann, vol. 68
Eija-Liisa Ahtila, vol. 68
Ai Weiwei, vol. 81
Doug Aitken, vol. 57
Jennifer Allora / Guillermo Calzadilla, vol. 80
Kai Althoff, vol. 75
Francis Alÿs, vol. 69
Laurie Anderson, vol. 49
John Armleder, vol. 50/51
Richard Artschwager, vol. 23, vol. 46
John Baldessari, vol. 29
Stephan Balkenhol, vol. 36
Matthew Barney, vol. 45
Georg Baselitz, vol. 11
Vanessa Beecroft, vol. 56
Ross Bleckner, vol. 38
John Bock, vol. 67
Alighiero e Boetti, vol. 24
Christian Boltanski, vol. 22
Cosima von Bonin, vol. 81
Monica Bonvicini, vol. 72
Louise Bourgeois, vol. 27
Olaf Breuning, vol. 71
Glenn Brown, vol. 75
Angela Bulloch, vol. 66
Daniel Buren, vol. 66
Sophie Calle, vol. 36
Maurizio Cattelan, vol. 59
Vija Celmins, vol. 44
Francesco Clemente, vol. 9 & 40/41
Chuck Close, vol. 60
Enzo Cucchi, vol. 1
John Currin, vol. 65
Tacita Dean, vol. 62
Thomas Demand, vol. 62
Martin Disler, vol. 3
Peter Doig, vol. 67
Trisha Donnelly, vol. 77
Marlene Dumas, vol. 38
Olafur Eliasson, vol. 64
Tracey Emin, vol. 63
Urs Fischer, vol. 72
Eric Fischl, vol. 5
Peter Fischli / David Weiss, vol. 17, 40/41
Sylvie Fleury, vol. 58
Günther Förg, vol. 26 & 40/41
Tom Friedman, vol. 64
Katharina Fritsch, vol. 25
Bernard Frize, vol. 74
Ellen Gallagher, vol. 73
Isa Genzken, vol. 69
Franz Gertsch, vol. 28
Gilbert & George, vol. 14
Liam Gillick, vol. 61
Robert Gober, vol. 27
Nan Goldin, vol. 57
Dominique Gonzalez-Foerster, vol. 80
Felix Gonzalez-Torres, vol. 39
Douglas Gordon, vol. 49
Dan Graham, vol. 68
Rodney Graham, vol. 64
Katharina Grosse, vol. 74
Mark Grotjahn, vol. 80
Andreas Gursky, vol. 44
David Hammons, vol. 31
Thomas Hirschhorn, vol. 57
Damien Hirst, vol. 40/41
Carsten Höller, vol. 77
Jenny Holzer, vol. 40/41
Rebecca Horn, vol. 13 & 40/41
Roni Horn, vol. 54
Gary Hume, vol. 48
Pierre Huyghe, vol. 66
Christian Jankowski, vol. 81
Ilya Kabakov, vol. 34
Anish Kapoor, vol. 69
Alex Katz, vol. 21, 72
Mike Kelley, vol. 31
Ellsworth Kelly, vol. 56
William Kentridge, vol. 63
Jon Kessler, vol. 79
Karen Kilimnik, vol. 52
Martin Kippenberger, vol. 19
Imi Knoebel, vol. 32
Jeff Koons, vol. 19, 50/51
Jannis Kounellis, vol. 6
Yayoi Kusama, vol. 59
Wolfgang Laib, vol. 39
Sherrie Levine, vol. 32
Sarah Lucas, vol. 45
Christian Marclay, vol. 70
Brice Marden, vol. 7
Paul McCarthy, vol. 73
Lucy McKenzie, vol. 76
Julie Mehretu, vol. 76
Mario Merz, vol. 15
Marilyn Minter, vol. 79
Tracey Moffatt, vol. 53
Mariko Mori, vol. 54
Malcolm Morley, vol. 52
Sarah Morris, vol. 61
Juan Muñoz, vol. 43
Jean-Luc Mylayne, vol. 50/51
Bruce Nauman, vol. 10
Ernesto Neto, vol. 78
Olaf Nicolai, vol. 78
Cady Noland, vol. 46
Albert Oehlen, vol. 79
Meret Oppenheim, vol. 4
Gabriel Orozco, vol. 48
Tony Oursler, vol. 47
Laura Owens, vol. 65
Jorge Pardo, vol. 56
Raymond Pettibon, vol. 47
Elizabeth Peyton, vol. 53
Richard Phillips, vol. 71
Sigmar Polke, vol. 2, 30 & 40/41
Richard Prince, vol. 34, 72
Michael Raedecker, vol. 65
Markus Raetz, vol. 8
Charles Ray, vol. 37
Jason Rhoades, vol. 58
Gerhard Richter, vol. 35
Bridget Riley, vol. 61
Pipilotti Rist, vol. 48, 71
Matthew Ritchie, vol. 61
Tim Rollins & K.O.S., vol. 20
Ugo Rondinone, vol. 52
James Rosenquist, vol. 58
Susan Rothenberg, vol. 43
Thomas Ruff, vol. 28
Edward Ruscha, vol. 18 & 55
Anri Sala, vol. 73
Wilhelm Sasnal, vol. 70
Gregor Schneider, vol. 63
Thomas Schütte, vol. 47
Dana Schutz, vol. 75
Richard Serra, vol. 74
Cindy Sherman, vol. 29
Roman Signer, vol. 45
Andreas Slominski, vol. 55
Rudolf Stingel, vol. 77
Beat Streuli, vol. 54
Thomas Struth, vol. 50/51
Hiroshi Sugimoto, vol. 46
Philip Taaffe, vol. 26
Sam Taylor-Wood, vol. 55
Diana Thater, vol. 60
Wolfgang Tillmans, vol. 53
Rirkrit Tiravanija, vol. 44
Fred Tomaselli, vol. 67
Rosemarie Trockel, vol. 33
James Turrell, vol. 25
Luc Tuymans, vol. 60
Keith Tyson, vol. 71
Kara Walker, vol. 59
Jeff Wall, vol. 22 & 49
Andy Warhol, vol. 12
Rebecca Warren, vol. 78
Gillian Wearing, vol. 70
Lawrence Weiner, vol. 42
John Wesley, vol. 62
Franz West, vol. 37, 70
Rachel Whiteread, vol. 42
Sue Williams, vol. 50/51
Robert Wilson, vol. 16
Christopher Wool, vol. 33
Yang Fudong, vol. 76

vol.	Collaboration		
81	Ai Weiwei		
	Cosima von Bonin		
	Christian Jankowski		
80	Allora & Calzadilla	m	e
	D. Gonzalez-Foerster	m	e
	Mark Grotjahn	m	e
79	Albert Oehlen	m	e
	Jon Kessler	m	e
	Marilyn Minter	m	
78	Ernesto Neto	m	e
	Olaf Nicolai	m	e
	Rebecca Warren	m	
77	Trisha Donnelly	m	e
	Carsten Höller	m	e
	Rudolf Stingel	m	e
76	Lucy McKenzie	m	e
	Julie Mehretu	m	
	Yang Fudong	m	e
75	Kai Althoff	m	e
	Glenn Brown	m	
	Dana Schutz	m	
74	Bernard Frize	m	
	Katharina Grosse	m	e
	Richard Serra	m	
73	Ellen Gallagher	m	
	Paul McCarthy	m	
	Anri Sala	m	e
72	Monica Bonvicini	m	
	Urs Fischer	m	
	Richard Prince	m	
71	Olaf Breuning	m	e
	Richard Phillips	m	e
	Keith Tyson	m	e
70	Christian Marclay	m	e
	Wilhelm Sasnal	m	e
	Gillian Wearing	m	e
69	Francis Alÿs	m	
	Isa Genzken	m	
	Anish Kapoor	m	
68	Franz Ackermann	m	e
	Eija-Liisa Ahtila	m	e
	Dan Graham	m	e
67	John Bock	m	e
	Peter Doig	m	
	Fred Tomaselli	m	
66	Angela Bulloch	m	e
	Daniel Buren	m	e
	Pierre Huyghe	m	e
65	John Currin	m	
	Laura Owens	m	
	Michael Raedecker	m	
64	Olafur Eliasson	m	
	Tom Friedman	m	
	Rodney Graham	m	
63	Tracey Emin	m	e
	William Kentridge	m	
	Gregor Schneider	m	
62	Tacita Dean	m	e
	Thomas Demand	m	
	John Wesley	m	

vol.	Collaboration		
61	Liam Gillick	m	
	Sarah Morris	m	e
	Bridget Riley	m	
	Matthew Ritchie	m	e
60	Chuck Close	m	
	Diana Thater	m	e
	Luc Tuymans	m	e
59	Maurizio Cattelan	m	
	Yayoi Kusama	m	
	Kara Walker	m	
58	Sylvie Fleury	m	
	Jason Rhoades	m	
	James Rosenquist	m	
57	Doug Aitken	m	e
57	Nan Goldin	m	
	Thomas Hirschhorn	m	
56	Vanessa Beecroft	m	
	Ellsworth Kelly	m	
	Jorge Pardo	m	e
55	Edward Ruscha	m	
	Andreas Slominski	m	
	Sam Taylor-Wood	m	
54	Roni Horn	m	
	Mariko Mori	m	
	Beat Streuli	m	
53	Tracey Moffatt	m	
	Elizabeth Peyton	m	
	Wolfgang Tillmans	m	
52	Karen Kilimnik	m	e
	Malcolm Morley	m	e
	Ugo Rondinone	m	e
50/51	John Armleder	m	
	Jeff Koons	m	e
	Jean-Luc Mylayne	m	
	Thomas Struth	m	
	Sue Williams	m	
49	Laurie Anderson	m	e
	Douglas Gordon	m	
	Jeff Wall	m	
48	Gary Hume	m	
	Gabriel Orozco	m	
	Pipilotti Rist	m	
47	Tony Oursler	m	
	Raymond Pettibon	m	
	Thomas Schütte	m	e
46	Richard Artschwager	m	
	Cady Noland	m	
	Hiroshi Sugimoto	m	
45	Matthew Barney		
	Sarah Lucas		
	Roman Signer		e
44	Vija Celmins	m	
	Andreas Gursky	m	
	Rirkrit Tiravanija	m	e
43	Juan Muñoz	m	
	Susan Rothenberg	m	
42	Lawrence Weiner	m	e
	Rachel Whiteread	m	
40/41	Francesco Clemente	m	
	Fischli/Weiss	m	

vol.	Collaboration		
	Günther Förg	m	
	Damien Hirst	m	
	Jenny Holzer	m	
	Rebecca Horn	m	
	Sigmar Polke	m	
39	Felix Gonzalez-Torres		
	Wolfgang Laib		
38	Ross Bleckner		
	Marlene Dumas		
37	Charles Ray	m	
	Franz West	m	e
36	Stephan Balkenhol		
	Sophie Calle		
35	Gerhard Richter		
34	Ilya Kabakov	m	
	Richard Prince	m	
33	Rosemarie Trockel	m	
	Christopher Wool	m	
32	Imi Knoebel	m	
	Sherrie Levine	m	
31	David Hammons		
	Mike Kelley		
30	Sigmar Polke		
29	John Baldessari		
	Cindy Sherman		
28	Franz Gertsch	m	
	Thomas Ruff	m	
27	Louise Bourgeois		
	Robert Gober		
26	Günther Förg		
	Philip Taaffe		
25	Katharina Fritsch		e
	James Turrell		
24	Alighiero e Boetti		
23	Richard Artschwager	m	
22	Christian Boltanski		
	Jeff Wall		
21	Alex Katz	m	
20	Tim Rollins + K.O.S.		
19	Martin Kippenberger		
	Jeff Koons		
18	Ed Ruscha		
17	Fischli/Weiss		
16	Robert Wilson		
15	Mario Merz	m	
14	Gilbert & George	m	
13	Rebecca Horn		
12	Andy Warhol		
11	Georg Baselitz	m	
10	Bruce Nauman		
9	Francesco Clemente		
8	Markus Raetz		
7	Brice Marden		
6	Jannis Kounellis		
5	Eric Fischl		
4	Meret Oppenheim		
3	Martin Disler		
2	Sigmar Polke		
1	Enzo Cucchi		

m = available monograph / erhältliche Monographie, e = available edition / erhältliche Edition
Delivery subject to availability at time of order / Lieferung solange Vorrat

PARKETT IN BOOKSHOPS (Selection)

PARKETT IS AVAILABLE IN 500 LEADING ART BOOKSHOPS AROUND THE WORLD. FOR FURTHER INFORMATION CONTACT:
PARKETT GIBT ES IN 500 FÜHRENDEN KUNSTBUCHHANDLUNGEN AUF DER GANZEN WELT. FÜR WEITERE INFORMATIONEN WENDEN SIE SICH BITTE AN:
PARKETT VERLAG, QUELLENSTRASSE 27, CH-8031 ZÜRICH, TEL. +41-1 271 81 40, FAX 272 43 01, WWW.PARKETTART.COM;
PARKETT, 145, AVENUE OF THE AMERICAS, NEW YORK, N.Y. 10013, PHONE +1 (212) 673-2660, FAX 271-0704, WWW.PARKETTART.COM

NORTH & SOUTH AMERICA, ASIA, AUSTRALIA

DISTRIBUTOR / VERTRIEB
D.A.P. (DISTRIBUTED ART PUBLISHERS)
155 AVENUE OF THE AMERICAS,
2ND FLOOR,
NEW YORK, NY 10013

USA

AUSTIN, TX
BOOK PEOPLE
603 N. LAMAR

BEACON, NY
DIA: BEACON
3 BEEKMAN STREET

BERKELEY, CA
BERKELEY ART MUSEUM
2625 DURANT AVENUE

CODY'S BOOKS
2454 TELEGRAPHE AVENUE

BEVERLY HILLS, CA
RIZZOLI
9501 WILSHIRE BOULEVARD

BOSTON, MA
INSTITUTE OF CONTEMPORARY ART
955 BOYLSTON STREET

TRIDENT BOOKSELLERS
338 NEWBURY STREET

BUFFALO, NY
TALKING LEAVES
3158 MAIN STREET

CAMBRIDGE, MA
MIT PRESS BOOKSTORE
292 MAIN STREET

CHICAGO, IL
ART INSTITUTE OF CHICAGO
104 S. MICHIGAN

MUSEUM OF CONTEMPORARY ART
220 EAST CHICAGO AVENUE

QUIMBY'S
1854 W. NORTH AVENUE

SMART MUSEUM OF ART
5550 S. GREENWOOD AVENUE

CINCINNATI, OH
CONTEMPORARY ARTS CENTER
115 E. 5TH STREET

COLUMBUS, OH
COLUMBUS MUSEUM OF ART
372 COMMONS MALL

WEXNER CENTER BOOKSTORE
30 W. 15TH STREET

CORAL GABLES, FL
BOOKS & BOOKS
296 ARAGON ROAD

HOUSTON, TX
BRAZOS BOOKSTORE
2421 BISSONNET

CONTEMPORARY ARTS MUSEUM
5216 MONTROSE BOULEVARD

MENIL COLLECTION
1520 SUL ROSS

HUNTINGTON, WV
HUNTINGTON MUSEUM OF ART
2033 MCCOY ROAD

LOS ANGELES, CA
BOOK SOUP
8818 SUNSET BOULEVARD/
3333 BRISTOL ST.

MUSEUM OF CONTEMPORARY ART
250, S. GRAND

LOS ANGELES, CA
UCLA / ARMAND HAMMER MUSEUM OF ART
10899 WILSHIRE BOULEVARD

MIAMI, FL
BOOKS & BOOKS
296 ARAGON AVENUE, CORAL GABLES

MUSEUM OF CONTEMPORARY ART
770 N.E. 125TH STREET NORTH MIAMI

MIAMI BEACH, FL
BASE, 939, LINCOLN ROAD

MINNEAPOLIS, MN
THE WALKER ART CENTER BOOKSTORE
VINELAND PLACE

NEW YORK, NY
MUSEUM OF MODERN ART
11 WEST 53RD STREET

NEW MUSEUM OF CONTEMPORARY
ART STORE
556 WEST 22ND STREET

RIZZOLI
454 WEST BROADWAY

SAINT MARK'S BOOKSTORE
31 3RD AVENUE

COLISEUM BOOKS INC.
11 WEST 42ND STREET

OAKLAND, CA
DIESEL, A BOOKSTORE
5433 COLLEGE AVENUE

OAK PARK, MI
BOOK BEAT LTD.
26010 GREENFIELD

OMAHA, NE
JOSLYN ART MUSEUM
2200 DODGE STREET

PHILADELPHIA, PA
AVRIL 50
3406 SANSOM STREET

WATERSTONE BOOKSELLERS
2191 HORNIG ROAD

PITTSBURGH, PA
CARNEGIE INSTITUTE
4400 FORBES AVENUE

PORTLAND, OR
POWELL'S BOOKS
7 NW 9TH STREET

PROVIDENCE, NY
ACCIDENT OR DESIGN
128 N. MAIN STREET

RHODE ISLAND SCHOOL OF DESIGN
2 COLLEGE STREET, 1765

SAN ANTONIO, TX
SLOAN / HALL SAN ANTONIO
5930 BROADWAY

SAN FRANCISCO, CA
A CLEAN WELL LIGHTED PLACE
601 VAN NESS AVENUE

CITY LIGHTS BOOKSHOP
261 COLUMBUS AVENUE

SF MUSEUM OF MODERN ART,
MUSEUMBOOKS
151 3RD STREET, 1ST FLOOR

ST. LOUIS, MO
LEFT BANK BOOKS
399 NORTH EUCLID

SANTA MONICA, CA
ARCANA
1229 3RD STREET PROMENADE

BERGAMOT BOOKSTORE
2525 MICHIGAN AVENUE, G-5B

HENNESSEY & INGALLS BOOKS
214 WILSHIRE BLVD

ST. PAUL, MN
HUNGRY MIND BOOKSTORE
1648 GRAND AVENUE

SEATTLE, WA
UNIVERSITY BOOKSTORE
4326 UNIVERSITY WAY

WASHINGTON D.C.
NATIONAL GALLERY OF ART
6TH STREET & CONSTITUTION
AVENUE, NW

CANADA / KANADA

MONTREAL
OLIVIERI LIBRAIRIE BOOKSTORE
185 STREET CATHERINE WEST

TORONTO
ART GALLERY OF ONTARIO
317 DUNDAS STREET WEST

ART METROPOLE
788 KING STREET WEST

DAVID MIRVISH BOOKS ON ART
596 MARKHAM STREET

VANCOUVER
VANCOUVER ART GALLERY
750 HORNBY STREET

AUSTRALIA / AUSTRALIEN

DARLINGHURST
EAST SYDNEY BOOKSTORE
THE DOME, THE ELAN BUILDING
1 KINGS CROSS ROAD

SYDNEY
MUSEUM OF CONTEMPORARY ART
140 GEORGE STREET,
CIRCULAR QUAY NORTH

GLEE BOOKS
191 GLEBE POINT ROAD, GLEBE

NEW ZEALAND / NEUSEELAND

AUCKLAND
MAGAZZINO SUBSCRIPTION
P.O. BOX 905909

ASIA / ASIEN

JAPAN

TOKYO
AOYAMA BOOK CENTRE, SHIBUYA-KU
COSMOS AOYAMA GARDEN FLOOR B2F
5-53-97, JINGUMAE

ART & BOOKS
2-1-13-307
TAKANAWA, MINATO-KU

EOS ART BOOKS
DOMILE KITA 108
1-10-21 KICHIJOJI-KITAMACHI

SINGAPORE / SINGAPUR
PAGE ONE BOOKSTORE
20 KAKI BUKIT VIEW TECHPARK

CHINA

TAIPEI
ARTLAND BOOKS CO., LTD.
B1 122 JEN AI RD., SEC3

GREAT BRITAIN / GROSSBRITANNIEN

DISTRIBUTOR / VERTRIEB
CENTRAL BOOKS
99, WALLIS ROAD
LONDON E9 5LN

BIRMINGHAM
IKON GALLERY
1 OOZELLS SQUARE

BRIGHTON
BORDERS BOOKSHOP
CHURCHILL SQUARE SHOPPING CENTRE

BRISTOL
ARNOLFINI BOOKSHOP
16 NARROW QUAY

CARDIFF
CHAPTER ARTS CENTRE
MARKET ROAD

CARLISLE
CASTLE THE STORE
LONDON ROAD

LONDON
ARTWORDS BOOKSHOP
RIVINGTON STREET

BORDERS BOOKSHOP
120 CHARING CROSS ROAD

BORDERS BOOKSHOP
203–207 OXFORD STREET

BORDERS BOOKSHOP
N1 CENTRE ISLINGTON

PARKETT

ARTISTS' EDITIONS FOR PARKETT SUBSCRIBERS
WWW.PARKETTART.COM

80

The PARKETT Series is created in collaboration with artists, who contribute an original work available exclusively to the subscribers in the form of a signed limited SPECIAL EDITION. The available works are also reproduced in each PARKETT issue.

Each SPECIAL EDITION is available by order from any one of our offices in New York or Zurich. Just fill in the details below and send this card to the office nearest you. Once your order has been processed, you will be issued with an invoice and your personal edition number. Upon receipt of payment, you will receive the SPECIAL EDITION. (Please note that supply is subject to availability. PARKETT does not assume responsibility for any delays in production of SPECIAL EDITIONS. Postage is not included.)

☐ **As a subscriber to PARKETT, I would like to order the following Special Edition(s), signed and numbered by the artist.**

PARKETT No.	ARTIST	NAME:
PARKETT No.	ARTIST	ADDRESS:
PARKETT No.	ARTIST	CITY:
PARKETT No.	ARTIST	STATE/ZIP:
PARKETT No.	ARTIST	COUNTRY:
PARKETT No.	ARTIST	PHONE:

☐ **I have indicated my way of payment on the reverse side of this form.**

Send this form to the PARKETT office nearest you:

PARKETT PUBLISHERS 145 AV. OF THE AMERICAS NEW YORK, NY 10013 PHONE (212) 673-2660 FAX (212) 271-0704

PARKETT VERLAG QUELLENSTRASSE 27 CH-8031 ZÜRICH TELEFON +41-44-271 81 40 FAX +41-44-272 43 01

Visit our website: www.parkettart.com

PARKETT

KÜNSTLEREDITIONEN FÜR PARKETT-ABONNENTEN
WWW.PARKETTART.COM

80

Die PARKETT-Buchreihe entsteht in Zusammenarbeit mit Künstlern, die eigens für die Abonnenten einen Originalbeitrag in Form einer limitierten und signierten EDITION gestalten. Diese Editionen sind auch in der Zeitschrift abgebildet und können mit dieser Bestellkarte in jedem unserer Büros in Zürich oder New York bestellt werden. Sie erhalten dann Ihre persönliche Editionsnummer und eine Rechnung. Sobald wir Ihre Zahlung erhalten haben, schicken wir Ihnen Ihre Edition(en). Lieferung solange Vorrat. PARKETT übernimmt keine Verantwortung für allfällige Verzögerungen bei der Herstellung der Vorzugsausgaben. Versandkosten und MwSt (Schweiz) nicht inbegriffen.

☐ **Ich bin PARKETT-Abonnent(in) und bestelle folgende EDITION(EN), nummeriert und vom Künstler signiert:**

PARKETT Nr.	KÜNSTLER/IN	NAME:
PARKETT Nr.	KÜNSTLER/IN	STRASSE:
PARKETT Nr.	KÜNSTLER/IN	PLZ/STADT:
PARKETT Nr.	KÜNSTLER/IN	LAND:
PARKETT Nr.	KÜNSTLER/IN	TEL.:

☐ **Meine Zahlungsweise habe ich auf der Rückseite angegeben.**

Senden Sie die Bestellkarte an das PARKETT-Büro in Ihrer Nähe:

PARKETT VERLAG QUELLENSTRASSE 27 CH-8031 ZÜRICH TELEFON +41-44-271 81 40 FAX +41-44-272 43 01

PARKETT PUBLISHERS 145 AV. OF THE AMERICAS NEW YORK, NY 10013 PHONE (212) 673-2660 FAX (212) 271-0704

Besuchen Sie unsere Website: www.parkettart.com

PARKETT

SUBSCRIBE, COMPLETE OR SEND A GIFT SUBSCRIPTION TO THE BEST BOOK SERIES ON CONTEMPORARY ARTISTS – WWW.PARKETTART.COM

☐ I wish to subscribe to the PARKETT Series, starting with issue no. ______
☐ I wish to send a gift subscription, starting with issue no. ______ (a gift card in my name will be sent to the recipient):

☐ for 1 year (3 issues) at US $ 88 (USA/Canada), € 85 (Europe), € 98 (Rest of the World)
☐ for 2 years (6 issues) at US $ 160 (USA/Canada), € 155 (Europe), € 188 (Rest of the World)
☐ for 3 years (9 issues) at US $ 225 (USA/Canada), € 220 (Europe), € 278 (Rest of the World)
☐ for 1 year (3 issues) at the special student discount (US $ 76 for USA/Canada, € 72 for Europe). A copy of my student ID is enclosed.
Postage included. All prices subject to change.

☐ I wish to complete my PARKETT library and order the following issue(s):

No. ______
at € 30 each, postage not included.
Within the USA & Canada $ 32, add postage: $ 5 (USA), $ 10 (Canada).
Sold out: No. 1–10, 12, 13, 16–20, 22, 24–27, 29–31, 33, 35–39, 45.

☐ I wish to order _____ copies of the PARKETT Postcard Set with Text Booklet on MoMA Show. 172 color postcards, booklet with 2 essays, color reproductions, 64 p., packed in a box, 6¼ x 4¾ x 2⅜", € 32 (USA $ 39) per set, plus postage.
☐ I wish to order _____ copies of "PARKETT – 20 Years of Artists' Collaborations," providing "a rare behind-the-scenes look at one of the art world's most respected art magazines." 248 p., 22 color pages, 1 color poster, € 32 (USA $ 39), plus postage.

NAME: ______
ADDRESS: ______
CITY: ______
STATE/ZIP/COUNTRY: ______
TEL.: ______ FAX: ______
E-MAIL: ______
GIFT RECIPIENT: ______
ADDRESS: ______
CITY: ______
STATE/ZIP: ______
COUNTRY: ______

☐ Charge my Visa Card ☐ Mastercard ☐ AMEX
Card No. ______ Expiration date ______
☐ Payment enclosed (US check or money order) ☐ Bill me
DATE ______
SIGNATURE ______

Send this form to the PARKETT office nearest you:
PARKETT PUBLISHERS 145 AV. OF THE AMERICAS NEW YORK, NY 10013 PHONE (212) 673-2660 FAX (212) 271-0704
PARKETT VERLAG QUELLENSTRASSE 27 CH-8031 ZÜRICH TELEFON +41-44-271 81 40 FAX +41-44-272 43 01
Visit our website: www.parkettart.com

80

PARKETT

ABONNIEREN, VERVOLLSTÄNDIGEN ODER VERSCHENKEN SIE DIE UMFASSENDSTE BUCHREIHE ÜBER GEGENWARTSKÜNSTLER – WWW.PARKETTART.COM

☐ Ich abonniere die PARKETT-Reihe ab Nr. ______
☐ Ich verschenke ein PARKETT-Abonnement ab Nr. ______ (Der/die Beschenkte erhält eine Geschenkkarte in meinem Namen)

☐ für 1 Jahr (3 Bände) zu: € 85 (Europa), CHF 120.– (Schweiz),
☐ für 2 Jahre (6 Bände) zu: € 155 (Europa), CHF 222.– (Schweiz),
☐ für 3 Jahre (9 Bände) zu: € 220 (Europa), CHF 324.– (Schweiz),
☐ für 1 Jahr (3 Bände) zum Studenten-Sonderpreis (Europa: € 72 /Schweiz: CHF 105.–). Eine Kopie meines gültigen Studentenausweises lege ich bei. Preise einschliesslich Versandkosten. Preisänderungen vorbehalten.

☐ Ich möchte meine PARKETT-Bibliothek vervollständigen und bestelle die folgenden noch erhältliche(n) Ausgabe(n):

Nr. ______
zu je € 30 / CHF 45.–, zzgl. Versandkosten (vergriffen: Nr. 1–10, 12, 13, 16–20, 22, 24–27, 29–31, 33, 35–39, 45).

☐ Ich bestelle _____ Ex. des aktualisierten PARKETT-Postkarten-Sets mit Textbüchlein zur MoMA-Ausstellung. 172 Farbpostkarten, Büchlein mit zwei Texten, Farbabb., 64 S., in bunter Schachtel, 16 x 12 x 6 cm. € 32 / CHF 45.– pro Set, zzgl. Versandkosten.
☐ Ich bestelle _____ Ex. «Parkett – 20 Years of Artists' Collaborations», das neue Buch, das «Einblick hinter die Kulissen der weltweit hoch geschätzten Kunstzeitschrift gewährt». 248 S., dt./engl., 22 Farbseiten, 1 Farbposter, € 32 / CHF 45.–, zzgl. Versandkosten.

NAME: ______
STRASSE: ______
PLZ/STADT: ______
LAND: ______
TEL.: ______ FAX: ______
E-MAIL: ______
BESCHENKTE(R): ______
STRASSE: ______
PLZ/STADT: ______
LAND: ______

☐ Ich zahle mit Visa ☐ Eurocard/Mastercard ☐ AMEX
Karten Nr. ______ Gültig bis ______
☐ Mein Scheck über CHF/€ ______ liegt bei.
☐ Bitte senden Sie mir eine Rechnung.
DATUM ______
UNTERSCHRIFT ______

Senden Sie die Bestellkarte an das PARKETT-Büro in Ihrer Nähe:
PARKETT VERLAG QUELLENSTRASSE 27 CH-8031 ZÜRICH TELEFON +41-44-271 81 40 FAX +41-44-272 43 01
PARKETT PUBLISHERS 145 AV. OF THE AMERICAS NEW YORK, NY 10013 PHONE (212) 673-2660 FAX (212) 271-0704
Besuchen Sie unsere Website: www.parkettart.com

CAMDEN ARTS CENTRE
ARKWRIGHT ROAD

HAYWARD GALLERY
SOUTH BANK

IAN SHIPLEY BOOKSHOP
70 CHARING CROSS ROAD

INSTITUTE OF CONTEMPORARY ARTS
12 CARLTON HOUSE TERRACE

THE MALL
SERPENTINE GALLERY
KENSINGTON GARDENS

TATE MODERN
BANKSIDE

WHITECHAPEL ART GALLERY
80 WHITECHAPEL HIGH STREET

OXFORD

MODERN ART OXFORD
30 PEMBROKE STREET

SCOTLAND / SCHOTTLAND

EDINBURGH

SCOTTISH GALLERY OF MODERN ART
75 BELFORD ROAD

IRELAND / IRLAND

CORK

LEWIS GLUCKSMAN GALLERY
UNIVERSITY COLLEGE

DUBLIN

DOUGLAS HYDE GALLERY
TRINITY COLLEGE

GERMANY / DEUTSCHLAND

DISTRIBUTOR / VERTRIEB

GVA VERLAGSSERVICE GÖTTINGEN
PF 2021
D-37010 GÖTTINGEN

BERLIN

BÜCHERBOGEN AM SAVIGNYPLATZ
STADTBAHNBOGEN 593

GALERIE 2000 KUNSTBUCHHANDLUNG
KNESEBECKSTRASSE 56/58

WIENS LADEN & VERLAG
LINIENSTRASSE 158 (HOF)

BIELEFELD

THALIA UNIVERSITÄTSBUCHHANDLUNG
FILIALE PHÖNIX, OBERNTORWALL 23

BREMEN

BEIM STEINERNEN KREUZ GMBH
BEIM STEINERNEN KREUZ 1

DRESDEN

WEISSLACK
LUISENSTRASSE 52

DÜSSELDORF

LITERATUR BEI RUDOLF MÜLLER
NEUSTRASSE 38

WALTHER KÖNIG BUCHHANDLUNG
HEINRICH-HEINE-ALLEE 15

FRANKFURT

KUNST-BUCH, KUNSTHALLE SCHIRN
RÖMERBERG 7

WALTHER KÖNIG BUCHHANDLUNG
DOMSTRASSE 6

HAMBURG

HELMUT VON DER HÖH BUCHHANDLUNG
GROSSE BLEICHEN 21

SAUTTER + LACKMANN BUCHHANDLUNG
ADMIRALITÄTSTRASSE 71/72

HANNOVER

MERZ KUNSTBUCHHANDLUNG
KURT-SCHWITTERS-PLATZ

HERFORD

PROVINZBUCHLADEN GMBH
HAEMMELINGER STRASSE 22

KARLSRUHE

HANS MENDE BUCHHANDLUNG
KARLSTRASSE 76

ZENTRUM FÜR KUNST &
MEDIENTECHNOLOGIE
MUSEUMSSHOP, LORENZSTRASSE 19

KÖLN

WALTHER KÖNIG BUCHHANDLUNG
EHRENSTRASSE 4

KIOSK-BUCH-EVENT GMBH
IM MEDIAPARK 7

MÜNCHEN

HANS GOLTZ BUCHHANDLUNG
FÜR BILDENDE KUNST
TÜRKENSTRASSE 54

ILKA KÖNIG BUCHHANDLUNG
MAXIMILIANSTRASSE 35

L. WERNER BUCHHANDLUNG
RESIDENZSTRASSE 18

NÜRNBERG

WALTHER KÖNIG BUCHHANDLUNG
LUITPOLDSTRASSE 5

STUTTGART

LIMACHER BUCHHANDLUNG
KÖNIGSTRASSE 28 / KÖNIGSBAU

SPAIN / SPANIEN

BARCELONA

LAIE – CAIXAFÒRUM
MARQUES DE COMILLAS 6–8

LAIE – CCCB (CENTRE DE CULTURA
CONTEMPORÀNIA DE BARCELONA)
MONTALEGRE 5

BILBAO

GUGGENHEIM MUSEUM
ABANDOIBARRA ET. 2

MADRID

MUSEO NACIONAL REINA SOFIA
C/ SANTA ISABEL, 52

FRANCE / FRANKREICH

PARIS

CENTRE POMPIDOU, FLAMMARION 4
26, RUE JACOB

GALERIE NATIONALE DU JEU DE PAUME
1, PLACE DE LA CONCORDE

LIBRAIRIE DU MUSÉE D'ART MODERNE
9, RUE GASTON DE SAINT-PAUL

CHRISTOPH DAVIET-THERY,
LIVRES & EDITIONS D'ARTISTES
10, RUE DUCHEFDELAVILLE

COLETTE
213, RUE SAINT-HONORÉ

ITALY / ITALIEN

MILANO

A&M BOOKSTORE
30, VIA TADINO

ROMA

GALLERIA NAZIONALE D'ARTE MODERNA
131, VIA DELLE BELLE ARTI

GALLERIA PRIMO PIANO
203, VIA PANISPERNA

NORWAY / NORWEGEN

OSLO

THE NATIONAL MUSEUM OF
CONTEMPORARY ART
BANKPLASSEN 4 / SKATTEFOG

PORTUGAL

LISBOA

MODULO CENTRO DIFUSOR DE ARTE
CALÇADA DOS MESTRES 34 A–B

PORTO

MODULO CENTRO DIFUSOR DE ARTE
AV. BOAVISTA 854

DENMARK /DÄNEMARK

COPENHAGEN

CHARLOTTENBORG EXHIBITION HALL
NYHAVN 2

SWEDEN / SCHWEDEN

STOCKHOLM

KULTURHUSET KONSTIG
MEDIA & KONSTBOKHANDEL
SERGELS TORG 3

MODERNA MUSEET
SKEPPSHOLMEN

GÖTEBORG

GÖTEBORGS KONSTMUSEUM
GÖTAPLATSEN / AVENYN

TURKEY / TÜRKEI

ISTANBUL

ROBINSON CRUSOE BOOKS PUSULA
PRODUCTIONS
389 ISTIKAL CADDESI BEYOGLU

NETHERLANDS, BELGIUM AND LUXEMBURG

DISTRIBUTOR / VERTRIEB

IDEA BOOKS
NIEUWE HERENGRACHT 11
NL-1011 RK AMSTERDAM

NETHERLANDS / NIEDERLANDE

AMSTERDAM

ART BOOK
VAN BAERLESTRAAT 126

ATHENAEUM NIEUWSCENTRUM
SPUI 14–16

EINDHOVEN

MOTTA
BERGSTRAAT 35

GRONINGEN

SCHOLTENS / WRISTERS BOOKSHOP
FULDENSTRAAT 20

HAARLEM

ATHENAEUM
GED. OUDE GRACHT 70

HENGELO

BROEKHUIS
WEMENSTRAAT 45

MAASTRICHT

DE TRIBUNE
KAPOENSTRAAT 8

BELGIUM / BELGIEN

ANTWERPEN

COPYRIGHT BOOKSHOP
NATIONALSTRAAT 28A

BRUXELLES

PEINTURE FRAICHE
10, RUE DU TABELLON

TROPISMES LIBRAIRIES
GALERIE DES PRINCES 11

GENT

COPYRIGHT BOOKSHOP
JACOBIJNENSTRAAT 8

LUXEMBOURG / LUXEMBURG

LUXEMBOURG

CASINO LUXEMBOURG
41, RUE NOTRE-DAME

SWITZERLAND / SCHWEIZ

DISTRIBUTOR / VERTRIEB

SCHEIDEGGER & CO. C/O AVA
CENTRALWEG 16
CH-8910 AFFOLTERN A. A.

BASEL

FONDATION BEYELER
BASELSTRASSE 77, RIEHEN

GALERIE STAMPA
SPALENBERG 2

JÄGGI BUCHHANDLUNG
FREIE STRASSE 32

KUNSTHALLE BASEL
KLOSTERGASSE 5

BERN

BUCHHANDLUNG FÜR ARCHITEKTUR UND
DESIGN, BRUNNGASSE 60

STAUFFACHER BUCHHANDLUNG
NEUENGASSE 25-37

GENÈVE

LIBRAIRIE PAYOT
5, RUE DE CHANTEPOULET

LUZERN

KUNSTMUSEUM LUZERN
EUROPLATZ 1

MENDRISIO

GABRIELE CAPELLI LIBRERIA
ARCHITETTURA
4, VIA NOBILI BOSIA

ST. GALLEN

RÖSSLITOR BÜCHER
WEBERGASSE 5

ZÜRICH

ABBT PROJECTS
MÜHLEBACHSTRASSE 2

CALLIGRAMME BUCHHANDLUNG
HÄRINGSTRASSE 4

HOWEG BUCHHANDLUNG
WAFFENPLATZ 1

KUNSTGRIFF BUCHHANDLUNG
LIMMATSTRASSE 270

KUNSTHAUS ZÜRICH
HEIMPLATZ 1

ORELL FÜSSLI BUCHHANDLUNG
FÜSSLISTRASSE 4

SPHÈRES
HARDTURMSTRASSE 66

EXHIBITIONS

ZÜRICH

GALERIE ANDREA CARATSCH	Waldmannstrasse 8 8001 Zürich Tel. 044 272 50 00 www.galeriecaratsch.com info@galeriecaratsch.com	PABLO PICASSO Late work	**25.8.–19.10.2007**
		OLIVIER MOSSET Monochromes	**26.10.–30.11.2007**
ELISABETH KAUFMANN	Müllerstrasse 57 8004 Zürich Tel./Fax 043 322 01 15 www.elisabethkaufmann.com info@elisabethkaufmann.com	KLAUS MERKEL & ANSELM STALDER Gelenk & Zwischenton	**24.8.–13.10.2007**
		MARC BAUER	**20.10.–20.12.2007**
GALERIE LELONG	Predigerplatz 10–12 8001 Zürich Tel. 044 251 11 20 www.galerie-lelong.com galerie.lelong@dplanet.ch	METTE STAUSLAND Tracks and Traces	**20.9.–17.11.2007**
		ART BASEL MIAMI BEACH	**6.12.–9.12.2007**
LUTZ & THALMANN	Wettingerwies 2B 8001 Zürich Tel. 044 262 76 00 www.lutz-thalmann.com galerie@lutz-thalmann.com	CRISTINA FESSLER, BRIGITTE FRIES, NIGEL HALL, HOWARD HODGKIN, BRIGITTE STADLER Autumn Leaves	**5.10.–10.11.2007**
		OLIVER KRÄHENBÜHL	**16.11.–10.11.2007**
MAI 36 GALERIE	Rämistrasse 37 8001 Zürich Tel. 044 261 68 80 www.mai36.com mail@mai36.com	ROE ETHRIDGE	**25.8.–29.9.2007**
		PAUL THEK	**5.10.–17.11.2007**
		ART FORUM BERLIN	**29.9.–3.10.2007**
		FRIEZE ART FAIR, LONDON	**11.10.–14.10.2007**
		ART BASEL MIAMI BEACH	**6.12.–9.12.2007**
MARK MÜLLER	Gessnerallee 36 8001 Zürich Tel. 044 211 81 55 www.markmueller.ch mail@markmueller.ch	CHRISTINE STREULI Dreamliner goes pit bull Guestroom: NIKLAUS WENGER	**15.9.–27.10. 2007**
		BEAT ZODERER, Guestroom: Surprise	**3.11.–22.12.2007**
		GIACOMO SANTIAGO ROGADO, Guestroom: Surprise	**12.1.–23.2.2008**
BOB VAN ORSOUW	Limmatstrasse 270 8005 Zürich Tel. 044 273 11 00 www.bobvanorsouw.ch mail@bobvanorsouw.ch	HALUK AKAKÇE They call it love, I call it madness	**25.8.–13.10.2007**
		suzie q projects: EDWARD LIPSKI	**25.8.–6.10.2007**
		ERIK VAN LIESHOUT	**27.10.–22.12.2007**
		suzie q projects: HUBER.HUBER	**20.10.–22.12.2007**
ANNEMARIE VERNA	Neptunstrasse 45 8032 Zürich Tel. 044 262 38 20 www.annemarie-verna.ch office@annemarie-verna.ch	ANDREAS CHRISTEN (1936–2006) A Memorial Exhibition	**11.9.–3.11.2007**
		SYLVIA PLIMACK MANGOLD	**9.11.2007–12.1.2008**

E X H I B I T I O N S

NICOLA VON SENGER	Limmatstrasse 275 8005 Zürich Tel. 044 201 88 10 www.nicolavonsenger.com info@nicolavonsenger.com	TERRY RODGERS The Rapsody of Eternal Dreams	**25.8.–27.10.2007**
		OLAF BREUNING	**23.11.–22.12.2007**
		FIAC PARIS	**18.10.–22.10.2007**
		ART BASEL MIAMI BEACH, ART NOVA	**7.12.–10.12.2007**
JAMILEH WEBER	Waldmannstrasse 6 8001 Zürich Tel. 044 252 10 66 www.jamilehweber.com info@jamilehweber.com	MICHAEL BIBERSTEIN, HANSPETER HOFMANN, JAHANGUIR, ALOIS LICHTSTEINER UND LILIANE TOMASKO Malerei – neue Arbeiten	**25.8.–29.9.2007**
		SEAN SCULLY: Neue Bilder	**5.10.–1.12.200**
BRIGITTE WEISS	Müllerstrasse 67 8004 Zürich Tel. 044 241 83 35 www.likeyou.com/brigitteweiss brigitteweiss@bluewin.ch	SAN KELLER	**bis 6.10.2007**
		CHRISTIAN VETTER	**26.10.–15.12.2007**
		BASEL	
NICOLAS KRUPP	Erlenstrasse 15 4058 Basel Tel. 061 683 32 65 www.nicolaskrupp.com nic@nicolaskrupp.com	MARKÉTA OTHOVÀ	**1.9.–27.10.2007**
		MARKUS MÜLLER	**2.11.–29.12.2007**
		FIAC PARIS	**18.10.–22.10.2007**
		GENÈVE	
GALERIE GUY BÄRTSCHI	Rue de vieux billard 3a 1205 Genève Tél. +41 22 310 00 13 www.bartschi.ch info@bartschi.ch	PHILIPPE FAVIER Vous n'êtes pas d'ici	**13.9.–3.11.2007**
		ART FORUM BERLIN	**29.9–3.10.2007**
		FIAC PARIS	**18.10.–22.10.2007**
BFAS BLONDEAU FINE ART SERVICES	5, Rue de la Muse 1205 Genève Tél. +41 22 544 95 95 www.bfasblondeau.com philippe@bfasblondeau.com	LOUISE LAWLER The Tremaine Pictures 1984–2007	**13.9.–20.10.2007**
		FABRICE GYGI	**10.11.2007–11.1.2008**
		LUZERN	
GALERIE URS MEILE	Rosenberghöhe 4 6004 Luzern Tel. 041 420 33 18 www.galerieursmeile.com galerie@galerieursmeile.com	BAI YILUO	**25.8.–20.10.2007**
		AI WEIWEI	**3.11.–22.12.2007**
		BACHMANN/BANZ	**12.1.2007–16.2.2008**
		ST. GALLEN	
WILMA LOCK	Schmiedgasse 15 9000 St. Gallen Tel. 071 222 62 52 wilmalock@freesurf.ch	MARK FRANCIS, BERNARD FRIZE, IMI KNOEBEL, ERWIN WURM Timeless	**12.9.–22.12.2007**
		XAVIER NOIRET-THOMÈ	**Februar–März 2008**

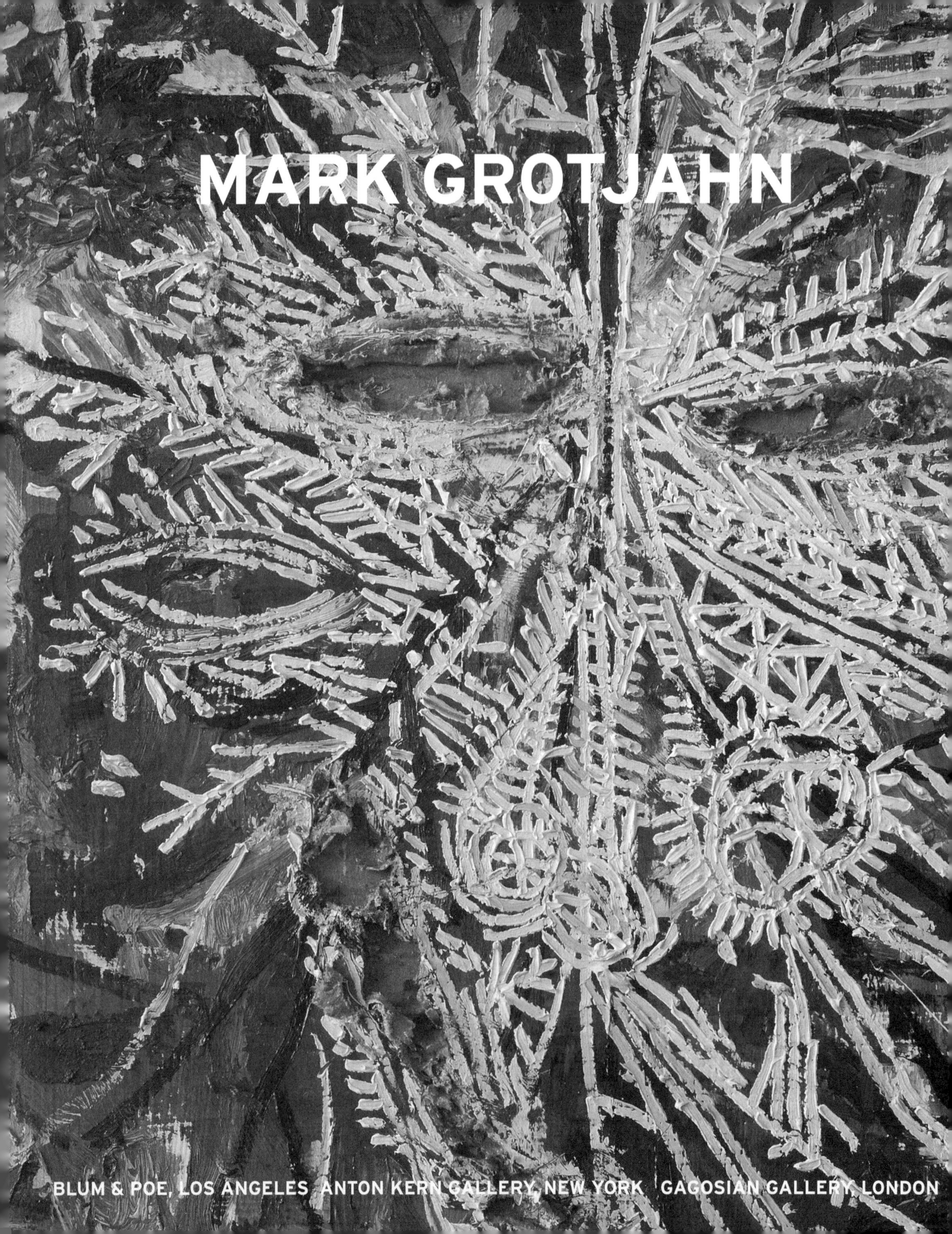

MARK GROTJAHN

BLUM & POE, LOS ANGELES   ANTON KERN GALLERY, NEW YORK   GAGOSIAN GALLERY, LONDON

ALLORA & CALZADILLA

Istanbul Biennale September 8 – November 4, 2007
San Francisco Art Institute October 19 – December 15, 2007
Lyon Biennale September 19, 2007 – January 6, 2008

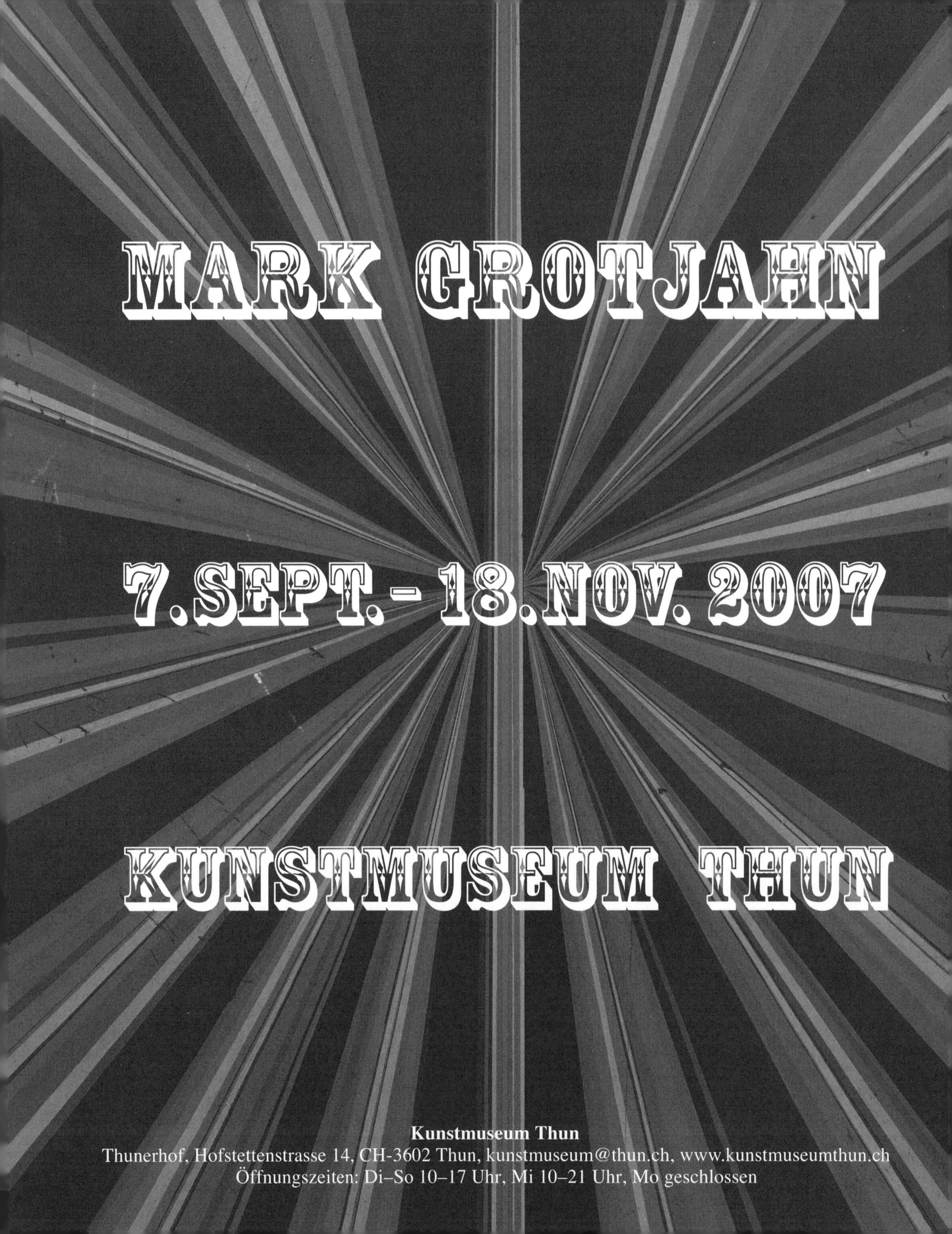
MARK GROTJAHN
7. SEPT. - 18. NOV. 2007
KUNSTMUSEUM THUN
Kunstmuseum Thun
Thunerhof, Hofstettenstrasse 14, CH-3602 Thun, kunstmuseum@thun.ch, www.kunstmuseumthun.ch
Öffnungszeiten: Di–So 10–17 Uhr, Mi 10–21 Uhr, Mo geschlossen

DOMINIQUE GONZALEZ-FOERSTER

MATTI BRAUN
ANGELA BULLOCH
NATHAN CARTER
THOMAS DEMAND
CEAL FLOYER
THE ESTATE OF GENERAL IDEA
LIAM GILLICK
DOMINIQUE GONZALEZ-FOERSTER
GRÖNLUND\NISUNEN
CARSTEN HÖLLER
PIERRE HUYGHE
ANN VERONICA JANSSENS
CHRISTOPH KELLER
GABRIEL KURI
PHILIPPE PARRENO
UGO RONDINONE
ROTHSTAUFFENBERG
JULIA SCHER

ESTHER SCHIPPER
LINIENSTRASSE 85
D-10119 BERLIN
TEL: +49 (0)30 28390139
FAX: +49 (0)30 28390140
WWW.ESTHERSCHIPPER.COM
OFFICE@ESTHERSCHIPPER.COM

Tanya Bonakdar Gallery represents

Ryan Gander and Ian Kiaer

TANYA
BONAKDAR
GALLERY

521 WEST 21 STREET NEW YORK, NY 10011 TEL 212 414-4144 FAX 212 414-1535
MAIL@TANYABONAKDARGALLERY.COM WWW.TANYABONAKDARGALLERY.COM

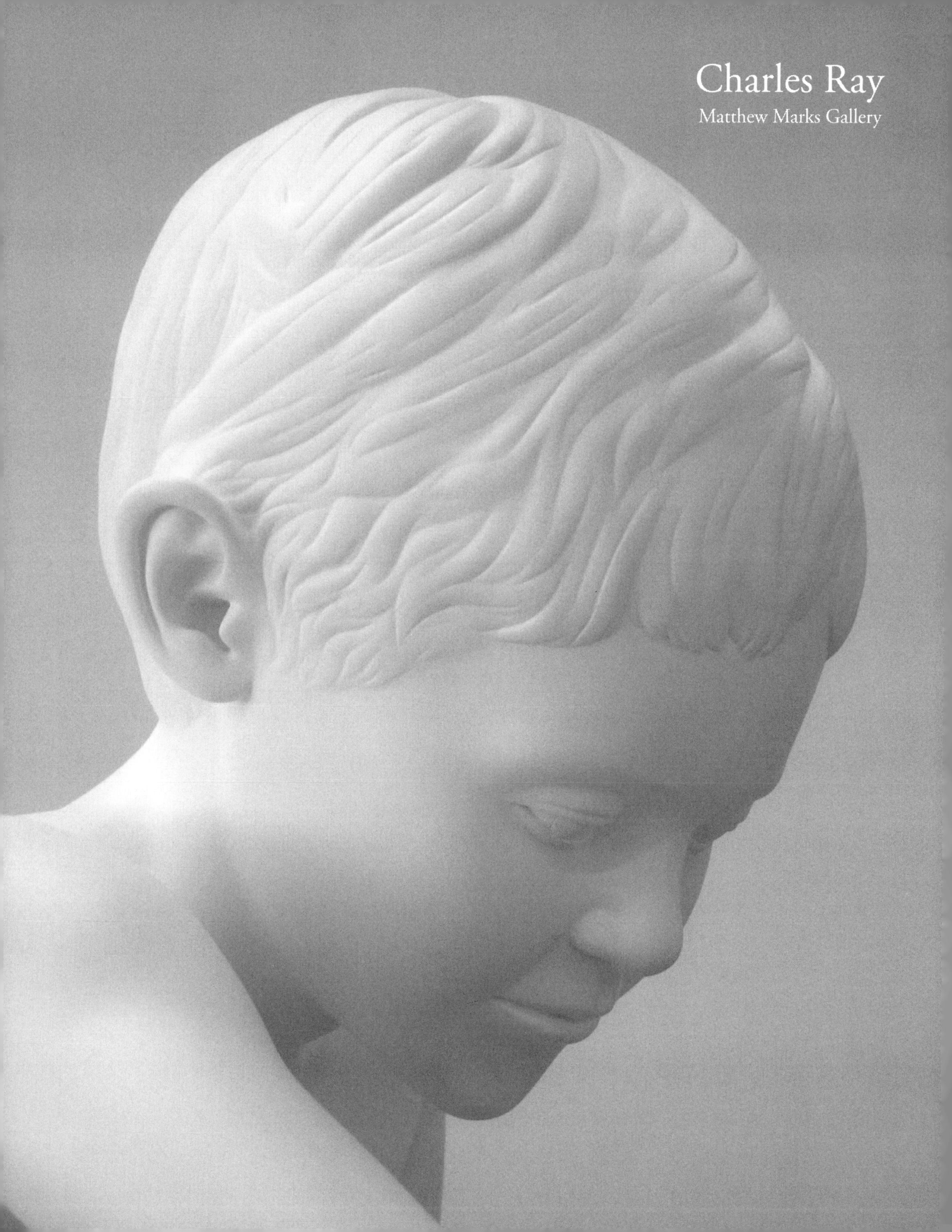

Charles Ray

Matthew Marks Gallery

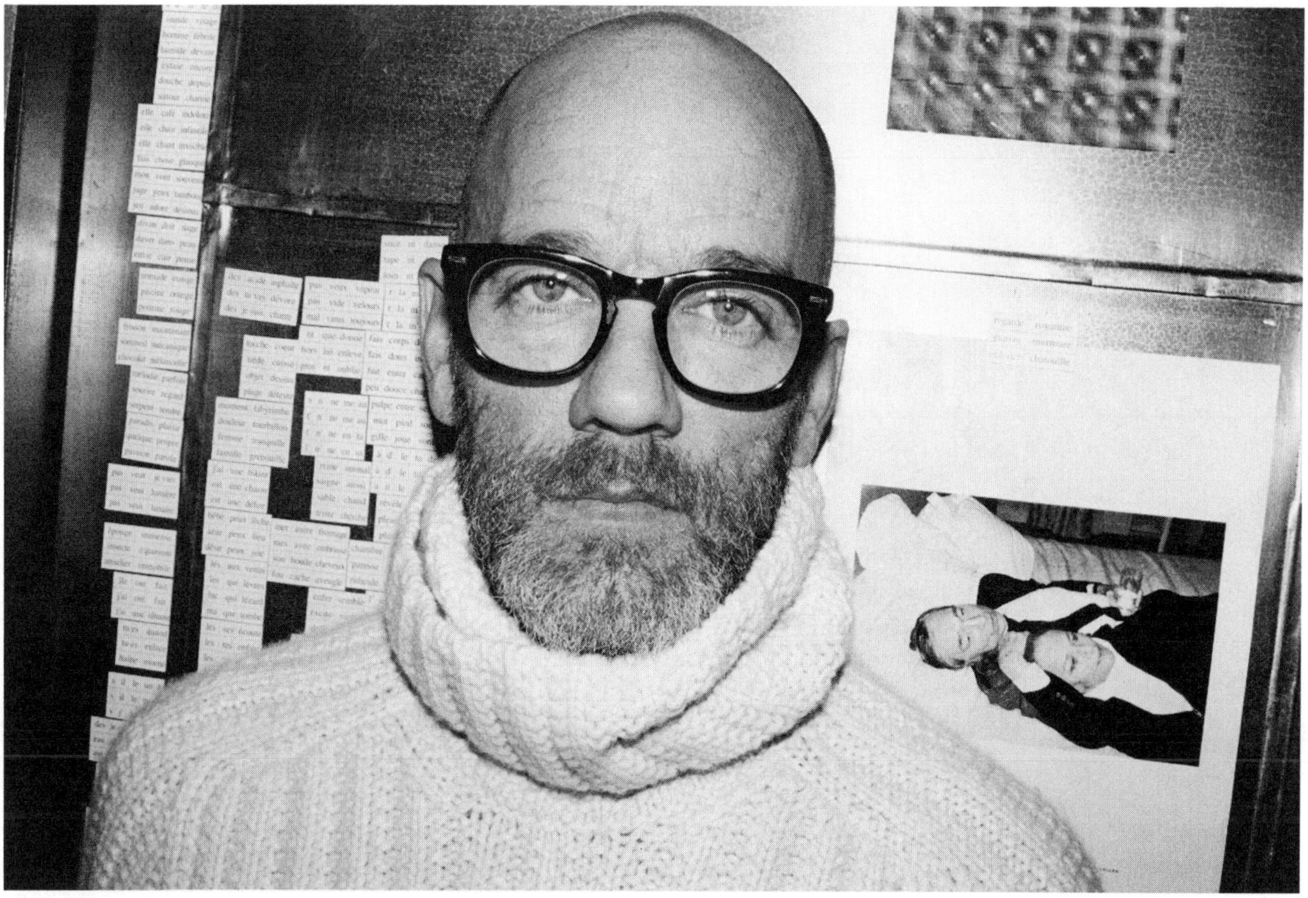

MICHAEL STIPE PHOTOGRAPHED BY JUERGEN TELLER

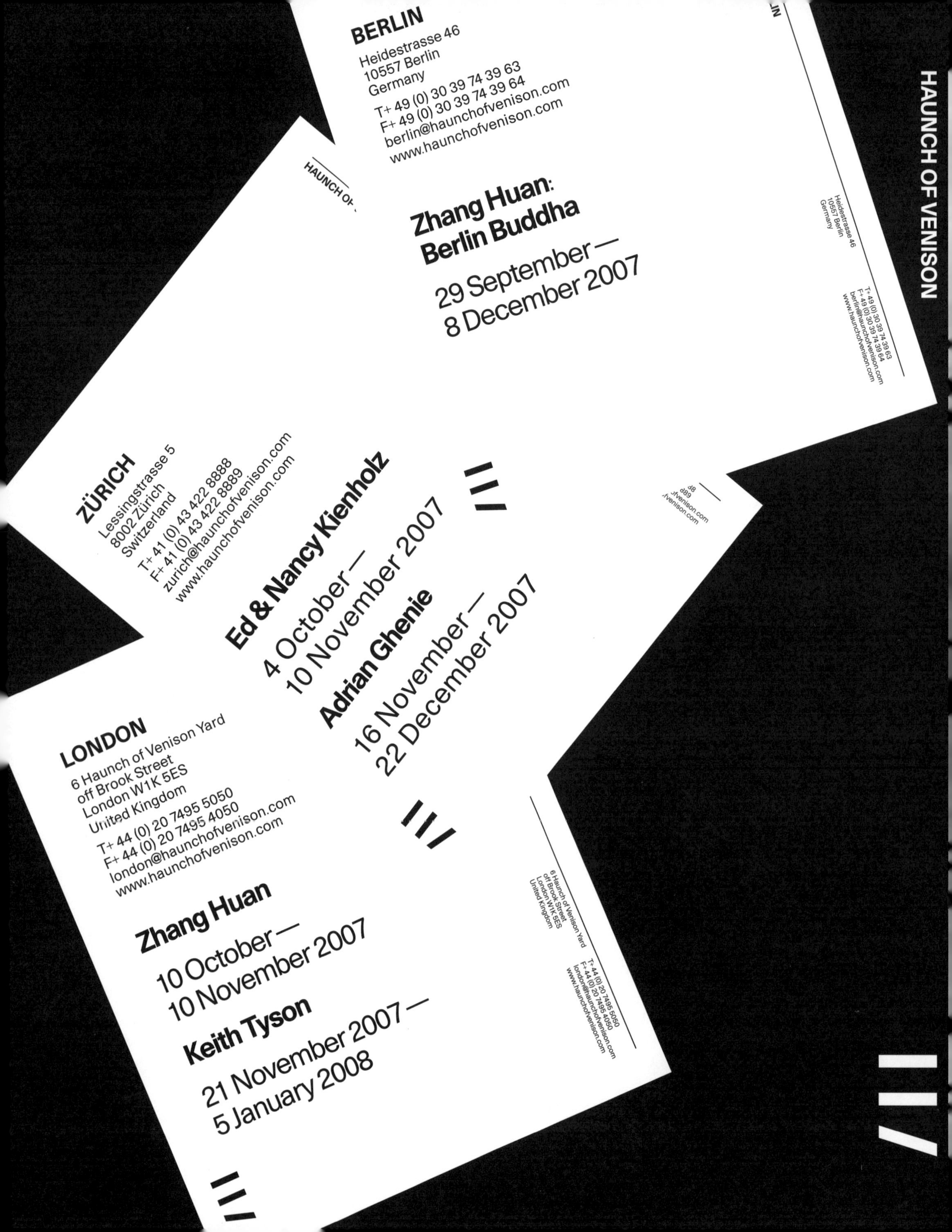
BERLIN
Heidestrasse 46
10557 Berlin
Germany
T+ 49 (0) 30 39 74 39 63
F+ 49 (0) 30 39 74 39 64
berlin@haunchofvenison.com
www.haunchofvenison.com
Zhang Huan:
Berlin Buddha
29 September —
8 December 2007
Heidestrasse 46
10557 Berlin
Germany
T+ 49 (0) 30 39 74 39 63
F+ 49 (0) 30 39 74 39 64
berlin@haunchofvenison.com
www.haunchofvenison.com
HAUNCH OF VENISON
ZÜRICH
Lessingstrasse 5
8002 Zürich
Switzerland
T+ 41 (0) 43 422 8888
F+ 41 (0) 43 422 8889
zurich@haunchofvenison.com
www.haunchofvenison.com
Ed & Nancy Kienholz
4 October —
10 November 2007
Adrian Ghenie
16 November —
22 December 2007
LONDON
6 Haunch of Venison Yard
off Brook Street
London W1K 5ES
United Kingdom
T+ 44 (0) 20 7495 5050
F+ 44 (0) 20 7495 4050
london@haunchofvenison.com
www.haunchofvenison.com
Zhang Huan
10 October —
10 November 2007
Keith Tyson
21 November 2007 —
5 January 2008
6 Haunch of Venison Yard
off Brook Street
London W1K 5ES
United Kingdom
T+ 44 (0) 20 7495 5050
F+ 44 (0) 20 7495 4050
london@haunchofvenison.com
www.haunchofvenison.com

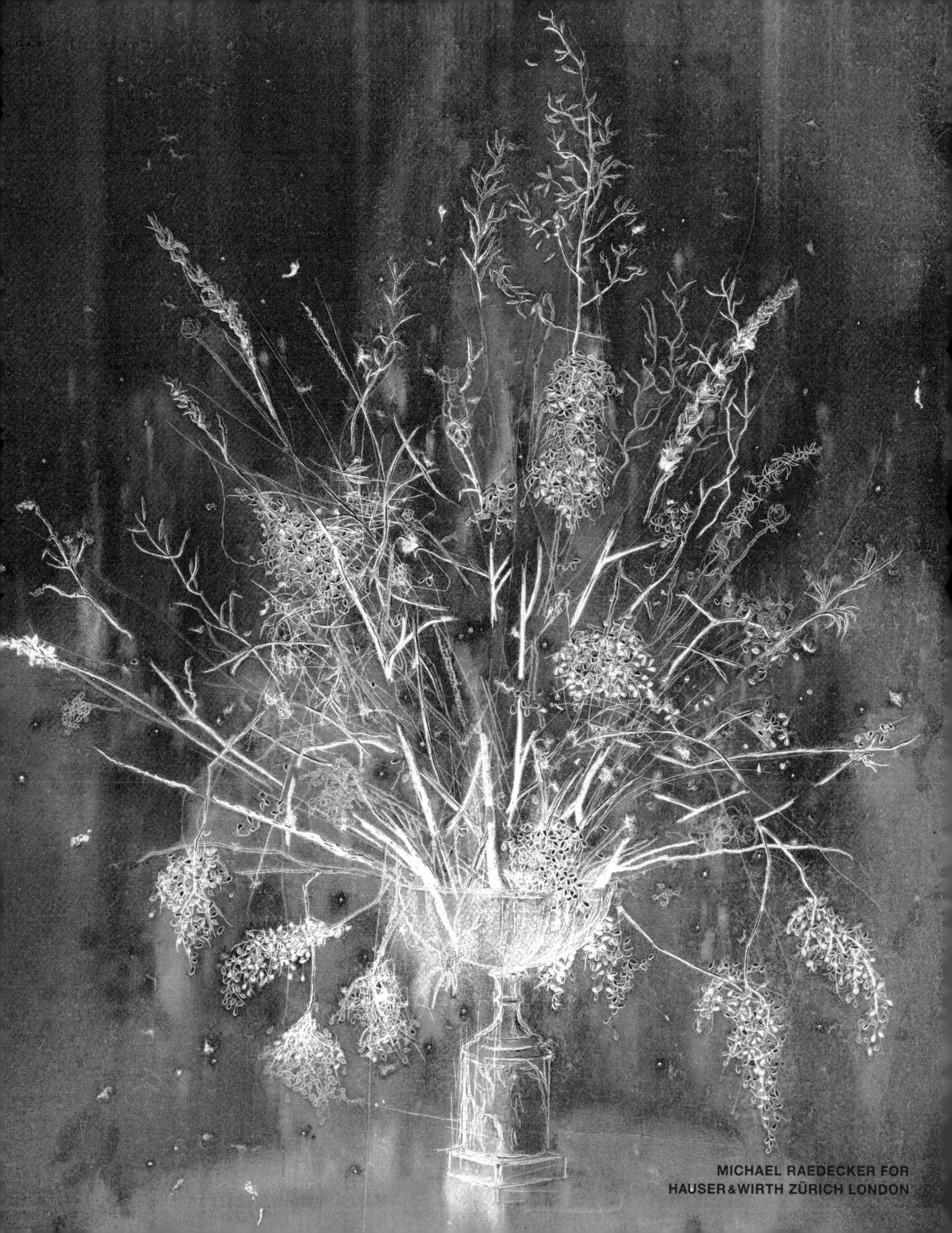

MICHAEL RAEDECKER FOR
HAUSER & WIRTH ZÜRICH LONDON

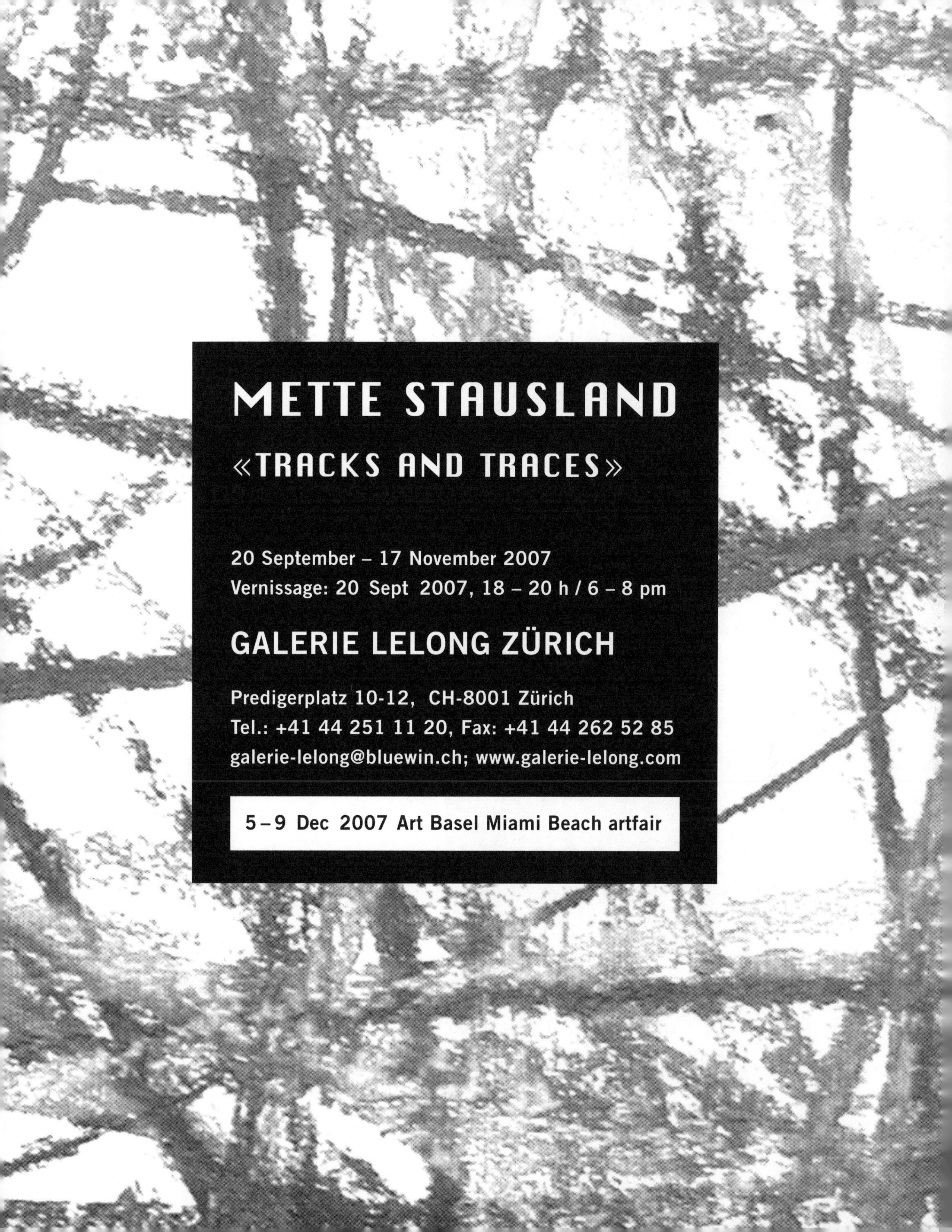

JÖRG SASSE

September – October 2007

GALERIE WILMA TOLKSDORF
HANAUER LANDSTRASSE 136
60314 FRANKFURT AM MAIN
TELEFON +49 69 4305 9427
www.wilmatolksdorf.de
fra@wilmatolksdorf.de

ALISA MARGOLIS

September – October 2007

GALERIE WILMA TOLKSDORF BERLIN
ZIMMERSTRASSE 88-91, 10117 BERLIN
TELEFON +49 30 2005 8812
www.wilmatolksdorf.de
office@wilmatolksdorf.de

HERBERT BRANDL

SEPTEMBER – OCTOBER 2007
GALERIE NÄCHST ST. STEPHAN ROSEMARIE SCHWARZWÄLDER WIEN
WWW.SCHWARZWAELDER.AT

OCTOBER – NOVEMBER 2007
GALERIE BÄRBEL GRÄSSLIN FRANKFURT
WWW.GALERIE-GRAESSLIN.DE

inglebygallery

A series of twenty-six exhibition projects at the Ingleby Gallery, Edinburgh, running from July 2007 until July 2008, when the gallery will be exactly ten years old. Each presents a conversation between one invited artist and a counterpoint of their choice. In August 2008 we will publish a book documenting the year.

Ingleby Gallery · 6 Carlton Terrace · Edinburgh EH7 5DD
telephone + 44 (0)131 556 4441 · info@inglebygallery.com
www.inglebygallery.com

Roger Ackling
& Richard Long
30 June to 7 July 2007

Sean Scully
& Alberto Giacometti
14 to 21 July 2007

Rachel Whiteread &
Robert Burns' breakfast table
28 July to 4 August 2007

David Batchelor
& Nikolai Suetin
11 to 18 August 2007

Francesca Woodman
& Richard Serra
25 August to 1 September 2007

James Hugonin
& Howard Skempton
8 to 15 September 2007

Garry Fabian Miller
& Edmund de Waal
22 to 29 September 2007

Richard Forster
& Richard Artschwager
6 to 13 October 2007

Ian Hamilton Finlay
& Cerith Wyn Evans
20 to 27 October 2007

Thomas Joshua Cooper
& David Bellingham
3 to 10 November 2007

Tommy Grace
& Kate Owens
17 to 24 November 2007

Marine Hugonnier
& Matthias Fayos
1 to 8 December 2007

Ceal Floyer
& Dan Flavin
15 to 22 December 2007

Brian Catling &
the head of 'Bobby Awl'
12 to 19 January 2008

Howard Hodgkin
& Edgar Degas
26 January to 2 February 2008

Susan Derges
& Hildegard von Bingen
9 to 16 February 2008

Alexander Gorlizki
& Indian Spells:
Drawings from
the Nineteenth
Century
23 February to 1 March 2008

David Austen
& Man Ray
8 to 15 March 2008

Ori Gersht
& Jan Brueghel the Elder
22 to 29 March 2008

Andrew Grassie
& 6 Carlton Terrace
5 to 12 April 2008

Ian Davenport
& The Simpsons
19 to 26 April 2008

Cornelia Parker
& Marcel Broodthaers
3 to 10 May 2008

Jonathan Monk
& Keith Arnatt
17 to 24 May 2008

Peter Liversidge
& Fischli + Weiss
31 May to 7 June 2008

Callum Innes
& Hiroshi Sugimoto
14 to 21 June 2008

Richard Wright
& Samuel Beckett
28 June to 5 July 2008

10.10 – 22.12.2007

GALLERIA GOTTARDO

a cultural foundation of

eine Kulturstiftung der
Banca del Gottardo
Institutional Patron of
the Peggy Guggenheim Collection

RICHARD POUSETTE -DART

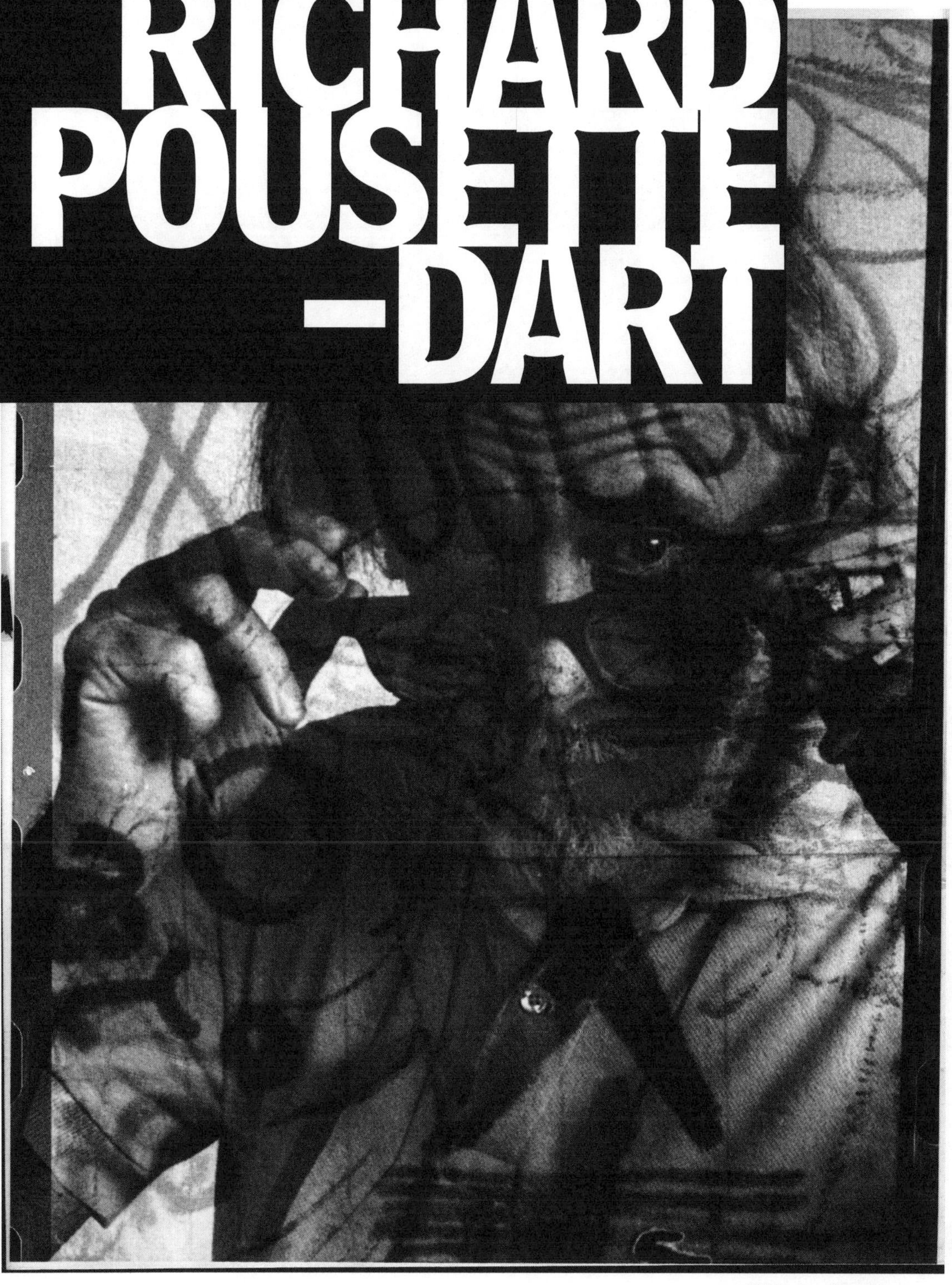

Tuesday
2 pm – 5 pm
Wednesday – Saturday
11 am – 5 pm

Free entry

Closed Sundays
and Mondays

Dienstag
14.00 – 17.00 Uhr
Mittwoch bis Samstag
11.00 – 17.00 Uhr

Eintritt frei

Sonntag und Montag
geschlossen

Galleria Gottardo
Viale Stefano Franscini 12
6900 Lugano
Switzerland

Tel +41 91 808 1988
galleria@gottardo.com
www.galleria-gottardo.org

eine Austellung
in zusammenarbeit
mit

an exhibition in collaboration
with

Estate of Richard Pousette-Dart, New York
American Contemporary Art Gallery, Munich
Peggy Guggenheim Collection, Venice

©GRRRR.NET

8. SEPTEMBER BIS 17. NOVEMBER 2007

URS FISCHER

LARGE, DARK & EMPTY

GALERIE EVA PRESENHUBER

WWW.PRESENHUBER.COM
TEL: +41 (0) 43 444 70 50 / FAX: +41 (0) 43 444 70 60
LIMMATSTRASSE 270, POSTFACH 1517, CH-8031 ZÜRICH
ÖFFNUNGSZEITEN: DI-FR 12-18, SA 11-17

DOUG AITKEN, EMMANUELLE ANTILLE, MONIKA BAER, MARTIN BOYCE, ANGELA BULLOCH, VALENTIN CARRON, VERNE DAWSON, TRISHA DONNELLY, MARIA EICHHORN, URS FISCHER, PETER FISCHLI / DAVID WEISS, SYLVIE FLEURY, LIAM GILLICK, MARK HANDFORTH, CANDIDA HÖFER, KAREN KILIMNIK, ANDREW LORD, HUGO MARKL, RICHARD PRINCE, GERWALD ROCKENSCHAUB, TIM ROLLINS + K.O.S., UGO RONDINONE, DIETER ROTH, EVA ROTHSCHILD, JEAN-FRÉDÉRIC SCHNYDER, STEVEN SHEARER, BEAT STREULI, FRANZ WEST, SUE WILLIAMS

bob van orsouw gallery limmatstrasse 270 8005 zurich
phone +41 44 273 11 00 mail@bobvanorsouw.ch www.bobvanorsouw.ch

august 25 until october 13, 2007 **haluk akakçe**
they call it love, i call it madness

october 27 until december 22, 2007 **erik van lieshout**

suzie q projects limmatstrasse 265 8005 zurich
phone +41 44 273 03 00 info@suzie-q.ch www.suzie-q.ch

august 25 until october 13, 2007 **edward lipski**
bobadillia

october 20 until december 22, 2007 **huber.huber**
paradise

GEORG KARGL FINE ARTS

CHRIS JOHANSON
12/09–27/10/2007

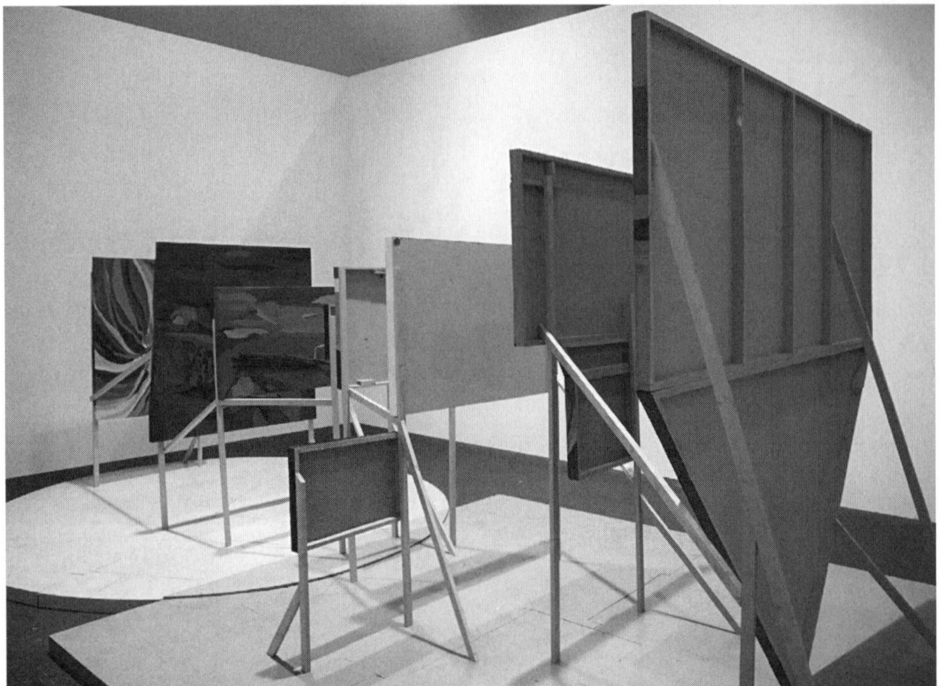

Chris Johanson
Art Basel Art Unlimited 2007,
Photo Janik Ackermann,
Courtesy: Georg Kargl, Vienna

Schleifmühlgasse 5
1040 Vienna

T+4315854199,
www.georgkargl.com

Wolfgang Plöger
Courtesy: Georg Kargl, Vienna

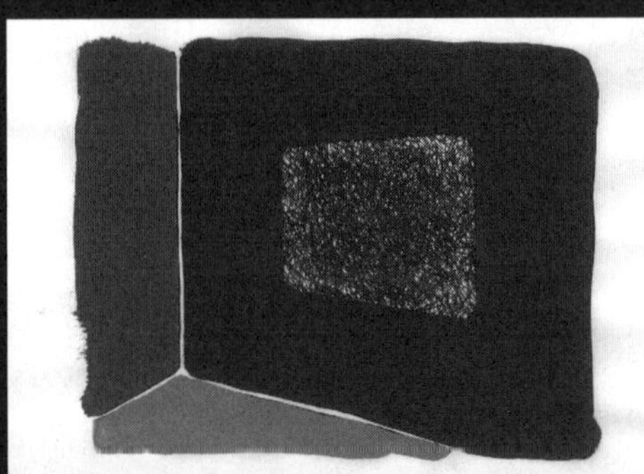

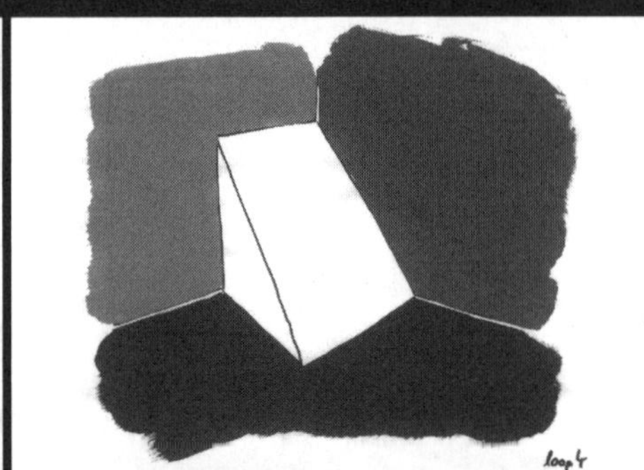

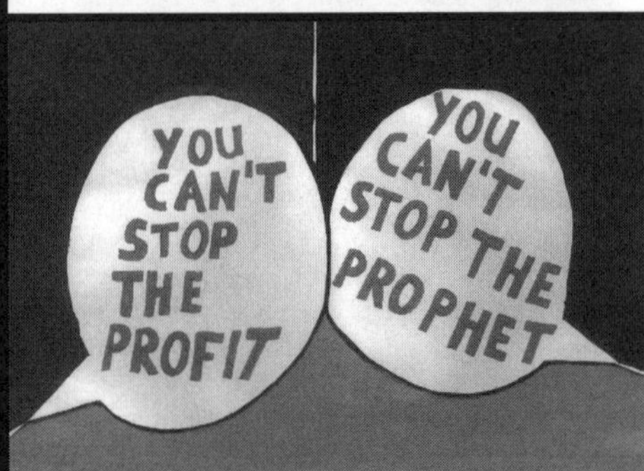

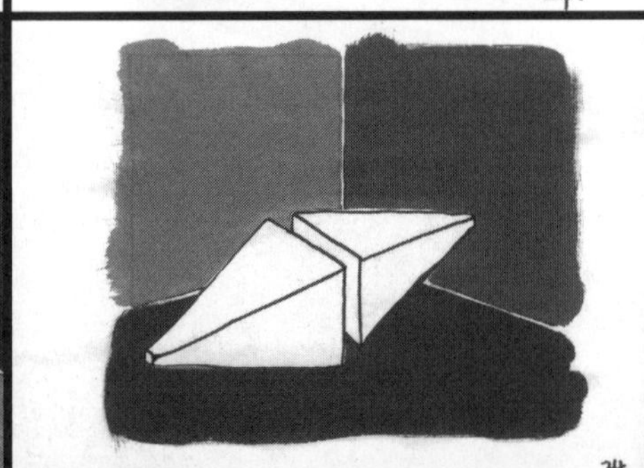

WOLFGANG PLÖGER
12/09–3/11/2007

GEORG KARGL BOX

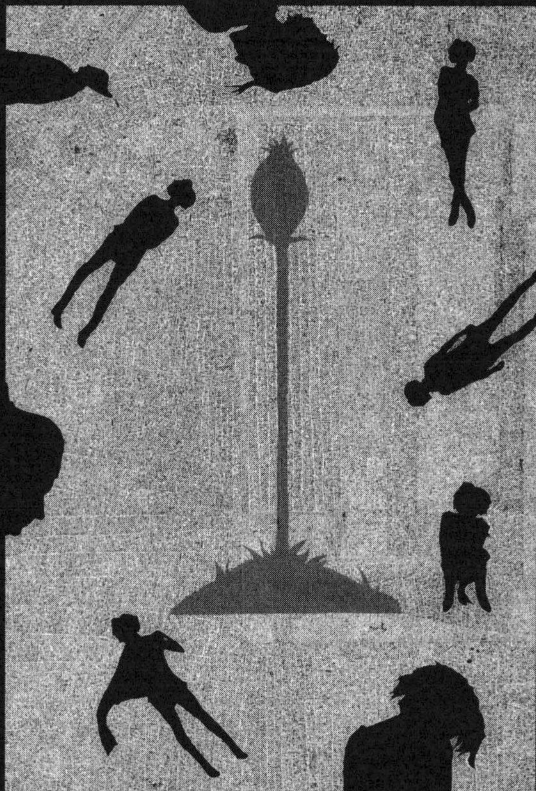

THE NY ART BOOK FAIR
28–30 September 2007

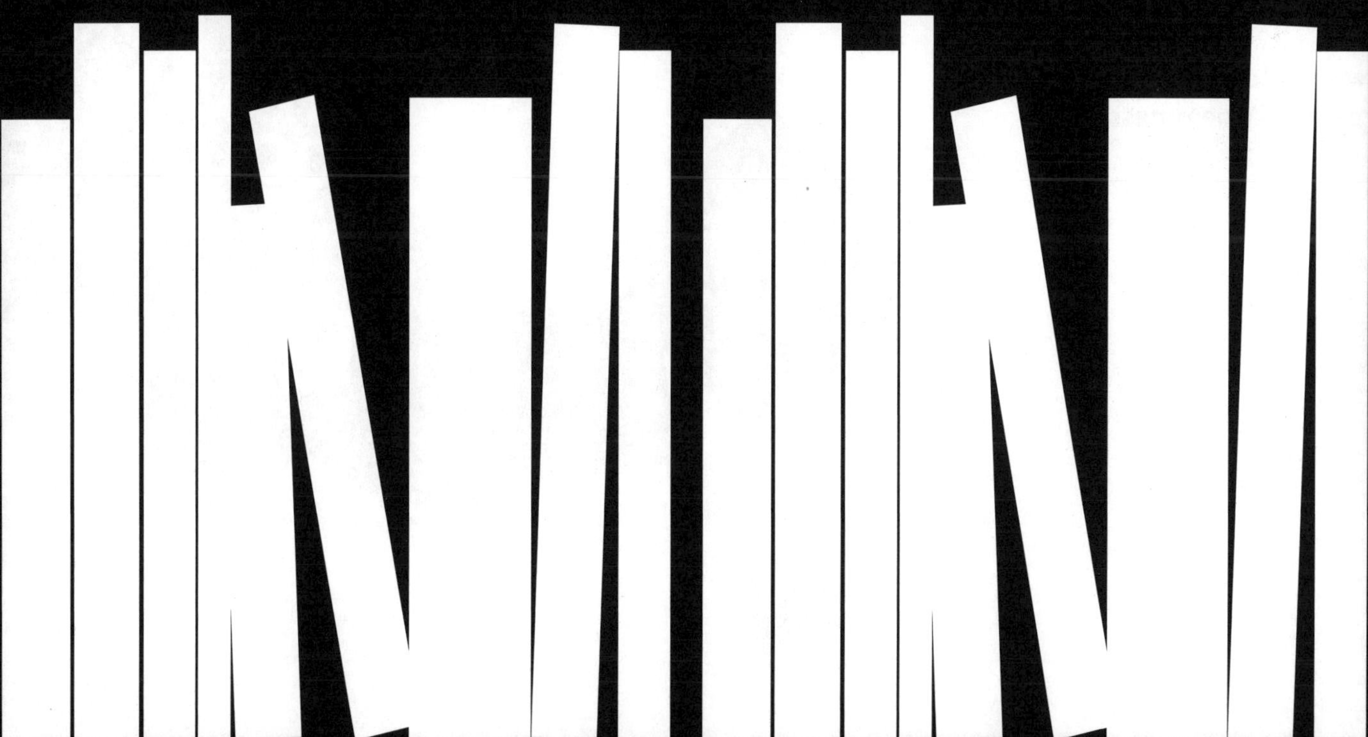

548 West 22nd Street New York Benefit Preview 27 September www.nyartbookfair.com

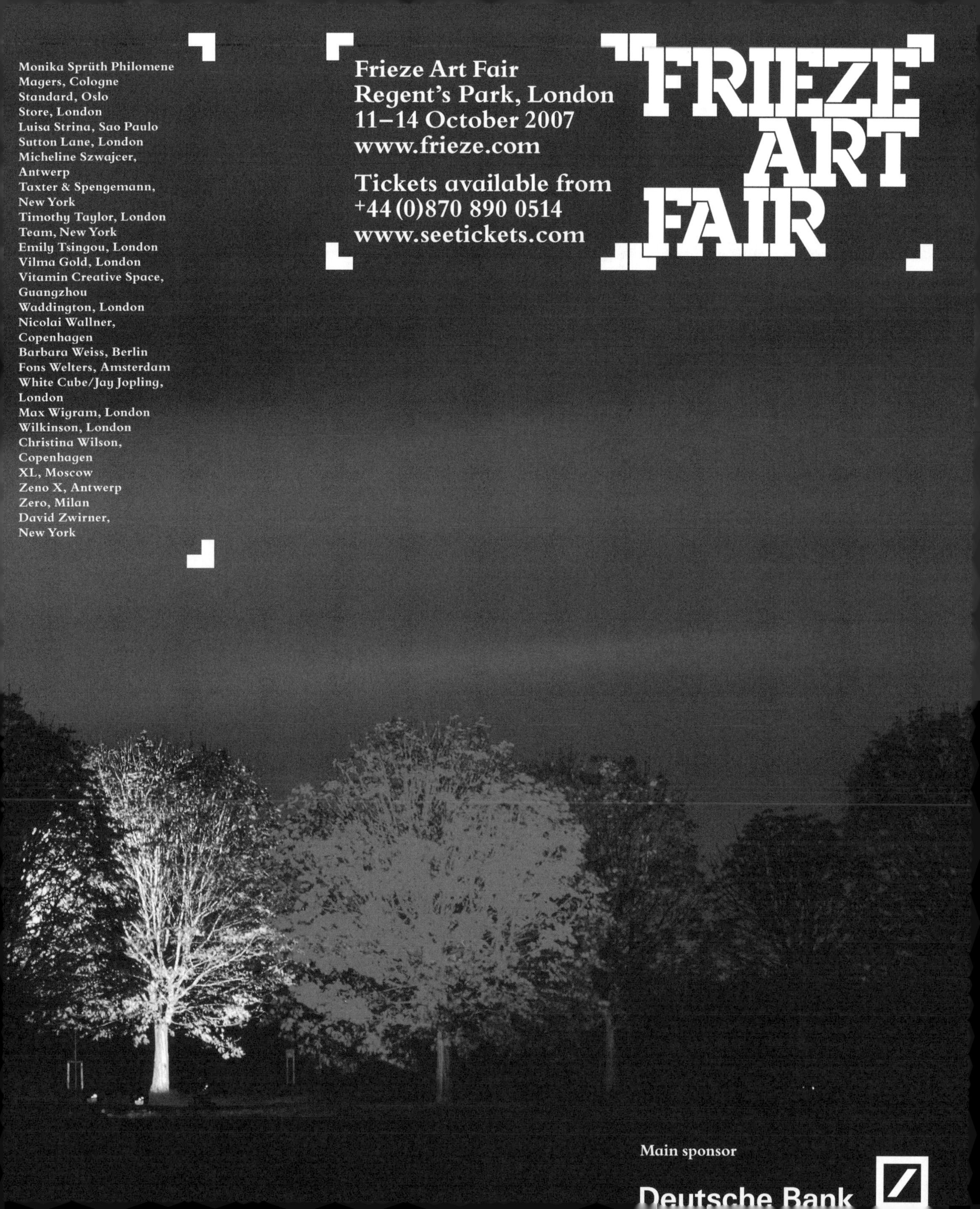
Monika Sprüth Philomene
Magers, Cologne
Standard, Oslo
Store, London
Luisa Strina, Sao Paulo
Sutton Lane, London
Micheline Szwajcer,
Antwerp
Taxter & Spengemann,
New York
Timothy Taylor, London
Team, New York
Emily Tsingou, London
Vilma Gold, London
Vitamin Creative Space,
Guangzhou
Waddington, London
Nicolai Wallner,
Copenhagen
Barbara Weiss, Berlin
Fons Welters, Amsterdam
White Cube/Jay Jopling,
London
Max Wigram, London
Wilkinson, London
Christina Wilson,
Copenhagen
XL, Moscow
Zeno X, Antwerp
Zero, Milan
David Zwirner,
New York
Frieze Art Fair
Regent's Park, London
11–14 October 2007
www.frieze.com
Tickets available from
+44 (0)870 890 0514
www.seetickets.com
FRIEZE ART FAIR
Main sponsor
Deutsche Bank

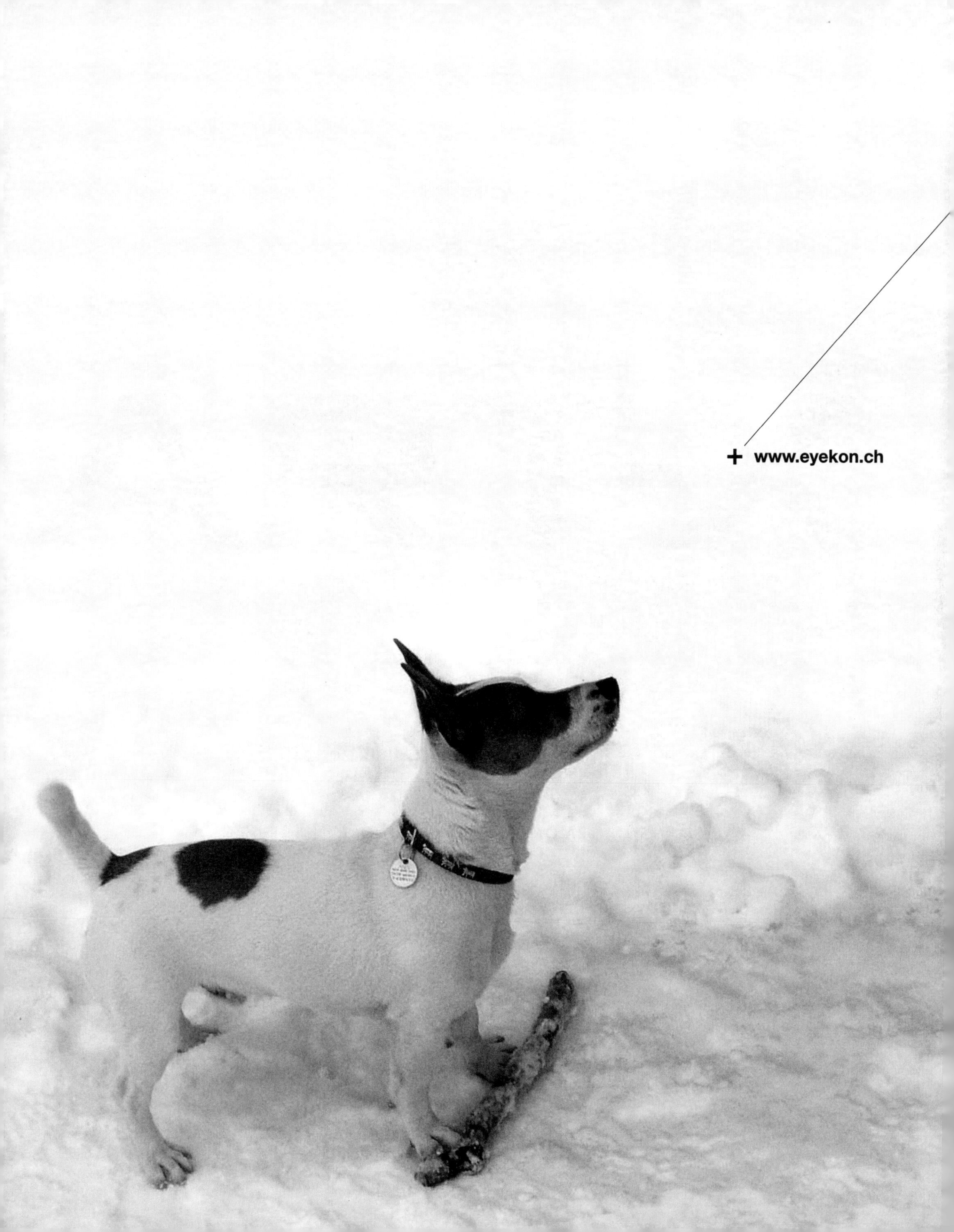
+ www.eyekon.ch

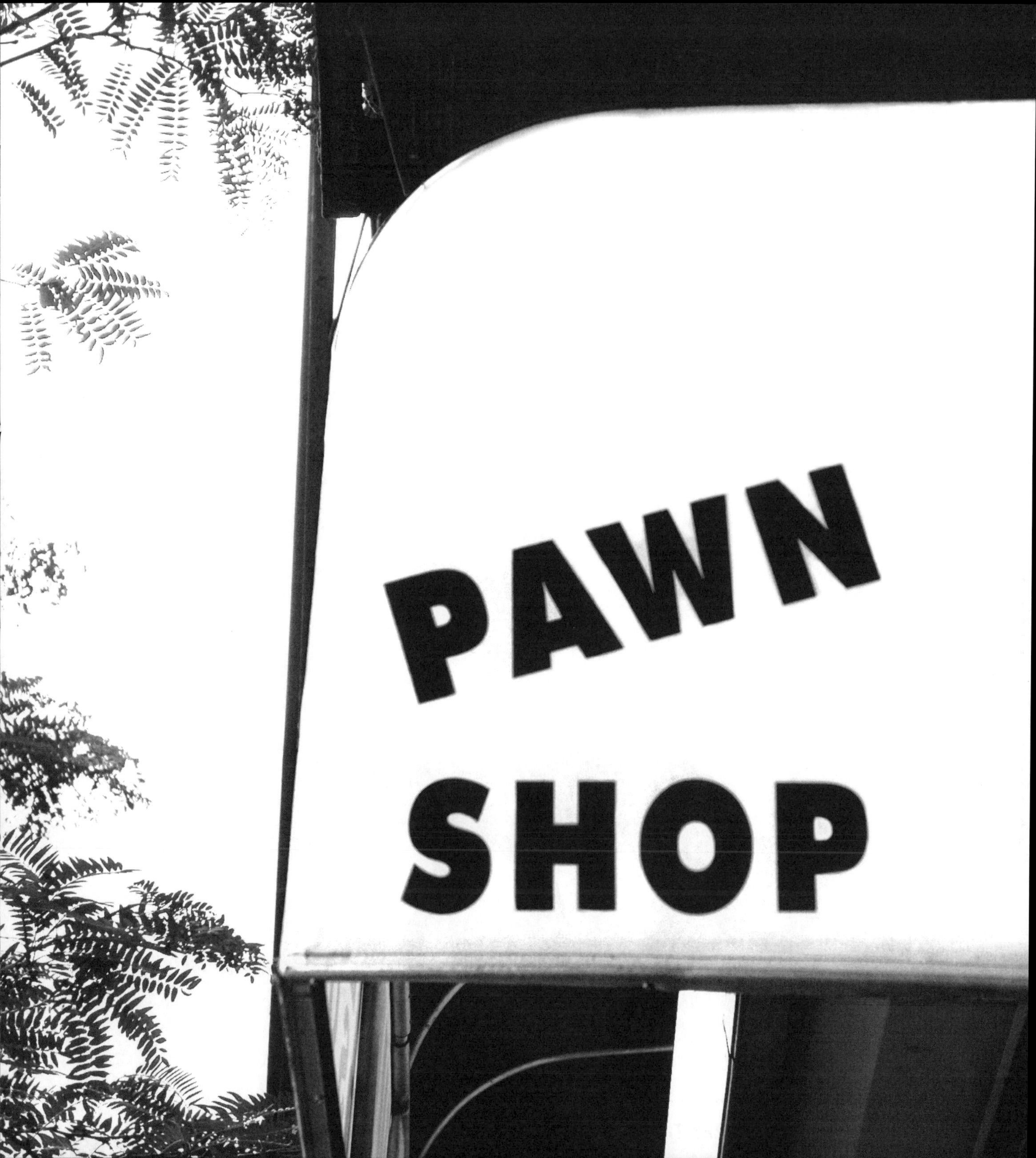
PAWN
SHOP

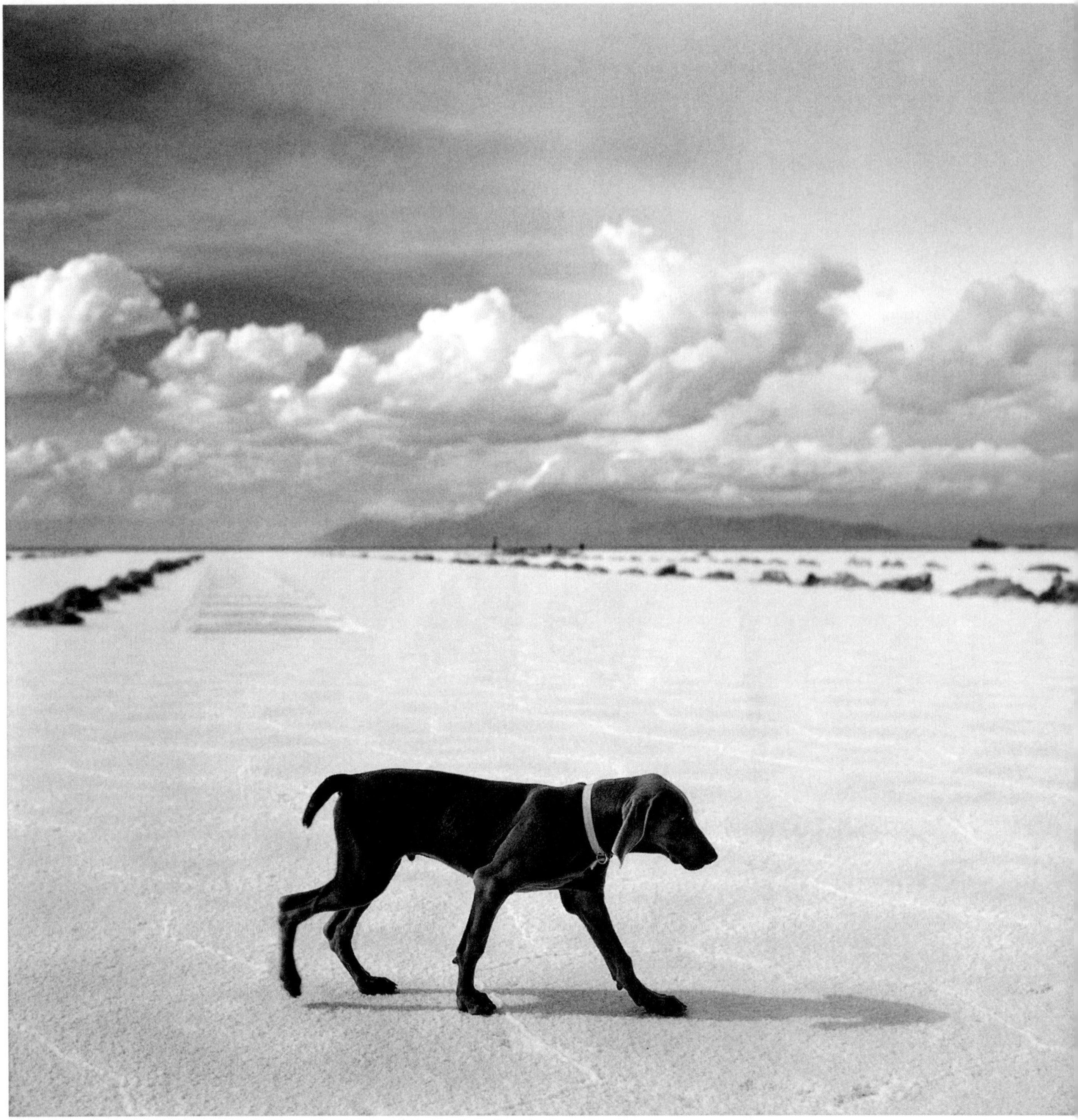

face to face

the daros collections

eil 1: 5.10.07–17.02.08

daros exhibitions
do–so, 12–18h
limmatstr. 268, 8005 zürich
www.daros-latinamerica.net

u.a.
luis fernando benedit
joseph beuys
luis camnitzer
antonio caro
antonio dias
gonzalo díaz
robert gober
víctor grippo
eva hesse
rebecca horn
nelson leirner
rafael lozano-hemmer
cildo meireles
vik muniz
bruce nauman
sigmar polke
jackson pollock
chemi rosado-seijo
andy warhol

DAROS

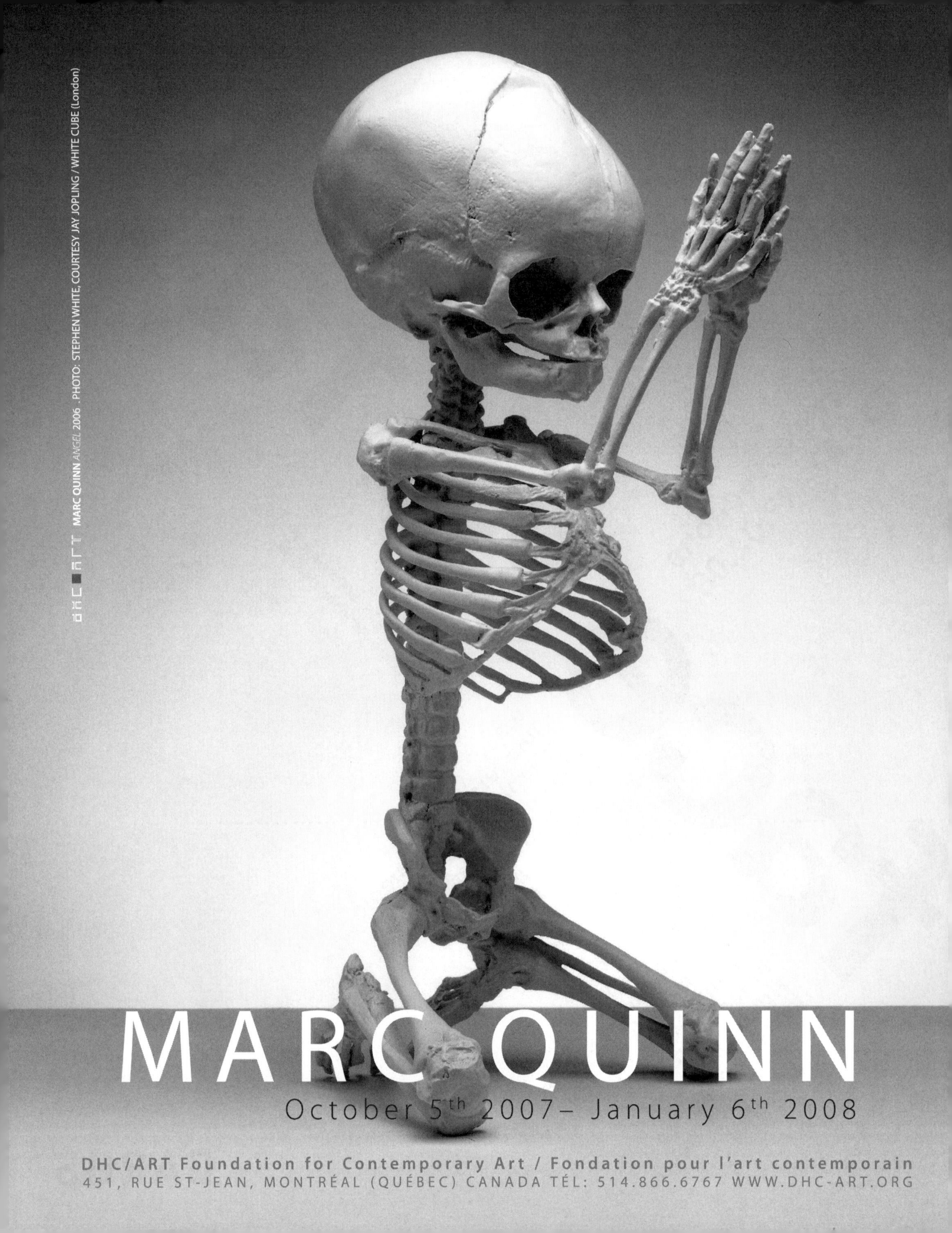
MARC QUINN ANGEL 2006 . PHOTO: STEPHEN WHITE, COURTESY JAY JOPLING / WHITE CUBE (London)
MARC QUINN
October 5th 2007– January 6th 2008
DHC/ART Foundation for Contemporary Art / Fondation pour l'art contemporain
451, RUE ST-JEAN, MONTRÉAL (QUÉBEC) CANADA TÉL: 514.866.6767 WWW.DHC-ART.ORG

Berlinde de Bruyckere Jenny Saville Dan Flavin

Dan Flavin
Jenny Saville
Bruyckere
Berlinde de

8. 9. – 25. 11. 2007

Kunstmuseum Luzern Museum of Art Lucerne
www.kunstmuseumluzern.ch

SWISS INSTITUTE / CONTEMPORARY ART
495 BROADWAY / 3RD FLOOR
NEW YORK / NY 10012
TEL 212.925.2035
WWW.SWISSINSTITUTE.NET

SI

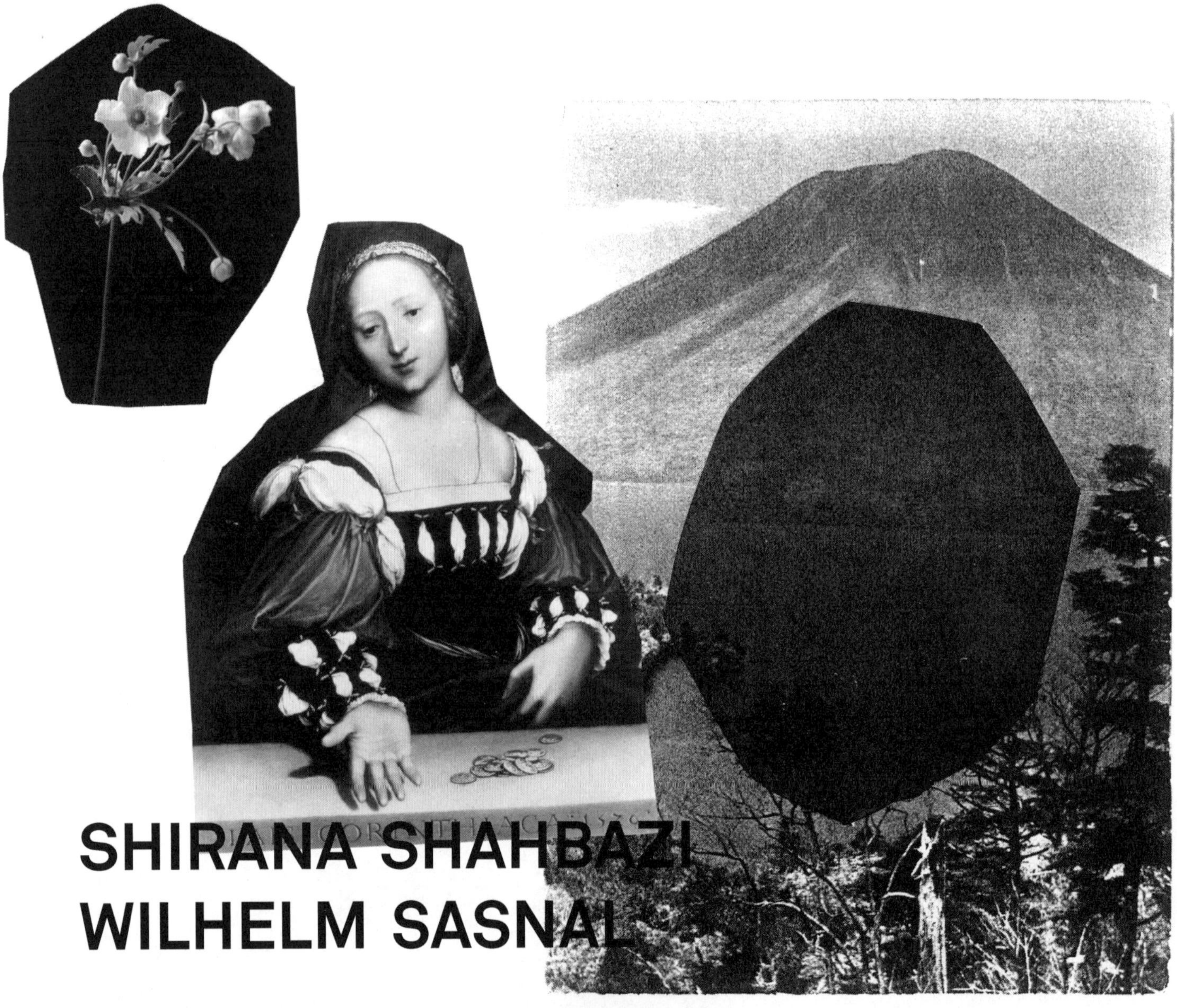

Found images selected by Shirana Shahbazi

SHIRANA SHAHBAZI
WILHELM SASNAL

SEP 13 – OCT 27 2007
OPENING RECEPTION:
WEDNESDAY SEP 12, 6 – 8 PM

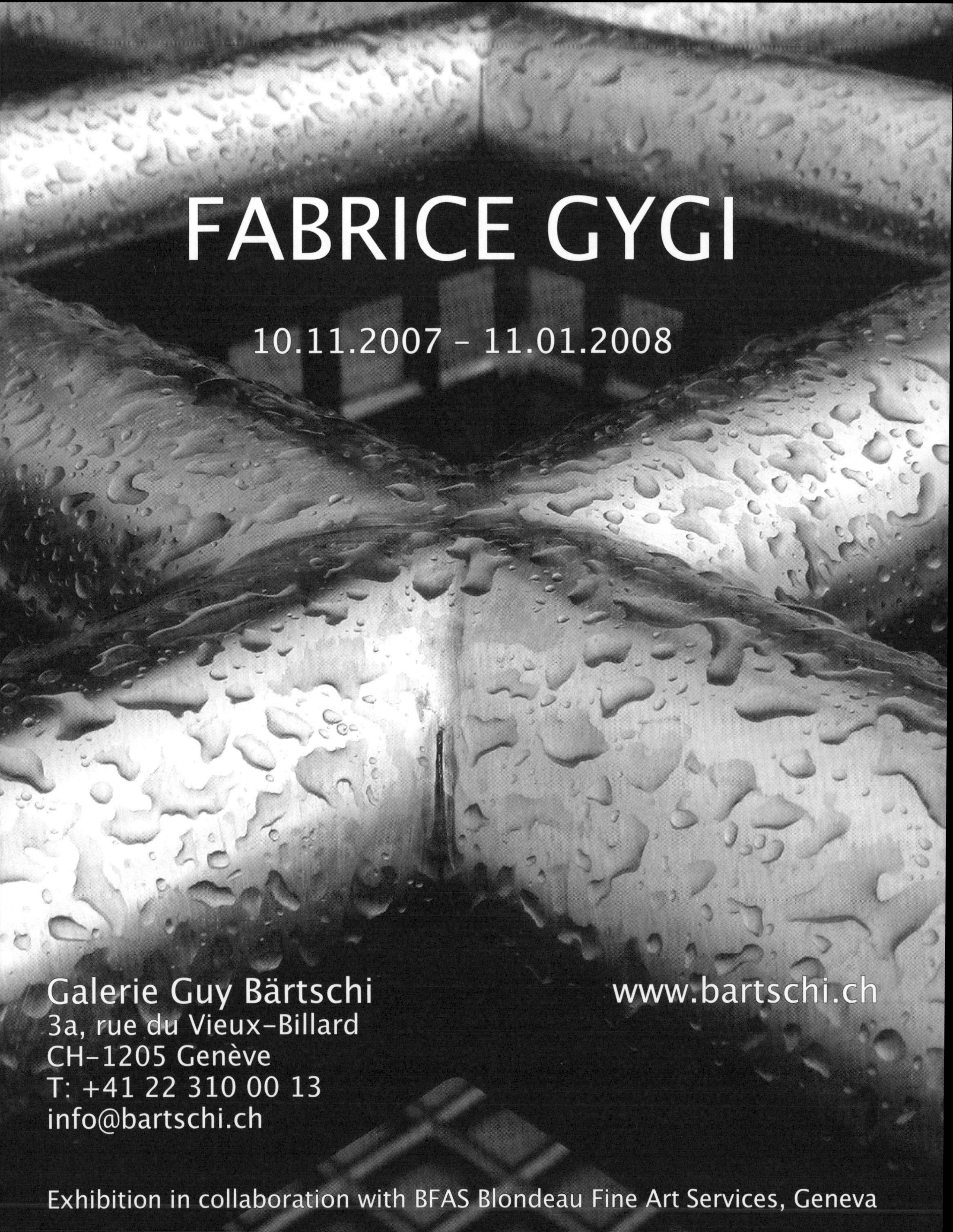
FABRICE GYGI
10.11.2007 - 11.01.2008
Galerie Guy Bärtschi
3a, rue du Vieux-Billard
CH-1205 Genève
T: +41 22 310 00 13
info@bartschi.ch
www.bartschi.ch
Exhibition in collaboration with BFAS Blondeau Fine Art Services, Geneva

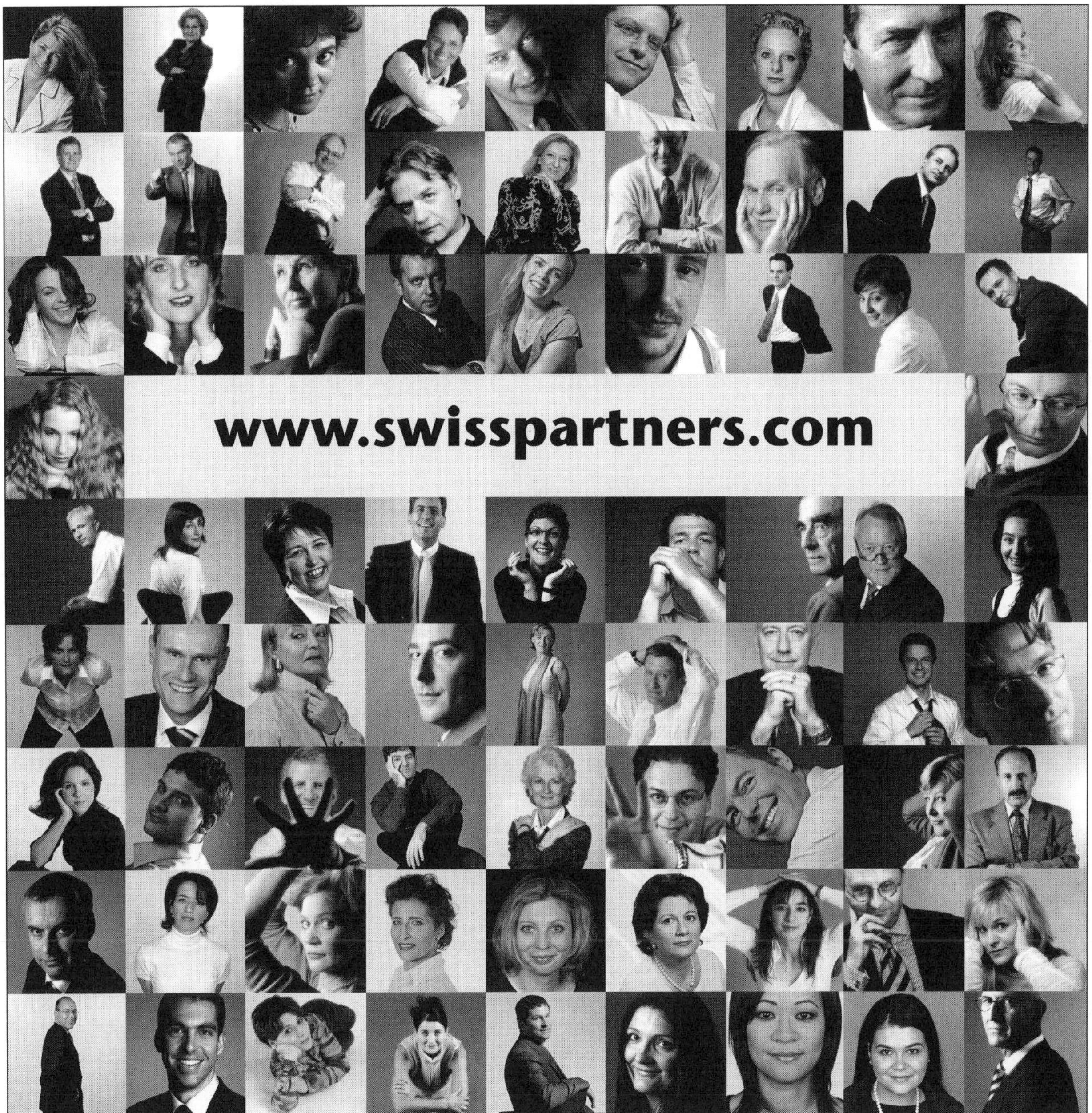
www.swisspartners.com

25 August - 27 October 2007 *OPENING 24 August 2007 6 - 8 pm*

JIMMIE DURHAM ESSENCE

de PURY & LUXEMBOURG

LIMMATSTRASSE 264 8005 ZÜRICH DEPURYLUXEMBOURG.COM TEL +41 44 276 80 20 FAX +41 44 276 80 21

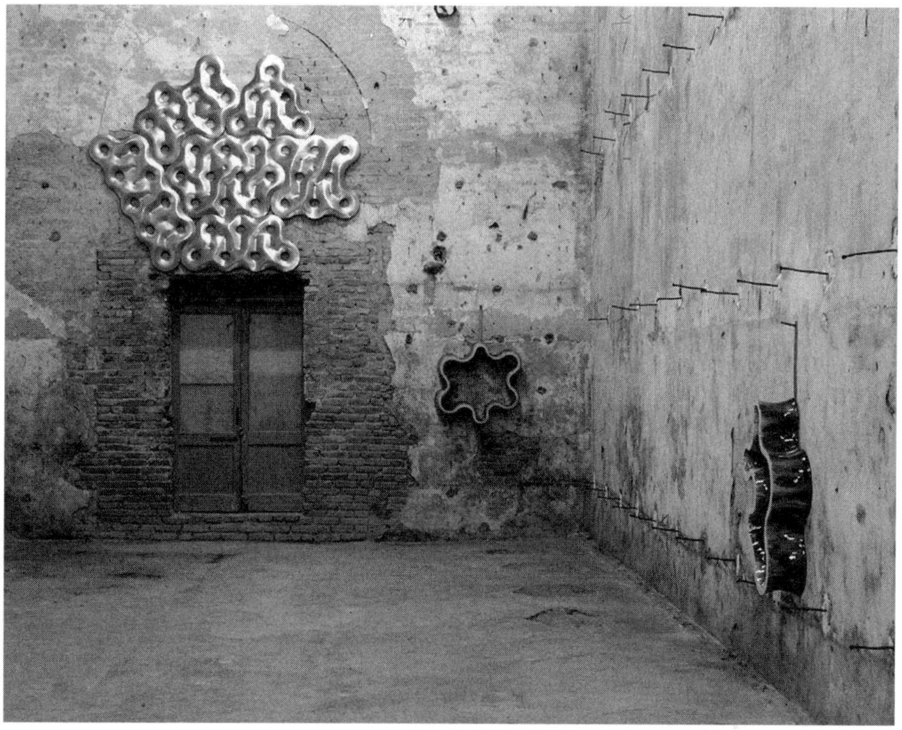

RICHARD DEACON VENICE BIENNALE 2007

RICHARD**DEACON**

OCTOBER – NOVEMBER 2007

GALERIE THADDAEUS ROPAC

7 RUE DEBELLEYME 75003 PARIS TEL: 331 4272 9900 FAX: 331 4272 6166 WWW.ROPAC.NET